# 커맨드라인 러스트

**Command-Line Rust**
**by Ken Youens-Clark**

© 2024 J-Pub Co., Ltd
Authorized Korean translation of the English edition of *Command-Line Rust*,
ISBN 9781098109431 © 2022 Charles Kenneth Youens-Clark
This translation is published by an sold by permission of O'Reilly Media, Inc.,
which owns or controls all rights to publish and sell the same.

이 책의 한국어판 저작권은 에이전시 원을 통한 저작권사와의 독점 계약으로 제이펍에 있습니다.
저작권법에 의해 한국 내에서 보호를 받는 저작물이므로 무단 전재와 무단 복제를 금합니다.

---

# 커맨드라인 러스트

**1판 1쇄 발행** 2024년 8월 5일

**지은이** 켄 유엔스-클라크
**옮긴이** 조성만
**펴낸이** 장성두
**펴낸곳** 주식회사 제이펍

**출판신고** 2009년 11월 10일 제406-2009-000087호
**주소** 경기도 파주시 회동길 159 3층 / **전화** 070-8201-9010 / **팩스** 02-6280-0405
**홈페이지** www.jpub.kr / **투고** submit@jpub.kr / **독자문의** help@jpub.kr / **교재문의** textbook@jpub.kr

**소통기획부** 김정준, 이상복, 안수정, 박재인, 송영화, 김은미, 배인혜, 권유라, 나준섭
**소통지원부** 민지환, 이승환, 김정미, 서세원 / **디자인부** 이민숙, 최병찬

**진행** 이상복 / **교정·교열** 김도윤 / **내지 디자인** 이민숙 / **내지 편집** 최병찬
**용지** 에스에이치페이퍼 / **인쇄** 한승문화사 / **제본** 일진제책사

**ISBN** 979-11-93926-19-2 (93000)
책값은 뒤표지에 있습니다.

※ 이 책은 저작권법에 따라 보호를 받는 저작물이므로 무단 전재와 무단 복제를 금지하며,
    이 책 내용의 전부 또는 일부를 이용하려면 반드시 저작권자와 제이펍의 서면 동의를 받아야 합니다.
※ 잘못된 책은 구입하신 서점에서 바꾸어드립니다.

제이펍은 여러분의 아이디어와 원고를 기다리고 있습니다. 책으로 펴내고자 하는 아이디어나 원고가 있는
분께서는 책의 간단한 개요와 차례, 구성과 지은이/옮긴이 약력 등을 메일(submit@jpub.kr)로 보내주세요.

# 커맨드라인 러스트

## Command-Line Rust

### A Project-Based Primer for Writing Rust CLIs

켄 유엔스-클라크 지음 / 조성만 옮김

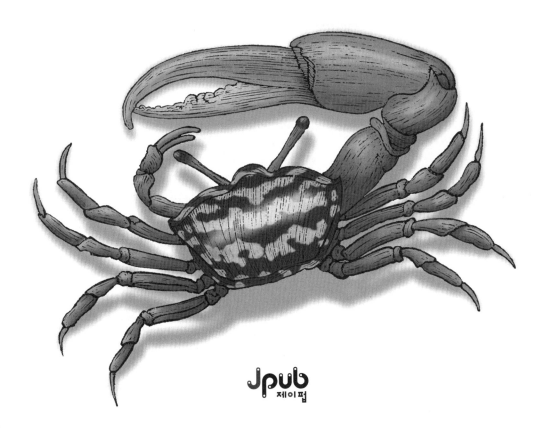

Jpub
제이펍

**CHAPTER 1** 위험한 진실: true와 false   1

**CHAPTER 2** 메아리 테스트: echo   21

**CHAPTER 3** 캣워크 위에서: cat 52

나 더는 묻지 않을래 (how sweet it tastes)

알려주지 않아도 돼 (how sweet it tastes)

—〈How Sweet〉(뉴진스, 2024)[1]

러스트 커뮤니티에는 RIIR이라는 꽤 오래된 밈이 있습니다. 일부 러스트 광팬들이 온갖 오픈소스 프로젝트를 들쑤시며 "Rewrite It In Rust(러스트로 다시 짭시다)"를 외치고 다니는 일이 있었는데, 이 현상을 관망하던 사람들이 이를 RIIR이라 줄여 부르기 시작했고 그렇게 밈으로 굳어버린 것이죠.[2] 소프트웨어 개발이라는 것이 그 자체만 놓고 보더라도 고려해야 할 요소가 부지기수인데, 여기에 대고 무작정 러스트의 장점만을 들이밀며 RIIR하라고 하는 건 취지가 아무리 좋더라도 옳은 일은 아닐 것입니다.

그런데 또 한편으로는, 러스트를 배울 때 RIIR을 해보는 것만큼 좋은 게 없는 것도 사실이라고 생각합니다. 이 책에서는 개발자라면 하루에도 몇 번씩 사용하는 익숙한 커맨드라인 프로그램 열다섯 가지를 RIIR해봅니다. '모방은 창조의 어머니'라는 말처럼, 평소에 즐겨 사용하는 프로그램을 엇비슷하게 RIIR하다 보면, 러스트를 제대로 구사할 수 있게 되는 건 물론이고 자연스럽게 나만의 것을 창조해낼 수 있는 힘이 생기리라 확신합니다.

저는 프로그래밍을 악기 연주에 자주 비유하곤 합니다. 악기를 처음 배울 때는 먼저 악기를 쥐는 법과 소리 내는 법 그리고 음을 바꾸는 법 등을 배운 다음, 곧바로 쉬운 연습곡을 통해 연주하는

---

1   곧 알게 되겠지만 저자는 각 장이 시작하는 곳마다 노래의 가사를 한 구절씩 달아두었습니다. 이에 발맞춰 역자도 여기에 요즘 즐겨 듣는 노래의 가사를 한 구절 남깁니다.

2   https://transitiontech.ca/random/RIIR

법을 익힙니다. 시간이 지남에 따라 다양한 곡들을 연주할 줄 알게 되면서, 점차 악기에 대한 이해가 깊어지고 그 곡에 담긴 화성을 통해 보다 풍부한 감성과 표현력을 배우게 되지요. 프로그래밍을 배우는 것도 마찬가지라고 생각합니다. 물론 하나부터 열까지 해당 분야의 프로그래밍에 관한 모든 것을 담은 방대한 책으로도 원하는 바를 얼마든지 이룰 수야 있겠지만 대개는 효율적이지 못하죠. 화성학이라든가 악식론 같은 책들은 어느 정도 악기를 연주할 줄 알고 음악에 대한 이해가 쌓인 뒤에야 읽을 수 있고 또 그래야만 완전한 내 것이 되듯, 프로그래밍 역시 처음부터 방대한 레퍼런스를 끼고 책상 앞에서 씨름하기보다는, 예제가 풍부한 책을 하나 골라 직접 따라 해보는 편이 기억에도 훨씬 오래 남고 더 효율적이지 않을까요?

이 책은 러스트라는 악기를 배우기 위해 필요한 '악보집'과 같은 책입니다. 누군가에게 악기를 말로 설명하기보다는 실제로 그 악기를 연주해 보여주는 것이 훨씬 더 많은 것을 전달할 수 있듯, 이 책에 담긴 수많은 예제를 통해 여러분은 러스트를 '아는' 것분만 아니라 실제로 여러분의 현장에서 '연주'할 수 있게 될 것입니다.

글을 마무리하며 출간 직전에 있었던 작은 에피소드 하나를 떠올려봅니다. 사연인즉슨, 베타리딩을 끝낸 역자 검토용 '최최최최종' 원고를 받아 든 게 2024년 4월 15일인데, 바로 그날 불과 2주 전에 원서가 '2024 Updated Edition'이란 꼬리표를 달고 새로(3쇄) 나왔다는 걸 알게 된 것이죠.[3] 바뀐 부분이 너무나도 많아 망연자실했지만, 곧 '원영적 사고'를 발휘해서 서둘러 이를 반영하고 출간할 수 있었으니 '완전 럭키비키'라 하지 않을 수 없습니다. 부디 즐겁게 읽으시길!

# 감사의 글

이 책이 우리말로 옮겨지기까지 너무나도 많은 분의 시간과 헌신적인 노력, 그리고 격려가 필요했습니다. 책의 번역 제안을 흔쾌히 받아주신 제이펍의 장성두 님, 어색하기 짝이 없는 서툰 글을 깔끔하게 다듬어주신 김도윤 님, 원서 업데이트로 조판에 애를 많이 쓴 최병찬 님께 진심으로 감사의 말씀을 드립니다.

이 책의 기술적인 오류와 내용을 검토해주신 제이펍 리뷰어 12기 김민규 님, 김용현 님, 심주현 님, 윤명식 님, 윤수혁 님, 한상곤 님(이상 가나다순)께도 감사와 고마움의 말을 전합니다.

---

**3** https://www.reddit.com/r/learnrust/comments/1bvt0xp

이번 번역 작업은 현재 제가 소속된 회사의 양해 아래 진행했습니다. 러스트의 가능성을 믿고 흔쾌히 허락해주신 엔씨소프트의 심마로 님, 한지호 님, 강병수 님께 감사의 말씀을 드립니다.

마지막으로 늘 든든한 우리 가족, 아내 은선(알룽알룽)과 딸 하은(살룽살룽)에게 세상의 모든 사랑을 전합니다.

**조성만**

# 베타리더 후기 ─────────────────────

### 🦋 김민규(큐셀네트웍스)

읽는 내내 저자가 바로 옆에서 이야기해주는 것처럼 느껴지는 재밌는 책입니다. 단순히 문법이 나열된 형식이 아닌, 많이 사용되는 리눅스 명령어들을 러스트 버전으로 구현하면서 언어를 배울 수 있어서 실용적이었습니다. 다른 언어를 알고 있는 개발자라면 이 책을 통해 더욱 재밌게 러스트라는 언어를 배울 수 있을 것 같습니다. 러스트를 현업에 도입할 준비를 하고 있는데, 책이 발간되면 꼭 팀원들에게 강매(?)를 할 생각입니다.

### 🦋 김용현(Microsoft MVP)

러스트를 이용해 친숙한 유닉스 유틸리티의 쌍둥이 앱을 개발하면서 언어를 알아갑니다. 챕터별로 간단한 기능의 완성도를 높이면서 러스트의 여러 측면을 배우게 되고, 에러/파일 처리, 정규 표현식, 타입 등 러스트의 기본기 학습이 자연스럽게 진행됩니다. 철저한 실습 중심의 전개로 지루하지 않으며, 테스트 주도 개발을 통해 좋은 습관을 익히게 되고, 다양한 기능과 유용한 라이브러리를 각 챕터마다 새롭게 소개해 언어를 재밌게 배울 수 있습니다. 유닉스 유틸리티 클론을 개발하는 접근이 특히 신박했고, 이를 통해 우리가 잘 아는 기능을 클로닝하면서 자연스럽게 언어를 배울 수 있다는 점이 재밌었습니다.

### 🦋 심주현(삼성전자)

러스트를 배우는 새로운 방법을 제시하는 책입니다. cat, ls 등의 명령어들을 러스트로 작성해보면서 러스트에 익숙해질 수 있습니다. 특히 테스트 코드를 먼저 작성하는 TDD 방식을 따르는 것도 특징입니다. 러스트를 어느 정도 알고 있고 러스트로 뭔가 해볼 것을 찾는 독자라면 딱입니다. 본인의 러스트 실력을 검증할 수 있는 좋은 기회가 될 겁니다.

**윤명식**(메가존클라우드)

러스트 프로그래밍 언어를 활용해 커맨드라인 애플리케이션을 개발하는 방법을 다루는 실용적인 안내서입니다. 초보자부터 중급 개발자까지 러스트의 효율적인 사용법과 강력한 타입 시스템을 통한 안정적인 애플리케이션 구축 방법을 배울 수 있습니다. 실생활 예제와 함께 제공되는 깊이 있는 설명은 러스트를 빠르게 이해하고 적용하는 데 큰 도움이 될 것입니다. 번역이 전반적으로 잘되어 있어 읽기에 부담이 없습니다.

 **윤수혁**(코나아이)

기존 러스트 서적들과 다른 매력을 가지고 있습니다. 러스트에 대해 알아보고, 커맨드라인 도구 관련하여 다른 시각을 가져보고 싶다면 읽어보는 것을 추천합니다. 번역도 잘되어 있어 좋습니다.

 **한상곤**(부산대학교)

WSL에서 모든 예제를 직접 작성하고 실행하면서 코드 관련 내용을 중점적으로 읽었습니다. 제목에서 알 수 있듯이 커맨드라인 도구들을 러스트로 재작성하는 과정을 테스트 케이스 기반으로 설명하는 도서입니다. 러스트 프로그래밍에 관심이 있으시면 꼭 읽어보세요!

# 시작하며 _____

결말은 이미 알고 있어 / 네 얼굴이 폭발하는 부분이지

—<Experimental Film>(데이 마이트 비 자이언츠They Might Be Giants, 2004)

한 언어에 능숙해지려면 그 언어로 많은 프로그램을 작성해봐야 한다. 1995년 '자바스크립트'라는 새로운 언어가 나왔을 때가 생각난다. 필자는 그로부터 몇 년 뒤에 자바스크립트를 배우리라 마음 먹고는 크고 두꺼운 참고서를 한 권 사다가 처음부터 끝까지 읽었다. 그 책은 문자열에서부터 리스트와 객체에 이르기까지 자바스크립트의 일거수일투족을 자세하게 설명하는 잘 쓰인 책이었다. 하지만 책을 다 읽고 나서도 여전히 자바스크립트를 제대로 작성할 수 없었다. 프로그램을 작성하면서 이 지식을 적용해보기 전까지는 배운 게 거의 없었다. 그때부터 프로그래머로서 개발할 수 있는 어쩌면 가장 값진 기술인 언어를 배우는 법이 향상됐다. 필자에게 이는 틱택토와 같이 이미 알고 있는 프로그램을 다시 작성해보는 걸 의미한다.

러스트는 이제 막 등장한 새로운 언어이며 아마 여러분은 이 책이 어떤 내용을 담고 있는지 알아보려고 집어 들었을 것이다. 이 책은 러스트를 다루는 참고서가 아니다. 그런 책은 꽤 훌륭한 게 많이 나와 있다. 그보다는 여러분에게 익숙한 작은 프로그램을 많이 작성해보도록 이끌어주는 책을 썼다. 러스트는 학습곡선이 상당히 가파르기로 유명하지만, 필자는 이런 식의 접근이 언어의 생산성을 빠르게 높이는 데 도움이 되리라고 믿는다.

구체적으로는 head와 cal 같은 핵심 유닉스 명령줄command-line 도구들의 러스트 버전을 작성해본다. 이를 통해서 문자열, 벡터, 파일 핸들 같은 러스트 개념을 사용하기 위한 맥락을 파악할 수 있는 것은 기본이고, 이들 도구에 대해서 더 자세히 알게 되는 것은 물론 이들이 이토록 널리 유용하게 쓰이는 이유를 이해하게 될 것이다. 유닉스나 명령줄 프로그래밍에 익숙하지 않다면 프로그램 종룟값, 명령줄 인수, 출력 리디렉션, 어떤 프로그램의 출력(STDOUT 또는 **표준 출력**)을 다른 프로

그램의 입력(STDIN 또는 **표준 입력**)으로 연결하는 파이프, STDERR(**표준 오류**)를 이용해서 다른 출력에서 오류 메시지를 분리하는 법과 같은 개념에 대해서 배우게 될 것이다. 직접 프로그램을 작성해보면서 매개변수의 유효성 검사하기, 파일 읽고 쓰기, 텍스트 파싱하기, 정규 표현식 사용하기처럼 나만의 러스트 프로그램을 만들 때 사용할 수 있는 패턴을 파악할 수 있을 것이다. 이러한 도구와 개념의 상당수는 윈도우에 존재하지 않는 것이라서, 해당 플랫폼 사용자는 쓸 만한 버전의 코어 유닉스 프로그램 몇 가지를 손에 넣을 수 있을 것이다.

## 러스트가 대체 뭐길래?

러스트(https://www.rust-lang.org)는 '모든 사람이 안정적이고 효율적인 소프트웨어를 구축할 수 있도록 돕는 언어'다. 러스트는 그레이든 호어Graydon Hoare가 다른 많은 이들과 더불어 모질라 리서치에서 근무하던 시절인 2006년 무렵에 만들었다. 2010년에는 모질라가 이 개발 여정을 후원할 정도로 많은 관심과 사용자를 확보했다. 2023년에는 스택 오버플로 개발자 설문 조사(https://survey.stackoverflow.co/2023)에서 9만 명 이상의 개발자들이 러스트를 8년 연속 '가장 사랑하는' 언어로 선정했다.

**그림 P-1** 필자가 오래된 러시(Rush) 로고를 가지고 와 만든 로고다. 드럼을 연주하던 1980년대의 어린 시절 필자는 러시의 음악을 많이 들었다. 어쨌든 러스트는 멋지다. 이 로고가 그걸 증명한다.

이 언어는 C와 문법이 비슷하기 때문에 for 루프, 세미콜론으로 끝나는 실행문, 블록 구조를 나타내는 중괄호 같은 것을 찾아볼 수 있다. 결정적으로 러스트는 프로그램의 어느 부분이 메모리의 다른 부분을 안전하게 접근하는지를 추적하는 **차용 검사기**borrow checker의 사용을 통해서 메모리 안전성을 보장할 수 있다. 그러면서도 이러한 안전성이 성능을 저하시키는 일은 없다. 러스트 프로그램은 네이티브 바이너리로 컴파일되며 C나 C++로 작성된 프로그램의 속도와 아주 비슷하거나 능가하는 경우가 많다. 이러한 이유로 흔히 러스트를 성능과 안전을 위해 설계된 시스템 프로그래밍 언어로 묘사하기도 한다.

러스트는 C/C++나 자바처럼 **정적 타입을 쓰는** 언어다. 이 말은 변수의 타입을 이를테면 수에서 문자열로 바꿀 수 없다는 뜻이다. 러스트에서는 컴파일러가 맥락을 보고 변수의 타입을 파악할 수 있는 경우가 많기 때문에 이를 꼭 선언해야 할 필요가 없다. 이는 펄, 자바스크립트, 파이썬처럼 프로그램에서 언제든 변수의 타입을 이를테면 문자열에서 파일 핸들로 바꿀 수 있는 **동적 타입을 쓰는** 언어와 대조적이다.

러스트는 클래스나 상속이 없기 때문에 C++나 자바와 같은 객체 지향 언어가 **아니다**. 그 대신 러스트는 `struct`(스트럭트)를 이용해서 복잡한 데이터 타입을 표현하고 **트레이트**를 이용해서 타입이 어떻게 작동할 수 있는지를 기술한다. 이러한 스트럭트는 메서드를 가질 수 있고, 데이터의 내부 상태를 변경할 수 있고, 심지어 문서에서 **객체**라고 부르는 경우도 있지만 단어의 공식적인 의미를 놓고 볼 때 객체는 아니다.

러스트는 하스켈과 같은 순수 함수형 언어를 포함해 다른 언어와 프로그래밍 패러다임에서 흥미로운 많은 개념을 빌려왔다. 예를 들어 러스트에서 변수는 기본적으로 **변경할 수 없다**. 이 말은 이미 초기화된 변수의 값을 바꿀 수 없다는 뜻이며, 이를 바꾸려면 컴파일러에 변경할 수 있다는 걸 분명히 알려야 한다. 또 함수는 **일급**first-class값인데, 이 말은 이를 소위 말하는 다른 **고차 함수**higher-order function에 인수로 넘길 수 있다는 뜻이다. 필자 생각에 가장 흥미로운 점은 러스트가 **대수적 데이터 타입**algebraic data type이라고도 하는 **열거**enumerated 타입과 **합**sum 타입을 사용한다는 것인데, 이를테면 이를 통해서 함수가 어떤 값을 갖는 `Ok`나 다른 종류의 어떤 값을 갖는 `Err` 둘 중 하나일 수 있는 `Result`를 반환할 수 있다는 걸 표현할 수 있다. 이러한 값을 다루는 모든 코드는 반드시 모든 가능성을 처리해야 하므로, 예기치 않게 프로그램을 중단시킬 수 있는 오류를 깜빡하고 처리하지 못한 채 그냥 넘어가는 일이 없다.

## 대상 독자

흔히 마주하는 프로그래밍 작업을 다루는 현실적인 명령줄 프로그램을 작성해가면서 러스트 언어의 기초를 배우고자 한다면 이 책을 읽어야 한다. 여기서는 대부분의 독자들이 적어도 한 가지 다른 언어를 통해서 프로그래밍에 관한 몇 가지 기본 지식을 이미 갖췄다고 가정한다. 예를 들어 변수를 생성하는 법, 루프를 이용해서 동작을 반복하는 법, 함수를 생성하는 법 등을 알고 있어야 한다. 러스트는 타입을 광범위하게 사용하고 컴퓨터 메모리에 관한 세부사항을 이해해야 한다는 점에서 첫 번째 언어로 삼기엔 무리가 있다고 생각한다. 또 명령줄 사용법과 더불어 디렉터리를 만들고 없애고 바꾸는 법과 같은 몇 가지 기본적인 유닉스 명령을 어느 정도 알고 있다고 가정한다. 이 책은 현실적인 측면에 초점을 맞춰 일을 해내기 위해 알아야 할 사항을 제시한다. 핵심적인 내용은 짐 블랜디 등이 쓴 《프로그래밍 러스트(개정판)》(제이펍, 2023), 스티브 클라브닉과 캐럴 니컬스가 쓴

《러스트 프로그래밍 공식 가이드(제2판)》(제이펍, 2024), 팀 맥나마라가 쓴《한 줄 한 줄 짜면서 익히는 러스트 프로그래밍》(인사이트, 2022)과 같은 보다 포괄적인 책의 몫으로 남겨둔다. 언어 자체를 더 깊이 파고들고 싶다면 이 책과 더불어 이들 가운데 한 권 이상을 같이 읽어보길 적극 권한다.

러스트 프로그램을 점검하기 위해서 테스트를 작성하고 실행하는 법을 알고 싶은 경우에도 이 책을 읽어야 한다. 필자는 프로그램이 제대로 작동하는지 확인할 때뿐만 아니라, 문제를 잘 이해하고 테스트할 수 있는 작은 부분으로 나누기 위한 보조 수단으로 테스트를 사용해야 한다고 주장하는 테스트 옹호론자다. 이 책은 수록된 테스트의 사용법과 더불어, 테스트를 먼저 작성한 다음 그 테스트를 통과하는 코드를 작성하는 **테스트 주도 개발**test-driven development, TDD의 사용법을 보여준다. 이 책을 통해서 깐깐한 러스트 컴파일러가 테스트와 만나면 유지하고 수정하기 쉬운 더 나은 프로그램으로 이어진다는 사실이 부디 잘 전해지길 바란다.

## 왜 러스트를 배워야 할까?

러스트를 배워야 할 이유는 여러 가지다. 첫째는, 러스트의 타입 검사 기능이 기본적인 많은 오류를 미리 막아준다는 점이다. 필자는 펄, 파이썬, 자바스크립트와 같이 타입 검사 기능이 거의 없다시피 한 동적 타입을 쓰는 언어를 주로 써왔다. 그러다 러스트와 같은 정적 타입을 쓰는 언어를 쓰면 쓸수록, 동적 타입을 쓰는 언어가 내게 직접 프로그램을 검증하고 더 많은 테스트를 작성하게 하는 식으로 훨씬 더 많은 일을 강요한다는 걸 깨달았다. 그리고 점차 러스트 컴파일러가 아주 엄격하긴 해도 적이라기보다는 댄스 파트너였다고 느끼게 되었다. 물론 내가 발가락을 밟거나 신호를 놓칠 때마다 일일이 일러주는 댄스 파트너이긴 하지만, 결국엔 나를 더 나은 댄서로 만들어줄 것이고 그게 바로 최종 목표다. 대체로 볼 때 이제는 러스트 프로그램을 컴파일하면 대개는 내가 의도한 대로 작동한다.

둘째는, 러스트를 모르거나 개발자가 전혀 아닌 사람과도 러스트 프로그램을 쉽게 공유할 수 있다는 점이다. 직장 동료를 위해서 파이썬 프로그램을 작성하는 경우에는, 실행할 파이썬 소스 코드를 전해주면서 동료가 올바른 버전의 파이썬과 내 코드를 실행하는 데 필요한 모듈을 전부 갖추고 있는지 확인해야 한다. 그에 반해서 러스트 프로그램은 컴퓨터가 실행할 수 있는 파일로 직접 컴파일된다. 내 컴퓨터에서 프로그램을 작성하고 디버깅한 다음, 실행될 아키텍처에 맞게 실행 파일을 빌드해서, 해당 프로그램의 복사본을 동료에게 전해주면 된다. 올바른 아키텍처를 가졌다면 러스트를 설치할 필요 없이 바로 프로그램을 실행할 수 있다.

셋째는, 도커나 싱귤래리티로 컨테이너를 빌드해서 작업 흐름을 캡슐화하기가 용이하다는 점이다. 필자가 보기에 러스트 프로그램용 컨테이너는 파이썬 프로그램용 컨테이너보다 크기 면에서 훨씬 작은 경우가 많다. 예를 들어 파이썬 런타임이 포함된 도커 컨테이너에는 수백 MB가 필요할 수 있다. 그에 반해서 러스트 바이너리가 포함된 베어본 리눅스 가상 머신을 빌드하면 크기가 수십 MB에 불과하다. 필자는 머신러닝이나 자연어 처리 모듈과 같은 파이썬의 특정 기능 일부가 꼭 필요한 게 아니라면 러스트로 작성해서 더 작고 간결한 컨테이너를 빌드하는 걸 선호한다.

끝으로, 사용할 수 있는 모듈이 풍부한 생태계 덕분에 러스트의 생산성이 매우 높다는 점이다. **crates.io**에서 유용한 많은 러스트 크레이트(러스트에서는 라이브러리를 이렇게 부른다)를 찾아볼 수 있고, **Docs.rs**에 있는 문서는 모든 주제를 꼼꼼히 다루고 있으면서도 찾아보기 쉽게 되어 있다.

## 코딩 도전 과제

이 책에서는 완전한 프로그램을 만들어가면서 러스트 코드를 작성하고 테스트하는 법을 배운다. 각 장에서는 프로그램을 밑바닥부터 시작하는 법, 기능을 추가하는 법, 오류 메시지를 읽고 해결하는 법, 로직을 테스트하는 법을 보여준다. 필자는 여러분이 이 책을 출근길 버스에서 소극적인 태도로 읽다가 그냥 덮어두지 않기를 바란다. 나만의 해법을 작성해가며 읽을 때 가장 많이 배울 수 있지만, 필자가 제시하는 소스 코드를 따라서 입력하는 것만으로도 도움이 되리라고 믿는다.

이 책에 수록된 문제들은 많은 독자들에게 이미 꽤 익숙하리라는 판단 아래 유닉스 명령줄 코어 유틸스(https://oreil.ly/fYV82)에서 선별해 가져왔다. 이를테면 여러분이 파일 맨 앞이나 뒤에 있는 몇 줄을 들여다볼 목적으로 `head`와 `tail`을 사용해본 적이 있다고 가정하고 이런 프로그램을 직접 한번 작성해보는 것이다. 다른 러스타시안들(러스트를 쓰는 사람들, https://www.rustaceans.org/)도 같은 생각이었는지, 인터넷을 찾아보면 이들 프로그램의 다른 러스트 구현(https://oreil.ly/RmiBN)이 많이 있다. 그 외에도 이들은 약간의 기술을 알려주기에 적당한 크기를 가진 자그마한 프로그램이다. 프로젝트는 서로가 서로를 토대로 구축되도록 순서에 맞게 배치해뒀으므로 각 장을 차례로 읽어나가는 게 가장 좋다.

이런 프로그램을 고른 이유 중 하나는 이들이 일종의 실측값을 제공하기 때문이다. 유닉스는 종류가 다양하기 때문에 이들 프로그램의 구현도 다양하지만 대개는 모두 작동 방식이 같고 산출하는 결과도 같다. 필자는 개발할 때 macOS를 사용하는데, 이 말은 이들 프로그램의 BSD<sub>Berkeley</sub> standard distribution 버전이나 GNU(https://www.gnu.org/) 버전을 주로 실행한다는 뜻이다. 대체로 볼 때 BSD 버전은 GNU 버전보다 먼저 나오고 가지고 있는 옵션도 더 적다. 이 책에서는 '도전 과제' 프로그램마다 셸 스크립트를 이용해서 오리지널 프로그램의 출력을 출력 파일로 리디렉션한다. 목표는 이렇게 해서 러스트 프로그램이 동일한 입력에 대해서 동일한 출력을 만들어내게 하는 것이다. 또 유니코드 문자가 섞인 간단한 아스키 텍스트와 더불어 윈도우에서 인코딩된 파일을 포함시켜서 이 책에서 다루는 프로그램이 오리지널 프로그램과 마찬가지로 다양한 줄 끝(개행 문자) 표현 방식을 잘 처리하도록 꼼꼼히 신경 썼다.

오리지널 프로그램을 그대로 따라 만들다 보면 꽤 복잡해질 수 있어서 대부분의 도전 과제에서는 그중 일부만 구현해본다. 또 보다 쉽게 설명하기 위해서 일부 프로그램의 출력을 소소하게 몇 군데 고치기로 했다. CD를 틀어놓고 연주하면서 악기 연주를 배우는 것과 같다고 보면 된다. 오리지널 버전의 모든 음을 연주할 필요는 없다. 중요한 건 인수를 처리하고 입력을 읽는 것과 같이 흔히 마주하는 패턴을 익혀서 여러분의 것을 작성하는 단계로 나아가는 것이다. 보너스 도전 과제로 이들 프로그램을 다른 언어로 작성해서 설루션이 러스트와 어떻게 다른지 확인해보자.

## 러스트 설치하고 코드 가져오기

시작하려면 먼저 러스트를 설치해야 한다. 필자가 러스트에서 가장 좋아하는 부분은 `rustup` 도구를 이용하면 손쉽게 러스트를 설치하고 업그레이드하고 관리할 수 있다는 것이다. 윈도우는 물론 리눅스와 macOS 같은 유닉스 계열 운영체제에서도 똑같이 잘 작동한다. 현재 사용 중인 OS를 위한 설치 안내(https://oreil.ly/camNw)를 따르면 된다. 러스트는 대략 6주마다 업데이트되므로 이미 `rustup`을 설치한 경우에는 **rustup update**를 실행해서 최신 버전의 언어와 도구를 가져올 수 있다. **rustup doc**을 실행하면 방대한 양의 문서가 화면에 표시된다. 다음 명령을 이용하면 `rustc` 컴파일러의 버전을 확인할 수 있다.

```
$ rustc --version
rustc 1.76.0 (07dca489a 2024-02-04)
```

프로그램을 위한 테스트와 데이터는 이 책의 깃허브 저장소(https://github.com/kyclark/command-line-rust)에서 찾을 수 있다. 깃 소스 코드 관리 도구(https://git-scm.com/)를 이용해서 이를 여러분의 컴퓨터에 복사하자. 다음 명령은 이 책의 저장소에 있는 내용을 가진 **command-line-rust**라는 새 디렉터리를 여러분의 컴퓨터에 생성한다.

```
$ git clone https://github.com/kyclark/command-line-rust.git
```

앞 단계에서 복제한 디렉터리에 코드를 작성해서는 **안 된다**. 다른 곳에 프로젝트를 위한 별도의 디렉터리를 만들어야 한다. 작성할 프로그램을 보관할 자기만의 깃 저장소를 생성하는 게 좋다. 예를 들어 깃허브를 사용하고 있고 저장소 이름이 **rust-solutions**라면 다음 명령을 이용해서 저장소를 복제할 수 있다. YOUR_GITHUB_ID 부분을 실제 깃허브 ID로 바꿔야 한다.

```
$ git clone https://github.com/YOUR_GITHUB_ID/rust-solutions.git
```

러스트에서 가장 먼저 만나게 될 도구 중 하나는 바로 빌드 도구이자 패키지 매니저이면서 테스트 러너인 카고(https://oreil.ly/OhYek)다. 각 장에서는 카고를 이용해서 새 프로젝트를 생성하도록 안내하는데, 이 작업은 여러분의 설루션 디렉터리 안에서 하는 게 좋다. 그리고 여러분의 코드를 테스트하기 위해서 이 책의 저장소에 있는 각 장의 **tests** 디렉터리를 여러분의 프로젝트 디렉터리에 복사할 것이다. 카고와 러스트를 이용한 테스트 코드의 모습이 궁금하다면 1장의 테스트를 실행해 보자. 이 책의 **01_hello** 디렉터리로 자리를 옮겨서 `cargo test` 명령으로 테스트를 실행한다.

```
$ cd command-line-rust/01_hello
$ cargo test
```

일이 순조롭게 풀리면 통과한 테스트 몇 가지가 (순서에 상관없이) 표시된다.

```
running 3 tests
test false_not_ok ... ok
test true_ok ... ok
test runs ... ok
```

 모든 프로그램은 macOS, 리눅스, 윈도우 10/파워셸, 우분투 리눅스/리눅스용 윈도우 서브시스템 Windows Subsystem for Linux, WSL에서 테스트했다. 필자는 러스트가 윈도우와 유닉스 운영체제 양쪽 모두에서 잘 작동한다는 점이 정말 맘에 들지만, 두 프로그램(`findr`와 `lsr`)은 유닉스 계열 시스템에서 사용하는 운영체제와 근본적으로 다른 부분이 몇 가지 있어서 윈도우에서는 약간 달리 작동한다. 윈도우/파워셸 사용자라면 WSL을 설치하고 이 환경 안에서 프로그램을 돌려보길 권한다.

이 책에 있는 모든 코드는 코드를 예쁘고 읽기 쉽게 만들어주는 편리한 도구인 `rustfmt`로 형식화되었다. `rustfmt`는 `cargo fmt`를 이용해서 프로젝트에 있는 소스 코드 전체를 대상으로 실행해도 되고, 아니면 여러분의 코드 편집기에 물려두고 필요할 때마다 실행해도 된다. 예를 들어 필자는 텍스트 편집기로 `vim`을 선호하는데, 여기에 작업을 저장할 때마다 자동으로 `rustfmt`가 실행되도록 설정해두고 사용한다. 이렇게 해두면 코드를 읽고 실수를 찾기가 훨씬 쉬워진다.

아울러 러스트 코드용 린터linter인 클리피Clippy(https://oreil.ly/XyzTS)를 사용해보기 바란다. **린팅**은 코드에서 흔히 발생하는 실수를 자동으로 검사하는 것을 말하는데, 대부분의 언어는 하나 이상의 린터를 제공하는 것으로 보인다. `rustfmt`와 `clippy`는 모두 기본적으로 설치되지만, 필요하다면 **`rustup component add clippy`**를 이용해서 설치해도 된다. 그런 다음 **`cargo clippy`**를 실행하면 소스 코드를 검사하고 권고 사항을 받아볼 수 있다. 클리피의 출력이 없다는 건 제안할 게 없다는 뜻이다.

## 2024년 3월 개정 내용(원서 3쇄)

이 책 1쇄는 2022년에 출간되었다. 이후 2년 동안 러스트 언어와 크레이트 생태계는 빠르게 발전했고, 감사하게도 오라일리 출판사는 이러한 변화를 반영해 코드 예제를 업데이트할 수 있게 해줬다. 이번 3쇄에서는 프로그램을 더 쉽게 가르칠 수 있도록 프로그램을 단순화하고 `pretty_assertions` 크레이트를 사용하여 테스트 출력을 개선했다. 무엇보다 가장 큰 변화는 2장부터 모든 프로그램에 사용된 `clap`(명령줄 인수 파서) 크레이트다. 책을 처음 쓸 때 버전 2.33에는 인수를 파싱하는 메서드('빌더')가 하나뿐이었지만, 출판 직후 버전이 4로 확 올라가며 두 번째 메서드('파생')가 도입되었다. 이 새로운 패턴들을 사용하도록 모든 프로그램을 다시 작성했고, 독자가 원하는 패턴을 자유롭게 쓸 수 있도록 파싱 부분은 분리했다. 이 책의 코드 예제들은 `git checkout`을 사용하여, 각각 `clap_v4_builder`(빌더 패턴) 또는 `clap_v4_derive`(파생 패턴) 브랜치에서 가져올 수 있다.

**켄 유엔스-클라크**

# 감사의 글 ────────────────────────────

먼저 이런 놀라운 언어와 학습 자료를 만들어준 러스트 커뮤니티에 감사와 고마움의 마음을 전한다. 필자는 처음 러스트를 쓰기 시작했을 때 일단 엉성하게 프로그램을 작성해놓고는 그냥 러스트 컴파일러에 뭘 고쳐야 할지 알려달라고 맡기면 된다는 걸 금세 깨달았다. 프로그램이 컴파일될 때까지 무턱대고 &와 *를 넣고 빼기를 반복하고 또 이것저것 복제하고 빌려오고 하다 보니 더 나은 방법을 알아낼 수 있었다. 그러다 막힐 때면 늘 https://users.rust-lang.org에서 도움을 얻곤 했다. 트위터에서부터 레딧에 이르기까지 러스트에서 만난 사람들은 하나같이 친절했고 또 기꺼이 도움을 주었다.

각 장에서 다루고 있는 프로젝트의 기반이 되는 프로그램과 문서를 제공해준 BSD와 GNU 커뮤니티에 감사하다는 말을 전하고 싶다. 이들의 프로그램에서 도움말 문서의 일부를 수록할 수 있게 허락해준 관대한 라이선스에 대해서도 감사를 표한다.

- https://www.freebsd.org/copyright/freebsd-license
- https://creativecommons.org/licenses/by-nd/4.0

개발 편집자 코빈 콜린스Corbin Collins와 리타 페르난도Rita Fernando, 프로덕션 편집자 케이틀린 게건Caitlin Ghegan과 그레그 하이먼Greg Hyman과 크리스틴 브라운Kristen Brown에게도 감사의 말을 전하고 싶다. 필자를 올바른 길로 인도해준 기술 검토자 캐럴 니컬스Carol Nichols, 브래드 풀턴Brad Fulton, 에릭 노딘Erik Nordin, 제러미 게일러Jeremy Gailor와 시간을 내어 의견을 제시해준 조슈아 린치Joshua Lynch, 앤드루 올슨Andrew Olson, 재스퍼 잔자니Jasper Zanjani, 윌리엄 에번스William Evans를 비롯한 다른 모든 분들에게도 깊이 감사드린다. 또 지난 몇 년간 전문직에 종사하면서 러스트와 같은 새로운 언어를 배우는 데 많은 시간과 노력을 들이는 걸 용인해준, 직장 상사인 애리조나 대학교의 보니 허

위츠Bonnie Hurwitz 박사와 크리티컬 패스 인스티튜트의 어맨다 보렌스Amanda Borens에게도 감사의 마음을 전한다.

개인적으로는 아내 로리 킨들러Lori Kindler와 세상에서 가장 특별한 우리 세 아이들의 사랑과 지원이 없었다면 이 책을 쓸 수 없었을 거라 생각한다. 끝으로 고등학교 시절 필자의 음악 취향을 하드록과 프로그레시브 록에서 디페시 모드, 더 스미스, 데이 마이트 비 자이언츠 같은 얼터너티브 밴드로 바꾸기 위해 열심히 노력해준 내 친구 브라이언 캐슬Brian Castle에게도 고맙다는 말을 전하고 싶다.

# 표지에 대하여 _____

표지에 있는 동물은 농게fiddler crab로, 반육성 게류로 구성된 달랑게과에 속하는 100개 이상의 종과 공통된 이름을 공유하는 작은 갑각류다.

농게의 가장 유명한 특징은 아마도 수컷을 구별하고 의사소통, 구애, 경쟁적 행동에 사용되는 거대한 집게발일 것이다. 농게는 미생물, 조류, 썩은 실물, 곰팡이를 먹으며 모레와 진흙을 샅샅이 뒤져서 먹이를 찾는다. 일반적으로 2-3년을 넘지 않는 비교적 짧은 수명을 가지며 전 세계 여러 지역의 염습지와 해변 서식지에서 발견된다.

오라일리 표지의 동물들은 대부분 멸종 위기종이다. 농게는 희귀하진 않지만 모든 동물과 마찬가지로 우리와 그들이 속한 생태계에 소중한 존재다.

표지 그림은 《Brehms Thierleben》에서 가져온 고풍스러운 라인 인그레이빙을 바탕으로 캐런 몽고메리Karen Montgomery가 그렸다.

# 위험한 진실: true와 false

> 진실은, 우린 아무것도 모른다는 거야
>
> —<Ana Ng>(데이 마이트 비 자이언츠They Might Be Giants, 1988)

이번 장에서는 러스트 프로그램을 구성하고 실행하고 테스트하는 법을 살펴본다. 또 유닉스 플랫폼(macOS)을 기준으로 명령줄 프로그램에 관한 기본적인 아이디어 몇 가지를 설명한다. 윈도우 운영체제에 적용할 수 없는 아이디어도 일부 다루지만, 러스트 프로그램 자체는 어떤 플랫폼을 이용하든 상관없이 동일하게 작동한다.

배울 내용은 다음과 같다.

- 러스트 코드를 실행 파일로 컴파일하는 법

- 카고를 이용해서 새 프로젝트를 시작하는 법

- $PATH 환경 변수를 사용하는 법

- crates.io에 있는 외부 러스트 크레이트를 포함시키는 법

- 프로그램의 종료 상태를 해석하는 법

- 일반적인 시스템 명령과 옵션을 사용하는 법

- true와 false 프로그램의 러스트 버전을 작성하는 법

- 테스트를 구성하고 작성하고 실행하는 법

---

\* 옮긴이 이번 장 제목의 원문은 "Truth or Consequences"로 미국의 유명한 방송 프로그램명이다(https://en.wikipedia.org/wiki/Truth_or_Consequences). 출연자가 퀴즈의 진실(truth)을 맞히지 못하면 좋지 않은 결과(consequence)를 얻게 되는 진행 방식이었고, 여기서 의미가 확장되어 '모든 행동에는 그에 수반하는 결과가 따른다'는 의미로도 사용되곤 한다. 이번 장에서 다룰 true와 false 프로그램을 소개하는 언어유희다. 이후에도 장이 시작하는 곳마다 장 제목에 대한 옮긴이의 해설을 달았다.

# 1.1 시작하기: 'Hello, world!'

프로그래밍 언어를 배울 때면 다들 약속이라도 한 것처럼 화면에 'Hello, world!'를 인쇄해보는 데서 시작하기 마련이다. 따라서 첫 번째로 이 프로그램을 작성해보자. 먼저 **cd /tmp** 명령을 써서 임시 디렉터리로 자리를 옮긴다. 지금은 그냥 재미 삼아 해보려는 것이므로 제대로 된 디렉터리일 필요는 없다. 그런 다음 텍스트 편집기를 열고 다음 코드를 **hello.rs**라는 파일에 입력한다.

```
fn main() { ❶
    println!("Hello, world!"); ❷
} ❸
```

❶ 함수는 `fn`을 써서 정의한다. 이 함수의 이름은 `main`이다.

❷ `println!`(**print line**의 준말)은 매크로이며 텍스트를 `STDOUT`(**표준 출력**standard out이라고 읽는다)에 인쇄한다. 세미콜론은 실행문의 끝을 나타낸다.

❸ 함수의 본문은 중괄호로 에워싼다.

러스트는 이 `main` 함수를 자동으로 실행한다. 함수 인수는 함수의 이름 뒤에 오는 괄호 안에 등장한다. `main()`에 나열된 인수가 없으므로 이 함수는 인수를 받지 않는다. 끝으로 여기서 한 가지 짚고 넘어가야 할 것은 `println!`(https://oreil.ly/GGmNx)이 함수처럼 보여도 사실은 코드를 작성하는 코드라 할 수 있는 **매크로**macro(https://oreil.ly/RFXMp)라는 점이다. 이 책에서 사용하는 `assert!`(https://oreil.ly/SQHyp)와 `vec!`(https://oreil.ly/KACU4) 같은 다른 매크로도 전부 느낌표로 끝난다.

이 프로그램을 실행하려면 먼저 러스트 컴파일러인 `rustc`를 이용해서 코드를 컴퓨터가 실행할 수 있는 형태로 **컴파일**compile해야 한다.

```
$ rustc hello.rs
```

윈도우에서는 이 명령을 사용한다.

```
> rustc.exe .\hello.rs
```

일이 순조롭게 풀리면 앞 명령은 화면에 아무런 출력도 남기지 않은 채 macOS와 리눅스에서는

hello라는 파일을, 윈도우에서는 **hello.exe**라는 파일을 생성한다. 이들은 운영체제가 직접 실행할 수 있는 바이너리로 인코딩된 파일이라서 보통 **실행 파일**executable 또는 **바이너리**binary라고 부른다. macOS에서는 `file` 명령을 이용해서 해당 파일의 종류가 무엇인지 확인할 수 있다.

```
$ file hello
hello: Mach-O 64-bit executable x86_64
```

이 프로그램을 실행하면 매력적이면서도 진심 어린 메시지를 볼 수 있다.

```
$ ./hello ①
Hello, world!
```

❶ 점(.)은 현재 디렉터리를 나타낸다.

 여기서 잠깐, 실행할 프로그램을 찾을 때 뒤져야 할 디렉터리를 나열하는 $PATH 환경 변수에 대해서 한 가지 짚고 넘어가야 할 것이 있다. 그것은 바로 악성 코드가 비밀리에 실행되는 걸 막기 위해, 현재 작업 디렉터리는 절대로 이 변수에 포함되지 않는다는 점이다. 예를 들어 나쁜 행위자가 파일시스템을 통째로 날려 버리려는 시도의 일환으로 `rm -rf /`를 실행하는 `ls`라는 프로그램을 만들지도 모를 일이다. 이를 루트 사용자로 실행하는 일이 벌어지면 하루를 통째로 망치게 될 것이다.

윈도우에서는 다음처럼 실행하면 된다.

```
> .\hello.exe
Hello, world!
```

축하한다! 이렇게 해서 첫 번째 러스트 프로그램을 작성해봤다. 이제 다음으로 코드를 더 잘 구성하는 법을 살펴보자.

## **1.2** 러스트 프로젝트 디렉터리 구성하기

러스트 프로젝트에서는 많은 소스 코드 파일을 작성할 가능성이 높고 crates.io 같은 곳에 있는 다른 사람의 코드를 쓰기도 한다. 따라서 프로젝트별로 디렉터리를 만들고 그 안에 러스트 소스 코드 파일을 위한 **src** 하위 디렉터리를 만드는 게 좋다. 다음 명령을 쓰면 이런 식으로 된 디렉터리 구조를 만들 수 있다. 단, 여기서는 **hello**라는 디렉터리를 만들기 때문에, 유닉스 시스템에서는 먼저 `rm hello` 명령을 써서 **hello** 바이너리를 제거해야 한다.

```
$ mkdir -p hello/src ❶
```

❶ `mkdir` 명령은 디렉터리를 만든다. `-p` 옵션은 자식 디렉터리를 만들기 전에 부모 디렉터리를 만들라는 뜻이다. 파워셸에서는 이 옵션이 필요 없다.

`mv` 명령을 써서 **hello.rs** 소스 파일을 **hello/src**로 옮긴다.

```
$ mv hello.rs hello/src
```

`cd` 명령을 써서 해당 디렉터리로 자리를 옮긴 다음 프로그램을 다시 컴파일한다.

```
$ cd hello
$ rustc src/hello.rs
```

이렇게 하고 나면 해당 디렉터리에 `hello` 실행 파일이 생성된다. `tree` 명령(설치해야 할 수도 있다)을 써서 이 디렉터리의 내용을 살펴보면 다음과 같다.

```
$ tree
.
├── hello
└── src
    └── hello.rs
```

이것이 바로 간단한 러스트 프로젝트의 기본 구조다.

## **1.3** 카고로 프로젝트 만들고 실행하기

새 러스트 프로젝트를 시작하는 보다 쉬운 방법은 카고 도구를 쓰는 것이다. 먼저 앞서 만든 **hello** 디렉터리를 삭제한다.

```
$ cd .. ❶
$ rm -rf hello ❷
```

**❶** 부모 디렉터리로 자리를 옮긴다. 점 두 개(..)는 부모 디렉터리를 나타낸다.

**❷** -r **재귀**recursive 옵션은 디렉터리의 내용을 제거하고, -f **강제**force 옵션은 모든 오류를 건너뛴다.

이어지는 프로그램을 남겨두고 싶다면 여러분의 프로젝트용 설루션 디렉터리로 자리를 옮긴다. 그리고 다음처럼 카고를 써서 프로젝트를 새로 시작한다.

```
$ cargo new hello
    Created binary (application) `hello` package
```

그러면 새 **hello** 디렉터리가 생성된다. 이 디렉터리로 자리를 옮긴 다음 다시 tree를 써서 내용을 살펴보면 다음과 같다.

```
$ cd hello
$ tree
.
├── Cargo.toml ❶
└── src ❷
    └── main.rs ❸
```

**❶** Cargo.toml은 프로젝트의 구성 파일이다. 확장자 .toml은 Tom's Obvious, Minimal Language의 약자다.

**❷** src 디렉터리는 러스트 소스 코드 파일 용이다.

**❸** main.rs는 러스트 프로그램의 기본 시작 지점이다.

다음으로 cat(concatenate의 준말) 명령을 쓰면 카고가 생성한 소스 파일의 내용을 살펴볼 수 있다 (3장에서 cat의 러스트 버전을 작성해볼 것이다).

```
$ cat src/main.rs
fn main() {
    println!("Hello, world!");
}
```

이번에는 rustc를 써서 프로그램을 컴파일하는 게 아니라 **cargo run**을 써서 하나의 명령으로 소스 코드를 컴파일하고 실행까지 한다.

```
$ cargo run
   Compiling hello v0.1.0 (/private/tmp/hello) ❶
    Finished dev [unoptimized + debuginfo] target(s) in 1.26s
     Running `target/debug/hello`
Hello, world! ❷
```

❶ 처음 세 줄은 카고가 수행하는 작업에 관한 정보다.

❷ 프로그램의 출력이다.

카고가 코드를 컴파일하고 실행하는 단계에서 인쇄하는 상태 메시지를 보고 싶지 않다면 `-q`나 `--quiet` 옵션을 쓰면 된다.

```
$ cargo run --quiet
Hello, world!
```

> **카고 명령**
>
> `-q`|`--quiet` 옵션이 있다는 건 어떻게 알았을까? `cargo`를 인수 없이 실행하면 기다란 문서가 인쇄된다는 걸 기억하자. 《이상한 나라의 앨리스》에서 쿠키가 "날 먹어봐"라고 말하듯이, 좋은 명령줄 도구는 자신의 사용법을 일러주기 마련이다. 이 문서에서 가장 앞에 나오는 단어 중 하나가 **Usage(사용법)**라는 점을 주목하자. 이 유용한 메시지를 보통 **사용** 설명서라고 부른다. 이 책에 수록된 프로그램도 자신의 사용법을 인쇄한다. `cargo help` 명령을 쓰면 카고의 모든 명령에 대한 도움말을 요청할 수 있다.

카고를 써서 프로그램을 실행한 뒤에 `ls` 명령을 써서 현재 작업 디렉터리의 내용을 나열해보자(14장에서 `ls`의 러스트 버전을 작성해볼 것이다). **target**이라는 새 디렉터리가 생겼을 것이다. 기본적으로 카고는 **디버그** 타깃target(https://oreil.ly/1Fs8Q)을 빌드하므로 **target/debug** 디렉터리에 빌드 산출물이 들어 있는 걸 볼 수 있다.

```
$ ls
Cargo.lock  Cargo.toml  src/         target/
```

앞서 본 `tree` 명령이나 `find` 명령(7장에서 `find`의 러스트 버전을 작성해볼 것이다)을 쓰면 카고와 러스트가 생성한 모든 파일을 살펴볼 수 있다. 여기서 카고가 실행해준 건 **target/debug/hello**에 있는 실행 파일이다. 이를 직접 실행해보자.

```
$ ./target/debug/hello
Hello, world!
```

요약하면 카고는 **src/main.rs**의 소스 코드를 가져다가 그 안에 있는 `main` 함수를 이용해서 **target/debug/hello** 바이너리를 빌드하고 실행했다. 그런데 바이너리 파일의 이름은 왜 **main**이 아니고 **hello**인 걸까? 답은 **Cargo.toml**에 있다.

```
$ cat Cargo.toml
[package]
name = "hello" ❶
version = "0.1.0" ❷
edition = "2021" ❸

# See more keys and their definitions at ❹
# https://doc.rust-lang.org/cargo/reference/manifest.html

[dependencies] ❺
```

❶ 카고로 프로젝트를 만들 때 넘겼던 이름이다. 실행 파일의 이름으로도 쓰인다.

❷ 프로그램의 버전이다.

❸ 프로그램을 컴파일할 때 써야 하는 러스트의 에디션(https://oreil.ly/4fgvX)이다. 에디션은 러스트 커뮤니티가 이전 버전과 호환되지 않는 변경 사항을 도입할 때 쓰는 방법이다. 이 책에 수록된 모든 프로그램은 2021 에디션을 쓴다.

❹ 주석 줄이다. 원하면 파일에서 지워도 된다. 앞으로 이 줄은 생략하겠다.

❺ 프로젝트에서 쓸 외부 크레이트crate를 나열하는 곳이다. 현재 이 프로젝트는 아무것도 쓰지 않으므로 이 부분이 비어 있다.

러스트 라이브러리는 **크레이트**라고 하며, `major.minor.patch` 형식으로 된 **유의적 버전 번호**semantic version number를 쓰도록 되어 있으므로, 1.2.4는 주major 버전이 1, 부minor 버전이 2, 패치patch 버전이 4가 된다. 주 버전이 바뀌었다는 건 크레이트의 공개 애플리케이션 프로그래밍 인터페이스application programming interface, API에 중대한 변화가 생겼다는 뜻이다.

## 1.4 통합 테스트 작성하고 실행하기

테스트를 설계하는 행위는 테스트를 수행하는 행위 그 이상으로 잘 알려진 최고의 버그 예방책 가운데 하나. 유용한 테스트를 만들기 위해서 밟아야 하는 사고 과정은 버그를 코드에 남기 전에 미리 발견하고 제거할 수 있다. 실제로 테스트-설계 사고 과정은 구상에서부터 사양, 설계, 코딩 등에 이르기까지 소프트웨어 제작의 모든 단계에서 버그를 발견하고 제거할 수 있다.

—보리스 바이저Boris Beizer, 《Software Testing Techniques》(Wiley, 2008)

'Hello, world!'는 꽤 단순하지만 그래도 테스트를 품을 수 있는 여지가 남아 있다. 이 책에서 소개하는 테스트의 범주는 크게 두 가지다. **인사이드-아웃**inside-out 또는 **단위 테스트**unit test는 프로그램 내부에 있는 함수를 위한 테스트를 작성하는 것이다. 단위 테스트는 5장에서 소개한다. **아웃사이드-인**outside-in 또는 **통합 테스트**integration test는 마치 사용자인 양 프로그램을 실행하는 테스트를 작성하는 것으로, 이 프로그램을 대상으로 해보려고 하는 바로 그것이다. 러스트 프로젝트에서는 테스트 코드를 위한 **tests** 디렉터리를 **src** 디렉터리 옆에 나란히 생성하는 게 관례인데, 이를 위해서는 `mkdir tests` 명령을 쓰면 된다.

목표는 마치 사용자인 양 명령줄에서 `hello` 프로그램을 실행해 테스트하는 것이다. 다음 코드를 가지고 **명령줄 인터페이스**command-line interface, CLI를 위한 **tests/cli.rs** 파일을 생성한다. 이 함수는 러스트에서 할 수 있는 가장 간단한 테스트를 보여주기 위한 것일 뿐, 아직 뭔가 유용한 일을 하는 건 아니다.

```
#[test] ❶
fn works() {
    assert!(true); ❷
}
```

❶ `#[test]` 애트리뷰트는 러스트가 이 함수를 테스트 목적으로 실행하도록 지시한다.

❷ `assert!` 매크로(https://oreil.ly/SQHyp)는 주어진 불리언Boolean 표현식이 `true`라고 단언한다.

이제 프로젝트의 모습은 다음과 같아야 한다.

```
$ tree -L 2
.
├── Cargo.lock ❶
├── Cargo.toml
├── src ❷
```

```
|        └── main.rs
├── target ❸
|    ├── CACHEDIR.TAG
|    ├── debug
|    └── tmp
└── tests ❹
     └── cli.rs
```

❶ Cargo.lock 파일(https://oreil.ly/81q3a)에는 프로그램을 빌드하는 데 사용되는 의존성(디펜던시) dependency들의 정확한 버전이 기록된다. 이 파일은 편집하면 안 된다.

❷ src 디렉터리에는 프로그램을 빌드하기 위한 러스트 소스 코드 파일이 들어간다.

❸ target 디렉터리에는 빌드 산출물이 들어간다.

❹ tests 디렉터리에는 프로그램을 테스트하기 위한 러스트 소스 코드 파일이 들어간다.

이 책에 수록된 모든 테스트는 assert!를 써서 어떤 기대치(예상되는 출력값)가 true인지를 검증하거나, assert_eq!(https://oreil.ly/P6Bfw)를 써서 무언가가 기대치와 같은지를 검증한다. 앞에 있는 테스트는 리터럴값 true를 평가하고 있으므로 항상 성공한다. 이 테스트를 돌려보려면 cargo test를 실행한다. 그러면 출력에 다음과 같은 내용이 표시된다.

```
running 1 test
test works ... ok
```

테스트가 실패하는 것을 보려면 tests/cli.rs 파일에서 true를 false로 바꾼다.

```
#[test]
fn works() {
    assert!(false);
}
```

그러면 출력에 다음과 같이 실패한 테스트가 표시된다.

```
running 1 test
test works ... FAILED
```

테스트 함수는 assert!와 assert_eq! 호출을 원하는 만큼 가질 수 있다. 단, 이들 가운데 하나라도 실패하면 전체 테스트가 실패한다.

이제 명령을 실행하고 결과를 확인하는 좀 더 유용한 테스트를 만들어보자. `ls`는 유닉스와 윈도우 파워셸[1] 모두에서 작동하므로 이 명령을 가지고 시작하겠다. **tests/cli.rs**의 내용을 다음 코드로 바꾼다.

```
use std::process::Command; ❶

#[test]
fn runs() {
    let mut cmd = Command::new("ls"); ❷
    let res = cmd.output(); ❸
    assert!(res.is_ok()); ❹
}
```

❶ `std::process::Command`(https://oreil.ly/ErqAX)를 가져온다. `std`는 **표준**standard 라이브러리라는 뜻으로 언어에 포함될 만큼 언제 어디서나 유용한 러스트 코드라는 의미다.

❷ `ls`를 실행할 새 `Command`를 생성한다. `let` 키워드(https://oreil.ly/cYjVT)는 값을 변수에 바인딩한다. `mut` 키워드(https://oreil.ly/SH6Qr)는 이 변수를 변경 가능한 **뮤터블**mutable로 만든다.

❸ 명령을 실행하고 출력을 캡처하면 `Result`(https://oreil.ly/EYxds)가 나온다.

❹ 결과가 작업이 성공했음을 나타내는 `Ok` 배리언트variant인지 확인한다.

 기본적으로 러스트 변수는 이뮤터블immutable이므로 값이 변경될 수 없다.

`cargo test`를 실행하고 출력에 통과한 테스트가 표시되는지 확인한다.

```
running 1 test
test runs ... ok
```

이제 **tests/cli.rs**를 다음 코드로 업데이트해서 `runs` 함수가 `ls` 대신 `hello`를 실행하도록 바꾼다.

```
use std::process::Command;

#[test]
fn runs() {
```

---

**1** [옮긴이] 윈도우에서 책의 모든 예제를 실습하고 싶다면 WSL을 사용해야 한다.

```
    let mut cmd = Command::new("hello");
    let res = cmd.output();
    assert!(res.is_ok());
}
```

그런데 테스트를 다시 실행하면 `hello` 프로그램을 찾을 수 없어 실패한다.

```
running 1 test
test runs ... FAILED
```

바이너리가 **target/debug/hello**에 있다는 걸 기억하자. 명령줄에서 `hello`를 실행하려고 하면 프로그램을 찾을 수 없다는 걸 알 수 있다.

```
$ hello
-bash: hello: command not found
```

명령을 실행하면 운영체제는 미리 정의된 디렉터리 집합에서 해당 이름으로 된 무언가를 찾는다.[2] 유닉스 계열 시스템에서는 셸의 `PATH` 환경 변수를 들여다보면 콜론으로 구분된 이 디렉터리 목록을 확인할 수 있다(윈도우 파워셸에서는 `$env:Path`가 같은 역할을 한다). `tr`(**translate characters**의 준말)을 써서 콜론(`:`)을 새 줄(`\n`)로 바꾼 필자의 `PATH` 내용은 다음과 같다.

```
$ echo $PATH | tr : '\n' ❶
/opt/homebrew/bin
/Users/kyclark/.cargo/bin
/Users/kyclark/.local/bin
/usr/local/bin
/usr/bin
/bin
/usr/sbin
/sbin
```

❶ `$PATH`는 bash에게 변수를 보간interpolation하도록 지시한다. 그리고 파이프(`|`)를 써서 이를 `tr`에 전달(연결)한다.

심지어 **target/debug** 디렉터리로 자리를 옮기더라도, 앞서 언급한 보안 제약이 현재 작업 디렉터

---

2   셸 별칭과 함수도 명령처럼 실행할 수 있지만 여기서는 실행할 프로그램을 찾는 것에 대해서만 이야기하기로 하자.

리를 내 PATH에서 제외시키기 때문에 여전히 hello를 찾을 수 없다.

```
$ cd target/debug/
$ hello
-bash: hello: command not found
```

프로그램을 실행하려면 현재 작업 디렉터리를 명시적으로 참조해야 한다.

```
$ ./hello
Hello, world!
```

다음으로 현재 크레이트에만 존재하는 바이너리를 실행할 방법을 찾아야 한다.

### 1.4.1 프로젝트 의존성 추가하기

현재 hello 프로그램은 **target/debug** 디렉터리에만 존재한다. 이를 내 PATH에 있는 디렉터리 중한 곳에 복사해두면 언제 어디서나 실행할 수 있으므로 테스트를 성공시킬 수 있다(앞서 봤다시피, 필자는 이런 식으로 개인적인 프로그램을 담아두기 위해서 **$HOME/.local/bin**을 포함시켜두었다). 하지만내 프로그램을 복사해다가 테스트하고 싶진 않고 현재 크레이트에 있는 프로그램을 테스트하고싶다. 이럴 때는 assert_cmd(https://oreil.ly/Lw-gr) 크레이트를 써서 내 크레이트 디렉터리에 있는프로그램을 찾을 수 있다.

또 기본 버전의 assert_eq! 매크로보다 두 문자열 간의 차이를 더 잘 보여주는 버전을 사용하기위해서 pretty_assertions(https://oreil.ly/VqD62) 크레이트를 추가하겠다. 그러기 위해서는 먼저이들을 **Cargo.toml**에 개발 의존성development dependency(https://oreil.ly/pezix)으로 추가해야 한다.이렇게 하면 카고는 이들 크레이트가 테스트와 벤치마크를 위해서만 필요하다는 걸 알게 된다.

```
[package]
name = "hello"
version = "0.1.0"
edition = "2021"

[dependencies]

[dev-dependencies]
assert_cmd = "2.0.13"
pretty_assertions = "1.4.0"
```

이제 `assert_cmd`를 이용해서 카고 바이너리 디렉터리를 들여다보는 `Command`를 생성할 수 있다. 다음 테스트는 프로그램이 올바른 출력을 만들어내는지가 아니라 제대로 실행되는지만 확인한다. **tests/cli.rs**를 다음 코드로 업데이트해서 `runs` 함수가 `std::process::Command` 대신 `assert_cmd::Command`를 쓰도록 바꾼다.

```
use assert_cmd::Command; ❶

#[test]
fn runs() {
    let mut cmd = Command::cargo_bin("hello").unwrap(); ❷
    cmd.assert().success(); ❸
}
```

❶ `assert_cmd::Command`를 가져온다.

❷ 현재 크레이트에 있는 `hello`를 실행하는 `Command`를 생성한다. 이 코드는 `Result`를 반환하므로 `Result::unwrap`(https://oreil.ly/SV6wl)을 호출해서 찾아낸 바이너리를 꺼내야 한다. 바이너리를 찾지 못했을 때는 `unwrap`이 패닉을 일으켜서 테스트가 실패하므로 이렇게 해도 문제없다.

❸ `Assert::success`(https://oreil.ly/b2aIV)를 써서 명령이 성공했는지 확인한다.

> **NOTE** `Result` 타입에 대해서는 이후 더 자세히 설명하겠다. 당분간은 이것이 성공할 수도 있고 실패할 수도 있는 무언가를 모델링하는 방법이라는 점과, 이를 위해서 `Ok`와 `Err` 이렇게 두 가지 배리언트가 마련되어 있다는 점만 알아두자.

**`cargo test`**를 다시 실행해서 이제 통과한 테스트가 표시되는지 확인한다.

```
running 1 test
test runs ... ok
```

### 1.4.2 프로그램 종룻값 이해하기

프로그램이 성공적으로 실행된다는 건 무슨 뜻일까? 명령줄 프로그램은 운영체제에 최종 종료 상태를 보고해서 성공인지 실패인지 알려야 한다. POSIX 표준에 따르면 표준 종료 코드 0은 성공을 나타내고(오류가 0개라고 생각하면 쉽다) 1에서 255 사이의 수는 기타 다른 상황을 나타낸다. 정말 그런지 `bash` 셸과 `true` 명령을 써서 확인해보자. 다음은 macOS에서 **`man true`**가 인쇄하는 매뉴얼 페이지다.

```
TRUE(1)                    BSD General Commands Manual                    TRUE(1)

NAME
     true -- Return true value.

SYNOPSIS
     true

DESCRIPTION
     The true utility always returns with exit code zero.

SEE ALSO
     csh(1), sh(1), false(1)

STANDARDS
     The true utility conforms to IEEE Std 1003.2-1992 (''POSIX.2'').

BSD                            June 27, 1991                            BSD
```

문서에 나와 있듯이 이 프로그램은 종료 코드 0을 반환하는 것 말고는 아무 일도 하지 않는다. **true**를 실행하면 아무것도 출력되지 않지만 bash 변수 $?를 들여다보면 가장 최근 명령의 종료 상태를 확인할 수 있다.

```
$ true
$ echo $?
0
```

반면 `false` 명령은 항상 0이 아닌 종료 코드를 가지고 종료한다.

```
$ false
$ echo $?
1
```

이 책에서 작성하는 모든 프로그램은 정상적으로 종료하면 0을, 오류가 있으면 0이 아닌 값을 반환하게 되어 있다. true와 false의 러스트 버전을 작성하면서 이 부분을 확인해보자. 먼저 **mkdir src/bin** 명령을 써서 **src/bin** 디렉터리를 만들고 다음 내용을 가지고 **src/bin/true.rs**를 만든다.

```
fn main() {
    std::process::exit(0); ❶
}
```

❶ `std::process::exit` 함수(https://oreil.ly/hrM3X)를 써서 0 값을 가지고 프로그램을 종료한다.

이제 **src** 디렉터리의 구조는 다음과 같아야 한다.

```
$ tree src/
src/
├── bin
│   └── true.rs
└── main.rs
```

프로그램을 실행하고 나서 종룟값을 직접 확인한다.

```
$ cargo run --quiet --bin true ❶
$ echo $?
0
```

❶ `--bin` 옵션은 실행할 바이너리 타깃의 이름이다.

다음 테스트를 **tests/cli.rs**에 추가해서 프로그램이 제대로 작동하는지 확인한다. 이미 있는 `runs` 함수 앞에 넣든 뒤에 넣든 상관없다.

```rust
#[test]
fn true_ok() {
    let mut cmd = Command::cargo_bin("true").unwrap();
    cmd.assert().success();
}
```

`cargo test`를 실행하면 다음처럼 두 가지 테스트 결과가 표시된다.

```
running 2 tests
test true_ok ... ok
test runs ... ok
```

 테스트가 반드시 코드에 선언된 순서대로 실행되는 건 아니다. 이는 러스트가 **동시적**concurrent 코드를 안전하게 작성할 수 있는 언어이기 때문인데, 이 말은 코드를 여러 스레드에서 실행할 수 있다는 뜻이다. 테스트는 이러한 동시성을 활용해서 여러 개가 병렬로 실행되기 때문에 테스트 결과가 실행할 때마다 다른 순서로 나타날 수 있다. 이는 버그가 아니라 기능이다. 테스트를 순서대로 실행하고 싶을 때는 `cargo test -- --test-threads=1` 명령을 통해서 싱글 스레드를 쓰도록 만들면 된다.

러스트 프로그램은 기본적으로 0 값을 가지고 종료한다. **src/main.rs**는 명시적으로 `std::process::exit`를 호출하지 않는다는 걸 기억하자. 이 말은 `true` 프로그램이 아무것도 할 수 없다는 뜻이다. 확인해보고 싶다면 **src/bin/true.rs**를 다음처럼 바꾼다.

```
fn main() {}
```

테스트 모음을 실행해서 여전히 통과하는지 확인한다. 이번에는 `false` 프로그램의 러스트 버전을 작성해보자. 다음 내용을 가지고 **src/bin/false.rs**를 만든다.

```
fn main() {
    std::process::exit(1); ❶
}
```

❶ 오류를 나타내기 위해서 1에서 255 사이의 값을 가지고 종료한다.

프로그램의 종룟값이 0이 아님을 직접 확인한다.

```
$ cargo run --quiet --bin false
$ echo $?
1
```

그런 다음 이 테스트를 **tests/cli.rs**에 추가해서 프로그램이 실행될 때 실패를 보고하는지 확인한다.

```
#[test]
fn false_not_ok() {
    let mut cmd = Command::cargo_bin("false").unwrap();
    cmd.assert().failure(); ❶
}
```

❶ `Assert::failure` 함수(https://oreil.ly/WLwK8)를 써서 명령이 실패했는지 확인한다.

**cargo test**를 실행해서 프로그램이 전부 예상대로 작동하는지 확인한다.

```
running 3 tests
test runs ... ok
test true_ok ... ok
test false_not_ok ... ok
```

false 프로그램을 작성하는 또 다른 방법은 std::process::abort(https://oreil.ly/HPsKS)를 쓰는 것이다. **src/bin/false.rs**를 다음처럼 바꾼다.

```
fn main() {
    std::process::abort();
}
```

다시 테스트 모음을 실행해서 프로그램이 여전히 예상대로 작동하는지 확인한다.

### 1.4.3 프로그램 출력 테스트하기

내 hello 프로그램이 정상적으로 종료한다는 걸 아는 것도 좋지만, 실제로 출력이 표시되는 표준 위치이자 보통 콘솔을 뜻하는 STDOUT에 정확한 결과를 인쇄하는지 확인하고 싶다고 하자. **tests/cli.rs**에 있는 runs 함수를 다음처럼 업데이트한다.

```
use assert_cmd::Command;
use pretty_assertions::assert_eq; ❶

#[test]
fn runs() {
    let mut cmd = Command::cargo_bin("hello").unwrap();
    let output = cmd.output().expect("fail"); ❷
    assert!(output.status.success()); ❸
    let stdout = String::from_utf8(output.stdout).expect("invalid UTF-8"); ❹
    assert_eq!(stdout, "Hello, world!\n"); ❺
}
```

❶ 값을 비교하기 위해서 표준 러스트 버전 대신 pretty_assertions::assert_eq 매크로로 가져온다.

❷ Command::output(https://oreil.ly/29jfF)을 호출해서 hello 명령을 실행한다. 그리고 Result::expect(https://oreil.ly/InBqs)를 이용해서 명령의 출력을 가져오든지 아니면 "fail" 메시지를 내고 종료하든지 한다.

❸ 명령이 성공했는지 확인한다.

❹ 프로그램의 출력을 UTF-8로 변환한다. 이에 대해서는 4장에서 더 자세히 설명하겠다.

❺ 프로그램의 출력을 기대치와 비교한다. 이때 pretty_assertions 버전의 assert_eq 매크로를 사용한다는 점을 유의하자.

테스트를 실행해서 hello가 실제로 제대로 작동하는지 확인한다. 이번에는 **src/main.rs**를 바꿔서 느낌표를 몇 개 더 추가한다.

```
fn main() {
    println!("Hello, world!!!");
}
```

테스트를 다시 실행하고 실패한 테스트를 살펴본다.

```
running 3 tests
test true_ok ... ok
test false_not_ok ... ok
test runs ... FAILED

failures:

---- runs stdout ----
thread 'runs' panicked at tests/cli.rs:10:5:
assertion failed: `(left == right)`

Diff < left / right > :
<Hello, world!!!
>Hello, world!
```

앞의 테스트 결과는 **기대** 출력(오른쪽$_{right}$)과 **실제** 출력(왼쪽$_{left}$)이 어떻게 다른지 보여주기 위해 아주 열심히 노력하고 있다. 심지어 터미널 출력에는 지면에는 재현할 수 없는 빨간색 텍스트와 녹색 텍스트 그리고 강조 표시된 텍스트가 포함되어 있다. 비록 사소한 프로그램이지만 부디 우리가 작성하는 프로그램의 모든 측면을 자동으로 점검하는 것의 가치를 이해할 수 있기를 바란다.

### **1.4.4** 프로그램을 이어주는 종룟값

종료 상태를 정확히 보고하는 것은 제대로 작동하는 명령줄 프로그램의 특징이다. 종룟값은 프로세스와 프로세스를 결합해 쓸 때 한 프로세스가 실패하면 그 조합이 실패해야 하므로 중요하다. 예를 들어 bash에서는 **논리곱** 연산자 &&를 써서 두 명령 true와 ls를 연결할 수 있다. 이때 첫 번째 프로세스가 성공을 보고하는 경우에만 두 번째 프로세스가 실행된다.

```
$ true && ls
Cargo.lock  Cargo.toml  src/        target/     tests/
```

반면 `false && ls`를 실행한다면 첫 번째 프로세스는 실패하고 따라서 `ls`는 실행되지 않는다. 또 전체 명령의 종료 상태는 0이 아니게 된다.

```
$ false && ls
$ echo $?
1
```

명령줄 프로그램이 오류를 정확히 보고하게 만들면 다른 프로그램과 연결해<sub>composable</sub> 쓸 수 있다. 유닉스 환경에서는 여러 개의 작은 명령을 조합해서 임시 명령줄 프로그램을 만드는 일이 아주 흔하다. 프로그램에서 오류가 났음에도 불구하고 이를 운영체제에 알리지 못하면 결과가 부정확해질 수 있다. 그럴 때는 근본적인 문제를 해결할 수 있도록 프로그램을 중단하는 게 훨씬 낫다.

# 요약

이번 장에서는 러스트 프로젝트를 구성하는 법에 관한 핵심적인 아이디어 몇 가지와 명령줄 프로그램에 관한 기본적인 아이디어 몇 가지를 소개했다. 요약하면 다음과 같다.

- 러스트 컴파일러 `rustc`는 러스트 소스 코드를 윈도우, macOS, 리눅스 머신용 실행 파일로 컴파일한다.
- 카고 도구는 새 러스트 프로젝트를 생성할 뿐만 아니라 코드를 컴파일하고 실행하고 테스트한다.
- 기본적으로 `cargo new`는 `Hello, world!`를 인쇄하는 새 러스트 프로그램을 생성한다.
- `ls`, `cd`, `mkdir`, `rm` 같은 명령줄 도구는 파일이나 디렉터리 이름 같은 명령줄 인수는 물론 `-f`나 `-p` 같은 옵션을 받는 경우가 많다.
- POSIX 호환 프로그램은 성공을 나타낼 때는 0 값을, 오류를 나타낼 때는 1에서 255 사이의 값을 가지고 종료해야 한다.
- **Cargo.toml**에 크레이트 의존성을 추가하고 코드에서 해당 크레이트를 쓰는 법을 배웠다.
- 테스트 코드를 담아두기 위해서 **tests** 디렉터리를 생성했고, `#[test]`를 써서 테스트로 실행되어야 하는 함수를 표시했다.
- 프로그램의 종료 상태를 테스트하는 법과 더불어 `STDOUT`에 인쇄된 텍스트를 확인하는 법을 배웠다.
- **src/bin** 디렉터리에 소스 코드 파일을 생성해서 카고 프로젝트에 대체 바이너리를 작성하고 실행하고 테스트하는 법을 배웠다.

- 나만의 `true`와 `false` 프로그램을 구현했고 이들이 예상대로 성공하고 실패하는지 확인하는 테스트를 작성했다. 기본적으로 러스트 프로그램은 0 값을 가지고 종료한다는 점과 `std::process::exit` 함수를 쓰면 주어진 코드를 가지고 명시적으로 종료할 수 있다는 점을 확인했다. 또 `std::process::abort` 함수를 쓰면 0이 아닌 오류 코드를 가지고 종료할 수 있다.

다음 장에서는 명령줄 인수를 이용해서 출력을 변경하는 프로그램을 작성하는 법을 살펴본다.

## CHAPTER 2

# 메아리 테스트: echo

> 네가 이 쪽지를 받을 때쯤이면 / 우린 더 이상 살아 있지 않을 거야
>
> 우린 모두 연기 속에 사라졌을 거야 / 답장할 방법이 없을 거야
>
> —<By the Time You Get This>(데이 마이트 비 자이언츠, 2018)

1장에서는 인수를 전혀 받지 않으면서 늘 똑같은 결과를 인쇄하는 세 가지 프로그램 `hello`, `true`, `false`를 작성했다. 이번 장에서는 명령줄 인수를 이용해서 실행 시점에 프로그램의 동작을 바꾸는 법을 살펴본다. 작성해볼 '도전 과제' 프로그램은 명령줄로 받은 인수를 인쇄하고 옵션에 따라 끝에 새 줄을 인쇄하는 `echo`의 복제본이다.

이번 장에서 배울 내용은 다음과 같다.

- `clap` 크레이트로 명령줄 인수를 처리하는 법
- 문자열string, 벡터vector, 슬라이스slice, 유닛unit 타입 같은 러스트 타입을 쓰는 법
- `match`, `if`, `return` 같은 표현식을 쓰는 법
- `Option`을 이용해서 `Some` 값이나 `None`을 표현하는 법
- `Result`의 배리언트인 `Ok`와 `Err`을 이용해서 오류를 처리하는 법
- 스택stack과 힙heap 메모리의 차이를 이해하는 법

---

\* 　[옮긴이] 이번 장 제목의 원문은 "Test for Echo"로 록 밴드 러시의 16번째 스튜디오 앨범명이다. 이번 장에서 다룰 `echo` 프로그램을 소개하는 언어유희다.

- `STDOUT`과 `STDERR`에 인쇄된 텍스트를 테스트하는 법
- `Iterator::collect`를 이용해서 이터레이터를 벡터로 바꾸는 법
- 스트럭트를 생성하는 법

## 2.1 echo의 작동 방식

이 책은 각 장마다 기존 명령줄 도구의 러스트 버전을 작성한다. 따라서 각 장을 시작할 때 무엇을
만드는지 이해하고 넘어갈 수 있도록 도구의 작동 방식을 먼저 설명하겠다. 이때 설명하는 기능은
같이 만들어갈 테스트 모음의 실체이기도 하다. 이번 도전 과제에서는 아주 단순한 기능을 가진
`echo` 프로그램의 러스트 버전을 만들어본다. 먼저 `echo`는 인수를 `STDOUT`에 인쇄한다.

```
$ echo Hello
Hello
```

필자가 사용 중인 `bash` 셸은 일련의 공백으로 인수를 구분하기 때문에 공백이 들어간 인수는 반
드시 따옴표로 묶어야 한다. 다음 명령은 네 개의 단어로 된 인수 하나를 전달한다.

```
$ echo "Rust has assumed control"
Rust has assumed control
```

따옴표로 묶지 않으면 인수 네 개를 전달하는 셈이 된다. `echo`는 인수 사이에 공백이 여러 개 오더
라도 하나의 공백으로 인수들을 구분해 인쇄한다는 걸 유념하자.

```
$ echo Rust  has assumed    control
Rust has assumed control
```

공백을 있는 그대로 유지하고 싶다면 반드시 따옴표로 묶어야 한다.

```
$ echo "Rust  has assumed    control"
Rust  has assumed    control
```

명령줄 프로그램이라면 유용한 사용법을 인쇄해주는 `-h`나 `--help` 플래그를 제공하기 마련이지만
그렇다고 필수인 건 아니다. 예를 들어 `echo`에 해당 플래그를 주면 그냥 그 플래그가 인쇄되고 만다.

```
$ echo --help
--help
```

echo의 매뉴얼 페이지는 man echo를 실행해야 읽을 수 있다. 보다시피 필자는 2003년에 나온
BSD 버전의 프로그램을 사용 중이다.

```
ECHO(1)                   BSD General Commands Manual                   ECHO(1)

NAME
     echo -- write arguments to the standard output

SYNOPSIS
     echo [-n] [string ...]

DESCRIPTION
     The echo utility writes any specified operands, separated by single blank
     (' ') characters and followed by a newline ('\n') character, to the stan-
     dard output.

     The following option is available:

     -n    Do not print the trailing newline character.  This may also be
           achieved by appending '\c' to the end of the string, as is done by
           iBCS2 compatible systems.  Note that this option as well as the
           effect of '\c' are implementation-defined in IEEE Std 1003.1-2001
           (''POSIX.1'') as amended by Cor. 1-2002.  Applications aiming for
           maximum portability are strongly encouraged to use printf(1) to
           suppress the newline character.

     Some shells may provide a builtin echo command which is similar or iden-
     tical to this utility.  Most notably, the builtin echo in sh(1) does not
     accept the -n option.  Consult the builtin(1) manual page.

EXIT STATUS
     The echo utility exits 0 on success, and >0 if an error occurs.

SEE ALSO
     builtin(1), csh(1), printf(1), sh(1)

STANDARDS
     The echo utility conforms to IEEE Std 1003.1-2001 (''POSIX.1'') as
     amended by Cor. 1-2002.

BSD                              April 12, 2003                             BSD
```

기본적으로 echo가 명령줄에 인쇄하는 텍스트는 새 줄 문자로 끝난다. 매뉴얼 페이지에 나와 있다시피 이 프로그램에는 맨 끝에 새 줄을 인쇄하지 않는 -n이라는 옵션이 하나 있다. 사용 중인 echo의 버전에 따라서는 이 옵션이 출력에 영향을 주지 않는 것처럼 보일 수도 있다. 예를 들어 필자가 사용 중인 BSD 버전은 다음처럼 인쇄한다.

```
$ echo -n Hello
Hello
$ ❶
```

❶ BSD echo는 명령 프롬프트 $를 다음 줄에 보여준다.

리눅스의 GNU 버전은 다음처럼 인쇄한다.

```
$ echo -n Hello
Hello$ ❶
```

❶ GNU echo는 명령 프롬프트를 Hello 바로 뒤에 보여준다.

어떤 버전의 echo를 사용하든지 간에 bash 리디렉션 연산자redirect operator >를 쓰면 STDOUT을 파일로 보낼 수 있다.

```
$ echo Hello > hello
$ echo -n Hello > hello-n
```

diff 도구는 두 파일 간의 **차이점**을 표시한다. 다음 출력은 두 번째 파일(hello-n)의 맨 끝에 새 줄이 없다는 걸 보여준다.

```
$ diff hello hello-n
1c1
< Hello
---
> Hello
\ No newline at end of file
```

## 2.2 시작하기

이번 도전 과제 프로그램의 이름은 echo에 러스트의 r을 더해서 echor라고 하겠다(이를 **에코어**라고 읽을지 **에코아르**라고 읽을지 결정하지는 못했다). 여러분의 설루션 디렉터리로 자리를 옮긴 다음 카고를 써서 새 프로젝트를 시작한다.

```
$ cargo new echor
    Created binary (application) `echor` package
```

새 디렉터리로 자리를 옮기면 익숙한 구조가 나온다.

```
$ cd echor
$ tree
.
├── Cargo.toml
└── src
    └── main.rs
```

카고를 이용해서 프로그램을 실행한다.

```
$ cargo run
Hello, world! ❶
```

❶ 기본 프로그램은 항상 'Hello, world!'를 인쇄한다.

이 소스 코드는 1장에서 이미 살펴본 바 있지만 **src/main.rs**에 있는 코드에 관해서는 몇 가지를 더 짚고 넘어가고자 한다.

```
fn main() {
    println!("Hello, world!");
}
```

1장에서 살펴본 것처럼 러스트는 **src/main.rs**에 있는 main 함수를 실행하는 것으로 프로그램을 시작한다. 모든 함수는 값을 반환하며 반환 타입은 화살표와 타입으로 표시할 수 있다. 예를 들어 -> u32는 함수가 부호 없는 32비트 정수를 반환한다는 뜻이다. main처럼 반환 타입을 생략하면 암묵적으로 함수가 러스트의 **유닛**unit 타입이라는 걸 반환한다는 뜻이 된다. 또 `println!` 매크로(https://oreil.ly/Edncj)는 자동으로 출력 끝에 새 줄을 넣기 때문에, 사용자가 새 줄로 끝나는 걸 원치 않을 때는 이 기능을 제어할 수 있어야 한다는 걸 유념하자.

 유닛 타입(https://oreil.ly/BVKGJ)은 빈 값과 같아서 빈 괄호 `()`로 표시한다. 문서에 따르면 "딱히 반환할 만한 의미 있는 값이 없을 때 쓴다"고 되어 있다. 다른 언어에 있는 널 포인터나 미정의 값과는 전혀 다른 개념인데, 이를 처음으로 도입한 토니 호어Tony Hoare(러스트의 창시자 그레이든 호어Graydon Hoare와는 아무 관계도 없다)는 널 레퍼런스를 두고 "10억 달러짜리 실수"라고 불렀다. 러스트는 (일반적으로) 널 포인터의 역참조를 허용하지 않기 때문에 논리적으로는 적어도 10억 달러의 가치를 가져야 한다.

### 2.2.1 명령줄 인수에 접근하기

가장 먼저 해야 할 일은 인쇄할 명령줄 인수를 가져오는 것이다. 러스트에서는 `std::env::args`(https://oreil.ly/4lJGE)를 사용해서 해결할 수 있다. 1장에서는 외부 프로세스를 처리하기 위해서 `std::process` 크레이트를 사용했다. 여기서는 프로그램이 인수를 찾을 수 있는 **환경**environment과 상호작용하기 위해서 `std::env`를 사용한다. 문서에서 이 함수를 찾아보면 `Args` 타입으로 된 무언가를 반환한다는 걸 알 수 있다.

```
pub fn args() -> Args
```

`Args` 문서(https://oreil.ly/Wtkqr)의 링크를 따라가보면 이것이 러스트에 있는 데이터 구조의 일종인 **스트럭트(구조체)**struct라는 걸 알 수 있다. 페이지 왼쪽을 보면 트레이트 구현을 비롯해서 기타 관련된 스트럭트와 함수 등이 나와 있다. 자세한 내용은 나중에 알아보기로 하고 지금은 그냥 문서를 죽 훑어보면서 이런 것들이 있구나 하는 정도로만 기억하고 넘어가자.

**src/main.rs**를 편집해서 인수를 인쇄해보자. 함수는 전체 경로 뒤에 빈 괄호를 붙여서 호출하면 된다.

```
fn main() {
    println!(std::env::args());  // 작동하지 않는다.
}
```

`cargo run` 명령으로 프로그램을 실행하면 다음과 같은 오류가 발생한다.

```
error: format argument must be a string literal
 --> src/main.rs:2:14
  |
2 |     println!(std::env::args());  // 작동하지 않는다.
  |              ^^^^^^^^^^^^^^^^
  |
help: you might be missing a string literal to format with
  |
2 |     println!("{}", std::env::args());  // 작동하지 않는다.
  |              +++++
error: could not compile `echor` due to previous error
```

처음으로 컴파일러와 승강이가 벌어졌다. 컴파일러는 해당 함수에서 반환된 값을 곧바로 인쇄할 수 없다고 하면서 문제를 해결하는 법을 같이 제시하고 있다. 리터럴 문자열 안에 인쇄할 값의 자리 표시자 역할을 할 중괄호({})를 넣어보라는 것인데 여기에 맞게 코드를 바꿔보면 다음과 같다.

```
fn main() {
    println!("{}", std::env::args());  // 이번에도 작동하지 않는다.
}
```

프로그램을 다시 실행하면 또 다른 컴파일러 오류가 발생하면서 아직 위기를 넘지 못했음을 깨닫게 될 것이다. 중요한 출력에 집중하기 위해서 'Compiling' 부분을 비롯한 일부 내용은 생략했다.

```
$ cargo run
error[E0277]: `Args` doesn't implement `std::fmt::Display`
 --> src/main.rs:2:20
  |
2 |     println!("{}", std::env::args());  // 이번에도 작동하지 않는다.
  |                    ^^^^^^^^^^^^^^^^ `Args` cannot be formatted with
  |                                    the default formatter
  |
  = help: the trait `std::fmt::Display` is not implemented for `Args`
  = note: in format strings you may be able to use `{:?}` (or {:#?} for
    pretty-print) instead
  = note: this error originates in the macro `$crate::format_args_nl`
    (in Nightly builds, run with -Z macro-backtrace for more info)
```

이 컴파일러 메시지에는 많은 정보가 있다. 우선 `Args`에 `std::fmt::Display`(https://oreil.ly/gaxyv) 트레이트가 구현되어 있지 않다는 내용이 있다. 러스트의 **트레이트**trait는 객체의 동작을 추상적인 방식으로 정의하기 위한 방법이다. 객체가 `Display` 트레이트를 구현하면 사용자가 보는 출력 안에 형식화되어 들어갈 수 있다. `Args` 문서의 'Trait Implementations(트레이트 구현)' 부분을 다시 보면 실제로 `Display`가 언급되어 있지 않다는 걸 알 수 있다.

컴파일러는 `{}` 대신 `{:?}`를 자리 표시자로 써야 한다고 제시한다. 이것은 스트럭트의 `Debug` 버전 (https://oreil.ly/zPdzZ)을 인쇄하라는 명령으로, 출력을 디버깅 맥락에 맞게 형식화한다. `Args` 문서를 다시 보면 'Trait Implementations' 부분 아래에 `Debug`가 있다는 걸 알 수 있다. 코드를 다음처럼 바꾼다.

```
fn main() {
    println!("{:?}", std::env::args());  // 드디어 성공!
}
```

이제 프로그램이 컴파일되고 알 듯 말 듯한 뭔가를 인쇄한다.

```
$ cargo run
Args { inner: ["target/debug/echor"] }
```

명령줄 인수가 익숙지 않은 독자를 위해 설명하자면, 첫 번째 값은 보통 프로그램 자신의 경로다. 이것 자체는 인수가 아니지만 그래도 유용한 정보다. 이제 몇 가지 인수를 넘겨서 어떤 결과가 나오는지 보자.

```
$ cargo run Hello world
Args { inner: ["target/debug/echor", "Hello", "world"] }
```

짜잔! 내 프로그램이 인수를 받을 수 있는 것 같다. 프로그램을 실행할 때 넘긴 두 인수 `Hello`와 `world`가 바이너리 이름 뒤에 붙어서 인쇄됐다. 알다시피 `-n` 플래그를 넘길 수 있어야 하기 때문에 그렇게 한번 해본다.

```
$ cargo run Hello world -n
Args { inner: ["target/debug/echor", "Hello", "world", "-n"] }
```

플래그를 값 앞에 두는 일도 흔하므로 그렇게 바꿔서 다시 한번 해본다.

```
$ cargo run -n Hello world
error: Found argument '-n' which wasn't expected, or isn't valid in this context

Usage:
    cargo run [OPTIONS] [--] [args]...

For more information try --help
```

카고는 -n 인수를 실행 중인 프로그램이 아니라 자기 자신에게 넘어온 것이라고 생각하기 때문에
이 방식은 안 통한다. 이 문제를 해결하려면 대시를 두 개 써서 카고의 옵션을 구분해줘야 한다.

```
$ cargo run -- -n Hello world
Args { inner: ["target/debug/echor", "-n", "Hello", "world"] }
```

명령줄 프로그램 매개변수 용어로 -n은 생략할 수 있다고 해서 **옵션**optional 인수라고 한다. 보통
프로그램 옵션은 맨 앞에 대시가 한 개 또는 두 개 붙는다. 대개는 **도움말** 플래그의 -h와 --help
처럼, 대시 한 개와 문자 한 개로 된 **짧은** 이름과 대시 두 개와 단어 한 개로 된 **긴** 이름을 둘 다
갖는 경우가 많다. 또 이들을 -h|--help와 같은 식으로 묶어서 둘 중 하나를 나타내는 경우를 자
주 볼 것이다. 옵션 -n과 -h는 값을 받지 않는다고 해서 종종 **플래그**라고 부른다. 플래그는 있으면
한 가지 의미를 가지고 없으면 그 반대 의미를 가진다. 이 경우 -n은 끝에 새 줄을 넣지 말라고 지
시하고 아니면 평소처럼 인쇄한다.

echo의 나머지 인수는 전부 프로그램의 이름(인수의 첫 번째 요소)을 기준으로 하는 상대 위치에
따라 의미가 결정된다고 해서 **위치**positional 인수라고 한다. 파일이나 디렉터리의 **모드**를 **변경**하는
chmod 명령을 생각해보자. 이 명령은 두 가지 위치 인수를 받는데, 첫 번째는 755와 같은 모드이고
두 번째는 파일이나 디렉터리 이름이다. echo의 경우에는 모든 위치 인수가 인쇄할 텍스트로 해석
되며 주어진 순서대로 인쇄되어야 한다. 뭐, 이 정도면 나쁘지 않은 시작이지만 이 책에 수록된 프
로그램의 인수는 훨씬 더 복잡해질 것이다. 따라서 프로그램의 인수를 파싱하는 보다 강력한 방법
이 필요하다.

### 2.2.2 clap을 의존성으로 추가하기

명령줄 인수를 파싱하는 방법과 크레이트는 다양하지만 필자는 clap(command-line argument
parser의 준말) 크레이트(https://oreil.ly/DHIR3)를 사용하겠다. 시작하려면 카고에게 이 크레이트를

다운로드해서 내 프로젝트에 사용하고 싶다고 알려야 한다. 그러려면 **Cargo.toml**에 이를 의존성으로 추가하고 버전을 지정하면 된다.

```
[package]
name = "echor"
version = "0.1.0"
edition = "2021"

[dependencies]
clap = "4.5.0"
```

 버전 '4.5.0'은 정확히 이 버전을 사용하고 싶다는 뜻이다. 주 버전이 '4.x'인 것들 중에서 최신 버전을 사용해도 좋다는 뜻으로 그냥 '4'라고만 적을 수도 있다. 이 외에도 버전을 나타내는 다른 여러 방법이 있으므로 의존성을 지정하는 법(https://oreil.ly/mvf9F)에 관해서 읽어보길 권한다.

이렇게 해두면 카고가 다음번 프로그램을 빌드할 때 (필요한 경우) `clap` 소스 코드와 의존성을 전부 다운로드한다. 예를 들어 `cargo build` 명령을 실행하면 새 바이너리를 빌드만 하고 실행은 하지 않을 수 있다. 이들 패키지가 전부 어디로 가는지 궁금할 수 있겠다. 카고는 다운로드한 소스 코드를 홈 디렉터리의 .cargo에 두며, 빌드 산출물은 프로젝트의 **target/debug/deps** 디렉터리에 들어간다. 러스트 프로젝트를 빌드할 때 흥미로운 점은 빌드하는 프로그램마다 다른 버전의 크레이트를 사용할 수 있다는 것과 각 프로그램이 별도의 디렉터리에 빌드된다는 것이다. 펄과 파이썬에서 흔히 맞닥뜨리는 문제 중 하나인데, 혹시라도 공유 모듈을 사용하면서 어려움을 겪어본 적이 있다면, 이 프로그램은 찾기도 힘든 오래된 버전을 요구하고 저 프로그램은 깃허브에 있는 따끈따끈한 최신 버전을 요구하는 데서 오는 충돌을 걱정할 필요가 없다는 점이 마음에 들 것이다. 물론 파이썬은 이 문제를 해결하기 위해 **가상 환경**virtual environment을 제공하며 다른 언어에도 비슷한 해법이 마련되어 있다. 그래도 필자는 러스트의 접근 방식이 상당히 마음에 든다.

러스트가 의존성을 **target**에 두는 바람에 이제 이 디렉터리가 상당히 크다. **디스크 사용량**disk usage 명령 `du -shc .`으로 보면 프로젝트의 무게가 35 MB에 달한다는 것과 그중 대부분을 **target/ debug/deps**가 차지한다는 것을 알 수 있다. `cargo help`를 실행하면 `clean` 명령으로 `target` 디렉터리를 제거할 수 있다는 내용이 나온다. 한동안 프로젝트를 작업하지 않는다면 이 명령으로 디스크 공간을 회수할 수 있겠지만 나중에 다시 컴파일해야 한다는 건 감수해야 한다.

### 2.2.3 clap으로 명령줄 인수 파싱하기

clap으로 인수를 파싱하는 법을 배우려면 문서를 읽어야 하는데, 이럴 때 필자는 **Docs.rs**(https://oreil.ly/CdbFz)를 즐겨 사용한다. 이 크레이트는 **파생**derive과 **빌더**builder라는 두 가지 파서 생성 패턴을 제공하며, 두 패턴의 사용법은 각각 깃허브 브랜치 **main**과 **clap_v4_builder**에 작성해둔 프로그램을 통해 확인할 수 있다. 다음은 clap 문서를 참고해서 작성한 **src/main.rs**로, 명령줄 인수를 파싱하는 데 빌더 패턴을 써서 새 clap::Command 스트럭트(https://oreil.ly/F7z87)를 생성한다.

```
use clap::Command;  ❶

fn main() {
    let _matches = Command::new("echor")  ❷
        .version("0.1.0")  ❸
        .author("Ken Youens-Clark <kyclark@gmail.com>")  ❹
        .about("Rust version of `echo`")  ❺
        .get_matches();  ❻
}
```

❶ clap::Command 스트럭트를 가져온다.

❷ echor라는 이름으로 새 Command를 생성한다.

❸ 유의적 버전 정보를 사용한다.

❹ 사람들이 송금할 곳을 알 수 있도록 이름과 이메일 주소를 포함시켜둔다.

❺ 프로그램에 대한 간략한 설명이다.

❻ Command에 인수를 파싱하도록 지시한다.

 앞 코드에서 변수 이름 _matches 앞에 붙은 밑줄은 그냥 있는 게 아니라 어떤 기능으로 작용한다. 이 밑줄은 러스트 컴파일러에게 이 변수를 사용할 생각이 없다는 걸 알린다. 이 밑줄이 없으면 컴파일러는 사용하지 않는 변수가 있다며 경고한다.

이 코드 덕분에 echor 프로그램을 실행하면서 -h나 --help 플래그를 주면 사용 설명서를 얻을 수 있다. 이 플래그를 정의하고 사용법을 인쇄하기 위한 구현을 작성하는 건 clap의 일이지 우리의 일이 아니라는 걸 유념하자.

```
$ cargo run -- -h
Rust version of `echo`
```

```
Usage: echor

Options:
  -h, --help     Print help
  -V, --version  Print version
```

앞 내용을 보면 clap이 도움말 플래그 외에도 프로그램의 버전을 인쇄하기 위한 -V와 --version
플래그를 알아서 처리해준다는 걸 알 수 있다.

```
$ cargo run -- --version
echor 0.1.0
```

다음으로 clap::Arg(https://oreil.ly/350vY) 스트럭트와 clap::ArgAction(https://oreil.ly/B1W4s)
이늄enum(올 수 있는 값들의 **목록**enumeration)을 이용해서 매개변수를 정의해야 한다. 이를 위해 다음
코드를 추가한다.

```
use clap::{Arg, ArgAction, Command}; ❶

fn main() {
    let matches = Command::new("echor")
        .version("0.1.0")
        .author("Ken Youens-Clark <kyclark@gmail.com>")
        .about("Rust version of `echo`")
        .arg(
            Arg::new("text") ❷
                .value_name("TEXT")
                .help("Input text")
                .required(true)
                .num_args(1..),
        )
        .arg(
            Arg::new("omit_newline") ❸
                .short('n') ❹
                .action(ArgAction::SetTrue) ❺
                .help("Do not print newline"),
        )
        .get_matches();

    println!("{:#?}", matches); ❻
}
```

❶ `clap` 크레이트에서 `Arg`, `ArgAction`, `Command`를 가져온다.

❷ `text`라는 이름으로 새 `Arg`를 생성한다. 적어도 한 번은 등장해야 하는 필수 위치 인수이며 여러 번 반복해서 쓸 수 있다.

❸ `omit_newline`이라는 이름으로 새 `Arg`를 생성한다. 이 플래그는 `-n`이라는 짧은 이름만 있다.

❹ 한 문자로 된 짧은 값은 `char` 타입(https://oreil.ly/6EPcF)임을 표시하기 위해 작은따옴표를 두른다는 걸 유념하자.

❺ 플래그가 있으면 인수를 `true`로 설정하고 없으면 `false`로 설정한다.

❻ 인수를 예쁜 인쇄 기능으로 인쇄한다.

 앞에서는 `{:?}`를 써서 인수의 디버그 뷰를 형식화했었다. 이번에는 `{:#?}`를 써서 출력을 읽는 데 도움이 되는 새 줄과 들여쓰기를 포함시켰다. 이를 **예쁜 인쇄**pretty-printing라고 하는 이유는 이게 더 예쁘기 때문이다.

사용법을 다시 요청하면 새 매개변수를 볼 수 있다.

```
$ cargo run -- --help
Rust version of `echo`

Usage: echor [OPTIONS] <TEXT>...

Arguments:
  <TEXT>...  Input text ❶

Options:
  -n             Do not print newline ❷
  -h, --help     Print help
  -V, --version  Print version
```

❶ 필수 입력 텍스트는 하나 이상의 위치 인수다.

❷ 새 줄을 생략하는 `-n` 플래그는 옵션이다.

몇 가지 인수를 가지고 프로그램을 실행해서 인수의 구조를 들여다보자. 출력에서 봐야 할 부분만 간략하게 추리면 다음과 같다.

```
$ cargo run -- -n Hello world
ArgMatches {
    valid_args: [
        "text",
```

```
        "omit_newline",
        "help",
        "version",
    ],
    ...
}
```

아무런 인수 없이 프로그램을 실행하면 필수 인수가 빠졌다는 오류가 발생한다.

```
$ cargo run
error: the following required arguments were not provided:
  <TEXT>...

Usage: echor <TEXT>...

For more information, try '--help'.
```

오류가 발생했으므로 종룟값을 들여다보면 0이 아닌 값이 반환되어 있다.

```
$ echo $?
2
```

정의되지 않은 인수를 넘기려고 하면 오류가 발생하고 0이 아닌 종룟값이 반환된다.

```
$ cargo run -- -x
error: unexpected argument '-x' found

  tip: to pass '-x' as a value, use '-- -x'

Usage: echor [OPTIONS] <TEXT>...

For more information, try '--help'.
```

 어떻게 이런 마법 같은 일이 일어나는지 궁금할 수 있겠다. 왜 프로그램은 실행을 멈추고 이런 오류를 보고하는 걸까? 문서에서 Command::get_matches(https://oreil.ly/kLBnZ) 부분을 읽어보면 해당 메서드는 실패 시 프로그램을 종료하고 오류 메시지를 인쇄하며 적절한 종룟값을 보고한다는 걸 확인할 수 있다.

오류 메시지를 다룰 때는 기억해야 할 것이 하나 있다. println!을 사용하면 출력이 STDOUT에 나타나는 반면, 사용법과 오류 메시지는 전부 1장에서 처음 언급했던 STDERR에 나타난다. 이를 bash

셀에서 확인하려면 echor를 실행할 때 채널 1(STDOUT)은 **out**이라는 파일로 그리고 채널 2(STDERR)는 **err**이라는 파일로 리디렉션하면 된다.

```
$ cargo run 1>out 2>err
```

출력이 전부 **out**과 **err** 파일로 리디렉션됐으므로 화면에 아무것도 표시되지 않는다. **out** 파일은 STDOUT에 인쇄된 내용이 없으므로 비어 있어야 하지만, **err** 파일은 카고의 출력과 프로그램의 오류 메시지를 담고 있어야 한다.

```
$ cat err
    Finished dev [unoptimized + debuginfo] target(s) in 0.08s
     Running `target/debug/echor`
error: the following required arguments were not provided:
  <TEXT>...

Usage: echor <TEXT>...

For more information, try '--help'.
```

여기서 알 수 있는 제대로 작동하는 명령줄 프로그램의 또 다른 특징은 일반적인 출력은 STDOUT에 인쇄하고 오류 메시지는 STDERR에 인쇄한다는 것이다. 오류는 프로그램을 중단해야 할 만큼 심각한 것도 있지만 실행 과정에서 그냥 잘 관리해나가면 되는 것도 있다. 예를 들어 3장에서는 의도적으로 존재하지 않거나 읽을 수 없는 입력 파일을 처리하는 프로그램을 작성하는데, 이 과정에서 이들 파일에 대한 경고를 STDERR에 인쇄하고 중단 없이 다음 인수로 건너뛰는 방법을 살펴본다.

### 2.2.4 프로그램 출력 생성하기

이제 프로그램의 인수를 파싱할 수 있게 되었으니, 다음 단계로 이들 값을 이용해 echo와 동일한 출력을 생성해보자. 먼저 한 개 이상의 문자열로 된 text 인수를 뽑아내고자 한다. 여러 개로 된 값은 Vec(https://oreil.ly/kmRm-)을 써서 벡터에 담으면 되고, 문자열은 String(https://oreil.ly/7HxgU)으로 표현하면 된다. 다음 코드에서는 먼저 ArgMatches::get_many(https://oreil.ly/hsoE5)를 호출해서 여러 개의 값으로 된 인수를 가져온다. 이 호출은 성공할 수도 있고 실패할 수도 있으므로, 반환값은 값이 없으면 None 배리언트가 되고 값이 있으면 Some 배리언트가 되는 Option(https://oreil.ly/aEft3)을 써서 표현한다. clap의 요구 사항으로 인해 사용자가 적어도 한 개 이상의 값을 제공해야 한다는 걸 알고 있으므로, `Option::unwrap`(https://oreil.ly/bBiXR)을 호출해서 `Some` 배리언트에 있는 값을 뽑아내도 안전하다. 결과는 문자열값의 `Iterator`(https://oreil.ly/YN4DW)로 이를 복제해서 쓰면 된다. 끝으로 `Iterator::collect`(https://oreil.ly/9ocju)를 써서, 크기가 늘 수 있는 연속 배열 타입인 `Vec`(https://oreil.ly/pZU3A) 타입에 문자열을 담는다.

```
let text: Vec<String> = ❶
    matches.get_many("text").unwrap().cloned().collect();
```

❶ 타입 애너테이션은 콜론 뒤에 오며, `Iterator::collect`가 다양한 타입을 반환할 수 있기 때문에 필요하다.

 `None`에 대고 `Option::unwrap`을 호출하면 `panic`(https://oreil.ly/DrERd)이 호출되어 프로그램이 크래시를 일으킨다. 따라서 값이 `Some` 배리언트라고 판단될 때만 `unwrap`을 호출해야 한다.

---

### 복사 vs. 복제 / 스택 vs. 힙

잠시 시간을 내어 문자열을 복제한 이유를 설명하고자 한다. `ArgMatches::get_many`(https://oreil.ly/3_P-S)의 문서를 보면 값이 문자열이 아니라 정수라서 `copied`를 쓰는 유사한 코드가 나와 있다. 러스트는 두 경우 다 데이터의 복사본을 만들지만 복사가 되는지 복제가 되는지는 그 데이터의 **타입**type에 따라 달라지는데, 이 연산은 러스트가 사용하는 메모리 유형과 관련이 있다.

필자는 러스트로 프로그래밍하기 전까지 컴퓨터 메모리를 그저 확실한 형태가 없는 개념 정도로 치부했었다. 메모리를 직접 할당하고 해제해야 하는 언어를 의도적으로 피해 다닌 탓에, 동적 언어가 이런 복잡성을 감추기 위해서 어떤 노력을 기울이는지 정도만 겨우 알고 있었을 뿐이다. 그러다가 러스트에서는 모든 메모리가 다 같은 식으로 움직이는 게 아니라는 걸 알게 됐다. 먼저 알려진 크기의 항목이 정해진 순서에 따라 움직이는 **스택**stack이 있다. 흔히들 구내식당의 쟁반 더미에 비유하는데, **후입선출**last-in, first-out, LIFO 순서에 따라서 아이템이 들어올 때는 맨 위로 가서 쌓이고 나갈 때는 맨 위에 있는 것부터 빠진다. 스택에 있는 아이템은 알려진 크기로 고정되어 있어서 러스트가 특정 메모리 덩어리를 따로 확보해 관리할 수 있고 또 빠르게 찾을 수 있다. 정수처럼 스택에 존재하는 데이터 타입은 **복사**copy라는 작업을 통해서 쉽게 복사본을 만들 수 있다.

또 다른 메모리 유형으로 시간이 지남에 따라서 값의 크기가 바뀔 수 있는 **힙**heap이 있다. 예를 들어 `Vec`(벡터) 타입(https://oreil.ly/u5T4g)의 문서는 이 구조를 "크기가 늘 수 있는 연속 배열 타입contiguous growable array type"이라고 설명한다. 벡터에 있는 요소의 수와 크기는 프로그램의 수명 동안 바뀔 수 있으므로, 여기서 핵심 단어는 **크기가 늘 수 있는**growable이다. 러스트는 벡터에 필요한 초기 메모리양을 추정한다. 벡터가 이 초기 할당량 이상으로 크기가 늘면 러스트는 데이터를 보관할 다른 메모리 덩어리를 찾는다. 데이터가 있는 메모리 영역을 찾기 위해서 러스트는 해당 메모리 주소를 스택에 저장해둔다. 이를 두고 실제 데이터를 가리킨다고 해서 **포인터**pointer라고도 하고 그 데이터의 **레퍼런스**reference라고도 한다. 힙에 존재하는 아이템은 매우 클 수 있으므로 데이터를 복사하려면 **복제**clone라는 작업을 통해서 다르게 다뤄야 한다. 러스트 컴파일러는 늘 데이터가 주어진 데이터 타입의 필요에 맞게 올바르게 복사 또는 복제되고 있는지 확인한다.

`omit_newline` 인수는 있거나 없거나 둘 중 하나라서 좀 더 쉽다. ArgMatches::get_flag(https://oreil.ly/xwY9J)는 불리언, 즉 `true`나 `false` 둘 중 하나가 되는 `bool`(https://oreil.ly/4ZhOA) 타입의 값을 반환한다. 컴파일러가 타입을 추론해주므로 타입 애너테이션은 생략한다.

```
let omit_newline = matches.get_flag("omit_newline");
```

끝으로 값을 인쇄한다. `text`는 문자열 벡터이므로 Vec::join(https://oreil.ly/i8IBx)을 이용해서 문자열을 전부 연결하고 마디마다 공백을 하나씩 넣어서 인쇄할 새 문자열을 만들면 된다. `clap`은 `echor` 프로그램 안에 벡터를 생성한다. `Vec::join`의 작동 방식을 알아보기 위해서 `vec!` 매크로 (https://oreil.ly/SAlnL)를 가지고 벡터를 만드는 법을 살펴보자.

```
let text = vec!["Hello", "world"];
```

러스트에서는 벡터에 들어가는 값의 타입이 전부 같아야 한다. 동적 언어에서는 리스트에 문자열과 숫자 같은 타입을 섞어 쓸 수 있는 경우가 많지만, 러스트는 '일치하지 않는 타입'이라며 불평한다. 여기서 원하는 건 큰따옴표를 두른 리터럴 문자열의 리스트다. 러스트에서는 `str` 타입(https://oreil.ly/DREEk)이 유효한 UTF-8 문자열을 표현한다. UTF에 대해서는 4장에서 보다 자세히 설명한다.

`Vec::join`은 주어진 문자열을 벡터의 모든 요소 사이에 넣어 새 문자열을 생성한다. `println!`을 쓰면 이 문자열 끝에 새 줄을 넣어 `STDOUT`에 인쇄할 수 있다.

```
println!("{}", text.join(" "));
```

러스트 문서에서는 assert!(https://oreil.ly/SQHyp)를 써서 어떤 것을 `true`라고 말하거나, assert_eq!(https://oreil.ly/P6Bfw)를 써서 이것과 저것이 동등하다는 걸 증명하는 식으로 사실을 입증하는 것이 일반적인 관행이다. 이를테면 다음 코드처럼 `text.join(" ")`의 결과가 문자열 `"Hello world"`와 같다고 단언하는 식이다.

```
assert_eq!(text.join(" "), "Hello world");
```

`-n` 플래그가 있으면 출력에서 새 줄을 생략해야 한다. 따라서 새 줄을 넣지 않는 `print!` 매크로 (https://oreil.ly/nMLGY)를 쓰도록 바꾸고 `omit_newline`의 값에 따라 새 줄이나 빈 문자열을 넣는 것으로 하겠다. 대충 다음과 같은 식으로 작성하면 될 것 같다.

```
fn main() {
    let matches = ...;  // 앞과 동일하다.
    let text: Vec<String> =
        matches.get_many("text").unwrap().cloned().collect();
    let omit_newline = matches.get_flag("omit_newline");

    let ending = "\n"; ❶
    if omit_newline {
        ending = "";  // 작동하지 않는다. ❷
    }
    print!("{}{ending}", text.join(" ")); ❸
}
```

❶ 새 줄을 기본값으로 가정한다.

❷ 새 줄을 생략해야 하는 경우에는 값을 빈 문자열로 바꾼다.

❸ 출력에 새 줄을 넣지 않는 `print!`를 쓴다.

하지만 이 코드를 실행하려고 하면 러스트가 `ending`의 값을 재배정할 수 없다며 불평한다.

```
$ cargo run -- Hello world
error[E0384]: cannot assign twice to immutable variable `ending`
  --> src/main.rs:30:9
   |
28 |     let ending = "\n";
   |         ------
   |         |
   |         first assignment to `ending`
   |         help: consider making this binding mutable: `mut ending`
29 |     if omit_newline {
30 |         ending = "";  // 작동하지 않는다.
   |         ^^^^^^^^^^^ cannot assign twice to immutable variable

For more information about this error, try `rustc --explain E0384`.
error: could not compile `echor` (bin "echor") due to previous error
```

1장에서 봤다시피 러스트 변수는 기본적으로 변경할 수 없다. 컴파일러는 이 오류를 해결하기 위해서 `ending` 변수를 변경 가능하게 만들어주는 `mut`를 붙여볼 것을 제안한다.

```
fn main() {
    let matches = ...;  // 앞과 동일하다.
    let text: Vec<String> =
        matches.get_many("text").unwrap().cloned().collect();
```

```
    let omit_newline = matches.get_flag("omit_newline");

    let mut ending = "\n"; ❶
    if omit_newline {
        ending = "";
    }
    print!("{}{ending}", text.join(" "));
}
```

❶ 변경 가능한 값으로 만들기 위해서 `mut`를 붙인다.

앞 코드를 작성하는 훨씬 더 좋은 방법이 있다. 러스트에서는 `if`가 C와 자바 같은 다른 언어와 달리 실행문이 아니라 표현식이다.[1] **표현식**expression은 값을 반환하지만 실행문은 그렇지 않다. 앞 코드를 좀 더 러스트답게 작성하는 방법은 다음과 같다.

```
let ending = if omit_newline { "" } else { "\n" };
```

`else`가 없는 `if`는 유닛 타입을 반환한다. 반환 타입이 없는 함수의 경우에도 마찬가지이므로 이 프로그램의 `main` 함수는 유닛 타입을 반환한다.

`ending`은 한 곳에서만 쓰이기 때문에 변수에 배정할 필요가 없다. 따라서 최종적인 `main` 함수의 모습은 다음과 같다.

```
fn main() {
    let matches = ...;  // 앞과 동일하다.
    let text: Vec<String> =
        matches.get_many("text").unwrap().cloned().collect();
    let omit_newline = matches.get_flag("omit_newline");
    print!("{}{}", text.join(" "), if omit_newline { "" } else { "\n" });
}
```

이렇게 바꾸면 프로그램이 제대로 작동하는 것처럼 보이지만 여기에 필자의 명성을 걸고 싶지는 않다. 러시아 격언처럼 'Доверяй, но проверяй'[2]가 필요하다. 이를 위해서는 다양한 입력을 가지고

---

1    파이썬에는 `if` 실행문과 `if` 표현식이 모두 있다.

2    '신뢰하되, 검증하라(trust, but verify).' 1980년대에 미국의 로널드 레이건 대통령이 소련과의 핵 군축 회담에서 사용했던 이 말은 러시아어로 말할 때 운율이 있어 더 멋지게 들린다.

내 프로그램을 실행해서 원래 echo 프로그램과 동일한 출력을 산출하는지 확인하는 몇 가지 테스트를 작성해야 한다.

## 2.3 통합 테스트 작성하기

assert_cmd와 pretty_assertions 크레이트를 이용해서 echor를 테스트하겠다. 또 일부 테스트를 더 쉽게 작성할 수 있도록 predicates(https://oreil.ly/OMtFW)와 오류 처리를 위해서 anyhow (https://oreil.ly/ZcUzF) 크레이트를 사용하겠다. **Cargo.toml**을 다음과 같이 업데이트한다.

```
[package]
name = "echor"
version = "0.1.0"
edition = "2021"

[dependencies]
clap = "4.5.0"

[dev-dependencies]
anyhow = "1.0.79"
assert_cmd = "2.0.13"
predicates = "3.0.4"
pretty_assertions = "1.4.0"
```

필자는 종종 내 프로그램이 잘못 실행될 때 실패하는지 확인하는 테스트를 작성하곤 한다. 예를 들어 이 프로그램은 인수가 주어지지 않으면 실패하고 도움말 문서를 인쇄해야 한다. **tests** 디렉터리를 만들고 나서 다음 내용을 가지고 **tests/cli.rs**를 만든다.

```
use assert_cmd::Command;
use predicates::prelude::*; ❶

#[test]
fn dies_no_args() {
    let mut cmd = Command::cargo_bin("echor").unwrap();
    cmd.assert() ❷
        .failure()
        .stderr(predicate::str::contains("Usage"));
}
```

❶ predicates 크레이트는 프로그램의 출력을 확인하는 데 도움이 된다.

❷ 인수 없이 프로그램을 실행해서 실패하는지 그리고 STDERR에 사용 설명서를 인쇄하는지 확인한다.

 필자는 프로그램이 주어진 조건에서 실패할 것으로 예상된다는 걸 확실히 알 수 있도록 테스트 이름 어딘가에 **dies**라는 단어를 넣는 경우가 많다. 이렇게 해두고 `cargo test dies`를 실행하면 카고는 문자열 **dies**가 포함된 이름을 가진 테스트를 전부 실행시켜준다.

**cargo test**를 실행해서 프로그램이 통과하는지 확인한다. 이어서 인수가 주어졌을 때 프로그램이 성공적으로 종료하는지 확인하는 테스트도 넣어보자.

```
#[test]
fn runs() {
    let mut cmd = Command::cargo_bin("echor").unwrap();
    cmd.arg("hello").assert().success(); ❶
}
```

❶ hello 인수를 가지고 echor를 실행해서 성공적으로 종료하는지 확인한다.

이제 **cargo test**를 실행하면 프로그램이 실행되어 사용자 입력을 검증하고 사용법을 인쇄하는 걸 확인할 수 있다.

```
running 2 tests
test runs ... ok
test dies_no_args ... ok
```

### 2.3.1 테스트 출력 파일 생성하기

다음으로 프로그램이 echo와 동일한 출력을 생성하는지 확인하고자 한다. 그러려면 다양한 입력을 가지고 원래 echo의 출력을 캡처해서 이를 프로그램의 출력과 비교할 수 있어야 한다. 이 책의 깃허브 저장소(https://oreil.ly/pfhMC)에 있는 **02_echor** 디렉터리 안을 보면 필자가 다양한 인수를 가지고 echo의 출력을 생성할 때 썼던 **mk-outs.sh**라는 bash 스크립트가 있다. 보면 알겠지만 이렇게 간단한 도구마저도 매개변수 전체를 놓고 조합할 수 있는 경우의 수를 나타내는 **순환 복잡성**cyclomatic complexity의 수준이 여전히 상당하다. 여기서는 새 줄 옵션이 있는 경우와 없는 경우 모두에 대해서 하나 이상의 텍스트 인수를 확인해야 한다.

```
$ cat mk-outs.sh
#!/usr/bin/env bash ①

OUTDIR="tests/expected" ②
[[ ! -d "$OUTDIR" ]] && mkdir -p "$OUTDIR" ③

echo    "Hello there"   > $OUTDIR/hello1.txt ④
echo    "Hello" "there" > $OUTDIR/hello2.txt ⑤
echo -n "Hello  there"  > $OUTDIR/hello1.n.txt ⑥
echo -n "Hello" "there" > $OUTDIR/hello2.n.txt ⑦
```

❶ 다음 코드를 위해서 운영체제에게 환경을 이용해 `bash`를 실행하라고 지시하는 특수 주석(일명 **셔뱅**shebang)이다.

❷ 출력 디렉터리를 담아둘 변수를 정의한다.

❸ 출력 디렉터리가 있는지 보고 필요하면 만든다.

❹ 두 단어로 된 인수 하나

❺ 하나 이상의 공백으로 구분된 인수 둘

❻ 공백이 두 개 있고 새 줄이 없는 인수 하나

❼ 새 줄이 없는 인수 둘

유닉스 플랫폼에서 작업하는 중이라면 이 프로그램을 여러분의 프로젝트 디렉터리에 복사하고 다음처럼 실행하면 된다.

```
$ bash mk-outs.sh
```

프로그램을 직접 실행해도 되지만 **권한 없음**permission denied 오류가 발생하면 `chmod +x mk-outs.sh`를 실행해야 할 수도 있다.

```
$ ./mk-outs.sh
```

프로그램을 실행하고 나면 다음과 같은 내용을 가진 **tests/expected** 디렉터리가 생성된다.

```
$ tree tests
tests
├── cli.rs
└── expected
```

```
        ├── hello1.n.txt
        ├── hello1.txt
        ├── hello2.n.txt
        └── hello2.txt

1 directory, 5 files
```

윈도우에서 작업하는 중이라면 이 디렉터리와 파일을 여러분의 프로젝트에 복사하기를 권한다.

### 2.3.2 프로그램 출력 비교하기

이제 몇 가지 테스트 파일을 손에 넣었으니 echor의 출력과 원래 echo의 출력을 비교해보자. 첫 번째 출력 파일은 한 문자열로 된 입력 Hello there를 가지고 생성한 것으로 출력은 **tests/ expected/hello1.txt** 파일에 캡처했다. 다음 테스트에서는 똑같은 인수를 가지고 echor를 실행해서 출력과 이 파일의 내용을 비교한다. 표준 **파일시스템** 모듈을 가져오려면 **tests/cli.rs**에 use std::fs를 추가해야 한다. runs 함수를 다음과 같이 바꾼다.

```
#[test]
fn hello1() {
    let outfile = "tests/expected/hello1.txt"; ❶
    let expected = fs::read_to_string(outfile).unwrap(); ❷
    let mut cmd = Command::cargo_bin("echor").unwrap(); ❸
    cmd.arg("Hello there").assert().success().stdout(expected); ❹
}
```

❶ mk-outs.sh로 생성한 echo의 출력이다.

❷ fs::read_to_string(https://oreil.ly/dZGzk)을 이용해서 파일의 내용을 읽는다. 이 함수는 일이 순조롭게 풀리면 문자열이 담긴 Result를 반환한다. 여기서는 잘 작동한다고 가정하고 Result::unwrap 메서드를 사용한다.

❸ 현재 크레이트에 있는 echor를 실행하는 Command를 생성한다.

❹ 주어진 인수를 가지고 프로그램을 실행해서 성공적으로 끝나는지 그리고 STDOUT이 기대치인지 확인한다.

fs::read_to_string을 이용하면 파일을 메모리로 손쉽게 읽어올 수 있지만, 사용 가능한 메모리 한도를 초과하는 파일을 읽으면 프로그램이 (그리고 어쩌면 컴퓨터까지도) 크래시를 일으키기 쉽다. 이 함수는 작은 파일에만 사용해야 한다. 테드 넬슨Ted Nelson[3]이 한 이 말을 꼭 명심하자. "컴퓨터에 관한 좋은 소식은 컴퓨터가 여러분이 시키는 대로 작동한다는 것이다. 나쁜 소식은 컴퓨터가 여러분이 시키는 대로 작동한다는 것이다."

이제 **cargo test**를 실행하면 다음처럼 두 가지 테스트의 출력이 (순서에 상관없이) 표시된다.

```
running 2 tests
test hello1 ... ok
test dies_no_args ... ok
```

### 2.3.3 Result 타입 사용하기

지금까지는 실패할 수 있는 호출을 다룰 때 무작정 성공할 것이라고 가정하고 Result::unwrap 메서드를 사용했다. 예를 들어 hello1 함수에서는 출력 파일이 존재하고 따라서 파일을 열어 내용을 문자열로 읽어올 수 있다고 가정했다. 제한된 테스트라면 그럴 수도 있겠지만 이런 식으로 가정하는 건 위험하다. 좀 더 신중해야 하므로 이제부터는 이러한 있을 수 있는 실패를 점검하고자 하는데, 필자가 볼 때 이런 용도로는 anyhow::Result(https://oreil.ly/NOGKW)가 기본 Result 타입보다 쓰기가 더 쉽다.

지금까지는 테스트 함수가 유닛 타입을 반환했다. 이제부터는 anyhow::Result를 반환하게 되므로 여기에 맞춰서 테스트 코드를 살짝 바꿔줘야 한다. 이전에는 Result::unwrap을 이용해서 Ok 값을 꺼내고 Err이 발생하면 패닉에 빠뜨려 테스트가 실패하게끔 했었다. 다음 코드에서는 unwrap을 ? 연산자로 대체해서 Ok 값을 꺼내거나 Err 값을 반환 타입에 전파한다. 즉, 이렇게 해두면 함수가 Result의 Err 배리언트를 호출부에 반환하게 되어 테스트가 실패하게 된다. 테스트 함수에 있는 모든 코드가 성공적으로 실행되면 유닛 타입이 담긴 Ok를 반환하여 테스트가 통과되었음을 나타낸다. 러스트에는 함수에서 값을 반환하는 return 키워드(https://oreil.ly/rtZW1)가 있지만, 이 관용구는 마지막 표현식에서 세미콜론을 생략하여 결과를 암묵적으로 반환한다는 걸 유념하자. **tests/cli.rs**를 다음처럼 업데이트한다.

---

3   옮긴이 하이퍼텍스트(hypertext)의 개념을 고안한 미국의 사회학자이자 철학자다.

```
use anyhow::Result; ❶
use assert_cmd::Command;
use predicates::prelude::*;
use std::fs;

#[test]
fn dies_no_args() -> Result<()> { ❷
    let mut cmd = Command::cargo_bin("echor")?; ❸
    cmd.assert()
        .failure()
        .stderr(predicate::str::contains("Usage"));
    Ok(()) ❹
}

#[test]
fn hello1() -> Result<()> {
    let expected = fs::read_to_string("tests/expected/hello1.txt")?;
    let mut cmd = Command::cargo_bin("echor")?;
    cmd.arg("Hello there").assert().success().stdout(expected);
    Ok(())
}
```

❶ 기본 `Result` 타입 대신 `anyhow::Result`를 사용한다.

❷ `Ok` 배리언트는 유닛 타입을 담고, `Err` 배리언트는 `Error`(https://oreil.ly/-W7sE)를 담는다.

❸ `Result::unwrap` 대신 `?`를 이용해서 `Ok` 값을 꺼내거나 `Err`을 전파한다.

❹ 이 값을 반환하기 위해서 마지막 세미콜론을 생략한다.

다음 테스트는 `"Hello"`와 `"there"` 이렇게 두 인수를 전달하고 프로그램이 'Hello there'를 인쇄하리라 기대한다.

```
#[test]
fn hello2() -> Result<()> {
    let expected = fs::read_to_string("tests/expected/hello2.txt")?;
    let mut cmd = Command::cargo_bin("echor")?;
    cmd.args(vec!["Hello", "there"]) ❶
        .assert()
        .success()
        .stdout(expected);
    Ok(())
}
```

❶ 문자열값 하나가 아니라 인수 벡터를 전달하기 위해서 `Command::args` 메서드(https://oreil.ly/G5FYd)를 사용한다.

확인해야 할 파일이 총 4개이므로 도우미 함수를 작성하는 게 좋겠다. `run`이라는 함수를 만들고 여기에 인수 문자열과 기대 출력 파일을 같이 넘기는 식으로 가자. 인수를 담은 벡터를 만들 때는 `vec!` 대신 `std::slice`(https://oreil.ly/NHidS)를 사용하겠다. 슬라이스_slice_는 값 목록을 표현한다는 점에서 벡터와 약간 비슷하지만 한번 만들고 나면 크기를 조절할 수 없다. 문자열의 비교 결과를 한눈에 파악하려면 다음 코드에 `use pretty_assertions::assert_eq`를 추가해야 한다.

```
fn run(args: &[&str], expected_file: &str) -> Result<()> { ❶
    let expected = fs::read_to_string(expected_file)?; ❷
    let output = Command::cargo_bin("echor")? ❸
        .args(args)
        .output()
        .expect("fail");

    let stdout = String::from_utf8(output.stdout).expect("invalid UTF-8"); ❹
    assert_eq!(stdout, expected); ❺
    Ok(()) ❻
}
```

❶ `args`는 `&str` 값의 슬라이스가 되고 `expected_file`은 `&str`가 된다. 반환값은 `Result`다.

❷ `expected_file`의 내용을 문자열로 읽으려고 시도한다.

❸ 주어진 인수를 가지고 현재 크레이트에 있는 `echor`를 실행하고 출력을 풀어낸다.

❹ 프로그램의 `STDOUT`을 문자열로 변환한다.

❺ 출력이 기대치와 같은지 확인한다.

❻ 앞 코드가 전부 문제없이 실행되었다면 유닛 타입이 담긴 `Ok`를 반환한다.

러스트에는 다양한 유형의 문자열 변수가 있다는 걸 알 수 있다. 여기서처럼 소스 코드 안에 있는 리터럴 문자열에는 `str` 타입이 적합하다. `&`는 문자열을 잠시만 빌려오려는 의도를 담고 있다. 문자열, 차용 borrowing, 소유권 ownership에 대해서는 뒤에서 자세히 설명한다.

이 도우미 함수를 이용해 네 가지 테스트를 전부 실행하는 **tests/cli.rs**의 최종 내용은 다음과 같다.

```
use anyhow::Result;
use assert_cmd::Command;
use predicates::prelude::*;
use pretty_assertions::assert_eq;
use std::fs;

#[test]
```

```
fn dies_no_args() -> Result<()> {
    Command::cargo_bin("echor")?
        .assert()
        .failure()
        .stderr(predicate::str::contains("Usage"));
    Ok(())
}

fn run(args: &[&str], expected_file: &str) -> Result<()> {
    let expected = fs::read_to_string(expected_file)?;
    let output = Command::cargo_bin("echor")?
        .args(args)
        .output()
        .expect("fail");

    let stdout = String::from_utf8(output.stdout).expect("invalid UTF-8");
    assert_eq!(stdout, expected);
    Ok(())
}

#[test]
fn hello1() -> Result<()> {
    run(&["Hello there"], "tests/expected/hello1.txt") ❶
}

#[test]
fn hello2() -> Result<()> {
    run(&["Hello", "there"], "tests/expected/hello2.txt") ❷
}

#[test]
fn hello1_no_newline() -> Result<()> {
    run(&["Hello  there", "-n"], "tests/expected/hello1.n.txt") ❸
}

#[test]
fn hello2_no_newline() -> Result<()> {
    run(&["-n", "Hello", "there"], "tests/expected/hello2.n.txt") ❹
}
```

❶ 문자열값 하나를 입력으로 사용해서 프로그램을 실행한다. 이 함수는 `run` 함수가 반환하는 걸
   그대로 반환하므로 끝에 세미콜론이 생략되어 있음을 유념하자.

❷ 문자열 두 개를 입력으로 사용해서 프로그램을 실행한다.

❸ 문자열값 하나를 입력으로 사용하고 맨 뒤에 새 줄을 생략하는 `-n` 플래그를 붙여서 프로그램
   을 실행한다. 단어 사이에 두 개의 공백이 있다는 걸 눈여겨보자.

❹ 문자열 두 개를 입력으로 사용하고 맨 앞에 `-n` 플래그를 붙여서 프로그램을 실행한다.

보다시피 **tests/cli.rs**에는 원하는 만큼 함수를 작성할 수 있다. 테스트할 때는 `#[test]`로 표시된 것만 실행된다. 이제 `cargo test`를 실행하면 다섯 개의 테스트가 통과하는 걸 볼 수 있다.

```
running 5 tests
test dies_no_args ... ok
test hello1 ... ok
test hello1_no_newline ... ok
test hello2_no_newline ... ok
test hello2 ... ok
```

## 2.4 clap 파생 사용하기

이번에는 파생 패턴을 써서 동일한 `clap` 코드를 작성하는 법을 살펴보고, 앞서 본 테스트 모음을 가지고 프로그램이 여전히 예상대로 작동하는지 확인해보자. 먼저 **Cargo.toml**을 업데이트해서 이 크레이트 기능을 포함시켜야 한다.

```
[dependencies]
clap = { version = "4.5.0", features = ["derive"] }
```

카고를 사용해서 의존성을 추가할 수도 있다.

```
$ cargo add clap --features derive
```

파생 패턴의 핵심은 명령줄 인수를 표현하는 `struct`(https://oreil.ly/n4Dsk)의 정의다. 스트럭트는 객체 지향 언어의 클래스 정의와 비슷하며 다양한 러스트 타입을 섞어서 하나의 데이터 구조로 담아낼 수 있게 해준다. 여기서는 앞서 본 코드처럼 `Vec<String>`을 써서 문자열값을 표현하고 `bool`을 써서 맨 끝에 새 줄을 넣을지 말지를 표현한다. 아울러 스트럭트에 슬래시 두세 개로 시작하는 주석(https://oreil.ly/WN4t7)을 달아두겠다. 슬래시 세 개는 문서화를 뜻하며 **문서 주석**doc comment이라고도 한다. 앞 장에서는 `#[test]`를 써서 테스트 함수임을 표시했었다. 여기서도 `Args` 스트럭트에 비슷한 애너테이션을 써서 `clap`에 사용자 인터페이스를 어떤 식으로 생성할지 알린다.

**src/main.rs**를 다른 이름으로 된 파일로 옮겨놓은 뒤에 다음 내용을 가지고 새롭게 시작하자.

```
use clap::Parser; ❶

#[derive(Debug, Parser)] ❷
#[command(author, version, about)] ❸
/// `echo`의 러스트 버전 ❹
struct Args { ❺
    /// 입력 텍스트
    #[arg(required(true))] ❻
    text: Vec<String>, ❼

    /// 새 줄을 인쇄하지 않는다.
    #[arg(short('n'))] ❽
    omit_newline: bool, ❾
}
```

❶ `clap::Parser`(https://oreil.ly/IrHOL) 트레이트를 가져온다.

❷ `derive`(https://oreil.ly/OzHLo) 애트리뷰트는 스트럭트의 능력을 확장한다. 여기서는 이 스트럭트와 가져온 `clap::Parser`의 디버그 인쇄를 허용하기 위해 표준 `Debug`를 사용했다.

❸ `command`(https://oreil.ly/SkUgl)는 이 스트럭트를 `clap::Command` 객체로 바꾼다. **author**와 **version**에 해당하는 값은 **Cargo.toml**에서 얻어올 수 있다.

❹ 이 문서 주석은 프로그램의 **about** 설명이 된다.

❺ `Args`라는 스트럭트를 정의한다.

❻ 스트럭트의 각 멤버는 `clap::Arg`(https://oreil.ly/AQZFy)가 된다. 이 `#[arg]` 애너테이션은 추가로 `text`가 필수(https://oreil.ly/aOUyH)임을 지정한다.

❼ **text**라는 인수를 생성한다. 타입 애너테이션 `Vec<String>`은 이 인수가 여러 개의 문자열값을 가질 수 있음을 나타낸다.

❽ 다음 인수에 대해서 짧은 플래그 `-n`을 정의한다.

❾ `omit_newline`은 `false`를 기본값으로 갖는 불리언값이다.

`main` 함수를 다음처럼 바꾼다.

```
fn main() {
    let args = Args::parse(); ❶
    dbg!(args); ❷
}
```

❶ 명령줄 인수를 `Args` 스트럭트로 파싱한다.

❷ `dbg!`(**debug**의 준말) 매크로(https://oreil.ly/a7BdC)를 써서 인수를 예쁜 인쇄 기능으로 인쇄한다.

파생 코드는 더 간결하지만 동일한 인터페이스를 생성한다. `-h|--help`를 주고 실행해서 사용법 문서가 표시되는지 보고, 아무런 인수 없이 실행해서 입력 텍스트가 여전히 필수인지 확인하자. 끝으로 올바른 인수를 주고 실행해서 `Args` 스트럭트가 표시되는지 보자.

```
$ cargo run -- -n Hello world
[src/main.rs:18] args = Args {
    text: [ ❶
        "Hello",
        "world",
    ],
    omit_newline: true, ❷
}
```

❶ `args.text` 필드는 `Vec<String>`에 접근할 수 있게 해준다.

❷ `args.omit_newline` 필드는 `bool`값이다.

 `cargo test`를 실행해서 통과하는 테스트와 실패하는 테스트를 확인하자. 읽기를 멈추고 `Args` 스트럭트를 이용해 프로그램이 테스트를 전부 통과하도록 만들 수 있는지 확인하자.

다음은 필자가 `Args` 스트럭트를 이용해 작성한 `main` 함수다.

```
fn main() {
    let args = Args::parse();
    print!(
        "{}{}",
        args.text.join(" "),
        if args.omit_newline { "" } else { "\n" }
    );
}
```

이러한 과정은 프로그램 리팩터링의 완벽한 예다. 먼저 테스트를 통해 검증할 수 있는 제대로 작동하는 무언가를 확보한다. 그런 다음 엄격한 러스트 컴파일러와 테스트에 의존해서 프로그램을 변경한다.

# 요약

지금까지 `echor` 프로그램을 위해서 **src/main.rs**에 30줄가량(빌더를 쓰는지 파생을 쓰는지에 따라 다름)의 러스트 코드를 작성했고, 프로그램이 어느 정도 사양을 충족하는지 확인하기 위해서 **tests/cli.rs**에 5개의 테스트를 작성했다. 이 과정에서 이룬 것을 살펴보면 다음과 같다.

- 기본적인 프로그램의 결과는 `STDOUT`에 인쇄되고 오류는 `STDERR`에 인쇄되어야 한다는 걸 배웠다.
- 도움말을 인쇄하는 `-h` 또는 `--help` 옵션, 프로그램의 버전을 보여주는 `-V` 또는 `--version` 옵션, 새 줄을 생략하는 `-n` 옵션과 더불어 하나 이상의 위치 명령줄 인수를 받는 프로그램을 작성했다.
- 잘못된 인수를 사용하거나 `-h|--help` 플래그를 사용해서 실행할 때 사용 설명서를 인쇄하는 프로그램을 작성했다.
- 위치 명령줄 인수를 전부 연결하고 마디마다 공백을 하나씩 넣어서 인쇄하는 법을 배웠다.
- `print!` 매크로를 이용해서 `-n` 플래그가 있을 때 끝에 새 줄을 생략하는 법을 배웠다.
- 통합 테스트를 실행하면 한 개나 두 개의 입력을 가지고 끝에 새 줄을 넣는 경우와 넣지 않는 경우를 테스트하는 네 가지 테스트 케이스를 통해서 프로그램이 `echo`의 출력을 모사하는 걸 확인할 수 있다.
- 유닛 타입, 문자열, 벡터, 슬라이스, `Option`, `Result` 등 다양한 러스트 타입의 사용법을 배웠다.
- 파일의 전체 내용을 문자열로 읽는 법을 배웠다.
- 러스트 프로그램 안에서 외부 명령을 실행하고, 종료 상태를 확인하고, `STDOUT`과 `STDERR`의 내용을 확인하는 법을 배웠다.
- 명령줄 인수를 파싱하기 위해서 두 가지 `clap` 패턴인 빌더와 파생을 사용했는데, 이 중 후자는 `struct`를 생성하고 애너테이션을 달아야 했다.

이 모든 걸, 그것도 버그 있는 프로그램이나 보안 취약점으로 이어지는 그런 흔한 실수를 가만 놔두지 않는 언어로 작성해냈다. 러스트가 세상을 정복하는 데 어떤 식으로 도움이 될지를 그려보면서 스스로에게 하이파이브를 건네보자. 악동처럼 **음흉하게** 소리 내 웃으며 이 성취감을 한껏 즐겨보자. 이제 테스트와 데이터를 구성하고 작성하는 법을 살펴봤으니, 다음 프로그램에서는 테스트를 먼저 작성한 다음 그 테스트를 만족하는 코드를 작성하는 **테스트 주도 개발**test-driven development을 시작하기 위해서 테스트를 좀 더 일찍 사용하겠다.

# 3
CHAPTER

# 캣워크 위에서: cat

혼자 있을 때 / 당신은 고양이, 당신은 전화기 / 당신은 동물이죠

—<Don't Let's Start>(데이 마이트 비 자이언츠, 1986)

이번 장에서 작성해볼 도전 과제는 cat의 클론이다. 여러 파일을 한 파일로 concatenate(연결하다) 할 수 있다고 해서 그런 이름이 붙었다. 즉, 파일 a, b, c가 있을 때 cat a b c > all을 실행하면 이 세 파일에 있는 모든 줄을 all이라는 파일로 방향을 바꿔서 스트리밍 할 수 있다. 이 프로그램은 각 줄 앞에 줄 번호를 매기는 몇 가지 옵션을 받는다.

배울 내용은 다음과 같다.

- 테스트 우선 개발을 사용하는 법
- 파일의 존재 여부를 테스트하는 법
- 존재하지 않는 파일 이름에 대해 랜덤 문자열을 생성하는 법
- 일반적인 파일이나 STDIN(표준 입력standard in이라고 읽는다)을 읽는 법
- eprintln!을 이용해서 STDERR에 인쇄하는 법과 format!을 이용해서 문자열을 형식화하는 법
- STDIN에 입력을 제공하는 테스트를 작성하는 법
- 상호 배타적인 인수를 정의하는 법
- 이터레이터의 enumerate 메서드를 사용하는 법

---

* 　옮긴이　이번 장 제목의 원문은 "On the Catwalk"로 이번 장에서 다룰 cat 프로그램을 소개하는 언어유희다.

## 3.1 cat의 작동 방식

먼저 cat의 작동 방식을 살펴보면서 이번 도전 과제에서 예상되는 내용을 알아보자. BSD 버전의 cat은 -h|--help 플래그가 사용법을 인쇄하지 않으므로 매뉴얼 페이지를 읽으려면 man cat을 사용해야 한다. 기능이 한정된 프로그램치고는 의외로 옵션이 많지만 이번 도전 과제 프로그램에서는 이 중 일부만 구현할 것이다.

```
CAT(1)                    BSD General Commands Manual                    CAT(1)

NAME
     cat -- concatenate and print files

SYNOPSIS
     cat [-benstuv] [file ...]

DESCRIPTION
     The cat utility reads files sequentially, writing them to the standard
     output.  The file operands are processed in command-line order.  If file
     is a single dash ('-') or absent, cat reads from the standard input.  If
     file is a UNIX domain socket, cat connects to it and then reads it until
     EOF.  This complements the UNIX domain binding capability available in
     inetd(8).

     The options are as follows:

     -b        Number the non-blank output lines, starting at 1.

     -e        Display non-printing characters (see the -v option), and display
               a dollar sign ('$') at the end of each line.

     -n        Number the output lines, starting at 1.

     -s        Squeeze multiple adjacent empty lines, causing the output to be
               single spaced.

     -t        Display non-printing characters (see the -v option), and display
               tab characters as '^I'.

     -u        Disable output buffering.

     -v        Display non-printing characters so they are visible.  Control
               characters print as '^X' for control-X; the delete character
               (octal 0177) prints as '^?'.  Non-ASCII characters (with the high
               bit set) are printed as 'M-' (for meta) followed by the character
```

```
                for the low 7 bits.

EXIT STATUS
     The cat utility exits 0 on success, and >0 if an error occurs.
```

책 전반에 걸쳐서 GNU 버전의 프로그램도 같이 살펴보기 때문에 프로그램이 어디가 어떻게 다른지 파악할 수 있고, 또 여기서 영감을 얻어 필자가 제시하는 솔루션을 더 크게 확장하는 계기를 마련할 수 있을 것이다. GNU 버전은 --help에 응답한다는 걸 눈여겨보자. 우리가 작성할 솔루션도 이 방침을 따른다.

```
$ cat --help
Usage: cat [OPTION]... [FILE]...
Concatenate FILE(s), or standard input, to standard output.

  -A, --show-all           equivalent to -vET
  -b, --number-nonblank    number nonempty output lines, overrides -n
  -e                       equivalent to -vE
  -E, --show-ends          display $ at end of each line
  -n, --number             number all output lines
  -s, --squeeze-blank      suppress repeated empty output lines
  -t                       equivalent to -vT
  -T, --show-tabs          display TAB characters as ^I
  -u                       (ignored)
  -v, --show-nonprinting   use ^ and M- notation, except for LFD and TAB
      --help     display this help and exit
      --version  output version information and exit

With no FILE, or when FILE is -, read standard input.

Examples:
  cat f - g  Output f's contents, then standard input, then g's contents.
  cat        Copy standard input to standard output.

GNU coreutils online help: <http://www.gnu.org/software/coreutils/>
For complete documentation, run: info coreutils 'cat invocation'
```

GNU 버전은 BSD 버전보다 나중에 나왔기 때문에 호환성을 위해서 후자의 짧은 플래그를 전부 구현하고 있다. 또 GNU 프로그램에서 흔히 볼 수 있는 것처럼 -n을 위한 --number나 -b를 위한 --number-nonblank와 같은 식으로 된 긴 플래그 별칭을 제공한다. GNU 버전처럼 두 가지 옵션을 모두 제공하는 법은 뒤에서 살펴본다.

도전 과제 프로그램에서는 `-b|--number-nonblank`와 `-n|--number` 옵션만 구현한다. 또 일반적인 파일을 비롯해서 파일 이름 인수로 대시(`-`)가 주어질 때 `STDIN`을 읽는 법도 살펴본다. 그럼 지금부터 저장소의 **03_catr** 디렉터리에 들어 있는 파일 몇 가지를 이용해서 `cat`에 대해 알아보자. 먼저 해당 디렉터리로 자리를 옮긴다.

```
$ cd 03_catr
```

**tests/inputs** 디렉터리에는 테스트용 파일 4개가 들어 있다.

- **empty.txt**: 빈 파일
- **fox.txt**: 한 줄짜리 텍스트
- **spiders.txt**: 고바야시 잇사小林 一茶[1]의 하이쿠[2]를 담은 세 줄짜리 텍스트
- **the-bustle.txt**: 에밀리 디킨슨Emily Dickinson[3]의 사랑스런 시를 담은 네 줄짜리 스탠자[4] 두 개와 이를 구분하는 빈 줄 하나로 된 텍스트

빈 파일은 쓸모가 있을까 싶지만 주변에서 흔히 볼 수 있다. 다음 명령은 아무런 출력을 생성하지 않으므로 우리 프로그램도 그러리라 예상할 수 있다.

```
$ cat tests/inputs/empty.txt
```

이어서 한 줄짜리 텍스트가 들어 있는 파일을 가지고 `cat`을 실행해본다.

```
$ cat tests/inputs/fox.txt
The quick brown fox jumps over the lazy dog.
```

이 책에서는 이렇게 `cat`을 파일의 내용을 인쇄하기 위한 용도로 이미 여러 번 사용했다. 이는 파일 연결이라는 원래 의도를 벗어난 이 프로그램의 또 다른 일반적인 용도다.

---

1   [옮긴이] 일본 에도 시대의 하이쿠 시인이다.
2   [옮긴이] 5·7·5 음절(총 17자)로 된 일본 고유의 정형시다.
3   [옮긴이] 19세기에 활동한 미국의 시인이다.
4   [옮긴이] 4행 이상의 각운이 있는 시구다.

플래그 `-n|--number`와 `-b|--number-nonblank`는 모두 줄에 번호를 매긴다. 줄 번호는 여섯 자 너비의 필드 안에 오른쪽 정렬로 들어가며 그 뒤에 탭 문자 하나와 그 줄의 텍스트가 이어진다. `-t`는 인쇄할 수 없는 문자를 표시하는 옵션으로 탭이 `^I`로 보이기 때문에 탭을 구분하기 위한 용도로 쓰이지만, 도전 과제 프로그램에서는 이 기능을 생략하고자 한다. 다음 명령은 유닉스 파이프(`|`)를 이용해서 첫 번째 명령의 `STDOUT`을 두 번째 명령의 `STDIN`에 연결한다.

```
$ cat -n tests/inputs/fox.txt | cat -t
     1^IThe quick brown fox jumps over the lazy dog.
```

**spiders.txt** 파일에는 `-n` 옵션을 통해서 줄 번호가 매겨진 세 줄짜리 텍스트가 들어 있다.

```
$ cat -n tests/inputs/spiders.txt
     1  Don't worry, spiders,
     2  I keep house
     3  casually.
```

`-n`(왼쪽)과 `-b`(오른쪽)의 차이는 **the-bustle.txt**로 확인해야 제대로 알 수 있는데, 후자는 빈 줄이 아닐 때만 번호를 매긴다.

```
$ cat -n tests/inputs/the-bustle.txt        $ cat -b tests/inputs/the-bustle.txt
     1  The bustle in a house                     1  The bustle in a house
     2  The morning after death                   2  The morning after death
     3  Is solemnest of industries                3  Is solemnest of industries
     4  Enacted upon earth,-                       4  Enacted upon earth,-
     5
     6  The sweeping up the heart,                 5  The sweeping up the heart,
     7  And putting love away                      6  And putting love away
     8  We shall not want to use again             7  We shall not want to use again
     9  Until eternity.                            8  Until eternity.
```

이상하게도 `-b`와 `-n`을 같이 사용하면 `-b` 옵션이 우선권을 얻는다. 도전 과제 프로그램은 둘 중 하나만 허용한다.

다음 예에서 **blargh**는 존재하지 않는 파일이다. `touch` 명령을 이용해서 **cant-touch-this** 파일을 만든 다음 `chmod` 명령을 이용해서 이를 읽을 수 없도록 권한을 설정한다(`000`이 무슨 뜻인지는 14장에서 `ls`의 러스트 버전을 작성할 때 자세히 알아본다). `cat`은 존재하지 않거나 열 수 없는 파일을 만나면 `STDERR`에 메시지를 인쇄하고 다음 파일로 넘어간다.

```
$ touch cant-touch-this && chmod 000 cant-touch-this
$ cat tests/inputs/fox.txt blargh tests/inputs/spiders.txt cant-touch-this
The quick brown fox jumps over the lazy dog. ❶
cat: blargh: No such file or directory ❷
Don't worry, spiders, ❸
I keep house
casually.
cat: cant-touch-this: Permission denied ❹
```

❶ 첫 번째 파일의 출력이다.

❷ 존재하지 않는 파일에 대한 오류다.

❸ 세 번째 파일의 출력이다.

❹ 읽을 수 없는 파일에 대한 오류다.

끝으로 파일 전체를 대상으로 `cat`을 실행한다. 다음 출력에서 보다시피 BSD 버전은 파일별로 줄 번호를 다시 매기며 테스트의 기대치 역시 이 방식을 따른다는 걸 유념하자. GNU 버전의 `cat`은 파일 전체를 대상으로 줄 수를 세가면서 번호를 매긴다.

```
$ cd tests/inputs ❶
$ cat -n empty.txt fox.txt spiders.txt the-bustle.txt ❷
     1  The quick brown fox jumps over the lazy dog.
     1  Don't worry, spiders,
     2  I keep house
     3  casually.
     1  The bustle in a house
     2  The morning after death
     3  Is solemnest of industries
     4  Enacted upon earth,-
     5
     6  The sweeping up the heart,
     7  And putting love away
     8  We shall not want to use again
     9  Until eternity.
```

❶ tests/inputs 디렉터리로 자리를 옮긴다.

❷ 파일 전체를 대상으로 `cat`을 실행한다. 이때 `-n` 옵션을 줘서 줄 번호를 매긴다.

테스트 케이스를 생성하는 데 사용한 **mk-outs.sh** 스크립트를 보면 파일 전체를 대상으로 `cat`을 실행하는데, 파일을 따로 주다가 같이 주기도 하고, 일반적인 파일로 주다가 `STDIN`을 통해서 주기도 하고, 플래그를 주지 않다가 `-n`과 `-b`를 번갈아 주기도 하면서 다양한 경우를 테스트한다는 걸 알 수 있다. 이때 나오는 모든 출력은 테스트할 때 쓸 수 있도록 여러 파일로 캡처되어 **tests/expected** 디렉터리에 저장된다.

## 3.2 시작하기

이번에 작성할 도전 과제 프로그램의 이름은 `cat`의 러스트 버전이라는 의미로 `catr`(캐터라고 읽는다)라고 하겠다. 새 애플리케이션을 시작하려면 `cargo new catr`로 시작하는 게 좋다. 외부 크레이트는 2장에서 사용한 것 전부와 테스트용 랜덤값을 생성하기 위해서 `rand` 크레이트(https://oreil.ly/HJOPg)를 사용한다. **Cargo.toml**을 업데이트해서 다음 의존성을 추가한다.

```
[dependencies]
anyhow = "1.0.79"
clap = { version = "4.5.0", features = ["derive"] }

[dev-dependencies]
assert_cmd = "2.0.13"
predicates = "3.0.4"
pretty_assertions = "1.4.0"
rand = "0.8.5"
```

도전 과제 프로그램은 잠시 뒤에 직접 작성해보기로 하고 그 전에 알아야 할 내용을 먼저 짚고 넘어가자.

### 3.2.1 테스트로 시작하기

지금까지 이 책에서는 프로그램을 작성하고 난 뒤에 테스트를 작성하는 법을 보여줌으로써, 테스트의 개념을 서서히 내 것으로 만들고 러스트 언어의 기본기를 다져나갈 수 있도록 했다. 이번 장부터는 프로그램을 작성하기 전에 테스트에 대해서 생각해보기로 하자. 테스트는 프로그램의 요구 사항과 프로그램의 작동 방식을 어떤 식으로 검증할지 깊이 고민하게 한다. 궁극적으로는 켄트 벡[5]이 《테스트 주도 개발》(인사이트, 2014)에서 설명한 **테스트 주도 개발**test-driven development, TDD 에 주목하고자 한다. TDD는 그림 3-1과 같이 코드를 작성하기 **전에** 테스트를 작성할 것을 권장한 다. 엄밀히 말하면 TDD는 각 기능을 추가할 때마다 테스트를 작성하게 되어 있는데 이 기법은 뒷 장에서 설명하겠다. 이 프로그램을 위한 테스트는 이미 다 작성되어 있으므로 **테스트 우선 개발**test-first development에 더 가깝다고 볼 수 있다. 테스트를 언제 어떤 식으로 작성하든지 간에 핵심은 프 로세스의 시작 단계에서 테스트를 강조하는 것이다. 일단 프로그램이 테스트를 통과하고 나면 이 테스트를 이용해서 코드의 양을 줄인다든지 더 빠른 구현을 찾는다든지 하는 식으로 코드를 개 선하고 리팩터링할 수 있다.

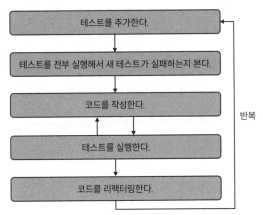

그림 3-1 테스트 주도 개발 주기는 테스트를 먼저 작성하고 나서 이 테스트를 통과하는 코드를 작성하는 것으로 시작한다.

**03_catr/tests** 디렉터리를 새 **catr** 디렉터리로 복사한다. 나머지 코드는 직접 작성할 것이므로 테 스트 외에는 아무것도 복사하지 말자. 유닉스 계열 시스템에서는 `cp` 명령에 **재귀**recursive 옵션 `-r`을 써서 이 디렉터리와 그 안에 있는 내용을 복사할 수 있다.

```
$ cd catr
$ cp -r ~/command-line-rust/03_catr/tests .
```

프로젝트 디렉터리의 구조는 다음과 같아야 한다.

```
$ tree -L 2
.
```

---

5 [옮긴이] 익스트림 프로그래밍(Extreme Programming)을 창시한 미국의 소프트웨어 엔지니어다. 애자일 선언문(Agile Manifesto) 에 서명한 17인 중 한 명이다.

```
├── Cargo.toml
├── src
│   └── main.rs
└── tests
    ├── cli.rs
    ├── expected
    └── inputs
```

`cargo test`를 실행하면 의존성을 다운로드해서 프로그램을 컴파일하고 테스트를 실행하는데, 이 때 테스트는 전부 실패해야 한다. 이번 장부터는 각 프로그램의 설정에 관한 기본 사항을 시작으로, 프로그램을 작성하는 데 필요한 정보를 제공하고, 가이드가 되어줄 테스트를 이용해서 프로그램 작성을 완료할 수 있도록 하겠다.

### 3.2.2 매개변수 정의하기

`Args`라는 스트럭트를 가지고 `catr`의 명령줄 매개변수를 표현하는 것부터 시작해보자. 특히 프로그램에는 입력 파일 이름 목록과 출력에 줄 번호를 매기기 위한 불리언 플래그 두 개가 필요하다. 다음 스트럭트를 **src/main.rs**에 추가한다. 이를 상단에 있는 `use` 문들 아래에 두면 좋다.

```
#[derive(Debug)] ❶
struct Args { ❷
    files: Vec<String>, ❸
    number_lines: bool, ❹
    number_nonblank_lines: bool, ❺
}
```

❶ `derive` 매크로(https://oreil.ly/Lr8JE)는 스트럭트를 인쇄할 수 있도록 `Debug` 트레이트(https://oreil.ly/cEl5P)를 추가한다.

❷ `Args`라는 스트럭트를 정의한다.

❸ `files`는 문자열 벡터다.

❹ 줄 번호를 인쇄할지 말지 나타내는 불리언값이다.

❺ 빈 줄이 아닐 때만 줄 번호를 인쇄하도록 제어하는 불리언값이다.

`clap` 파생 패턴을 사용하려면 앞에 있는 스트럭트에 필요한 애너테이션을 달면 된다. 빌더 패턴을 선호한다면 다음 뼈대를 가지고 `get_args`라는 함수를 작성하기 바란다. 2장에서 배운 내용을 바탕으로 이 함수를 직접 완성해보자.

```
fn get_args() -> Args { ❶
    let matches = Command::new("catr")
        .version("0.1.0")
        .author("Ken Youens-Clark <kyclark@gmail.com>")
        .about("Rust version of `cat`")
        // 여기에는 무엇이 올까? ❷
        .get_matches();

    Args { ❸
        files: ...
        number_lines: ...
        number_nonblank_lines: ...
    }
}
```

❶ 이 함수는 `Args` 스트럭트를 반환한다.

❷ 프로그램의 인수를 여기에 선언한다.

❸ 제공된 값을 사용하는 `Args` 스트럭트를 반환한다.

`main` 함수를 다음 코드로 업데이트한다.

```
fn main() {
    let args = get_args(); ❶
    println!("{args:#?}"); ❷
}
```

❶ 명령줄 인수를 파싱해본다.

❷ 인수를 예쁜 인쇄 기능으로 인쇄한다.

`-h`나 `--help` 플래그를 가지고 프로그램을 실행하면 다음과 같은 사용법이 인쇄되어야 한다.

```
$ cargo run -- --help
Rust version of `cat`

Usage: catr [OPTIONS] [FILE]...

Arguments:
  [FILE]...  Input file(s) [default: -]

Options:
  -n, --number           Number lines
  -b, --number-nonblank  Number non-blank lines
```

```
    -h, --help              Print help
    -V, --version           Print version
```

아무런 인수 없이 프로그램을 실행하면 다음과 같이 `Args`가 인쇄되어야 한다.

```
$ cargo run
Args {
    files: [ ❶
        "-",
    ],
    number_lines: false, ❷
    number_nonblank_lines: false,
}
```

❶ `files` 인수의 기본값은 `STDIN`을 뜻하는 대시(-)를 가진 벡터여야 한다.

❷ 불리언 인수의 기본값은 모두 `false`여야 한다.

몇 가지 인수를 가지고 프로그램을 실행해서 인수가 올바로 파싱되는지 확인한다.

```
$ cargo run -- -n tests/inputs/fox.txt
Args {
    files: [
        "tests/inputs/fox.txt", ❶
    ],
    number_lines: true, ❷
    number_nonblank_lines: false,
}
```

❶ 파일 위치 인수는 `files`로 파싱된다.

❷ `-n` 옵션은 `number_lines`를 `true`로 만든다.

BSD 버전은 `-n`과 `-b`를 같이 사용해도 되지만, 도전 과제 프로그램은 이 둘을 상호 배타적인 것으로 간주해서 같이 사용하면 오류를 발생시켜야 한다.

```
$ cargo run -- -b -n tests/inputs/fox.txt
error: the argument '--number-nonblank' cannot be used with '--number'

Usage: catr --number-nonblank <FILE>...

For more information, try '--help'.
```

여기서 읽기를 멈추고 지금까지 설명한 대로 프로그램을 돌려보자. 진심으로 하는 말이다! 또 여러분의 프로그램은 `cargo test usage`를 통과해야 한다. 진도를 더 빼기 전에 여러분의 버전을 작성해보기 바란다. 마칠 때까지 여기서 기다리겠다.

준비됐나? 여러분의 버전을 필자의 `get_args` 함수와 비교해보자. 다음 코드의 가져오기 부분에 `use clap::{Arg, ArgAction, Command}`를 추가하는 걸 잊지 말자.

```
fn get_args() -> Args {
    let matches = Command::new("catr")
        .version("0.1.0")
        .author("Ken Youens-Clark <kyclark@gmail.com>")
        .about("Rust version of `cat`")
        .arg(
            Arg::new("files") ❶
                .value_name("FILE")
                .help("Input file(s)")
                .num_args(1..)
                .default_value("-"),
        )
        .arg(
            Arg::new("number") ❷
                .short('n')
                .long("number")
                .help("Number lines")
                .action(ArgAction::SetTrue)
                .conflicts_with("number_nonblank"),
        )
        .arg(
            Arg::new("number_nonblank") ❸
                .short('b')
                .long("number-nonblank")
                .help("Number non-blank lines")
                .action(ArgAction::SetTrue),
        )
        .get_matches();

    Args {
        files: matches.get_many("files").unwrap().cloned().collect(), ❹
        number_lines: matches.get_flag("number"), ❺
        number_nonblank_lines: matches.get_flag("number_nonblank"),
    }
}
```

❶ 이 위치 인수는 파일을 받기 위한 것으로 값이 적어도 하나는 있어야 하기 때문에 기본값을 대시(-)로 설정해둔다.

❷ 짧은 이름이 -n이고 긴 이름이 --number인 옵션이다. 있으면 프로그램이 줄 번호를 인쇄하도록 지시한다. -b와 같이 사용할 수 없다.

❸ -b|--number-nonblank 플래그는 빈 줄에 줄 번호를 인쇄할지 말지 제어한다.

❹ 값이 적어도 하나는 있기 때문에 Option::unwrap을 호출해도 안전하다. 타입 추론이 작용하여 Iterator::collect는 Vec을 반환한다는 걸 유념하자.

❺ 이들 불리언 옵션은 ArgMatches::get_flag로 설정한다.

옵션 인수는 짧은 이름과 긴 이름을 취사선택해 가질 수 있지만 위치 인수는 그럴 수 없다. 옵션 인수는 위치 인수 앞에 정의해도 되고 뒤에 정의해도 된다.

clap 파생 패턴의 경우에는 Args를 다음과 같이 업데이트한다.

```rust
use clap::Parser;

#[derive(Debug, Parser)]
#[command(author, version, about)]
/// `cat`의 러스트 버전
struct Args {
    /// 입력 파일(들)
    #[arg(value_name = "FILE", default_value = "-")]
    files: Vec<String>,

    /// 줄 번호를 매긴다.
    #[arg(
        short('n'),
        long("number"),
        conflicts_with("number_nonblank_lines")
    )]
    number_lines: bool,

    /// 빈 줄이 아닐 때만 번호를 매긴다.
    #[arg(short('b'), long("number-nonblank"))]
    number_nonblank_lines: bool,
}
```

그런 다음 main 함수를 get_args()가 아니라 Args::parse()를 호출하도록 바꾼다.

```rust
fn main() {
    let args = Args::parse();
```

```
    println!("{args:#?}");
}
```

지금 **cargo test**를 실행하면 실패한 테스트 결과를 보게 될 텐데 그래도 절망은 금물이다. 머지 않아 전부 통과하는 테스트 스위트를 갖게 될 것이다.

### 3.2.3 파일 인수 반복 처리하기

이제 모든 인수의 유효성 검증을 마쳤으니 파일을 처리해서 정확한 결과를 만들어낼 차례다. 먼저 `Args` 스트럭트를 받아서 `Result`를 반환하는 `run`이라는 함수를 작성하기로 하자. 여기에는 두 가지 중요한 이유가 있다.

1. 프로그램의 논리에서 명령줄 인수를 파싱하는 부분과 사용하는 부분을 분리하고자 한다. 이렇게 하면 `clap`을 파생 패턴으로 쓸지 빌더 패턴으로 쓸지 고르거나 또는 해당 부분을 다른 코드로 대체하기가 더 쉬워진다.

2. 이제 우리는 코드가 실패할 수 있는 영역으로 옮겨가고 있다. 따라서 `?` 연산자를 써서 `Result`를 반환하는 다른 함수를 호출하고 모든 오류를 호출자에게 다시 넘기고자 하는데, 이렇게 하려면 호출하는 함수도 `Result`를 반환해야 한다.

`use anyhow::Result`와 다음 코드를 **src/main.rs**에 추가한다.

```
fn run(_args: Args) -> Result<()> { ❶
    Ok(()) ❷
}
```

❶ 이 함수는 `Args` 스트럭트를 받아서 `Result`를 반환한다.

❷ 유닛 타입을 담고 있는 `Ok`를 암묵적으로 반환한다.

`get_args` 빌더 패턴을 사용하고자 한다면 `main` 함수를 다음과 같이 바꾼다.

```
fn main() {
    if let Err(e) = run(get_args()) { ❶
        eprintln!("{e}"); ❷
        std::process::exit(1); ❸
    }
}
```

❶ `get_args`의 결과를 가지고 `run`을 호출한 다음 `Err` 배리언트를 잡는다catch.

❷ 오류 메시지 `e`를 `STDERR`에 인쇄한다.

❸ 오류를 나타내기 위해서 0이 아닌 값을 가지고 프로그램을 종료한다.

파생 패턴을 사용하고자 하는 경우도 코드는 거의 동일하다.

```
fn main() {
    if let Err(e) = run(Args::parse()) { ❶
        eprintln!("{e}");
        std::process::exit(1);
    }
}
```

❶ `get_args`를 `Args::parse`로 바꾼다.

다음으로 `run` 함수를 수정해서 각 파일 이름을 인쇄한다.

```
fn run(args: Args) -> Result<()> {
    for filename in args.files { ❶
        println!("{filename}"); ❷
    }
    Ok(())
}
```

❶ 각 파일 이름을 반복 처리한다.

❷ 파일 이름을 인쇄한다.

몇 가지 입력 파일을 가지고 프로그램을 실행한다. 다음 예에서 `bash` 셸은 파일 글롭glob[6] *.txt를 확장자가 **.txt**로 끝나는 모든 파일 이름으로 전개한다.

```
$ cargo run -- tests/inputs/*.txt
tests/inputs/empty.txt
tests/inputs/fox.txt
tests/inputs/spiders.txt
tests/inputs/the-bustle.txt
```

---

6    glob은 와일드카드(wildcard) 문자를 파일 경로로 전개하는 초창기 유닉스 프로그램인 global의 준말이다. 오늘날에는 셸이 직접 글롭 패턴을 처리한다.

윈도우 파워셸에서는 `Get-ChildItem`을 이용해서 파일 글롭을 전개할 수 있다.

```
> cargo run -q -- -n (Get-ChildItem .\tests\inputs\*.txt)
C:\Users\kyclark\work\command-line-rust\03_catr\tests\inputs\empty.txt
C:\Users\kyclark\work\command-line-rust\03_catr\tests\inputs\fox.txt
C:\Users\kyclark\work\command-line-rust\03_catr\tests\inputs\spiders.txt
C:\Users\kyclark\work\command-line-rust\03_catr\tests\inputs\the-bustle.txt
```

### 3.2.4 파일 또는 STDIN 열기

다음 단계는 각 파일 이름을 열어보는 것이다. 파일 이름이 대시이면 `STDIN`을 열어야 하며, 그렇지 않으면 주어진 파일 이름을 열고 오류를 처리해야 한다. 이어지는 코드를 위해서는 가져오기 부분을 다음처럼 확장해야 한다.

```
use std::fs::File;
use std::io::{self, BufRead, BufReader};
```

이다음 단계는 약간 까다롭기 때문에 여러분이 사용할 수 있는 `open` 함수를 제공하겠다. 다음 코드에서는 C의 `switch` 문과 비슷한 `match` 키워드를 사용한다. 구체적으로 말하면 주어진 파일 이름이 대시(-)와 같은지 여부를 매칭하는데, 같지 않은 경우는 와일드카드 `_`를 이용해서 지정한다.

```
fn open(filename: &str) -> Result<Box<dyn BufRead>> { ❶
    match filename {
        "-" => Ok(Box::new(BufReader::new(io::stdin()))), ❷
        _ => Ok(Box::new(BufReader::new(File::open(filename)?))), ❸
    }
}
```

❶ 이 함수는 파일 이름을 받아서 오류 또는 `BufRead` 트레이트를 구현하는 박스 값boxed value을 반환한다.

❷ 파일 이름이 대시(-)이면 `std::io::stdin`(https://oreil.ly/TtQvx)을 읽는다.

❸ 그렇지 않으면 `File::open`(https://oreil.ly/Aj1pC)을 이용해서 주어진 파일을 열거나 오류를 전파한다.

`File::open`이 성공하면 결과는 파일의 내용을 읽기 위한 메커니즘인 `std::fs::File`(https://oreil.ly/S16cp) 타입의 **파일 핸들**filehandle이 된다. 파일 핸들과 `std::io::stdin`은 모두 `BufReader` 스트

럭트(https://oreil.ly/OUSJb)가 BufRead 트레이트(https://oreil.ly/4tYrU)를 구현할 때 사용 중인 Read 트레이트(https://oreil.ly/2Dn3M)를 구현한다. 이 말은 반환값이 이를테면 BufRead::lines 함수 (https://oreil.ly/KhmCp)에 응답하여 텍스트를 줄 단위로 산출할 수 있다는 뜻이다. 이 함수는 윈도우의 \r\n과 유닉스의 \n 같은 줄 끝을 전부 제거한다는 걸 유념하자.

반환 타입에는 반환 타입의 트레이트가 동적으로 디스패치된다는 걸 일러주는 dyn(https://oreil.ly/OobOp) 키워드가 포함되어 있다. 이를 통해서 입력 소스의 개념을 추상화할 수 있다. 지금은 파일이나 STDIN을 읽고 있지만, BufRead 트레이트를 구현하는 소스만 있다면 소켓이나 웹페이지 아니면 화성 탐사 로버Mars rover 같은 다른 소스를 읽도록 이를 확장할 수 있다.

반환 타입은 값을 힙에 저장하는 수단인 Box(https://oreil.ly/o8EdI) 안에 들어간다. 이걸 꼭 이렇게 밖에 할 수 없을까 싶을 수도 있겠다. Box를 사용하지 않고 함수를 작성해보면 다음과 같다.

```
// 컴파일되지 않는다.
fn open(filename: &str) -> Result<dyn BufRead> {
    match filename {
        "-" => Ok(BufReader::new(io::stdin())),
        _ => Ok(BufReader::new(File::open(filename)?)),
    }
}
```

하지만 이 코드를 컴파일하려고 하면 다음과 같은 오류가 발생한다.

```
error[E0277]: the size for values of type `(dyn BufRead + 'static)`
cannot be known at compilation time
   --> src/main.rs:70:28
    |
70  | fn open(filename: &str) -> Result<dyn BufRead> {
    |                            ^^^^^^^^^^^^^^^^^^^ doesn't have a size
    |                                                known at compile-time
    |
    = help: the trait `Sized` is not implemented for `(dyn BufRead + 'static)`
note: required by a bound in `Result`
```

컴파일러는 dyn BufRead만 가지고는 반환 타입의 크기를 알 수 있는 충분한 정보를 얻지 못한다. 변수가 알려진 크기로 고정되어 있지 않으면 러스트는 이를 스택에 저장할 수 없다. 설루션은 반환 값을 알려진 크기를 갖는 포인터인 Box에 넣어서 힙에 메모리를 할당하는 것이다.

앞에 있는 open 함수는 밀도가 높다. 조금 복잡하다고 생각되더라도 이해해주기 바란다. 그래도 발생할 수 있는 오류는 거의 다 처리한다. 이를 확인하려면 run을 다음처럼 바꾼다.

```
fn run(args: Args) -> Result<()> {
    for filename in args.files { ❶
        match open(&filename) { ❷
            Err(err) => eprintln!("Failed to open {filename}: {err}"), ❸
            Ok(_) => println!("Opened {filename}"), ❹
        }
    }
    Ok(())
}
```

❶ 파일 이름을 반복 처리한다.

❷ 파일 이름을 열어본다. 변수를 빌려오기 위해서 &를 사용한다는 걸 유념하자.

❸ open이 실패하면 오류 메시지를 STDERR에 인쇄한다.

❹ open이 성공하면 성공 메시지를 인쇄한다. 밑줄로 된 변수는 해당 변수를 사용할 의도가 없음을 컴파일러에게 알린다.

다음을 가지고 프로그램을 실행해보자.

1. **tests/inputs/fox.txt**와 같은 유효한 입력 파일

2. 존재하지 않는 파일

3. 읽을 수 없는 파일

마지막 선택지의 경우에는 다음처럼 하면 읽을 수 없는 파일을 만들 수 있다.

```
$ touch cant-touch-this && chmod 000 cant-touch-this
```

프로그램을 실행해서 코드가 잘못된 입력 파일을 만날 때 정상적으로 오류 메시지를 인쇄하고 유효한 것들을 계속 처리하는지 확인한다.

```
$ cargo run -- blargh cant-touch-this tests/inputs/fox.txt
Failed to open blargh: No such file or directory (os error 2)
Failed to open cant-touch-this: Permission denied (os error 13)
Opened tests/inputs/fox.txt
```

여기까지 잘 따라왔다면 **cargo test skips_bad_file**을 통과해야 한다. 이제 유효한 입력 파일을 열고 읽을 수 있게 되었으니 스스로 프로그램을 완성해보기 바란다. 열린 파일을 한 줄씩 읽는 법을 알아낼 수 있다면 나머지는 쉽다. 우선 한 줄만 들어 있는 **tests/inputs/fox.txt**를 가지고 시작해보자. 다음과 같은 출력을 볼 수 있어야 한다.

```
$ cargo run -- tests/inputs/fox.txt
The quick brown fox jumps over the lazy dog.
```

기본값인 STDIN을 읽을 수 있는지 확인한다. 다음 명령에서는 |를 이용해서 첫 번째 명령의 STDOUT을 두 번째 명령의 STDIN으로 연결한다.

```
$ cat tests/inputs/fox.txt | cargo run
The quick brown fox jumps over the lazy dog.
```

대시를 파일 이름으로 줄 때도 출력은 동일해야 한다. 다음 명령에서는 bash 리디렉션 연산자 <를 이용해서 주어진 파일 이름에서 입력을 받아다가 STDIN에 제공한다.

```
$ cargo run -- - < tests/inputs/fox.txt
The quick brown fox jumps over the lazy dog.
```

이어서 여러 줄이 들어 있는 입력 파일을 대상으로 -n을 이용해서 줄 번호를 매겨본다.

```
$ cargo run -- -n tests/inputs/spiders.txt
     1	Don't worry, spiders,
     2	I keep house
     3	casually.
```

그런 다음 -b를 이용해서 번호를 매길 때 빈 줄은 건너뛴다.

```
$ cargo run -- -b tests/inputs/the-bustle.txt
     1	The bustle in a house
     2	The morning after death
     3	Is solemnest of industries
     4	Enacted upon earth,-

     5	The sweeping up the heart,
     6	And putting love away
```

```
    7  We shall not want to use again
    8  Until eternity.
```

`cargo test`를 자주 실행해서 어떤 테스트가 실패하는지 확인하자.

### 3.2.5 테스트 스위트 사용하기

이제 테스트를 좀 더 자세히 들여다보고 이를 통해서 테스트를 작성하는 법과 테스트가 프로그램
에서 기대하는 바를 이해하는 시간을 가져보자. **tests/cli.rs**에 있는 테스트는 2장에 있는 것과 비
슷하며 다음의 가져오기로 시작한다.

```
use anyhow::Result; ❶
use assert_cmd::Command;
use predicates::prelude::*;
use pretty_assertions::assert_eq; ❷
use rand::{distributions::Alphanumeric, Rng}; ❸
use std::fs;
```

❶ 모든 프로그램은 기본 `Result` 타입 대신 `anyhow::Result`를 사용한다.

❷ 모든 테스트는 기본 `assert_eq!` 매크로 대신 `pretty_assertions::assert_eq`를 사용한다.

❸ `rand` 크레이트(https://oreil.ly/HJOPg)는 실행 시점에 랜덤값을 생성하는 데 쓰인다.

나머지도 비슷하지만 좀 더 체계적으로 구성되어 있다. 예를 들어 `const` 키워드(https://oreil.ly/
CYOHn)를 이용해서 모듈 상단에 크레이트 전반에 걸쳐서 사용하는 여러 **상수**constant `&str` 값을
생성한다. 또 `ALL_CAPS`와 같은 식의 공통 이름 관례를 이용해서 이들의 **사용 범위가 한정되어 있다**
scoped는 점, 즉 크레이트 전역에서 볼 수 있다는 사실을 강조한다.

```
const PRG: &str = "catr";
const EMPTY: &str = "tests/inputs/empty.txt";
const FOX: &str = "tests/inputs/fox.txt";
const SPIDERS: &str = "tests/inputs/spiders.txt";
const BUSTLE: &str = "tests/inputs/the-bustle.txt";
```

존재하지 않는 파일이 주어졌을 때 프로그램이 죽는지 테스트하기 위해서 `rand` 크레이트로 존재
하지 않는 랜덤 파일 이름을 생성한다.

```
fn gen_bad_file() -> String { ❶
    loop { ❷
        let filename: String = rand::thread_rng() ❸
            .sample_iter(&Alphanumeric)
            .take(7)
            .map(char::from)
            .collect();

        if fs::metadata(&filename).is_err() { ❹
            return filename;
        }
    }
}
```

❶ 이 함수는 지금껏 사용해 온 `str` 스트럭트와 밀접하게 관련되어 있는 동적으로 생성되는 문자
열인 `String`(https://oreil.ly/X32Yh)을 반환한다.

❷ 무한 루프 `loop`를 시작한다.

❸ 7개의 영숫자로 된 랜덤 문자열을 생성한다.

❹ `fs::metadata`(https://oreil.ly/VsRxb)는 주어진 파일 이름이 존재하지 않을 때 오류를 반환하므
로 존재하지 않는 파일 이름을 반환한다.

앞 함수에서는 `filename`을 생성하고 나서 총 두 번 사용한다. 첫 번째는 `&filename`을 이용해서
빌려오고 두 번째는 앰퍼샌드를 사용하지 않는다. `&`를 제거하고 코드를 실행해보자. `filename` 값
의 소유권이 `fs::metadata`로 이동되었다는 오류 메시지가 표시될 것이다.

```
error[E0382]: use of moved value: `filename`
  --> tests/cli.rs:37:20
   |
30 |         let filename: String = rand::thread_rng()
   |             -------- move occurs because `filename` has type `String`,
   |                      which does not implement the `Copy` trait
...
36 |         if fs::metadata(filename).is_err() {
   |                         -------- value moved here
37 |             return filename;
   |                    ^^^^^^^^ value used here after move
```

사실상 `fs::metadata` 함수는 `filename` 변수를 소비해서 사용할 수 없는 상태로 남겨둔다. `&`는 변
수의 레퍼런스만 빌려오고 싶다는 걸 나타낸다. 아직 완전히 이해하지 못했더라도 걱정하지 말자.

`skips_bad_file` 테스트에서 `gen_bad_file` 함수가 어떤 식으로 쓰이는지만 이해하고 넘어가면 된다.

```
#[test]
fn skips_bad_file() -> Result<()> {
    let bad = gen_bad_file(); ❶
    let expected = format!("{bad}: .* [(]os error 2[)]"); ❷
    Command::cargo_bin(PRG)? ❸
        .arg(&bad)
        .assert()
        .success() ❹
        .stderr(predicate::str::is_match(expected)?);
    Ok(())
}
```

❶ 존재하지 않는 파일 이름을 생성한다.

❷ 기대하는 오류 메시지에는 윈도우와 유닉스 플랫폼 모두에서 파일 이름과 문자열 **os error 2**
가 포함되어 있어야 한다.

❸ 잘못된 파일을 가지고 프로그램을 실행해서 `STDERR`가 기대하는 패턴과 일치하는지 확인한다.

❹ 잘못된 파일은 경고를 생성할 뿐 프로세스를 죽이는 건 아니므로 프로그램이 실패해서는 안
된다.

 앞 함수에서는 `format!` 매크로(https://oreil.ly/rgrsJ)를 이용해서 새 `String`을 생성했다. 이 매크로는 값
을 인쇄하지 않고 반환한다는 점을 제외하면 `print!` 매크로처럼 작동한다.

입력 인수를 가지고 프로그램을 실행해서 출력이 **mk-outs.sh**가 생성한 파일의 텍스트와 일치하
는지 확인하기 위한 용도로 쓸 `run`이라는 도우미 함수를 만든다.

```
fn run(args: &[&str], expected_file: &str) -> Result<()> { ❶
    let expected = fs::read_to_string(expected_file)?; ❷
    let output = Command::cargo_bin(PRG)?.args(args).output().unwrap(); ❸
    assert!(output.status.success()); ❹

    let stdout = String::from_utf8(output.stdout).expect("invalid UTF-8"); ❺
    assert_eq!(stdout, expected); ❻

    Ok(())
}
```

❶ 이 함수는 `&str` 인수의 슬라이스와 기대 출력이 담긴 파일 이름을 받는다. 또 내부에서 호출하는 함수 일부가 실패할 수도 있으므로 `Result`를 반환한다.

❷ 기대 출력 파일을 읽어본다.

❸ 인수를 가지고 프로그램을 실행해서 출력을 확보한다.

❹ 프로그램이 성공적으로 실행됐는지 확인한다.

❺ 프로그램의 `STDOUT`을 문자열로 변환해본다.

❻ 실제 프로그램 출력이 기대 출력과 일치하는지 확인한다.

이 함수는 다음처럼 사용한다.

```
#[test]
fn bustle() -> Result<()> {
    run(&[BUSTLE], "tests/expected/the-bustle.txt.out") ❶
}
```

❶ `BUSTLE`이 가리키는 입력 파일을 가지고 프로그램을 실행해서 출력이 **mk-outs.sh**가 생성한 출력과 일치하는지 확인한다.

`STDIN`을 통해서 입력을 제공하기 위한 용도로 쓸 도우미 함수도 작성한다.

```
fn run_stdin(
    input_file: &str, ❶
    args: &[&str],
    expected_file: &str,
) -> Result {
    let input = fs::read_to_string(input_file)?; ❷
    let expected = fs::read_to_string(expected_file)?;
    let output = Command::cargo_bin(PRG)? ❸
        .write_stdin(input)
        .args(args)
        .output()
        .unwrap();
    assert!(output.status.success()); ❹

    let stdout = String::from_utf8(output.stdout).expect("invalid UTF-8"); ❺
    assert_eq!(stdout, expected);

    Ok(())
}
```

**❶** 첫 번째 인수는 `STDIN`에 전달해야 할 텍스트를 가진 파일 이름이다.

**❷** 입력 파일과 기대 파일을 읽어본다.

**❸** 주어진 인수와 `STDIN`을 가지고 프로그램을 실행해본다.

**❹** 프로그램이 성공적으로 실행됐는지 확인한다.

**❺** 프로그램의 출력을 기대치와 비교한다.

이 함수의 사용법은 비슷하다.

```
#[test]
fn bustle_stdin() -> Result<()> {
    run_stdin(BUSTLE, &["-"], "tests/expected/the-bustle.txt.stdin.out") ❶
}
```

**❶** 주어진 파일 이름의 내용을 `STDIN`으로 사용하고 대시를 입력 파일 이름으로 사용해서 프로그램을 실행한다. 그리고 출력이 기대치와 일치하는지 확인한다.

> 이 정도면 프로그램의 나머지 부분을 충분히 완성할 수 있을 것이다. 가서 한번 해보자! 해보고 끝나면 다시 돌아오자.

## 3.3 솔루션

부디 이 프로그램을 작성하면서 흥미로운 면과 도전적인 면을 모두 발견했기를 바란다. 이제 이 책의 저장소에서 찾아볼 수 있는 최종 솔루션에 다다르기 위해서 프로그램을 어떻게 수정해야 하는지 단계별로 살펴보자.

### 3.3.1 파일의 내용을 줄 단위로 읽기

먼저 성공적으로 열린 파일의 내용을 줄 단위로 인쇄해보자.

```
fn run(args: Args) -> Result<()> {
    for filename in args.files {
        match open(&filename) {
            Err(err) => eprintln!("Failed to open {filename}: {err}"), ❶
            Ok(file) => {
                for line_result in file.lines() { ❷
```

```
                    let line = line_result?; ❸
                    println!("{line}"); ❹
                }
            }
        }
    }
    Ok(())
}
```

❶ 파일을 여는 데 문제가 있으면 파일 이름과 오류를 인쇄한다.

❷ `BufRead::lines`로 얻은 각 `line_result` 값을 반복 처리한다.

❸ `line_result`에서 나온 `Ok` 값을 풀거나 오류를 전파한다.

❹ 해당 줄을 인쇄한다.

 파일에서 내용을 읽을 때는 파일 핸들에서 직접 내용을 가져오는 게 아니라, 'std::io 전역에서 오류를 일으킬 수도 있는 모든 연산을 대상으로 광범위하게 쓰이는' 타입인 `std::io::Result`(https://oreil.ly/kxFes)를 가져온다. 파일을 읽고 쓰는 일은 운영체제와 파일시스템 같은 외부 자원에 의존하는 I/O(입력/출력) 범주에 속한다. 파일 핸들에서 내용을 읽는 일이 실패할 가능성은 거의 없지만 핵심은 실패**할 수도** 있다는 것이다.

입력 파일을 가지고 이 코드를 실행해서 실제로 작동하는 모습을 보자.

```
$ cargo run -- tests/inputs/spiders.txt
Don't worry, spiders,
I keep house
casually.
```

지금 `cargo test`를 실행하면 테스트를 절반가량 통과할 것이다. 코드 몇 줄 넣은 것치고는 나쁘지 않다.

### 3.3.2 줄 번호 인쇄하기

다음으로 `-n|--number` 옵션을 위해서 줄 번호를 인쇄하는 기능을 넣어보자. C 프로그래머라면 익숙할 한 가지 설루션은 다음과 같다.

```
fn run(args: Args) -> Result<()> {
    for filename in args.files {
        match open(&filename) {
            Err(err) => eprintln!("Failed to open {filename}: {err}"),
```

```
            Ok(file) => {
                let mut line_num = 0; ❶
                for line_result in file.lines() {
                    let line = line_result?;
                    line_num += 1; ❷

                    if args.number_lines { ❸
                        println!("{line_num:>6}\t{line}"); ❹
                    } else {
                        println!("{line}"); ❺
                    }
                }
            }
        }
    Ok(())
}
```

❶ 줄 번호를 유지해둘 변경 가능한 카운터 변수를 초기화한다.

❷ 줄 번호에 1을 더한다.

❸ 사용자가 줄 번호를 원하는지 확인한다.

❹ 원하면 현재 줄 번호를 여섯 자 너비의 필드 안에 오른쪽 정렬로 넣고 그 뒤에 탭 문자 하나와
   그 줄의 텍스트를 넣어서 인쇄한다.

❺ 그렇지 않으면 그 줄만 인쇄한다.

러스트의 모든 변수는 기본적으로 변경 불가능하므로 `line_num`을 변경하기 위해서는 `mut`를 붙여
야 한다는 걸 유념하자. `+=` 연산자는 `line_num`에 오른쪽에 있는 값 1을 더해서 증가한 결과를 내
는 복합 배정이다.[7] 또 하나 주목할 점은 텍스트가 여섯 자 너비의 필드 안에 오른쪽 정렬로 들어
간다는 걸 나타내는 형식화 구문 `{:>6}`이다(왼쪽 정렬에는 `<`를 쓰고, 가운데 정렬에는 `^`를 쓴다). 이
구문은 C의 `printf`를 비롯해서 펄과 파이썬의 문자열 형식화와 비슷하다.

지금 이 프로그램을 실행하면 꽤 근사한 결과를 보여준다.

```
$ cargo run -- tests/inputs/spiders.txt -n
     1  Don't worry, spiders,
     2  I keep house
     3  casually.
```

---

7   러스트에는 단항 연산자 `++`가 없으므로 `line_num++`과 같은 식으로 변수를 1씩 증가시킬 수 없다는 걸 유념하자.

이 방식도 충분히 잘 작동하지만 `Iterator::enumerate`(https://oreil.ly/gXM7q)를 이용하는 보다 러스트다운 설루션을 제시하고자 한다. 이 메서드는 **이터러블**iterable에 있는 각 요소의 색인 위치와 값이 들어 있는 튜플(https://oreil.ly/Cmywl)을 반환한다. 이터러블이란 가진 게 전부 바닥날 때까지 값을 산출할 수 있는 무언가를 말한다.

```
fn run(args: Args) -> Result<()> {
    for filename in args.files {
        match open(&filename) {
            Err(err) => eprintln!("Failed to open {filename}: {err}"),
            Ok(file) => {
                for (line_num, line_result) in file.lines().enumerate() { ❶
                    let line = line_result?;
                    if args.number_lines {
                        println!("{:>6}\t{line}", line_num + 1); ❷
                    } else {
                        println!("{line}");
                    }
                }
            }
        }
    }
    Ok(())
}
```

❶ `Iterator::enumerate`에서 얻은 튜플값은 패턴 매칭을 이용해서 꺼낼 수 있다.

❷ `enumerate`는 번호를 0부터 매기므로 1부터 매기는 `cat`을 흉내 내기 위해서 1을 더한다. `line_num + 1` 표현식은 `{}` 자리 표시자 안에 올 수 없으므로 `println!`의 인수로 전달한다

앞 코드는 똑같은 결과를 만들어내지만 이제는 변경 가능한 값을 사용하지 않는다. `cargo test fox`를 실행해서 이름에 **fox**라는 단어가 붙은 테스트를 전부 실행하면 세 개 중 두 개를 통과한다는 걸 알 수 있다. 프로그램이 `-b` 플래그를 받을 때 실패하므로 이번에는 빈 줄이 아닐 때만 줄 번호를 인쇄하는 기능을 처리해야 한다. 이 버전에서 주목할 점은 `line_result`를 제거하고 `line` 변수를 섀도잉한다는 것이다.

```
fn run(args: Args) -> Result<()> {
    for filename in args.files {
        match open(&filename) {
            Err(err) => eprintln!("Failed to open {filename}: {err}"),
            Ok(file) => {
                let mut prev_num = 0; ❶
```

```
        for (line_num, line) in file.lines().enumerate() {
            let line = line?; ❷
            if args.number_lines { ❸
                println!("{:>6}\t{line}", line_num + 1);
            } else if args.number_nonblank_lines { ❹
                if line.is_empty() {
                    println!(); ❺
                } else {
                    prev_num += 1;
                    println!("{prev_num:>6}\t{line}"); ❻
                }
            } else {
                println!("{line}"); ❼
            }
        }
    }
    Ok(())
}
```

❶ 비어 있지 않은 줄의 수를 세서 담아둘, 변경 가능한 변수를 초기화한다.

❷ `Result`에서 꺼낸 결과를 가지고 `line`을 섀도잉한다.

❸ 줄 번호 인쇄를 처리한다.

❹ 비어 있지 않은 줄의 줄 번호 인쇄를 처리한다.

❺ 줄이 비어 있으면 빈 줄을 인쇄한다.

❻ 그렇지 않으면 `prev_num`을 하나 올리고 결과를 인쇄한다.

❼ 번호 매기기 옵션이 없으면 줄만 인쇄한다.

 러스트에서 변수를 **섀도잉**shadowing한다는 건 변수의 이름을 재사용해서 여기에 새 값을 설정하겠다는 뜻이다. `line_result`/`line`이라고 쓴 코드가 더 명확하고 읽기 쉬울 수도 있지만, 이 맥락에서는 `line`을 재사용하는 것이 앞으로 마주할 가능성이 높은, 보다 러스트다운 코드라 할 수 있다.

이제 `cargo test`를 실행하면 모든 테스트를 통과해야 한다.

## 3.4 한 걸음 더 나아가기

돌아가는 프로그램을 손에 넣었다고 여기서 멈출 필요는 없다. 뭔가 더 해보고 싶다면 매뉴얼 페이지에 나와 있는 BSD와 GNU 버전의 다른 옵션들을 구현해보자. 각 옵션에 대해서 `cat`으로 기대 출력 파일을 만든 다음 테스트를 확장해서 프로그램이 이와 동일한 출력을 생성하는지 확인하자. 또 보다 완성도 있는 구현을 위해서 `cat`의 또 다른 러스트 클론인 ('날개 달린' 고양이) `bat`(https://oreil.ly/QgMnb)을 살펴보길 권한다.

`cat -n`의 줄 번호가 매겨진 출력은 '줄 번호를 매기는 필터'인 `nl`의 출력과 방식이 비슷하다. 또 `cat`은 텍스트를 한 **페이지**씩 보여주거나 화면에 한가득 채워 보여주는 프로그램인 `more`와 `less` 같은 소위 **페이저**pager라고 하는 것과도 약간 비슷하다.[8] 이런 프로그램을 구현해보는 건 어떨까? 매뉴얼 페이지를 읽고, 테스트 출력을 만들고, 이 프로젝트의 아이디어를 그대로 가져다가 여러분의 버전을 작성하고 테스트해보자.

# 요약

이번 장에서는 이전 장보다 훨씬 더 복잡한 프로그램을 만들어봄으로써 큰 진전을 이루었다. 배운 내용을 다시 짚어보자.

- 프로그램을 작성하기도 전에 이미 모든 테스트가 존재하는 테스트 우선 접근 방식을 사용했다. 프로그램이 모든 테스트를 통과하면 프로그램이 테스트로 표현된 모든 사양을 충족한다고 확신할 수 있다.
- `rand` 크레이트를 이용해서 존재하지 않는 파일을 위한 랜덤 문자열을 생성하는 법을 살펴봤다.
- 상숫값을 만드는 `const` 키워드에 대해 배웠다.
- `STDIN`과 일반적인 파일 모두에서 텍스트를 줄 단위로 읽는 법을 알아봤다.
- `eprintln!` 매크로를 이용해서 `STDERR`에 인쇄했고, `format!` 매크로를 이용해서 새 문자열을 동적으로 생성했다.
- `for` 루프를 이용해서 이터러블에 있는 각 요소를 방문했다.
- `Iterator::enumerate` 메서드는 색인과 요소를 모두 튜플로 반환하기 때문에 텍스트의 줄 번호를 매기는데 유용하다는 걸 알았다.
- 파일 핸들을 가리키는 `Box`를 이용해서 `STDIN`이나 일반적인 파일을 읽는 법을 배웠다.

다음 장에서는 줄, 바이트, 문자 단위로 파일을 읽는 법에 대해 더 자세히 배운다.

---

[8] `more`는 텍스트 페이지를 보여줄 때 하단에 "More"를 표시해서 뒤에 내용이 더 남아 있다는 걸 알려준다. 분명히 누군가는 스스로 똑똑하다고 생각해서 이 클론의 이름을 `less`라고 지었겠지만 둘 다 하는 일은 똑같다.

## CHAPTER 4

# 두통: head

변화를 위해 네 머리 위에 서라 / 내 것이라 부를 수 있는 외피를 써라

—<Stand on Your Own Head>(데이 마이트 비 자이언츠, 1988)

이번 장의 도전 과제는 한 개 이상의 파일에서 맨 앞에 있는 몇 줄 또는 몇 바이트를 인쇄하는 head 프로그램을 구현하는 것이다. 이 프로그램은 일반적인 텍스트 파일의 내용을 들여다보기 위한 용도로 제격이며 cat보다 훨씬 더 나은 선택일 때가 많다. 어떤 처리 과정에서 나온 출력 파일 같은 것이 들어 있는 디렉터리가 있을 때 head를 사용하면 잠재적인 문제를 빠르게 훑어보는 데 도움이 된다. 특히 (늘 파일 전체를 읽는 cat과 달리) 파일에서 맨 앞에 있는 몇 줄 또는 몇 바이트만 읽기 때문에 아주 커다란 파일을 다룰 때 유용하다.

이번 장에서 배울 내용은 다음과 같다.

- 수치를 받는 옵션 명령줄 인수를 만드는 법
- as를 이용해서 타입을 변환하는 법
- 이터레이터나 파일 핸들을 대상으로 take를 사용하는 법
- 파일 핸들을 읽는 동안 줄 끝을 유지하는 법
- 파일 핸들에서 바이트를 읽는 법과 문자를 읽는 법
- 터보피시turbofish 연산자를 사용하는 법

---

\* 옮긴이 이번 장 제목의 원문은 "Head Aches"로 이번 장에서 다룰 head 프로그램을 소개하는 언어유희다.

## 4.1 head의 작동 방식

먼저 head의 개요를 통해서 이번 프로그램에서 예상되는 내용을 알아보자. 오리지널 AT&T 유닉스 운영체제의 구현에는 BSD, 썬OS/솔라리스, HP-UX, 리눅스 등 여러 가지가 있다. 이들 운영체제는 대부분 기본적으로 한 개 이상의 파일에서 맨 앞에 있는 열 줄을 보여주는 약간씩 다른 버전의 head 프로그램을 가지고 있다. 대개는 표시할 줄 수를 제어하는 -n 옵션과 내용을 줄 단위가 아니라 바이트 단위로 표시하는 -c 옵션을 가지고 있을 것이다. BSD 버전은 이 두 옵션만 가지고 있으며 man head를 통해서 확인할 수 있다.

```
HEAD(1)                   BSD General Commands Manual                   HEAD(1)

NAME
     head -- display first lines of a file

SYNOPSIS
     head [-n count | -c bytes] [file ...]

DESCRIPTION
     This filter displays the first count lines or bytes of each of the speci-
     fied files, or of the standard input if no files are specified.  If count
     is omitted it defaults to 10.

     If more than a single file is specified, each file is preceded by a
     header consisting of the string ''==> XXX <=='' where ''XXX'' is the name
     of the file.

EXIT STATUS
     The head utility exits 0 on success, and >0 if an error occurs.

SEE ALSO
     tail(1)

HISTORY
     The head command appeared in PWB UNIX.

BSD                             June 6, 1993                               BSD
```

GNU 버전에서는 head --help를 실행하면 사용법을 읽을 수 있다.

```
Usage: head [OPTION]... [FILE]...
Print the first 10 lines of each FILE to standard output.
With more than one FILE, precede each with a header giving the file name.
```

```
With no FILE, or when FILE is -, read standard input.

Mandatory arguments to long options are mandatory for short options too.
  -c, --bytes=[-]K         print the first K bytes of each file;
                             with the leading '-', print all but the last
                             K bytes of each file
  -n, --lines=[-]K         print the first K lines instead of the first 10;
                             with the leading '-', print all but the last
                             K lines of each file
  -q, --quiet, --silent    never print headers giving file names
  -v, --verbose            always print headers giving file names
      --help     display this help and exit
      --version  output version information and exit

K may have a multiplier suffix:
b 512, kB 1000, K 1024, MB 1000*1000, M 1024*1024,
GB 1000*1000*1000, G 1024*1024*1024, and so on for T, P, E, Z, Y.
```

GNU 버전은 -n에 음수를 지정할 수 있고 -c에 K와 M 등의 접미사를 사용할 수 있지만 도전 과제 프로그램은 이를 구현하지 않는다는 걸 유념하자. BSD와 GNU 버전은 모두 파일을 옵션 위치 인수로 받는데 파일 이름이 없거나 대시일 때는 기본값인 STDIN을 읽는다.

04_headr/tests/inputs에 들어 있는 파일을 이용해서 head의 작동 방식을 알아보자.

- empty.txt: 빈 파일
- one.txt: 한 줄짜리 텍스트를 가진 파일
- two.txt: 두 줄짜리 텍스트를 가진 파일
- three.txt: 세 줄짜리 텍스트와 윈도우 줄 끝을 가진 파일
- twelve.txt: 열두 줄짜리 텍스트를 가진 파일

빈 파일이 주어지면 출력이 없으며, 이는 head tests/inputs/empty.txt로 확인할 수 있다. 앞서 언급했다시피 head는 기본적으로 파일에서 맨 앞에 있는 열 줄을 인쇄한다.

```
$ head tests/inputs/twelve.txt
one
two
three
four
five
six
```

```
seven
eight
nine
ten
```

`-n` 옵션을 사용하면 표시되는 줄 수를 제어할 수 있다. 예를 들어 다음 명령을 사용하면 맨 앞에 있는 두 줄만 표시하도록 선택할 수 있다.

```
$ head -n 2 tests/inputs/twelve.txt
one
two
```

`-c` 옵션은 파일에서 주어진 바이트 수만큼의 내용만 보여준다. 예를 들어 다음처럼 하면 맨 앞에 있는 두 바이트만 볼 수 있다.

```
$ head -c 2 tests/inputs/twelve.txt
on
```

이상하게도 GNU 버전에는 `-n`과 `-c`를 동시에 줄 수 있는데 이때 기본값은 바이트 단위로 보여주는 것이다. BSD 버전의 경우에는 두 인수를 동시에 사용할 수 없다.

```
$ head -n 1 -c 2 tests/inputs/one.txt
head: can't combine line and byte counts
```

`-n`이나 `-c`의 값이 양의 정수가 아니면 오류가 발생하여 프로그램이 중단되고 잘못된 값이라는 메시지가 표시된다.

```
$ head -n 0 tests/inputs/one.txt
head: illegal line count -- 0
$ head -c foo tests/inputs/one.txt
head: illegal byte count -- foo
```

인수가 여러 개일 때 **head**는 각 파일 사이에 헤더를 붙이고 빈 줄을 넣는다. 다음 출력에서 **tests/inputs/one.txt**의 첫 번째 문자가 ᷂라는 걸 눈여겨보자. 이 문자는 프로그램이 바이트와 문자를 구분하도록 만들기 위해 넣어둔 멀티바이트 문자일 뿐 별것은 아니다.

```
$ head -n 1 tests/inputs/*.txt
==> tests/inputs/empty.txt <==

==> tests/inputs/one.txt <==
One line, four words.

==> tests/inputs/three.txt <==
Three

==> tests/inputs/twelve.txt <==
one

==> tests/inputs/two.txt <==
Two lines.
```

파일 인수가 없으면 `head`는 `STDIN`을 읽는다.

```
$ cat tests/inputs/twelve.txt | head -n 2
one
two
```

3장의 `cat`과 마찬가지로 존재하지 않거나 읽을 수 없는 파일은 건너뛰며 `STDERR`에 경고를 인쇄한다. 다음 명령은 **cant-touch-this**라는 읽을 수 없는 파일을 생성하고 **blargh**를 존재하지 않는 파일로 사용한다.

```
$ touch cant-touch-this && chmod 000 cant-touch-this
$ head blargh cant-touch-this tests/inputs/one.txt
head: blargh: No such file or directory
head: cant-touch-this: Permission denied
==> tests/inputs/one.txt <==
One line, four words.
```

이번 장의 도전 과제 프로그램이 구현해야 할 내용은 여기까지다.

## 4.2 시작하기

다들 예상했겠지만 이번에 작성해볼 프로그램의 이름은 `headr`(**헤더**라고 읽는다)라고 하겠다. 먼저 `cargo new headr`를 실행한 다음 Cargo.toml에 다음 의존성을 추가한다.

```
[dependencies]
anyhow = "1.0.79"
clap = { version = "4.5.0", features = ["derive"] }

[dev-dependencies]
assert_cmd = "2.0.13"
predicates = "3.0.4"
pretty_assertions = "1.4.0"
rand = "0.8.5"
```

**04_headr/tests** 디렉터리를 프로젝트 디렉터리에 복사한 다음 `cargo test`를 실행한다. 현재는 테스트가 전부 실패해야 한다. 동의한다면 여러분의 임무는[1] 이들 테스트를 통과하는 프로그램을 작성하는 것이다. Args 스트럭트로 매개변수를 세 개 받는 다음 코드로 **src/main.rs** 작성을 시작하길 권한다.

```
#[derive(Debug)]
struct Args {
    files: Vec<String>,  ❶
    lines: u64,  ❷
    bytes: Option<u64>,  ❸
}
```

❶ files는 문자열 벡터다.

❷ 인쇄할 lines의 수는 u64(https://oreil.ly/fY3qc) 타입이다.

❸ bytes는 u64 옵션이다.

> files의 기본값은 대시(-)이고, lines의 기본값은 10이고, bytes는 생략할 수 있으므로 이 프로그램의 명령줄 인수는 전부 옵션이다.

기본 요소인 u64는 8바이트 크기의 메모리를 사용하는 부호 없는 정수로서, 32비트 운영체제에서는 4바이트 크기고 64비트 운영체제에서는 8바이트 크기인 포인터 크기의 부호 없는 정수 타입인 usize와 비슷하다. 러스트에는 포인터 크기의 부호 있는 정수 타입인 isize도 있는데 이는 GNU 버전처럼 음수를 표현할 때 필요하다. 여기서는 BSD 버전처럼 양수만 저장하고자 하므로 부호 없

---

1  [옮긴이] "Your mission, should you choose to accept it..."의 번역문으로, 영화 〈미션 임파서블〉 시리즈에서 이단 헌트가 임무를 부여받을 때 등장하는 대사다.

는 타입을 사용하면 된다. 또 이들 값의 크기를 더 세밀하게 제어하고 싶다면 러스트에 `u32`/`i32`(부호 없는/부호 있는 32비트 정수)와 `u64`/`i64`(부호 없는/부호 있는 64비트 정수) 타입도 있다는 걸 알아두자.

`lines`와 `bytes` 매개변수는 usize와 u64 타입을 받는 함수에서 사용되므로, 나중에 이 부분을 다루면서 타입을 변환하는 법도 같이 설명하겠다. 이 프로그램은 `lines`의 기본값으로 `10`을 사용해야 하지만, `bytes`는 2장에서 처음 소개한 `Option`(https://oreil.ly/WkWZs)이다. 이 말은 사용자가 유효한 값을 제공하면 `bytes`가 `Some<u64>`가 되고 그렇지 않으면 `None`이 된다는 뜻이다.

원하는 방법을 써서 명령줄 인수를 이 스트럭트로 파싱해보기 바란다. 파생 패턴을 사용하려면 앞에 있는 `Args`에 적절히 애너테이션을 달면 된다. 빌더 패턴을 따르길 선호한다면 다음의 개요를 가지고 `get_args` 함수를 작성하면 되겠다.

```
fn get_args() -> Args {
    let matches = Command::new("headr")
        .version("0.1.0")
        .author("Ken Youens-Clark <kyclark@gmail.com>")
        .about("Rust version of `head`")
        // 여기에는 무엇이 올까?
        .get_matches();

    Args {
        files: ...
        lines: ...
        bytes: ...
    }
}
```

인수를 파싱해서 예쁜 인쇄 기능으로 인쇄하도록 `main`을 업데이트하자.

```
fn main() {
    let args = Args::parse();
    println!("{:#?}", args);
}
```

프로그램이 다음과 같은 사용법을 인쇄하는지 확인한다. GNU 버전의 짧은 이름과 긴 이름을 사용한다는 걸 눈여겨보자.

```
$ cargo run -- -h
Rust version of `head`

Usage: headr [OPTIONS] [FILE]...

Arguments:
  [FILE]...  Input file(s) [default: -]

Options:
  -n, --lines <LINES>  Number of lines [default: 10]
  -c, --bytes <BYTES>  Number of bytes
  -h, --help           Print help
  -V, --version        Print version
```

아무런 입력 없이 프로그램을 실행해서 기본값이 제대로 설정되었는지 확인한다.

```
$ cargo run
Args {
    files: [
        "-", ❶
    ],
    lines: 10, ❷
    bytes: None, ❸
}
```

❶ `files`는 기본적으로 대시(-)를 파일 이름으로 사용해야 한다.

❷ `lines`의 수는 기본적으로 `10`이어야 한다.

❸ `bytes`는 `None`이어야 한다.

이제 인수를 가지고 프로그램을 실행해서 이들이 제대로 파싱되는지 확인한다.

```
$ cargo run -- -n 3 tests/inputs/one.txt
Args {
    files: [
        "tests/inputs/one.txt", ❶
    ],
    lines: 3, ❷
    bytes: None, ❸
}
```

❶ 위치 인수 **tests/inputs/one.txt**는 `files` 중 하나로 파싱된다.

❷ `lines`를 위한 `-n` 옵션은 이를 3으로 설정한다.

❸ `bytes`를 위한 `-b` 옵션의 기본값은 `None`이다.

하나 이상의 위치 인수를 제공하면 전부 `files`로 가고 `-c` 인수는 `bytes`로 간다. 다음 명령은 다시 `bash` 셸을 이용해서 파일 글롭 `*.txt`를 `.txt`로 끝나는 모든 파일로 전개한다. 윈도우 파워셸 사용자는 3.2.3절에 나와 있는 `Get-ChildItem`으로 된 동등한 사용법을 참고하자.

```
$ cargo run -- -c 4 tests/inputs/*.txt
Args {
    files: [
        "tests/inputs/empty.txt", ❶
        "tests/inputs/one.txt",
        "tests/inputs/three.txt",
        "tests/inputs/twelve.txt",
        "tests/inputs/two.txt",
    ],
    lines: 10, ❷
    bytes: Some( ❸
        4,
    ),
}
```

❶ `.txt`로 끝나는 파일이 다섯 개 있다.

❷ `lines`는 여전히 기본값인 10으로 설정되어 있다.

❸ `-c 4`로 인해서 이제 `bytes`는 `Some(4)`가 된다.

양의 정수로 파싱할 수 없는 `-n`이나 `-c` 값은 오류와 함께 프로그램을 중단시켜야 한다. 정수 인수가 유효한지 확인하고 이를 수로 변환하는 데에는 `clap::value_parser`(https://oreil.ly/GHQ9h)를 사용하라.

```
$ cargo run -- -n blargh tests/inputs/one.txt
error: invalid value 'blargh' for '--lines <LINES>':
invalid digit found in string
$ cargo run -- -c 0 tests/inputs/one.txt
error: invalid value '0' for '--bytes <BYTES>':
0 is not in 1..18446744073709551615
```

또한 이 프로그램은 `-n`과 `-c`가 동시에 등장하는 걸 막아야 한다.

```
$ cargo run -- -n 1 -c 1 tests/inputs/one.txt
error: the argument '--lines <LINES>' cannot be used with '--bytes <BYTES>'

Usage: headr --lines <LINES> <FILE>...
```

인수를 파싱하고 유효성을 검사하는 것만도 어려운 일이지만 필자는 여러분이 할 수 있다는 걸 안다. 여기서 읽기를 멈추고 프로그램이 `cargo test dies`에 포함된 모든 테스트를 통과하게 만들어보자.

```
running 3 tests
test dies_bad_lines ... ok
test dies_bad_bytes ... ok
test dies_bytes_and_lines ... ok
```

### 4.2.1 인수 정의하기

돌아온 걸 환영한다. 먼저 앞 장과 마찬가지로 `get_args` 함수와 함께 빌더 패턴을 보여주겠다. 두 옵션 인수 `lines`와 `bytes`는 수치로 된 값을 받는다는 걸 유념하자. 이는 3장에서 구현한 불리언 플래그로 사용되는 옵션 인수와는 다르다. 다음 코드는 `use clap::{Arg, Command}`가 필요하다는 걸 유념하자.

```rust
fn get_args() -> Args {
    let matches = Command::new("headr")
        .version("0.1.0")
        .author("Ken Youens-Clark <kyclark@gmail.com>")
        .about("Rust version of `head`")
        .arg(
            Arg::new("lines") ❶
                .short('n')
                .long("lines")
                .value_name("LINES")
                .help("Number of lines")
                .value_parser(clap::value_parser!(u64).range(1..))
                .default_value("10"),
        )
        .arg(
            Arg::new("bytes") ❷
                .short('c')
                .long("bytes")
                .value_name("BYTES")
                .conflicts_with("lines")
                .value_parser(clap::value_parser!(u64).range(1..))
                .help("Number of bytes"),
        )
```

```
            .arg(
                Arg::new("files") ❸
                    .value_name("FILE")
                    .help("Input file(s)")
                    .num_args(0..)
                    .default_value("-"),
            )
            .get_matches();

    Args {
        files: matches.get_many("files").unwrap().cloned().collect(),
        lines: matches.get_one("lines").cloned().unwrap(),
        bytes: matches.get_one("bytes").cloned(),
    }
}
```

❶ `lines` 옵션은 값을 받으며 기본값은 `10`이다.

❷ `bytes` 옵션은 값을 받으며 `lines` 매개변수와 상충하므로 이 둘은 상호 배타적이다.

❸ `files` 매개변수는 위치 인수로서 0개 이상의 값을 받으며 기본값은 대시(`-`)다.

`clap` 파생 패턴을 사용하려면 `Args` 스트럭트에 애너테이션을 달아야 한다.

```
#[derive(Parser, Debug)]
#[command(author, version, about)]
/// `head`의 러스트 버전
struct Args {
    /// 입력 파일(들)
    #[arg(default_value = "-", value_name = "FILE")]
    files: Vec<String>,

    /// 줄 수
    #[arg(
        short('n'),
        long,
        default_value = "10",
        value_name = "LINES",
        value_parser = clap::value_parser!(u64).range(1..)
    )]
    lines: u64,

    /// 바이트 수
    #[arg(
        short('c'),
        long,
        value_name = "BYTES",
```

```
            conflicts_with("lines"),
            value_parser = clap::value_parser!(u64).range(1..)
    )]
    bytes: Option<u64>,
}
```

 파생 패턴에서 `Arg::long`(https://oreil.ly/uUZJN)의 기본값은 이를테면 **lines**와 **bytes** 같은 스트럭트 필드의 이름이 된다. `Arg::short`(https://oreil.ly/fZI0Q)의 기본값은 스트럭트 필드의 첫 번째 글자가 되므로, **l**과 **b**가 된다. 여기서는 오리지널 도구와 맞추기 위해서 짧은 이름을 각각 **n**과 **c**로 지정했다.

모든 사용자 입력의 유효성을 검사하기란 꽤 버거운 일이지만, 이제 문제없는 데이터를 가지고 진행할 수 있다는 확신이 생겼다.

## 4.2.2 입력 파일 처리하기

`main`에서 `run` 함수를 호출하도록 하는 게 좋겠다. 다음 코드를 위해서 `use anyhow::Result`를 추가하는 걸 잊지 말자.

```
fn main() {
    if let Err(e) = run(Args::parse()) {
        eprintln!("{e}");
        std::process::exit(1);
    }
}

fn run(_args: Args) -> Result<()> {
    Ok(())
}
```

이번 도전 과제 프로그램도 3장과 마찬가지로 입력 파일을 처리해야 하므로 똑같은 `open` 함수를 추가하기로 하자.

```
fn open(filename: &str) -> Result<Box<dyn BufRead>> {
    match filename {
        "-" => Ok(Box::new(BufReader::new(io::stdin()))),
        _ => Ok(Box::new(BufReader::new(File::open(filename)?))),
    }
}
```

다음의 추가 의존성을 전부 추가해야 한다.

```
use std::fs::File;
use std::io::{self, BufRead, BufReader};
```

`run` 함수를 고쳐서 파일을 열어보고 오류가 발생하면 이를 인쇄하도록 확장한다.

```
fn run(args: Args) -> Result<()> {
    for filename in args.files { ❶
        match open(&filename) { ❷
            Err(err) => eprintln!("{filename}: {err}"), ❸
            Ok(_) => println!("Opened {filename}"), ❹
        }
    }
    Ok(())
}
```

❶ 각 파일 이름을 반복 처리한다.

❷ 주어진 파일을 열어본다.

❸ 오류를 STDERR에 인쇄한다.

❹ 파일이 성공적으로 열렸다는 메시지를 인쇄한다.

문제없는 파일과 문제 있는 파일을 가지고 프로그램을 실행해서 제대로 작동하는지 확인한다. 다음 명령에서 **blargh**는 존재하지 않는 파일을 나타낸다.

```
$ cargo run -- blargh tests/inputs/one.txt
blargh: No such file or directory (os error 2)
Opened tests/inputs/one.txt
```

필자의 솔루션을 미리 보지 말고, 주어진 파일의 내용을 줄 단위로 또 바이트 단위로 읽는 법을 생각해보자. 그런 다음 여러 파일 인수를 구분하는 헤더를 붙여보자. 유효하지 않은 파일을 처리할 때 오리지널 head 프로그램의 오류 출력을 유심히 살펴보면, 읽을 수 있는 파일은 헤더가 앞에 붙고 그 뒤에 파일 출력이 붙지만 유효하지 않은 파일은 오류만 인쇄한다는 걸 알 수 있다. 또 유효한 파일은 출력을 구분하는 빈 줄이 추가로 붙는다.

```
$ head -n 1 tests/inputs/one.txt blargh tests/inputs/two.txt
==> tests/inputs/one.txt <==
Öne line, four words.
head: blargh: No such file or directory

==> tests/inputs/two.txt <==
Two lines.
```

특별히 여러분이 고려해야 할 까다로운 입력 몇 가지를 마련해뒀다. 어떤 것들이 있는지 보려면 `file` 명령을 이용해서 파일 타입 정보를 확인한다.

```
$ file tests/inputs/*.txt
tests/inputs/empty.txt:   empty ❶
tests/inputs/one.txt:     UTF-8 Unicode text ❷
tests/inputs/three.txt:   ASCII text, with CRLF, LF line terminators ❸
tests/inputs/twelve.txt: ASCII text ❹
tests/inputs/two.txt:     ASCII text ❺
```

❶ 프로그램이 갑자기 중단되지 않는다는 걸 확인하기 위한 빈 파일이다.

❷ 이 파일에는 유니코드가 포함되어 있는데, 여러분이 바이트와 문자의 차이를 생각해볼 수 있도록 **Öne**의 **O** 위에 움라우트를 붙여두었기 때문이다.

❸ 이 파일은 윈도우 스타일의 줄 끝으로 되어 있다.

❹ 이 파일에는 기본적으로 10줄이 표시되는 걸 확인하기 위한 12줄짜리 텍스트가 들어 있다.

❺ 이 파일은 유닉스 스타일의 줄 끝으로 되어 있다.

윈도우에서 새 줄은 캐리지 리턴과 줄 바꿈의 조합으로 보통 CRLF나 `\r\n`으로 표시한다. 유닉스 플랫폼에서는 새 줄만 쓰이므로 LF나 `\n`으로 표시한다. 이러한 줄 끝은 프로그램의 출력 안에 남아 있어야 하므로, 줄 끝을 제거하지 않은 채 파일의 내용을 줄 단위로 읽어올 방법을 찾아야 한다.

### 4.2.3 바이트 읽기 vs. 문자 읽기

계속하기 전에 파일에서 **바이트**를 읽는 것과 **문자**를 읽는 것의 차이점을 이해해야 한다. 1960년대 초에는 128자로 구성된 미국 정보 교환 표준 부호American Standard Code for Information Interchange, ASCII(**아스키**라고 읽는다) 테이블로 컴퓨팅에 필요한 모든 텍스트 요소를 표현했다. 이 많은 문자를 표현하는 데는 7비트($2^7$ = 128)만 있으면 됐다. 보통 바이트는 8비트로 구성되므로 바이트와 문자의 개념을 서로 바꿔서 사용할 수 있었다.

전 세계의 모든 문자 체계(심지어 이모지까지)를 표현하기 위해서 유니코드(범용 문자 집합Universal Coded Character Set)가 만들어진 뒤로는 일부 문자에 대해서 최대 4바이트가 할애되기도 한다. 유니코드 표준은 UTF-8(8비트를 사용하는 유니코드 변환 형식Unicode Transformation Format)을 포함해서 문자를 인코딩하는 여러 가지 방법을 정의한다. 앞서 언급했다시피 **tests/inputs/one.txt** 파일은 `Ö` 문자로 시작하는데 이는 UTF-8로 2바이트 길이다. 따라서 `head`로 이 문자 하나를 표시하려면 2바이트를 요청해야 한다.

```
$ head -c 2 tests/inputs/one.txt
Ö
```

`head`에게 이 파일에서 첫 번째 바이트만 선택할 것을 요청하면 유효한 UTF-8 문자열이 아닌 바이트값 `195`를 얻게 된다. 따라서 문자를 유니코드로 변환하는 데 문제가 있음을 나타내는 특수 문자가 출력된다.

```
$ head -c 1 tests/inputs/one.txt
�
```

도전 과제 프로그램은 이 동작을 재현해야 한다. 작성하기 쉬운 프로그램은 아니지만 `std::io`(https://oreil.ly/PpLCr), `std::fs::File`(https://oreil.ly/VtAdj), `std::io::BufReader`(https://oreil.ly/bznCz)를 사용하면 각 파일의 내용을 바이트와 줄 단위로 읽는 법을 파악할 수 있을 것이다. 러스트에서 `String`(https://oreil.ly/X32Yh)은 유효한 UTF-8로 인코딩된 문자열이어야 하며, 따라서 `String::from_utf8_lossy`(https://oreil.ly/Bs4Zl) 메서드가 유용할 수 있다는 걸 염두에 두자. 전체 테스트 세트를 **tests/cli.rs**에 넣어두었으니 여러분의 소스 트리로 복사해두자.

여기서 읽기를 멈추고 프로그램을 완성하자. `cargo test`를 자주 실행해서 진행 상황을 점검하자. 필자의 설루션을 보기 전에 모든 테스트를 통과하도록 최선을 다해보자.

## 4.3 설루션

이번 도전 과제는 예상보다 훨씬 더 흥미로웠다. `cat`의 변형에 불과할 거라고 생각했는데 막상 들여다보니 꽤 어려웠다. 필자가 설루션에 도달하기까지 거쳐온 과정을 살펴보자.

### 4.3.1 파일의 내용을 한 줄씩 읽기

유효한 파일을 연 다음 파일 핸들에서 내용을 한 줄씩 읽는 것으로 시작했다. 이 부분은 3장의 코드를 일부 가져와서 수정했다.

```
fn run(args: Args) -> Result<()> {
    for filename in args.files {
        match open(&filename) {
            Err(err) => eprintln!("{filename}: {err}"),
            Ok(file) => {
                for line in file.lines().take(args.lines as usize) { ❶
                    println!("{}", line?); ❷
                }
            }
        }
    }
    Ok(())
}
```

❶ Iterator::take(https://oreil.ly/OjTMN)를 이용해서 파일 핸들에서 원하는 줄 수를 선택한다.

❷ 줄을 콘솔에 인쇄한다.

> Iterator::take 메서드는 usize 타입으로 된 인수를 기대하지만 코드에서는 u64를 받게 된다. 따라서 as 키워드(https://oreil.ly/X7cc9)를 이용해서 값을 **캐스팅**casting, 즉 변환한다.

Iterator::take 메서드를 이용해서 원하는 줄 수를 선택하기 때문에 재미있는 설루션이라고 생각한다. 파일에서 한 줄을 선택하도록 프로그램을 실행해보면 잘 작동하는 것 같다.

```
$ cargo run -- -n 1 tests/inputs/twelve.txt
one
```

cargo test를 실행하면 프로그램이 테스트를 거의 절반가량 통과한다. 사양을 일부만 구현한 것치고는 꽤 좋은 결과인 것 같지만 윈도우에서 인코딩된 입력 파일을 사용하는 테스트는 전부 실패한다. 이 문제를 해결하기 위해 한 가지 고백할 것이 있다.

### 4.3.2 파일을 읽는 동안 줄 끝을 유지하기

이제 와서 이런 말 하기 그렇지만 유감스럽게도 3장의 catr 프로그램은 오리지널 cat 프로그램을 완전히 모사하지는 않는다. 입력 파일을 읽을 때 BufRead::lines(https://oreil.ly/KhmCp)를 사용하기 때문인데, 이 함수의 문서를 보면 "반환되는 각 문자열에는 끝에 새 줄 바이트(0xA 바이트)나 CRLF(0xD, 0xA 바이트)가 **없다**"라고 되어 있다.[2] 파일의 내용을 줄 단위로 읽는 게 얼마나 쉬운지 보여주고자 했던 것이므로 부디 용서해주길 바라지만, catr 프로그램은 윈도우 CRLF 줄 끝을 유닉스 스타일의 새 줄로 바꾼다는 걸 명심해야 한다.

이 문제를 해결하려면 대신 BufRead::read_line(https://oreil.ly/aJFkc)을 사용해야 하는데, 문서에 따르면 이 함수는 "새 줄 구분 기호(0xA 바이트)나 EOF[3]를 만날 때까지 스트림에서 바이트를 읽으며, 둘 중 하나를 만나면 구분 기호(있을 경우)를 포함한 모든 바이트가 buf에 추가된다"고 되어 있다. 다음은 원래 있던 줄 끝을 유지하는 버전이다. 프로그램을 이렇게 바꾸면 실패하는 테스트보다 통과하는 테스트가 더 많아진다.

```
fn run(args: Args) -> Result<()> {
    for filename in args.files {
        match open(&filename) {
            Err(err) => eprintln!("{filename}: {err}"),
            Ok(mut file) => { ❶
                let mut line = String::new(); ❷
                for _ in 0..args.lines { ❸
                    let bytes = file.read_line(&mut line)?; ❹
                    if bytes == 0 { ❺
                        break;
                    }
                    print!("{line}"); ❻
                    line.clear(); ❼
                }
            }
        };
    }
    Ok(())
}
```

❶ 파일 핸들을 변경 가능한 값으로 받는다.

❷ String::new(https://oreil.ly/LgOD2)를 이용해서 각 줄을 담아둘 변경 가능한 빈 문자열 버퍼를 새로 만든다.

---

2  [옮긴이] 0xA 바이트는 \n, 0xD는 \r의 아스키 코드를 의미한다.

3  EOF는 end-of-file의 약자다.

❸ 0부터 요청된 줄 수까지 세는 `std::ops::Range`(https://oreil.ly/gAOsx)를 `for`를 이용해서 반복 처리한다. 변수 이름 `_`는 이를 사용할 생각이 없음을 나타낸다.

❹ `BufRead::read_line`(https://oreil.ly/aJFkc)을 이용해서 다음 줄을 문자열 버퍼에 읽는다.

❺ 파일 핸들은 파일의 끝에 닿으면 0바이트를 반환하므로 `break`(https://oreil.ly/UG54e)를 이용해서 루프를 벗어난다.

❻ 원래 있던 줄 끝을 유지한 채로 줄을 인쇄한다.

❼ `String::clear`(https://oreil.ly/IpZ2x)를 이용해서 줄 버퍼를 비운다.

지금 `cargo test`를 실행하면 프로그램이 줄 읽기에 관한 테스트는 거의 다 통과하고 바이트 읽기와 여러 파일 처리에 관한 테스트는 전부 실패한다.

### 4.3.3 파일에서 바이트 읽기

다음으로 파일에서 바이트 읽기를 처리한다. 파일을 열어보고 `args.bytes`가 바이트 수를 가진 `Some`인지 확인한다. 그렇지 않으면 줄 단위로 읽는 앞 코드를 사용한다. 다음 코드의 경우에는 가져오기 부분에 `use std::io::Read`를 추가해야 한다.

```
for filename in args.files {
    match open(&filename) {
        Err(err) => eprintln!("{filename}: {err}"),
        Ok(mut file) => {
            if let Some(num_bytes) = args.bytes { ❶
                let mut buffer = vec![0; num_bytes as usize]; ❷
                let bytes_read = file.read(&mut buffer)?; ❸
                print!(
                    "{}",
                    String::from_utf8_lossy(&buffer[..bytes_read]) ❹
                );
            } else {
                ... // 앞과 동일하다.
            }
        }
    };
}
```

❶ 패턴 매칭으로 `args.bytes`가 읽은 바이트 수를 가진 `Some`인지 확인한다.

❷ 파일에서 읽은 바이트를 담아두기 위해서 내부를 전부 0으로 채운 고정 길이 `num_bytes`의 변경 가능한 버퍼를 생성한다.

❸ 파일 핸들에서 버퍼로 바이트를 읽는다. `bytes_read` 값은 읽은 바이트 수인데 요청된 바이트 수보다 작을 수도 있다.

❹ 선택한 바이트를 문자열로 변환하는데, 유효한 UTF-8이 아닐 수도 있다. 실제로 읽은 바이트만 선택하는 범위 연산을 눈여겨보자.

멀티바이트 문자의 일부만 선택하는 경우에서 봤다시피, 러스트의 문자열은 유효한 UTF-8이어야 하므로 바이트를 문자로 변환하는 데 실패할 수 있다. `String::from_utf8` 함수(https://oreil.ly/Ps3jV)는 문자열이 유효한 경우에만 `Ok`를 반환하지만, `String::from_utf8_lossy` 함수(https://oreil.ly/Bs4Zl)는 유효하지 않은 UTF-8 시퀀스를 **알 수 없는** 혹은 **대체** 문자로 변환한다.

```
$ cargo run -- -c 1 tests/inputs/one.txt
�
```

파일에서 바이트를 읽는 또 다른 훨씬 더 나쁜 예를 보자. 다음 코드는 전체 파일을 문자열로 읽어와서 바이트 벡터로 변환한 다음 맨 앞에서부터 `num_bytes`만큼을 선택한다.

```
let mut contents = String::new(); ❶
file.read_to_string(&mut contents)?;  // 위험한 부분 ❷
let bytes = contents.as_bytes(); ❸
print!(
    "{}",
    String::from_utf8_lossy(&bytes[..num_bytes as usize])  // 더 위험한 부분 ❹
);
```

❶ 파일의 내용을 담아둘 새 문자열 버퍼를 생성한다.

❷ 전체 파일 내용을 문자열 버퍼로 읽어온다.

❸ `str::as_bytes`(https://oreil.ly/JaIiI)를 이용해서 내용을 바이트(일련의 부호 없는 8비트 정수 `u8`)로 변환한다.

❹ `String::from_utf8_lossy`를 이용해서 `bytes` 슬라이스를 문자열로 바꾼다.

앞서 언급했다시피 이 접근 방식은 파일 크기가 머신의 메모리 용량을 초과할 경우 프로그램이나 컴퓨터가 크래시를 일으킬 수 있다. 앞 코드의 또 다른 심각한 문제는 슬라이스 연산 `bytes[..num_bytes]`가 성공할 것이라고 가정한다는 것이다. 예를 들어 이 코드를 빈 파일을 대상으로 사용하면 존재하지 않는 바이트를 요구하게 된다. 그러면 프로그램은 패닉에 빠지고 오류 메시지와 함께 즉시 종료된다.

```
$ cargo run -- -c 1 tests/inputs/empty.txt
thread 'main' panicked at src/main.rs:53:55:
range end index 1 out of range for slice of length 0
note: run with `RUST_BACKTRACE=1` environment variable to display a backtrace
```

다음은 파일에서 요청된 바이트 수만큼 읽는 안전한 (그리고 어쩌면 가장 짧은) 방법이다. 가져오기 부분에 use std::io::Read를 추가하는 걸 잊지 말자.

```
let bytes: Result<Vec<_>, _> = file.bytes().take(num_bytes as usize).collect();
print!("{}", String::from_utf8_lossy(&bytes?));
```

앞 코드에서 컴파일러는 bytes의 타입을 크기를 알 수 없는 슬라이스로 추론하기 때문에 타입 애너테이션 Result<Vec<_>, _>이 필요하다. 반드시 힙에 할당된 메모리를 가리키는 스마트 포인터인 Vec을 원한다고 표시해야 한다. 밑줄(_)은 컴파일러가 타입을 추론하도록 만드는 부분 타입 애너테이션을 나타낸다. bytes를 위한 타입 애너테이션이 없으면 컴파일러는 다음과 같이 불평한다.

```
error[E0277]: the size for values of type `[u8]` cannot be known at
compilation time
  --> src/main.rs:50:59
   |
95 |                     print!("{}", String::from_utf8_lossy(&bytes?));
   |                                                           ^^^^^^^ doesn't
   |                                    have a size known at compile-time
   |
   = help: the trait `Sized` is not implemented for `[u8]`
   = note: all local variables must have a statically known size
   = help: unsized locals are gated as an unstable feature
```

> 이제 밑줄(_)이 다양한 기능을 수행한다는 걸 알았을 텐데 정리하면 이렇다. 변수의 접두사나 이름으로 사용하면 컴파일러에 그 값을 사용할 생각이 없다는 뜻을 내비친다. match 갈래에서는 모든 경우를 처리하기 위한 와일드카드다. 타입 애너테이션에 사용하면 컴파일러에 타입을 추론하도록 지시한다.

터보피시(https://turbo.fish/) 연산자(::<>)를 이용해서 표현식의 오른편에 타입 정보를 표시할 수도 있다. 타입을 왼편에 표시할지 오른편에 표시할지는 보통 스타일의 문제지만 일부 표현식에는 터보피시가 필요한데 이에 대한 예는 뒤에서 살펴보겠다. 다음은 앞의 예에서 타입을 터보피시로 바꿔 표시하면 어떤 모습일지 보여준다.

```
let bytes = file.bytes().take(num_bytes as usize).collect::<Result<Vec<_>, _>>();
```

`String::from_utf8_lossy`가 생성하는 알 수 없는 문자(`b'\xef\xbf\xbd'`)는 BSD `head`가 생성하는 출력(`b'\xc3'`)과 정확히 같지는 않아서 테스트하기가 다소 까다롭다. **tests/cli.rs**에 있는 도우미 함수 `run`을 보면 두 출력을 비교할 수 있도록 기대치(`head`의 출력)를 읽은 다음, 같은 함수를 이용해서 유효하지 않은 UTF-8일 수도 있는 내용을 변환하는 걸 확인할 수 있다. `run_stdin` 함수도 비슷하게 작동한다.

```
fn run(args: &[&str], expected_file: &str) -> Result {
    // UTF 손실 가능성으로 인한 추가 작업
    let mut file = File::open(expected_file)?;
    let mut buffer = Vec::new();
    file.read_to_end(&mut buffer)?;
    let expected = String::from_utf8_lossy(&buffer); ❶

    let output = Command::cargo_bin(PRG)?.args(args).output().expect("fail");
    assert!(output.status.success());
    assert_eq!(String::from_utf8_lossy(&output.stdout), expected); ❷

    Ok(())
}
```

❶ `expected_file`에 유효하지 않은 UTF-8이 있으면 처리한다.

❷ 출력과 기대치를 손실 문자열lossy string 비교한다.

### 4.3.4 파일 헤더 인쇄하기

마지막으로 처리할 부분은 파일 헤더다. 앞서 언급했다시피 유효한 파일은 `==>`와 `<==` 마커 안에 파일 이름이 들어가는 헤더를 갖는다. 두 번째 파일부터는 출력을 시각적으로 구분하기 위해서 맨 앞에 새 줄을 추가로 갖는다. 이 말은 처리 중인 파일의 번호를 알아야 한다는 뜻이며 `Iterator::enumerate` 메서드(https://oreil.ly/gXM7q)를 이용해서 얻을 수 있다. 다음은 모든 테스트를 통과하는 `run` 함수의 최종 버전이다.

```
fn run(args: Args) -> Result<()> {
    let num_files = args.files.len(); ❶

    for (file_num, filename) in args.files.iter().enumerate() { ❷
        match open(filename) {
```

```
            Err(err) => eprintln!("{filename}: {err}"),
            Ok(mut file) => {
                if num_files > 1 { ❸
                    println!(
                        "{}==> {filename} <==",
                        if file_num > 0 { "\n" } else { "" }, ❹
                    );
                }

                if let Some(num_bytes) = args.bytes {
                    let mut buffer = vec![0; num_bytes as usize];
                    let bytes_read = file.read(&mut buffer)?;
                    print!(
                        "{}",
                        String::from_utf8_lossy(&buffer[..bytes_read])
                    );
                } else {
                    let mut line = String::new();
                    for _ in 0..args.lines {
                        let bytes = file.read_line(&mut line)?;
                        if bytes == 0 {
                            break;
                        }
                        print!("{line}");
                        line.clear();
                    }
                }
            }
        }
    }

    Ok(())
}
```

❶ `Vec::len` 메서드(https://oreil.ly/eOwqL)를 이용해서 파일의 수를 구한다.

❷ `Iterator::enumerate` 메서드를 이용해서 파일 번호와 파일 이름을 추적한다.

❸ 파일이 여러 개일 때만 헤더를 인쇄한다.

❹ `file_num`이 `0`보다 크면, 즉 첫 번째 파일이 아니면 새 줄을 인쇄한다.

## 4.4 한 걸음 더 나아가기

지금 이 파티를 멈출 이유가 없다. GNU `head`가 접미사가 붙은 수칫값과 음숫값을 어떤 식으로 처리하는지 파악하고 구현해보자. 예를 들어 `-c=1K`는 파일에서 맨 앞에 있는 1,024바이트를 인쇄하라는 뜻이고, -n=-3은 파일에서 맨 끝에 있는 세 줄을 제외한 나머지를 전부 인쇄하라는 뜻이다. 양수와 음수를 모두 저장하려면 lines와 bytes를 부호 있는 정숫값으로 바꿔야 할 것이다. 이들 인수를 가지고 GNU head를 실행해서 출력을 테스트 파일로 캡처하고 추가한 새 기능을 다루는 테스트를 작성해야 한다.

바이트와 더불어 문자를 선택하는 옵션을 추가할 수도 있다. String::chars 함수(https://oreil.ly/Yohiw)를 이용하면 문자열을 문자들로 분할할 수 있다. 끝으로 윈도우 줄 끝을 가진 테스트 입력 파일(tests/inputs/three.txt)을 3장의 테스트에 복사하자. 그리고 해당 프로그램의 **mk-outs.sh**를 편집해서 이 파일을 포함시킨 다음 테스트와 프로그램을 확장해서 줄 끝이 유지되도록 만들어보자.

# 요약

이번 장에서는 문자열 입력과 같은 타입을 u64로 변환한 다음 이를 usize로 캐스팅하는 것과 같은 다소 까다로운 주제를 다뤘다. 아직 잘 모르겠더라도 너무 좌절하지 말자. 계속 문서를 읽으면서 코드를 작성해나가다 보면 결국에는 이해가 될 것이다.

이번 장에서 해낸 것 몇 가지를 살펴보면 다음과 같다.

- 값을 받을 수 있는 옵션 매개변수를 생성하는 법을 배웠다. 이전에는 옵션이 플래그였다.
- 모든 명령줄 인수는 문자열이라는 걸 확인했고, clap을 써서 "3"과 같은 문자열을 숫자 3으로 변환해봤다.
- as 키워드로 타입을 변환하는 법을 배웠다.
- _을 변수의 이름이나 접두사로 사용하는 건 컴파일러에 그 값을 사용할 의도가 없다는 뜻을 내비치는 것이라는 걸 알게 됐다. 타입 애너테이션에 사용하면 컴파일러에 타입을 추론하도록 지시한다.
- BufRead::read_line을 이용해서 파일 핸들을 읽는 동안 줄 끝을 유지하는 법을 배웠다.
- take 메서드를 이용하면 이터레이터와 파일 핸들을 대상으로 선택할 요소의 수를 제한할 수 있다는 걸 알게 됐다.
- 터보피시 연산자를 이용해서 배정문의 왼편이나 오른편에 타입 정보를 표시하는 법을 배웠다.

다음 장에서는 러스트 이터레이터에 관한 내용과 입력을 줄, 바이트, 문자 단위로 쪼개는 법에 대해 더 자세히 배운다.

# 5

## CHAPTER

# 어머니께 전할 말: wc

더트 바이크여 만세 / 철학자 더트 바이크 /

우리가 모여들었을 때의 침묵 / 우리는 그 말을 보았고 그렇게 길을 떠났지

—<Dirt Bike>(데이 마이트 비 자이언츠, 1994)

이번 장의 도전 과제에서는 역사를 따지자면 AT&T 유닉스 버전 1까지 거슬러 올라가는 유서 깊은 wc(**word count**의 준말) 프로그램의 또 다른 버전을 만들어본다. 이 프로그램은 STDIN이나 하나 이상의 파일이 가진 텍스트에서 찾은 줄, 단어, 바이트 수를 표시한다. 필자는 다른 프로세스에서 반환된 내용의 줄 수를 셀 때 자주 사용한다.

이번 장에서 배울 내용은 다음과 같다.

- Iterator::all 함수를 사용하는 법
- 단위 테스트용 모듈을 생성하는 법
- 테스트를 위해서 가짜 파일 핸들을 만드는 법
- 조건부로 값의 형식을 지정하고 인쇄하는 법
- 테스트할 때 조건부로 모듈을 컴파일하는 법
- 한 줄짜리 텍스트를 단어, 바이트, 문자 단위로 쪼개는 법

---

\* [옮긴이] 이번 장 제목의 원문은 "Word to Your Mother"로 미국 래퍼 바닐라 아이스의 <Ice Ice Baby>에 사용된 가사로 알려져 있다. 이번 장에서 다룰 wc 프로그램을 소개하는 언어유희다.

## 5.1 wc의 작동 방식

먼저 wc의 작동 방식을 살펴보면서 테스트의 기대치를 파악해보자. 다음은 BSD wc 매뉴얼 페이지에서 발췌한 내용으로 도전 과제 프로그램이 구현할 요소를 설명한다.

```
WC(1)                    BSD General Commands Manual                    WC(1)

NAME
     wc -- word, line, character, and byte count

SYNOPSIS
     wc [-clmw] [file ...]

DESCRIPTION
     The wc utility displays the number of lines, words, and bytes contained
     in each input file, or standard input (if no file is specified) to the
     standard output.  A line is defined as a string of characters delimited
     by a <newline> character.  Characters beyond the final <newline> charac-
     ter will not be included in the line count.

     A word is defined as a string of characters delimited by white space
     characters.  White space characters are the set of characters for which
     the iswspace(3) function returns true.  If more than one input file is
     specified, a line of cumulative counts for all the files is displayed on
     a separate line after the output for the last file.

     The following options are available:

     -c      The number of bytes in each input file is written to the standard
             output.  This will cancel out any prior usage of the -m option.

     -l      The number of lines in each input file is written to the standard
             output.

     -m      The number of characters in each input file is written to the
             standard output.  If the current locale does not support multi-
             byte characters, this is equivalent to the -c option.  This will
             cancel out any prior usage of the -c option.

     -w      The number of words in each input file is written to the standard
             output.

     When an option is specified, wc only reports the information requested by
     that option.  The order of output always takes the form of line, word,
     byte, and file name.  The default action is equivalent to specifying the
     -c, -l and -w options.
```

```
If no files are specified, the standard input is used and no file name is
displayed.  The prompt will accept input until receiving EOF, or [^D] in
most environments.
```

한 장의 그림이 1킬로바이트짜리 말 뭉치보다 나으므로 **05_wcr/tests/inputs** 디렉터리에 들어 있는 다음 테스트 파일을 이용해서 몇 가지 예를 살펴보자.

- **empty.txt**: 빈 파일
- **fox.txt**: 한 줄짜리 텍스트를 가진 파일
- **atlamal.txt**: 고대 노르드어 시 'Atlamál hin groenlenzku(아틀리의 그린란드 발라드)'의 첫 번째 스탠자를 가진 파일

빈 파일을 가지고 프로그램을 실행하면 줄, 단어, 바이트가 모두 0이라는 내용이 여덟 자 너비의 세 열 안에 오른쪽 정렬로 인쇄된다.

```
$ cd 05_wcr
$ wc tests/inputs/empty.txt
       0        0        0 tests/inputs/empty.txt
```

다음으로 단어와 탭 문자 사이에 다양한 개수의 공백이 들어 있는 한 줄짜리 텍스트를 가진 파일을 생각해보자. **wc**를 실행하기 전에 이 파일을 살펴보자. 여기서는 **cat**에 **-t** 플래그를 이용해서 탭 문자를 **^I**로 표시하고 **-e** 플래그를 이용해서 줄 끝에 **$**를 표시한다.

```
$ cat -te tests/inputs/fox.txt
The  quick brown fox^Ijumps over   the lazy dog.$
```

이 예는 그림 5-1에 나와 있는 것처럼 줄, 단어, 바이트를 직접 계산할 수 있을 정도로 짧다. 이 그림에서 공백은 가운뎃점으로, 탭 문자는 **\t**로, 줄 끝은 **$**로 표시되어 있다.

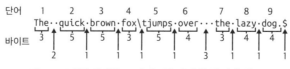

그림 5-1 **9개의 단어와 48바이트를 가진 한 줄짜리 텍스트**

`wc`의 실행 결과도 이와 일치한다.

```
$ wc tests/inputs/fox.txt
       1       9      48 tests/inputs/fox.txt
```

4장에서 언급했다시피 바이트를 아스키 문자와 동일시할 수도 있지만 유니코드 문자는 여러 바이트를 필요로 할 수 있다. **tests/inputs/atlamal.txt** 파일에는 이에 대한 여러 예가 담겨 있다.[1]

```
$ cat tests/inputs/atlamal.txt
Frétt hefir öld óvu, þá er endr of gerðu
seggir samkundu, sú var nýt fæstum,
æxtu einmæli, yggr var þeim síðan
ok it sama sonum Gjúka, er váru sannráðnir.
```

`wc`에 따르면 이 파일의 내용은 4줄, 29단어, 177바이트로 되어 있다.

```
$ wc tests/inputs/atlamal.txt
       4      29     177 tests/inputs/atlamal.txt
```

**줄** 수만 보고 싶을 때는 `-l` 플래그를 이용하면 해당 열만 표시된다.

```
$ wc -l tests/inputs/atlamal.txt
       4 tests/inputs/atlamal.txt
```

마찬가지로 `-c`를 이용하면 **바이트** 수만 요청할 수 있고 `-w`를 이용하면 **단어** 수만 요청할 수 있으며 이 경우에도 해당 열만 표시된다.

```
$ wc -w -c tests/inputs/atlamal.txt
      29     177 tests/inputs/atlamal.txt
```

**문자** 수는 `-m` 플래그를 이용해서 요청할 수 있다.

---

1  이 예에 나와 있는 텍스트를 번역하면 이렇다. '얼마나 오래된 계획이었는지 아는 이가 많으나 / 조언하는 이들과 의논하여 얻은 이익이 거의 없었던 탓에 / 비밀리에 음모를 꾸몄으니, 훗날 이 일이 그들에게 고통이 되었고 / 신뢰를 저버린 규키의 아들들에게도 그러했다.'

```
$ wc -m tests/inputs/atlamal.txt
    159 tests/inputs/atlamal.txt
```

`wc`의 GNU 버전은 플래그 `-m`과 `-c`를 동시에 주면 문자 수와 바이트 수를 모두 표시하지만, BSD 버전은 둘 중 하나만 표시하는데 이때 뒤에 오는 플래그가 우선권을 얻는다.

```
$ wc -cm tests/inputs/atlamal.txt ❶
    159 tests/inputs/atlamal.txt
$ wc -mc tests/inputs/atlamal.txt ❷
    177 tests/inputs/atlamal.txt
```

❶ `-m` 플래그가 뒤에 오므로 문자 수가 표시된다.

❷ `-c` 플래그가 뒤에 오므로 바이트 수가 표시된다.

플래그 순서를 `-wc`로 주든 `-cw`로 주든 상관없이 결과 열은 항상 줄, 단어, 바이트/문자 순으로 출력된다는 걸 유념하자.

```
$ wc -cw tests/inputs/atlamal.txt
     29     177 tests/inputs/atlamal.txt
```

위치 인수를 주지 않으면 `wc`는 `STDIN`을 읽으며 파일 이름은 인쇄하지 않는다.

```
$ cat tests/inputs/atlamal.txt | wc -lc
      4     177
```

`wc`의 GNU 버전은 파일 이름 자리에 대시(-)가 오면 `STDIN`을 의미하는 것으로 이해하며, 긴 플래그 이름을 비롯한 몇 가지 다른 옵션도 제공한다.

```
$ wc --help
Usage: wc [OPTION]... [FILE]...
  or:  wc [OPTION]... --files0-from=F
Print newline, word, and byte counts for each FILE, and a total line if
more than one FILE is specified.  With no FILE, or when FILE is -,
read standard input.  A word is a non-zero-length sequence of characters
delimited by white space.
The options below may be used to select which counts are printed, always in
the following order: newline, word, character, byte, maximum line length.
  -c, --bytes            print the byte counts
```

```
 -m, --chars            print the character counts
 -l, --lines            print the newline counts
    --files0-from=F     read input from the files specified by
                          NUL-terminated names in file F;
                          If F is - then read names from standard input
 -L, --max-line-length  print the length of the longest line
 -w, --words            print the word counts
    --help      display this help and exit
    --version   output version information and exit
```

둘 이상의 파일을 처리할 때는 두 버전 다 모든 입력의 줄, 단어, 바이트 수를 보여주는 **합계** 줄을 인쇄하고 마친다.

```
$ wc tests/inputs/*.txt
      4      29     177 tests/inputs/atlamal.txt
      0       0       0 tests/inputs/empty.txt
      1       9      48 tests/inputs/fox.txt
      5      38     225 total
```

파일이 처리되는 도중에 존재하지 않는 파일이 있으면 STDERR에 경고가 표시된다. 다음 예에서 **blargh**는 존재하지 않는 파일을 나타낸다.

```
$ wc tests/inputs/fox.txt blargh tests/inputs/atlamal.txt
      1       9      48 tests/inputs/fox.txt
wc: blargh: open: No such file or directory
      4      29     177 tests/inputs/atlamal.txt
      5      38     225 total
```

2장에서 봤다시피 bash에서 STDERR 파일 핸들 2를 리디렉션하면 wc가 해당 채널에 경고를 인쇄하는 걸 확인할 수 있다.

```
$ wc tests/inputs/fox.txt blargh tests/inputs/atlamal.txt 2>err ❶
      1       9      48 tests/inputs/fox.txt
      4      29     177 tests/inputs/atlamal.txt
      5      38     225 total
$ cat err ❷
wc: blargh: open: No such file or directory
```

❶ 출력 핸들 2(STDERR)를 **err** 파일로 리디렉션한다.

❷ 파일에 오류 메시지가 있는지 확인한다.

저장소에는 여러분의 프로그램이 이러한 옵션을 전부 구현하고 있는지 확인하기 위한 광범위한 테스트 스위트가 마련되어 있다.

## 5.2 시작하기

이번 도전 과제 프로그램의 이름은 `wc`의 러스트 버전이라는 의미로 **wcr**(**위커**라고 읽는다)라고 하겠다. 먼저 **cargo new wcr**를 실행한 다음 **Cargo.toml**을 수정해서 다음 의존성을 추가한다.

```
[dependencies]
anyhow = "1.0.79"
clap = { version = "4.5.0", features = ["derive"] }

[dev-dependencies]
assert_cmd = "2.0.13"
predicates = "3.0.4"
pretty_assertions = "1.4.0"
rand = "0.8.5"
```

**05_wcr/tests** 디렉터리를 새 프로젝트로 복사한 다음 **cargo test**를 실행해서 초기 빌드를 수행하고 테스트를 실행한다. 테스트는 전부 실패해야 한다. 이어서 **src/main.rs**를 열고 명령줄 매개변수를 표현하는 다음 `Args` 스트럭트를 추가한다.

```
#[derive(Debug)]
struct Args {
    files: Vec<String>,  ❶
    lines: bool,  ❷
    words: bool,  ❸
    bytes: bool,  ❹
    chars: bool,  ❺
}
```

❶ `files` 매개변수는 문자열 벡터다.

❷ `lines` 매개변수는 줄 수를 인쇄할지 여부를 나타내는 불리언이다.

❸ `words` 매개변수는 단어 수를 인쇄할지 여부를 나타내는 불리언이다.

❹ `bytes` 매개변수는 바이트 수를 인쇄할지 여부를 나타내는 불리언이다.

❺ `chars` 매개변수는 문자 수를 인쇄할지 여부를 나타내는 불리언이다.

명령줄 인수의 파싱 방법을 선택하자. `clap`의 파생 패턴을 선호한다면 `use clap::Parser`를 추가하고 필요한 애너테이션을 `Args` 스트럭트에 달아둔다. 빌더 패턴을 선호한다면 다음 개요를 가지고 `get_args` 함수를 생성하기 바란다.

```
fn get_args() -> Args {
    let matches = Command::new("wcr")
        .version("0.1.0")
        .author("Ken Youens-Clark <kyclark@gmail.com>")
        .about("Rust version of `wc`")
        // 여기에는 무엇이 올까?
        .get_matches();

    Args {
        files: ...,
        lines: ...,
        words: ...,
        bytes: ...,
        chars: ...,
    }
}
```

이전 프로그램과 동일한 `main` 구조를 이용해서 인수를 `run` 함수에 넘기기로 하자.

```
fn main() {
    if let Err(e) = run(Args::parse()) {
        eprintln!("{e}");
        std::process::exit(1);
    }
}
```

먼저 `Args` 스트럭트를 인쇄한다. 기본 동작은 `STDIN`에서 읽은 줄, 단어, 바이트를 인쇄하는 것이어야 하는데, 이 말은 사용자가 명시적으로 요청하지 않은 경우 스트럭트에 있는 이들 값이 `true`여야 한다는 뜻이다. 플래그는 기본적으로 `false`로 설정되므로 파싱을 마친 뒤에 값을 변경해야 한다. `Args` 스트럭트를 뮤터블로 넘기는 게 좋겠다. 다음 코드를 위해서 `use anyhow::Result`를 추가하는 걸 잊지 말자.

```
fn run(mut args: Args) -> Result<()> {
    // 필요에 따라 인수를 변경한다.
    println!("{args:#?}");
```

```
    Ok(())
}
```

프로그램이 다음과 비슷한 `--help` 출력을 생성하게 만들어보자.

```
$ cargo run -- --help
Rust version of `wc`

Usage: wcr [OPTIONS] [FILE]...

Arguments:
  [FILE]...  Input file(s) [default: -]

Options:
  -l, --lines    Show line count
  -w, --words    Show word count
  -c, --bytes    Show byte count
  -m, --chars    Show character count
  -h, --help     Print help
  -V, --version  Print version
```

이번 도전 과제 프로그램은 `-m`(문자)과 `-c`(바이트) 플래그를 동시에 줄 수 없는 BSD `wc`를 흉내 낸다.

```
$ cargo run -- -cm tests/inputs/fox.txt
error: the argument '--bytes' cannot be used with '--chars'

Usage: wcr --bytes <FILE>...
```

프로그램을 아무런 인수 없이 실행하면 다음 출력을 인쇄하게 만들어보자.

```
$ cargo run
Args {
    files: [
        "-", ①
    ],
    lines: true, ②
    words: true,
    bytes: true,
    chars: false,
}
```

❶ `files`의 기본값은 STDIN을 뜻하는 대시(-)여야 한다.

❷ `lines`, `words`, `bytes` 플래그의 기본값은 `true`여야 한다.

플래그가 하나라도 있으면 언급되지 **않은** 다른 모든 플래그는 `false`여야 한다.

```
$ cargo run -- -l tests/inputs/*.txt ❶
Args {
    files: [
        "tests/inputs/atlamal.txt",
        "tests/inputs/empty.txt",
        "tests/inputs/fox.txt",
    ],
    lines: true, ❷
    words: false,
    bytes: false,
    chars: false,
}
```

❶ `-l` 플래그는 줄 수만 원한다는 걸 나타내며, `bash`는 파일 글롭 `tests/inputs/*.txt`를 해당 디렉터리에 있는 모든 파일 이름으로 전개한다.

❷ `-l` 플래그가 있으므로 불리언 옵션들 중에서 `lines` 값만 `true`가 된다.

> **NOTE** 여기서 읽기를 멈추고 지금까지 살펴본 내용을 구현해보자. 필자는 개를 목욕시키고 금방 돌아오겠다.

다음은 필자가 빌더 패턴을 이용해 작성한 `get_args`다. 매개변수를 선언하는 법은 새로울 게 없으므로 따로 설명하지 않겠다. 다음 코드를 위해서 `use clap::{Arg, ArgAction, Command}`를 추가하는 걸 잊지 말자.

```
fn get_args() -> Args {
    let matches = Command::new("wcr")
        .version("0.1.0")
        .author("Ken Youens-Clark <kyclark@gmail.com>")
        .about("Rust version of `wc`")
        .arg(
            Arg::new("files")
                .value_name("FILE")
                .help("Input file(s)")
                .default_value("-")
                .num_args(0..),
        )
```

```
                .arg(
                    Arg::new("lines")
                        .short('l')
                        .long("lines")
                        .action(ArgAction::SetTrue)
                        .help("Show line count"),
                )
                .arg(
                    Arg::new("words")
                        .short('w')
                        .long("words")
                        .action(ArgAction::SetTrue)
                        .help("Show word count"),
                )
                .arg(
                    Arg::new("bytes")
                        .short('c')
                        .long("bytes")
                        .action(ArgAction::SetTrue)
                        .help("Show byte count"),
                )
                .arg(
                    Arg::new("chars")
                        .short('m')
                        .long("chars")
                        .action(ArgAction::SetTrue)
                        .help("Show character count")
                        .conflicts_with("bytes"),
                )
                .get_matches();

        Args {
            files: matches.get_many("files").unwrap().cloned().collect(),
            lines: matches.get_flag("lines"),
            words: matches.get_flag("words"),
            bytes: matches.get_flag("bytes"),
            chars: matches.get_flag("chars"),
        }
    }
}
```

파생 패턴을 사용하려면 `use clap::Parser`를 추가하고 `Args`를 다음과 같이 업데이트한다.

```
#[derive(Debug, Parser)]
#[command(author, version, about)]
/// `wc`의 러스트 버전
struct Args {
    /// 입력 파일(들)
```

```
    #[arg(value_name = "FILE", default_value = "-")]
    files: Vec<String>,

    /// 줄 수를 보여준다.
    #[arg(short, long)]
    lines: bool,

    /// 단어 수를 보여준다.
    #[arg(short, long)]
    words: bool,

    /// 바이트 수를 보여준다.
    #[arg(short('c'), long)]
    bytes: bool,

    /// 문자 수를 보여준다.
    #[arg(short('m'), long, conflicts_with("bytes"))]
    chars: bool,
}
```

필요하다면 `run` 함수 안에서 플래그를 변경한다.

```
fn run(mut args: Args) -> Result<()> {
    if [args.words, args.bytes, args.chars, args.lines] ❶
        .iter()
        .all(|v| v == &false)
    {
        args.lines = true;
        args.words = true;
        args.bytes = true;
    }
    println!("{args:#?}");
    Ok(())
}
```

❶ 플래그가 전부 `false`이면 `lines`, `words`, `bytes`를 `true`로 설정한다.

`slice`(https://oreil.ly/NHidS)를 이용해서 플래그를 전부 담은 임시 리스트를 생성하는 부분을 눈여겨보길 바란다. 여기에 대고 `slice::iter` 메서드(https://oreil.ly/hcprj)를 호출해서 이터레이터를 생성한 다음, `Iterator::all` 함수(https://oreil.ly/O8CLl)를 이용해서 값이 전부 `false`인지 알아본다. 이 메서드는 다른 함수에 인수로 전달될 수 있는 익명 함수인 클로저(https://oreil.ly/onL9M)를 받는다. 여기서 클로저는 요소가 `false`인지 알아내는 **술어 구문** 또는 **테스트**다. 이들 값은 레퍼런

스이므로 불리언의 레퍼런스인 &false와 비교한다. 평가가 **전부** `true`이면 `Iterator::all`은 `true`를 반환한다.[2] 가독성이 조금 아쉽지만 이를 약간 더 짧게 작성하면 다음과 같다.

```
if [args.lines, args.words, args.bytes, args.chars].iter().all(|v| !v) { ❶
```

❶ 앞에 느낌표(!)를 붙여서, 즉 `std::ops::Not`(https://oreil.ly/ZvixG)을 이용해서 개별 불리언값 `v`를 부정한다.

---

**클로저를 받는 이터레이터 메서드**

`Iterator`에는 다음과 같이 클로저를 인수로 받아서 요소를 선택하고, 테스트하고, 변형하는 다양한 메서드가 마련되어 있다. 이 외에 또 어떤 것들이 있는지 궁금하다면 시간을 내서 `Iterator` 문서(https://oreil.ly/CEdH5)를 읽어보길 바란다.

- `Iterator::any`(https://oreil.ly/HvVrb)는 아이템을 평가하는 클로저가 한 번이라도 `true`를 반환하면 `true`를 반환한다.
- `Iterator::filter`(https://oreil.ly/LDu9O)는 술어 구문이 `true`인 모든 요소를 찾는다.
- `Iterator::map`(https://oreil.ly/cfevE)은 각 요소에 클로저를 적용하고 변형된 요소를 담은 `std::iter::Map`(https://oreil.ly/PITID)을 반환한다.
- `Iterator::find`(https://oreil.ly/7n1u5)는 술어 구문을 만족하는 이터레이터의 첫 번째 요소를 `Some(value)`로 반환하며, 모든 요소가 `false`로 평가되는 경우에는 `None`을 반환한다.
- `Iterator::position`(https://oreil.ly/TAIOW)은 술어 구문을 만족하는 첫 번째 요소의 색인을 `Some(value)`로 반환하며, 모든 요소가 `false`로 평가되는 경우에는 `None`을 반환한다.
- `Iterator::cmp`(https://oreil.ly/7uabU), `Iterator::min_by`(https://oreil.ly/uEiqO), `Iterator::max_by`(https://oreil.ly/mXDle)는 아이템 쌍을 받아서 비교하거나 최솟값과 최댓값을 찾는 술어 구문을 가지고 있다.

---

### 5.2.1 파일 반복 처리하기

이제 프로그램에서 수를 세는 부분을 작업해보자. 이를 위해서는 파일 인수를 반복해서 열어봐야 하므로 2장에 있는 `open` 함수를 사용하기로 하자.

---

[2] 필자는 막내 아이가 자기 전에 스스로 양치질을 하기 시작했을 때 칫솔질과 치실질을 했는지 물어보곤 했다. 문제는 아이가 거짓말을 곧잘 해서 그 말을 곧이곧대로 믿기 어려웠다는 것이다. 실제로 어느 날 밤에 있었던 일인데, 필자는 '칫솔질도 하고 치실질도 했니?'라고 물었고 아이는 '네'라고 답했다. '칫솔질은 했니?' 네, 아이가 답했다. '치실질은 했니?' 아니요, 아이가 답했다. `true` 문과 `false` 문의 논리곱은 `false` 결과를 내야 하므로 아이는 불리언값을 적절히 결합하지 못한 게 분명하다.

```
fn open(filename: &str) -> Result<Box<dyn BufRead>> {
    match filename {
        "-" => Ok(Box::new(BufReader::new(io::stdin()))),
        _ => Ok(Box::new(BufReader::new(File::open(filename)?))),
    }
}
```

잊지 말고 가져오기 부분에 다음을 포함시킨다.

```
use std::fs::File;
use std::io::{self, BufRead, BufReader};
```

파일을 열도록 run 함수를 확장한다.

```
fn run(mut args: Args) -> Result<()> {
    // 앞과 동일하다.

    for filename in &args.files {
        match open(filename) {
            Err(err) => eprintln!("{filename}: {err}"), ❶
            Ok(_) => println!("Opened {filename}"), ❷
        }
    }

    Ok(())
}
```

❶ 파일이 열리지 않으면 파일 이름과 오류 메시지를 STDERR에 인쇄한다.

❷ 파일이 열리면 메시지를 STDOUT에 인쇄한다.

프로그램을 실행해서 문제없는 파일 입력과 문제 있는 파일 입력을 제대로 처리하는지 확인한다.

```
$ cargo run -- blargh tests/inputs/fox.txt
blargh: No such file or directory (os error 2)
Opened tests/inputs/fox.txt
```

다음은 입력 파일에 있는 요소의 수를 셀 차례다.

**파일 요소의 수를 세는 함수 작성하고 테스트하기**

솔루션이야 어떤 식으로든 작성하면 그만이지만, 여기서는 파일 핸들을 받아서 가능한 대로 `FileInfo`라는 스트럭트를 반환하는 `count`라는 함수를 만들 작정이다. 이 스트럭트는 줄, 단어, 바이트, 문자의 수를 각각 `usize`로 표현해 담는다. 다음 정의를 `Args` 스트럭트 바로 뒤에 두자. `Debug`와 더불어 `PartialEq` 트레이트(https://oreil.ly/kOBOD)를 파생시키는 이유는 잠시 뒤에 설명한다.

```
#[derive(Debug, PartialEq)]
struct FileInfo {
    num_lines: usize,
    num_words: usize,
    num_bytes: usize,
    num_chars: usize,
}
```

`count` 함수는 샛길로 빠질 가능성이 있는 I/O를 포함하기 때문에 성공할 수도 있고 실패할 수도 있으므로 `Result<FileInfo>`를 반환한다. 즉, 성공하면 `FileInfo`를 `Ok` 배리언트에 담아 반환하고 그렇지 않으면 오류를 반환한다는 뜻이다. 먼저 모든 요소의 수를 세기 위한 변경 가능한 변수 몇 가지를 초기화하고 `FileInfo` 스트럭트를 반환하는 것으로 시작하자.

```
fn count(mut file: impl BufRead) -> Result<FileInfo> { ❶
    let mut num_lines = 0; ❷
    let mut num_words = 0;
    let mut num_bytes = 0;
    let mut num_chars = 0;

    Ok(FileInfo {
        num_lines, ❸
        num_words,
        num_bytes,
        num_chars,
    })
}
```

❶ `count` 함수는 변경 가능한 `file` 값을 받아서 `FileInfo` 스트럭트를 반환한다.

❷ 줄, 단어, 바이트, 문자의 수를 세기 위한 변경 가능한 변수들을 초기화한다.

❸ 일단은 전부 0으로 된 `FileInfo`를 반환한다. 변수의 이름이 스트럭트 필드의 이름과 일치하기 때문에 이런 식의 축약 표기 문법을 사용할 수 있다.

앞 코드에 등장한 `impl` 키워드(https://oreil.ly/BYApT)는 `file` 값이 반드시 `BufRead` 트레이트를 **구현**해야 한다는 걸 나타낸다. `open`은 이 기준을 충족하는 값을 반환한다는 걸 기억하자. 이게 함수를 얼마나 유연하게 만드는지 곧 보게 될 것이다.

이어서 `count` 함수를 위한 단위 테스트를 작성해서 `tests`라는 모듈 안에 두는 법을 살펴보자. 이렇게 하면 단위 테스트를 깔끔하게 모아둘 수 있고, `#[cfg(test)]` 구성 옵션을 이용해서 러스트가 테스트 중에만 모듈을 컴파일하도록 지시할 수 있다. 이런 점은 테스트할 때 `std::io::Cursor`(https://oreil.ly/jQVVm)를 이용해서 `count` 함수의 파일 핸들을 위조할 생각이기 때문에 특히나 유용하다. 문서에 따르면 `Cursor`는 "AsRef<[u8]>을 구현하는 임의의 인메모리 버퍼를 이용해서 `Read`와 `Write`를 따로 또 같이 구현할 수 있게 해주므로, 이들 버퍼를 실제 I/O를 수행하는 리더나 라이터가 쓰이는 모든 곳에서 사용할 수 있다." 이 의존성을 `tests` 모듈 안에 두면 프로그램을 테스트할 때만 포함된다. 다음 코드를 **src/main.rs**에 추가해서 `count` 함수를 가져와 테스트하는 `tests` 모듈을 생성한다.

```
#[cfg(test)] ❶
mod tests { ❷
    use super::{count, FileInfo}; ❸
    use std::io::Cursor; ❹

    #[test]
    fn test_count() {
        let text = "I don't want the world.\nI just want your half.\r\n";
        let info = count(Cursor::new(text)); ❺
        assert!(info.is_ok()); ❻
        let expected = FileInfo {
            num_lines: 2,
            num_words: 10,
            num_chars: 48,
            num_bytes: 48,
        };
        assert_eq!(info.unwrap(), expected); ❼
    }
}
```

❶ cfg(https://oreil.ly/Fl3pU)는 조건부 컴파일 기능을 켠다. 따라서 이 모듈은 테스트를 할 때만 컴파일된다.

❷ `tests`라는 새 모듈(`mod`)을 정의한다.

❸ 부모 모듈인 `super`에서 `count` 함수와 `FileInfo` 스트럭트를 가져온다. `super`는 **바로 위**라는 뜻으로 `tests`를 담고 있는 상위 모듈을 가리킨다.

**❹** `std::io::Cursor`를 가져온다.

**❺** `Cursor`를 가지고 `count`를 실행한다.

**❻** 결과가 `Ok`인지 확인한다.

**❼** 결과를 기대치와 비교한다. 이 둘을 비교하기 위해서는 `FileInfo`가 `PartialEq` 트레이트를 구현해야 하며, 앞서 `derive(PartialEq)`를 추가했던 건 바로 이 때문이다.

`cargo test test_count`를 이용해서 이 테스트를 실행한다. 러스트 컴파일러는 사용하지 않는 변수나 뮤터블일 필요가 없는 변수에 관한 경고를 쏟아낼 것이다. 가장 중요한 결과는 테스트가 실패한다는 것이다.

```
running 1 test
test tests::test_count ... FAILED

failures:

---- tests::test_count stdout ----
thread 'tests::test_count' panicked at src/main.rs:103:9:
assertion `left == right` failed
  left: FileInfo { num_lines: 0, num_words: 0, num_bytes: 0, num_chars: 0 }
 right: FileInfo { num_lines: 1, num_words: 10, num_bytes: 48, num_chars: 48 }
note: run with `RUST_BACKTRACE=1` environment variable to display a backtrace
```

이는 함수의 예상 동작을 정의하는 테스트를 작성한 다음 단위 테스트를 통과하는 함수를 작성하는 테스트 주도 개발의 예다. 다음에 할 작업은 이 테스트를 통과하게 만드는 것이다. 그런 다음 `run` 함수에서 `count` 함수를 호출하고 `FileInfo`를 사용해서 기대 결과를 인쇄한다. 빈 파일을 가지고 가능한 한 간단하게 시작해서 프로그램이 줄, 단어, 바이트 이렇게 세 열에 대해 0을 인쇄하는지 확인한다.

```
$ cargo run -- tests/inputs/empty.txt
      0       0       0 tests/inputs/empty.txt
```

다음으로 **tests/inputs/fox.txt**를 이용해서 다음과 같은 수가 나오는지 확인한다. 여기에는 특별히 텍스트를 단어로 분할하는 방법을 두고 도전 의식을 북돋아줄 다양한 종류와 수의 공백이 포함되어 있다.

```
$ cargo run -- tests/inputs/fox.txt
       1       9      48 tests/inputs/fox.txt
```

프로그램이 **tests/inputs/atlamal.txt**에 들어 있는 유니코드를 정확히 처리할 수 있는지 확인한다.

```
$ cargo run -- tests/inputs/atlamal.txt
       4      29     177 tests/inputs/atlamal.txt
```

또 문자의 수를 정확히 세는지 확인한다.

```
$ cargo run -- tests/inputs/atlamal.txt -wml
       4      29     159 tests/inputs/atlamal.txt
```

다음으로 여러 입력 파일을 이용해서 프로그램이 정확한 **합계** 열을 인쇄하는지 확인한다.

```
$ cargo run -- tests/inputs/*.txt
       4      29     177 tests/inputs/atlamal.txt
       0       0       0 tests/inputs/empty.txt
       1       9      48 tests/inputs/fox.txt
       5      38     225 total
```

전부 제대로 작동하면 STDIN을 읽어본다.

```
$ cat tests/inputs/atlamal.txt | cargo run
       4      29     177
```

여기서 읽기를 멈추고 프로그램을 완성하자. cargo test를 자주 실행해서 진행 상황을 확인하자.

## 5.3 설루션

이제 필자가 wcr 프로그램을 작성하기까지 거쳐온 과정을 살펴보자. 이 문제는 다양한 방법으로 해결할 수 있다는 점을 명심하자. 여러분의 코드가 테스트를 통과하고 BSD 버전의 wc와 동일한 결과를 산출하는 한 잘 작동하는 것이니 해냈다는 자부심을 가져도 좋다.

## 5.3.1 파일이나 STDIN의 요소 수 세기

`count` 함수가 미완성인 채로 남아 있으므로 여기서부터 시작하겠다. 3장에서 이야기했다시피 `BufRead::lines`(https://oreil.ly/KhmCp)는 줄 끝을 제거하는데, 윈도우에서 파일의 새 줄은 2바이트(`\r\n`)인 반면 유닉스의 새 줄은 1바이트(`\n`)이므로 여기서는 사용하지 않으려 한다. 4장에서 `BufRead::read_line`(https://oreil.ly/aJFkc)을 사용하는 코드를 일부 복사해다가 각 줄을 버퍼로 읽어오면 된다.

편리하게도 이 함수는 파일에서 읽은 바이트 수를 알려준다.

```
fn count(mut file: impl BufRead) -> Result<FileInfo> {
    let mut num_lines = 0;
    let mut num_words = 0;
    let mut num_bytes = 0;
    let mut num_chars = 0;
    let mut line = String::new(); ❶

    loop { ❷
        let line_bytes = file.read_line(&mut line)?; ❸
        if line_bytes == 0 { ❹
            break;
        }
        num_bytes += line_bytes; ❺
        num_lines += 1; ❻
        num_words += line.split_whitespace().count(); ❼
        num_chars += line.chars().count(); ❽
        line.clear(); ❾
    }

    Ok(FileInfo {
        num_lines,
        num_words,
        num_bytes,
        num_chars,
    })
}
```

❶ 텍스트 한 줄을 담아둘 변경 가능한 버퍼 `line`을 생성한다.

❷ 파일 핸들을 읽기 위한 무한 루프 `loop`를 생성한다.

❸ 파일 핸들에서 한 줄을 읽어본다.

❹ 0바이트가 읽히면 파일의 끝(EOF)에 닿은 것이므로 `break`를 이용해서 루프를 벗어난다.

❺ 이 줄의 바이트 수를 `num_bytes` 변수에 더한다.

❻ 루프는 매번 돌면서 한 줄씩 처리하므로 `num_lines`를 하나 증가시킨다.

❼ `str::split_whitespace` 메서드(https://oreil.ly/sCxGE)를 이용해서 공백을 기준으로 문자열을 쪼개고 `Iterator::count`(https://oreil.ly/Y7yPl)를 이용해서 단어의 수를 센다.

❽ `str::chars` 메서드(https://oreil.ly/u9LXa)를 이용해서 문자열을 유니코드 문자로 쪼개고 `Iterator::count`를 이용해서 문자의 수를 센다.

❾ 텍스트의 다음 줄을 위해서 `line` 버퍼를 비운다.

이렇게 바꾸고 나면 `test_count` 테스트를 통과한다. 이를 코드에 통합하려면 먼저 `run`을 고쳐서 `FileInfo` 스트럭트를 인쇄하거나 파일을 열 수 없을 때 `STDERR`에 경고를 인쇄하게 만든다.

```
fn run(mut args: Args) -> Result<()> {
    // 앞과 동일하다.

    for filename in &args.files {
        match open(filename) {
            Err(err) => eprintln!("{filename}: {err}"),
            Ok(file) => {
                let info = count(file)?; ❶
                println!("{:?}", info); ❷
            }
        }
    }

    Ok(())
}
```

❶ 파일에서 카운트를 가져와본다.

❷ 카운트를 인쇄한다.

테스트 입력 가운데 하나를 가지고 실행해보면 유효한 파일에 대해서 잘 작동하는 것 같다.

```
$ cargo run -- tests/inputs/fox.txt
FileInfo { num_lines: 1, num_words: 9, num_bytes: 48, num_chars: 48 }
```

`STDIN`을 읽는 것도 처리한다.

```
$ cat tests/inputs/fox.txt | cargo run
FileInfo { num_lines: 1, num_words: 9, num_bytes: 48, num_chars: 48 }
```

다음으로 출력을 사양에 맞게 형식화해야 한다.

## 5.3.2 출력 형식화하기

기대 출력을 생성하려면 먼저 `run`을 고쳐서 항상 줄, 단어, 바이트 뒤에 파일 이름을 인쇄하게 만든다.

```
fn run(mut args: Args) -> Result<()> {
    // 앞과 동일하다.

    for filename in &args.files {
        match open(filename) {
            Err(err) => eprintln!("{filename}: {err}"),
            Ok(file) => {
                let info = count(file)?;
                println!(
                    "{:>8}{:>8}{:>8} {filename}", ❶
                    info.num_lines, info.num_words, info.num_bytes
                );
            }
        }
    }

    Ok(())
}
```

❶ 줄, 단어, 바이트 수를 여덟 자 너비의 필드 안에 오른쪽 정렬로 형식화한다.

입력 파일 하나를 가지고 실행해보면 벌써 꽤 근사하게 인쇄되는 걸 볼 수 있다.

```
$ cargo run -- tests/inputs/fox.txt
       1       9      48 tests/inputs/fox.txt
```

`cargo test fox`를 실행해서 이름에 **fox**라는 단어가 붙은 테스트를 전부 실행하면 8개의 테스트 중에서 1개를 통과한다. 만세!

```
running 8 tests
test fox ... ok
test fox_bytes ... FAILED
test fox_chars ... FAILED
test fox_bytes_lines ... FAILED
```

```
test fox_words_bytes ... FAILED
test fox_words ... FAILED
test fox_words_lines ... FAILED
test fox_lines ... FAILED
```

**tests/cli.rs**를 열어서 통과한 테스트가 어떤 모습을 하고 있는지 살펴보자. 테스트는 모듈 상단에 선언된 상숫값을 참조한다는 걸 기억하자.

```
const PRG: &str = "wcr";
const EMPTY: &str = "tests/inputs/empty.txt";
const FOX: &str = "tests/inputs/fox.txt";
const ATLAMAL: &str = "tests/inputs/atlamal.txt";
```

이번에도 테스트를 실행하기 위한 도우미 함수 run을 마련해뒀다.

```
fn run(args: &[&str], expected_file: &str) -> Result<()> {
    let expected = fs::read_to_string(expected_file)?; ❶
    let output = Command::cargo_bin(PRG)?.args(args).output().expect("fail");
    assert!(output.status.success()); ❷

    let stdout = String::from_utf8(output.stdout).expect("invalid UTF-8");
    assert_eq!(stdout, expected); ❸
    Ok(())
}
```

❶ 이 명령을 위한 기대 출력을 expected로 읽어온다.

❷ 주어진 인수를 가지고 wcr 프로그램을 실행해서 프로그램이 성공하는지 확인한다.

❸ 프로그램의 출력이 기대치와 일치하는지 확인한다.

fox 테스트는 FOX 입력 파일을 가지고 wcr을 옵션 없이 실행해서 이를 **05_wcr/mk-outs.sh**로 생성한 기대 출력 파일의 내용과 비교한다.

```
#[test]
fn fox() -> Result<()> {
    run(&[FOX], "tests/expected/fox.txt.out")
}
```

실패하는 테스트를 보려면 같은 파일의 다음 함수를 살펴본다.

```
#[test]
fn fox_bytes() -> Result<()> {
    run(&["--bytes", FOX], "tests/expected/fox.txt.c.out") ❶
}
```

❶ 같은 입력 파일과 `--bytes` 옵션을 가지고 `wcr` 프로그램을 실행한다.

프로그램이 `--bytes`를 가지고 실행될 때는 결과에서 해당 열만 인쇄해야 하는데, 현재는 항상 줄,
단어, 바이트를 인쇄한다. 프로그램의 출력을 바로잡기 위해서 불리언값에 따라 형식화된 문자열
이나 빈 문자열을 조건부로 반환하는 `format_field`라는 함수를 작성하겠다.

```
fn format_field(value: usize, show: bool) -> String { ❶
    if show { ❷
        format!("{value:>8}") ❸
    } else {
        "".to_string() ❹
    }
}
```

❶ 이 함수는 `usize` 값과 불리언을 받아서 `String`을 반환한다.
❷ `show` 값이 `true`인지 확인한다.
❸ 숫자를 여덟 자 너비의 문자열로 형식화해서 새 문자열을 반환한다.
❹ 그렇지 않으면 빈 문자열을 반환한다.

 이 함수가 `str`이 아니라 `String`을 반환하는 이유는 무엇일까? 둘 다 **문자열**이지만 `str`은 변경 불가능한
고정 길이 문자열이다. 이 함수에서 반환되는 값은 실행 시점에 동적으로 생성되므로 반드시 크기를 늘릴
수 있으면서 힙에 할당되는 스트럭트인 `String`을 사용해야 한다.

`tests` 모듈을 확장해서 이를 위한 단위 테스트를 추가한다.

```
#[cfg(test)]
mod tests {
    use super::{count, format_field, FileInfo}; ❶
    use std::io::Cursor;

    #[test]
    fn test_count() {}  // 앞과 동일하다.

    #[test]
```

```
    fn test_format_field() {
        assert_eq!(format_field(1, false), "");  ❷
        assert_eq!(format_field(3, true), "        3");  ❸
        assert_eq!(format_field(10, true), "       10");  ❹
    }
}
```

❶ 가져오기 부분에 `format_field`를 추가한다.

❷ 이 함수는 `show`가 `false`일 때 빈 문자열을 반환해야 한다.

❸ 한 자리로 된 수의 형식화 결과를 확인한다.

❹ 두 자리로 된 수의 형식화 결과를 확인한다.

**`cargo test format`**을 실행해서 함수가 테스트를 통과하는지 확인한다. `format_field` 함수를 사용하는 맥락과 `STDIN`을 읽을 때 빈 문자열을 인쇄하는 위치는 다음과 같다.

```
fn run(mut args: Args) -> Result<()> {
    // 앞과 동일하다.

    for filename in &args.files {
        match open(filename) {
            Err(err) => eprintln!("{filename}: {err}"),
            Ok(file) => {
                let info = count(file)?;
                println!(
                    "{}{}{}{}{}",  ❶
                    format_field(info.num_lines, args.lines),
                    format_field(info.num_words, args.words),
                    format_field(info.num_bytes, args.bytes),
                    format_field(info.num_chars, args.chars),
                    if filename == "-" {  ❷
                        "".to_string()
                    } else {
                        format!(" {filename}")
                    }
                );
            }
        }
    }

    Ok(())
}
```

❶ `format_field` 함수를 이용해서 각 열의 결과를 형식화한다.

❷ 파일 이름이 대시일 때는 빈 문자열을 인쇄하고, 그렇지 않으면 공백 하나와 파일 이름을 인쇄한다.

이렇게 바꾸고 나면 **cargo test fox**에 해당하는 테스트를 전부 통과한다. 그러나 전체 테스트 스위트를 실행하면 프로그램이 여전히 이름에 **all**이라는 단어가 들어간 테스트에서 실패하는 걸 볼 수 있다.

```
failures:
    test_all
    test_all_bytes
    test_all_bytes_lines
    test_all_lines
    test_all_words
    test_all_words_bytes
    test_all_words_lines
```

**tests/cli.rs**에 있는 `test_all` 함수를 살펴보면 테스트가 입력 파일 전부를 인수로 사용하고 있는 걸 확인할 수 있다.

```
#[test]
fn test_all() -> Result<()> {
    run(&[EMPTY, FOX, ATLAMAL], "tests/expected/all.out")
}
```

입력 파일 전부를 가지고 현재 프로그램을 실행하면 **합계** 줄이 누락되어 있는 걸 알 수 있다.

```
$ cargo run -- tests/inputs/*.txt
       4       29      177 tests/inputs/atlamal.txt
       0        0        0 tests/inputs/empty.txt
       1        9       48 tests/inputs/fox.txt
```

다음은 누계를 유지하고 있다가 입력이 둘 이상일 때 이들 값을 인쇄하는 최종적인 `run` 함수다.

```
fn run(mut args: Args) -> Result<()> {
    if [args.words, args.bytes, args.chars, args.lines]
        .iter()
        .all(|v| v == &false)
```

```
    {
        args.lines = true;
        args.words = true;
        args.bytes = true;
    }

    let mut total_lines = 0; ❶
    let mut total_words = 0;
    let mut total_bytes = 0;
    let mut total_chars = 0;

    for filename in &args.files {
        match open(filename) {
            Err(err) => eprintln!("{filename}: {err}"),
            Ok(file) => {
                let info = count(file)?;
                println!(
                    "{}{}{}{}",
                    format_field(info.num_lines, args.lines),
                    format_field(info.num_words, args.words),
                    format_field(info.num_bytes, args.bytes),
                    format_field(info.num_chars, args.chars),
                    if filename.as_str() == "-" {
                        "".to_string()
                    } else {
                        format!(" {}", filename)
                    }
                );

                total_lines += info.num_lines; ❷
                total_words += info.num_words;
                total_bytes += info.num_bytes;
                total_chars += info.num_chars;
            }
        }
    }

    if args.files.len() > 1 { ❸
        println!(
            "{}{}{}{} total",
            format_field(total_lines, args.lines),
            format_field(total_words, args.words),
            format_field(total_bytes, args.bytes),
            format_field(total_chars, args.chars)
        );
    }

    Ok(())
}
```

❶ 줄, 단어, 바이트, 문자의 합계를 추적하기 위한 변경 가능한 변수를 생성한다.

❷ 이 파일의 값을 이용해서 합계를 업데이트한다.

❸ 입력이 둘 이상이면 합계를 인쇄한다.

잘 작동하는 것 같다.

```
$ cargo run -- tests/inputs/*.txt
       4        29        177 tests/inputs/atlamal.txt
       0         0          0 tests/inputs/empty.txt
       1         9         48 tests/inputs/fox.txt
       5        38        225 total
```

바이트 대신 문자의 수를 셀 수도 있다.

```
$ cargo run -- -m tests/inputs/atlamal.txt
     159 tests/inputs/atlamal.txt
```

또 원하는 열을 표시하거나 숨길 수도 있다.

```
$ cargo run -- -wc tests/inputs/atlamal.txt
      29        177 tests/inputs/atlamal.txt
```

가장 중요한 건 `cargo test`가 테스트를 전부 통과한다는 점이다.

## 5.4 한 걸음 더 나아가기

BSD 버전 대신 GNU `wc`의 출력을 흉내 내는 버전을 작성해보자. 시스템에 이미 GNU 버전이 있다면 **mk-outs.sh** 프로그램을 실행해서 주어진 입력 파일에 대한 기대 출력을 생성한다. 그리고 테스트에 따라 정확한 출력을 생성하도록 프로그램을 수정한다. 그런 다음 프로그램을 확장해서 파일에서 입력 파일 이름을 읽는 `--files0-from`과 가장 긴 줄의 길이를 인쇄하는 `--max-line-length` 같은 옵션을 처리하게 만들어본다. 그리고 새 기능을 위한 테스트를 추가한다.

다음으로 이번 장의 시작 부분에 나와 있는 BSD 매뉴얼 페이지에 언급된 `iswspace` 기능의 미스터리를 곰곰이 생각해보자. 2장에서 다룬 잇사의 하이쿠가 담긴 **spiders.txt** 파일을 가지고 프로그램을 실행하는데, 이때 파일의 내용이 일본어 문자로 되어 있다면 어떻게 될까?[3]

```
隅の蜘案じな煤はとらぬぞよ
```

어떤 결과가 나오는지 보자. 앞 내용을 **spiders.txt**라는 파일에 넣으면 BSD `wc`는 세 단어가 있다고 생각한다.

```
$ wc spiders.txt
      1       3      40 spiders.txt
```

GNU 버전은 단어가 하나뿐이라고 이야기한다.

```
$ wc spiders.txt
 1  1 40 spiders.txt
```

이 벌레(아님 거미?) 통을 열고 싶진 않았지만, 이 프로그램의 새 버전을 만들어 대중에 공개하고자 한다면 어떻게 해야 BSD와 GNU 버전을 복제할 수 있을까?

## 요약

이번 장은 확실히 재미있었다. 200줄도 안 되는 러스트 코드로 필자가 좋아하는 유닉스 프로그램 중 하나의 꽤 쓸만한 대체품을 작성했으니 말이다. 여러분의 버전을 1,000여 줄의 C 코드로 된 GNU 소스 코드(https://oreil.ly/LzyOu)와 비교해보고 코드베이스 중에서 확장하고 유지하고 싶은 부분을 생각해보는 것도 재미있을 것이다. 그럼 이번 장에서 해낸 것들을 다시 한번 짚어보자.

- `Iterator::all` 함수는 주어진 술어 구문에 대해서 요소가 전부 `true`로 평가되면 `true`를 반환한다는 걸 배웠다. 이때 이 술어 구문은 한 개의 요소를 받는 클로저다. 이와 비슷한 많은 `Iterator` 메서드가 요소를 테스트하고, 선택하고, 변형하기 위해서 클로저를 인수로 받는다.
- `str::split_whitespace`와 `str::chars` 메서드를 이용해서 텍스트를 단어와 문자로 쪼갰다.
- `Iterator::count` 메서드를 이용해서 아이템의 수를 셌다.

---

**3** 직역하면 '모서리 거미야, 안심하렴, 내 빗자루는 놓고 있단다' 정도가 되겠다.

- 플래그 인수에 따라 정보를 인쇄하거나 생략하는 기능을 지원하기 위해서 조건부로 값이나 빈 문자열을 형식화하는 함수를 작성했다.
- 단위 테스트를 `tests` 모듈로 구성하고 부모 모듈인 `super`에서 함수를 가져왔다.
- `#[cfg(test)]` 구성 옵션을 이용해서 러스트가 테스트할 때만 `tests` 모듈을 컴파일하도록 지시했다.
- `std::io::Cursor`를 이용해서 `BufRead`를 구현하는 무언가를 받는 함수를 테스트하기 위한 위조된 파일 핸들을 생성하는 법을 살펴봤다.

지금까지 러스트로 파일을 읽는 법에 대해서 꽤 많이 배웠다. 다음 장에서는 파일을 쓰는 법을 배운다.

# 6

# 유일무이의 소굴: uniq

단 하나뿐인 모든 것

—<One Everything>(데이 마이트 비 자이언츠, 2008)

이번 장에서는 파일이나 `STDIN`에서 고유한 텍스트로 된 줄을 찾는 `uniq`(유니크라고 읽는다) 프로그램의 러스트 버전을 작성한다. 이 프로그램의 용도는 다양하지만 그중에서도 고유한 문자열이 각각 몇 번이나 발견되는지 세는 데 주로 사용된다.

이 과정에서 배울 내용은 다음과 같다.

- 파일이나 `STDOUT`에 쓰는 법
- 클로저를 이용해서 변수를 캡처하는 법
- 반복 금지don't repeat yourself, DRY 개념을 적용하는 법
- `Write` 트레이트 그리고 `write!`와 `writeln!` 매크로를 사용하는 법
- 임시 파일을 사용하는 법
- 변수의 수명을 표시하는 법

---

\* 이번 장 제목의 원문은 "Den of Uniquity"로 관용구 'den of iniquity(악의 소굴)'를 패러디한 것으로 보인다. 이번 장에서 다룰 `uniq` 프로그램을 소개하는 언어유희다.

# 6.1 uniq의 작동 방식

늘 그랬듯이 먼저 `uniq`의 작동 방식을 살펴보고 이를 통해서 이번 프로그램에서 예상되는 내용을 이해해보자. 다음은 BSD 버전의 `uniq`를 위한 매뉴얼 페이지의 일부다. 이번 장의 도전 과제 프로그램은 파일 또는 `STDIN` 읽기, 파일 또는 `STDOUT` 쓰기, `-c` 플래그가 오면 줄 수 세기만 구현하지만, 여러분이 프로그램의 전체 범위를 파악할 수 있도록 더 많은 매뉴얼 내용을 옮긴다.

```
UNIQ(1)                   BSD General Commands Manual                   UNIQ(1)

NAME
     uniq -- report or filter out repeated lines in a file

SYNOPSIS
     uniq [-c | -d | -u] [-i] [-f num] [-s chars] [input_file [output_file]]

DESCRIPTION
     The uniq utility reads the specified input_file comparing adjacent lines,
     and writes a copy of each unique input line to the output_file.  If
     input_file is a single dash ('-') or absent, the standard input is read.
     If output_file is absent, standard output is used for output.  The second
     and succeeding copies of identical adjacent input lines are not written.
     Repeated lines in the input will not be detected if they are not adja-
     cent, so it may be necessary to sort the files first.

     The following options are available:

     -c      Precede each output line with the count of the number of times
             the line occurred in the input, followed by a single space.

     -d      Only output lines that are repeated in the input.

     -f num  Ignore the first num fields in each input line when doing compar-
             isons.  A field is a string of non-blank characters separated
             from adjacent fields by blanks.  Field numbers are one based,
             i.e., the first field is field one.

     -s chars
             Ignore the first chars characters in each input line when doing
             comparisons.  If specified in conjunction with the -f option, the
             first chars characters after the first num fields will be
             ignored.  Character numbers are one based, i.e., the first char-
             acter is character one.

     -u      Only output lines that are not repeated in the input.

     -i      Case insensitive comparison of lines.
```

이 책의 깃 저장소에 있는 **06_uniqr/tests/inputs** 디렉터리 안을 보면 다음과 같은 테스트용 입력 파일이 들어 있다.

- **empty.txt**: 빈 파일
- **one.txt**: 한 줄짜리 텍스트를 가진 파일
- **two.txt**: 두 줄짜리 똑같은 텍스트를 가진 파일
- **three.txt**: 네 가지 고유한 값으로 된 열세 줄짜리 텍스트를 가진 파일
- **skip.txt**: 빈 줄과 더불어 두 가지 고유한 값으로 된 네 줄짜리 텍스트를 가진 파일

나머지 파일 **t[1-6].txt**는 GNU 버전을 테스트하는 데 쓰이는 펄 프로그램(https://oreil.ly/I9QA5)에서 가져온 예다. **mk-outs.sh** 파일로 생성했다.

```
$ cat mk-outs.sh
#!/usr/bin/env bash

ROOT="tests/inputs"
OUT_DIR="tests/expected"

[[ ! -d "$OUT_DIR" ]] && mkdir -p "$OUT_DIR"

# Cf https://github.com/coreutils/coreutils/blob/master/tests/misc/uniq.pl
echo -ne "a\na\n"     > $ROOT/t1.txt ❶
echo -ne "a\na"       > $ROOT/t2.txt ❷
echo -ne "a\nb"       > $ROOT/t3.txt ❸
echo -ne "a\na\nb"    > $ROOT/t4.txt ❹
echo -ne "b\na\na\n"  > $ROOT/t5.txt ❺
echo -ne "a\nb\nc\n"  > $ROOT/t6.txt ❻

for FILE in $ROOT/*.txt; do
    BASENAME=$(basename "$FILE")
    uniq       $FILE > ${OUT_DIR}/${BASENAME}.out
    uniq -c    $FILE > ${OUT_DIR}/${BASENAME}.c.out
    uniq    < $FILE > ${OUT_DIR}/${BASENAME}.stdin.out
    uniq -c < $FILE > ${OUT_DIR}/${BASENAME}.stdin.c.out
done
```

❶ 두 줄이 전부 새 줄로 끝나는 경우

❷ 마지막 줄이 새 줄로 끝나지 않는 경우

❸ 다른 두 줄이 있고, 마지막 줄이 새 줄로 끝나지 않는 경우

❹ 같은 두 줄과 다른 한 줄이 있고, 마지막 줄이 새 줄로 끝나지 않는 경우

❺ 두 가지 다른 값이 전부 새 줄로 끝나는 경우

❻ 세 가지 다른 값이 전부 새 줄로 끝나는 경우

`uniq`는 빈 파일이 주어지면 아무것도 인쇄하지 않는다는 점을 유념하자.

```
$ uniq tests/inputs/empty.txt
```

한 줄만 있는 파일이 주어지면 그 한 줄이 인쇄된다.

```
$ uniq tests/inputs/one.txt
a
```

또 `-c` 옵션을 가지고 실행하면 줄 앞에 그 줄의 등장 횟수가 인쇄된다. 이 횟수는 네 자 너비의 필드 안에 오른쪽 정렬로 들어가고 그 뒤에 공백 하나와 텍스트 줄이 이어진다.

```
$ uniq -c tests/inputs/one.txt
   1 a
```

**tests/inputs/two.txt** 파일에는 똑같은 줄이 두 번 들어 있다.

```
$ cat tests/inputs/two.txt
a
a
```

이 입력이 주어지면 `uniq`는 한 줄을 인쇄한다.

```
$ uniq tests/inputs/two.txt
a
```

`-c` 옵션을 사용하면 `uniq`는 고유한 줄 수를 같이 인쇄한다.

```
$ uniq -c tests/inputs/two.txt
   2 a
```

긴 입력 파일을 가지고 실행해보면 `uniq`가 고유한 줄을 따질 때 전체적인 맥락을 보는 게 아니라 순서대로만 판단한다는 걸 알 수 있다. 예를 들어 다음 입력 파일에는 값 **a**가 네 번 등장한다.

```
$ cat tests/inputs/three.txt
a
a
b
b
a
c
c
c
a
d
d
d
d
```

수를 셀 때 uniq는 새 문자열을 만날 때마다 1에서부터 다시 시작한다. **a**는 입력 파일의 서로 다른 세 위치에서 등장하므로 출력에도 세 번 나타난다.

```
$ uniq -c tests/inputs/three.txt
   2 a
   2 b
   1 a
   3 c
   1 a
   4 d
```

실제로 고유한 값을 원할 때는 먼저 입력을 정렬해야 하는데 이럴 때는 말 그대로 sort 명령을 사용하면 된다. 다음 출력을 보면 드디어 **a**가 입력 파일에서 총 네 번 등장한다는 걸 알 수 있다.

```
$ sort tests/inputs/three.txt | uniq -c
   4 a
   2 b
   3 c
   4 d
```

**tests/inputs/skip.txt**에는 빈 줄이 들어 있다.

```
$ cat tests/inputs/skip.txt
a
```

```
a
b
```

빈 줄은 다른 값처럼 작동하므로 카운터를 재설정한다.

```
$ uniq -c tests/inputs/skip.txt
   1 a
   1
   1 a
   1 b
```

사용법의 시놉시스를 면밀히 들여다보면 결과를 파일에 기록하는 방법에 아주 미묘한 부분이 있음을 알 수 있다. 다음에서 input_file과 output_file이 **한 쌍으로 된** 옵션임을 나타내기 위해서 대괄호로 겹겹이 묶여 있는 걸 눈여겨보자. 이 말은 input_file을 제공하는 경우에 한해서 선택적으로 output_file을 제공할 수 있다는 뜻이다.

```
uniq [-c | -d | -u] [-i] [-f num] [-s chars] [input_file [output_file]]
```

예를 들어 **tests/inputs/two.txt**의 수를 세서 결과를 **out**에 둘 수 있다.

```
$ uniq -c tests/inputs/two.txt out
$ cat out
   2 a
```

위치 인수가 없으면 uniq는 기본값인 STDIN을 읽는다.

```
$ cat tests/inputs/two.txt | uniq -c
   2 a
```

STDIN을 읽고 싶은데 **그 와중에** 출력 파일을 지정하고 싶다면 대시(-)를 입력 파일 이름으로 사용해야 한다.

```
$ cat tests/inputs/two.txt | uniq -c - out
$ cat out
   2 a
```

GNU 버전은 기본적으로 동일하게 작동하면서 더 많은 옵션을 제공한다.

```
$ uniq --help
Usage: uniq [OPTION]... [INPUT [OUTPUT]]
Filter adjacent matching lines from INPUT (or standard input),
writing to OUTPUT (or standard output).

With no options, matching lines are merged to the first occurrence.

Mandatory arguments to long options are mandatory for short options too.
  -c, --count           prefix lines by the number of occurrences
  -d, --repeated        only print duplicate lines, one for each group
  -D, --all-repeated[=METHOD]  print all duplicate lines
                          groups can be delimited with an empty line
                          METHOD={none(default),prepend,separate}
  -f, --skip-fields=N   avoid comparing the first N fields
      --group[=METHOD]  show all items, separating groups with an empty line
                          METHOD={separate(default),prepend,append,both}
  -i, --ignore-case     ignore differences in case when comparing
  -s, --skip-chars=N    avoid comparing the first N characters
  -u, --unique          only print unique lines
  -z, --zero-terminated  end lines with 0 byte, not newline
  -w, --check-chars=N   compare no more than N characters in lines
      --help     display this help and exit
      --version  output version information and exit

A field is a run of blanks (usually spaces and/or TABs), then nonblank
characters.  Fields are skipped before chars.

Note: 'uniq' does not detect repeated lines unless they are adjacent.
You may want to sort the input first, or use 'sort -u' without 'uniq'.
Also, comparisons honor the rules specified by 'LC_COLLATE'.
```

보다시피 BSD와 GNU 버전 모두 더 많은 옵션이 있지만 도전 과제 프로그램에서 구현해볼 옵션은 이 정도다.

## 6.2 시작하기

이번 장의 도전 과제 프로그램의 이름은 uniq의 러스트 버전이라는 의미로 uniqr(유니커라고 읽는다)라고 하겠다. 먼저 `cargo new uniqr`를 실행한 다음 Cargo.toml을 수정해서 다음 의존성을 추가한다.

```
[dependencies]
anyhow = "1.0.79"
clap = { version = "4.5.0", features = ["derive"] }

[dev-dependencies]
assert_cmd = "2.0.13"
predicates = "3.0.4"
pretty_assertions = "1.4.0"
tempfile = "3.10.0" ❶
rand = "0.8.5"
```

❶ 테스트는 `tempfile` 크레이트(https://oreil.ly/AYcMa)를 이용해서 임시 파일을 생성한다.

이 책의 **06_uniqr/tests** 디렉터리를 프로젝트로 복사한 다음, `cargo test`를 실행해서 프로그램이 컴파일되는지 또 테스트가 실행되고 실패하는지 확인한다.

### 6.2.1 인수 정의하기

**src/main.rs**를 업데이트해서 프로그램의 인수를 표현하는 다음 `Args` 스트럭트를 추가한다.

```
#[derive(Debug)]
struct Args {
    in_file: String, ❶
    out_file: Option<String>, ❷
    count: bool, ❸
}
```

❶ 읽을 입력 파일 이름이며, 파일 이름이 대시인 경우에는 `STDIN`이 될 수 있다.

❷ 결과는 선택적으로 주어지는 출력 파일 이름이나 `STDOUT`에 기록된다.

❸ `count`는 각 줄의 수를 인쇄할지 여부를 나타내는 불리언이다.

파생 패턴을 사용하려면 필요에 맞게 `Args`에 애너테이션을 달아둔다. 빌더 패턴의 경우에는 `get_args`를 위한 다음 뼈대에서 시작하면 된다.

```
fn get_args() -> Args {
    let matches = Command::new("uniqr")
        .version("0.1.0")
        .author("Ken Youens-Clark <kyclark@gmail.com>")
        .about("Rust version of `uniq`")
        // 여기에는 무엇이 올까?
        .get_matches();
```

```
    Args {
        in_file: ...
        out_file: ...
        count: ...
    }
}
```

`main`은 앞 장에 했던 것처럼 원하는 방법으로 인수를 파싱한 뒤에 이를 인쇄하는 것에서 시작하면 된다.

```
fn main() {
    let args = Args::parse();
    println!("{:?}", args);
}
```

프로그램은 다음의 사용법을 만들어낼 수 있어야 한다.

```
$ cargo run -- -h
Rust version of `uniq`

Usage: uniqr [OPTIONS] [IN_FILE] [OUT_FILE]

Arguments:
  [IN_FILE]   Input file [default: -] ❶
  [OUT_FILE]  Output file ❷

Options:
  -c, --count    Show counts ❸
  -h, --help     Print help
  -V, --version  Print version
```

❶ 입력 파일은 첫 번째 위치 인수이며 기본값은 대시(-)다.

❷ 출력 파일은 두 번째 위치 인수이며 옵션이다.

❸ `-c|--count` 플래그는 옵션이다.

기본적으로 프로그램은 대시를 이용해서 표현할 수 있는 `STDIN`을 읽는다.

```
$ cargo run
Args { in_file: "-", out_file: None, count: false }
```

첫 번째 위치 인수는 입력 파일로 두 번째 위치 인수는 출력 파일로 해석해야 한다.[1] `clap`은 위치 인수 앞뒤에 있는 옵션을 처리할 수 있다는 걸 기억하자.

```
$ cargo run -- tests/inputs/one.txt out --count
Args { in_file: "tests/inputs/one.txt", out_file: Some("out"), count: true }
```

 더 읽기 전에 잠시 시간을 내서 인수 파싱 부분을 완성하자.

필자는 여러분이 앞에 있는 함수를 스스로 채워 넣은 정직하고 도덕적인 사람이라고 믿으므로, 이제 필자의 설루션을 공유하겠다. 먼저 빌더 패턴으로 된 다음 코드에는 `use clap::{Arg, ArgAction, Command}`가 필요하다. 앞서 다룬 버전과 비슷하므로 설명은 생략한다.

```
fn get_args() -> Args {
    let matches = Command::new("uniqr")
        .version("0.1.0")
        .author("Ken Youens-Clark <kyclark@gmail.com>")
        .about("Rust version of `uniq`")
        .arg(
            Arg::new("in_file")
                .value_name("IN_FILE")
                .help("Input file")
                .default_value("-"),
        )
        .arg(
            Arg::new("out_file")
                .value_name("OUT_FILE")
                .help("Output file"),
        )
        .arg(
            Arg::new("count")
                .short('c')
                .long("count")
                .action(ArgAction::SetTrue)
                .help("Show counts"),
        )
        .get_matches();
```

---

**1**  목표는 가능한 한 원래 버전을 흉내 내는 것이지만 필자는 옵션 위치 매개변수가 맘에 들지 않는다. 필자 생각에는 기본값이 `STDOUT`인 `-o|--output` 옵션을 마련하고, 옵션 위치 인수는 기본값이 `STDIN`인 입력 파일을 위한 것 하나만 두는 편이 더 나은 것 같다.

```
    Args {
        in_file: matches.get_one("in_file").cloned().unwrap(),
        out_file: matches.get_one("out_file").cloned(),
        count: matches.get_flag("count"),
    }
}
```

파생 패턴으로 된 다음 코드에는 `use clap::Parser`가 필요하다.

```
#[derive(Debug, Parser)]
#[command(author, version, about)]
/// `uniq`의 러스트 버전
struct Args {
    /// 입력 파일
    #[arg(value_name = "IN_FILE", default_value = "-")]
    in_file: String,

    /// 출력 파일
    #[arg(value_name = "OUT_FILE")]
    out_file: Option<String>,

    /// 횟수를 보여준다.
    #[arg(short, long)]
    count: bool,
}
```

### 6.2.2 프로그램 테스트하기

**tests/cli.rs**에 있는 테스트 스위트는 다음과 같은 조건에서 프로그램을 검사하는 78개의 테스트를 담고 있어서 꽤 규모가 크다.

- 입력 파일을 유일한 위치 인수로 사용하며 `STDOUT`을 확인한다.
- `--count` 옵션과 함께 입력 파일을 위치 인수로 사용하며 `STDOUT`을 확인한다.
- 위치 인수 없이 `STDIN`을 입력으로 사용하며 `STDOUT`을 확인한다.
- `--count`와 함께 위치 인수 없이 `STDIN`을 입력으로 사용하며 `STDOUT`을 확인한다.
- 입력 파일과 출력 파일을 위치 인수로 사용하며 출력 파일을 확인한다.
- `--count`와 함께 입력 파일과 출력 파일을 위치 인수로 사용하며 출력 파일을 확인한다.
- `--count`와 함께 `STDIN`을 입력으로 사용하고 출력 파일을 위치 인수로 사용하며 출력 파일을 확인한다.

테스트의 규모와 복잡도를 고려할 때 **tests/cli.rs**를 어떤 식으로 구성했는지 궁금할 텐데, 이 파일은 다음과 같이 시작한다.

```
use anyhow::Result;
use assert_cmd::Command;
use predicates::prelude::*;
use pretty_assertions::assert_eq;
use rand::{distributions::Alphanumeric, Rng};
use std::fs;
use tempfile::NamedTempFile; ❶

struct Test { ❷
    input: &'static str,
    out: &'static str,
    out_count: &'static str,
}
```

❶ 임시 출력 파일을 생성하는 데 사용된다.

❷ 입력 파일과 카운트 유무에 따른 기대 출력값을 정의하기 위한 스트럭트다.

`'static`을 이용해서 값의 수명을 나타내고 있음을 눈여겨보자. **수명**lifetime은 프로그램 전반에 걸쳐서 값을 빌릴 수 있는 유효 기간을 말한다. 필자는 `&str` 값을 가진 스트럭트를 정의하고 싶어 하고, 러스트 컴파일러는 그 값의 상대적인 예상 지속 시간을 정확히 알고 싶어 한다. `'static` 애너테이션은 이 데이터가 프로그램의 전체 수명 동안 지속될 거라는 걸 나타낸다. 만약 이를 제거하고 테스트를 실행하면 컴파일러 오류가 해결 방안을 담은 제안과 함께 표시될 것이다.

```
error[E0106]: missing lifetime specifier
  --> tests/cli.rs:10:12
   |
10 |     input: &str,
   |            ^ expected named lifetime parameter
   |
help: consider introducing a named lifetime parameter
```

다음으로 테스트에 필요한 몇 가지 상숫값을 정의한다.

```
const PRG: &str = "uniqr"; ❶

const EMPTY: Test = Test {
    input: "tests/inputs/empty.txt", ❷
```

```
    out: "tests/inputs/empty.txt.out", ❸
    out_count: "tests/inputs/empty.txt.c.out", ❹
};
```

❶ 테스트 중인 프로그램의 이름

❷ 이 테스트를 위한 입력 파일의 위치

❸ 카운트가 없는 출력 파일의 위치

❹ 카운트가 있는 출력 파일의 위치

EMPTY 선언 아래에는 많은 Test 스트럭트와 여러 도우미 함수가 이어진다. run 함수는 Test.
input을 입력 파일로 사용하고 STDOUT을 Test.out 파일의 내용과 비교한다.

```
fn run(test: &Test) -> Result<()> { ❶
    let expected = fs::read_to_string(test.out)?; ❷
    let output = Command::cargo_bin(PRG)? ❸
        .arg(test.input)
        .output()
        .expect("fail");
    assert!(output.status.success());

    let stdout = String::from_utf8(output.stdout).expect("invalid UTF-8");
    assert_eq!(stdout, expected); ❹
    Ok(())
}
```

❶ 이 함수는 Test를 받아서 Result를 반환한다.

❷ 기대 출력 파일을 읽어본다.

❸ 입력 파일을 인수로 사용해서 프로그램을 실행해보고 성공적으로 실행되었는지 확인한다.

❹ STDOUT을 기대치와 비교한다.

run_count 도우미 함수는 매우 비슷하게 작동하지만 이번에는 줄 수 세기를 테스트한다.

```
fn run_count(test: &Test) -> Result<()> {
    let expected = fs::read_to_string(test.out_count)?; ❶
    let output = Command::cargo_bin(PRG)?
        .args([test.input, "-c"]) ❷
        .output()
        .expect("fail");
    assert!(output.status.success());
```

```
    let stdout = String::from_utf8(output.stdout).expect("invalid UTF-8");
    assert_eq!(stdout, expected);
    Ok(())
}
```

❶ 기대 출력이 담긴 `Test.out_count` 파일을 읽는다.

❷ `Test.input` 값과 줄 수를 세는 `-c` 플래그를 동시에 넘긴다.

`run_stdin` 함수는 `STDIN`을 통해서 프로그램에 입력을 제공한다.

```
fn run_stdin(test: &Test) -> Result<()> {
    let input = fs::read_to_string(test.input)?; ❶
    let expected = fs::read_to_string(test.out)?; ❷
    let output = Command::cargo_bin(PRG)? ❸
        .write_stdin(input)
        .output()
        .expect("fail");
    assert!(output.status.success());

    let stdout = String::from_utf8(output.stdout).expect("invalid UTF-8");
    assert_eq!(stdout, expected); ❹
    Ok(())
}
```

❶ `Test.input` 파일을 읽어본다.

❷ `Test.out` 파일을 읽어본다.

❸ `STDIN`을 통해서 `input`을 넘긴다.

❹ `STDOUT`이 기대치가 맞는지 확인한다.

`run_stdin_count` 함수는 `STDIN` 읽기와 줄 수 세기를 모두 테스트한다.

```
fn run_stdin_count(test: &Test) -> Result<()> {
    let input = fs::read_to_string(test.input)?;
    let expected = fs::read_to_string(test.out_count)?;
    let output = Command::cargo_bin(PRG)? ❶
        .arg("--count")
        .write_stdin(input)
        .output()
        .expect("fail");
    assert!(output.status.success());
```

```
    let stdout = String::from_utf8(output.stdout).expect("invalid UTF-8");
    assert_eq!(stdout, expected); ❷
    Ok(())
}
```

❶ 긴 `--count` 플래그를 가지고 프로그램을 실행하고 `STDIN`에 입력을 넣어준다.

❷ `STDOUT`이 정확한지 확인한다.

`run_outfile` 함수는 프로그램이 입력 파일과 출력 파일을 모두 위치 인수로 받는지 확인한다. 러스트는 테스트를 병렬로 실행하기 때문에 테스트 안에서 임시 파일을 사용해야 한다는 점이 다소 흥미로운 부분이다. 출력 파일을 기록할 때 더미 파일 이름을 **blargh**와 같은 식으로 전부 똑같이 가져간다면 테스트는 서로의 출력을 덮어쓰게 될 것이다. 이 문제를 해결하기 위해서 여기서는 `tempfile::NamedTempFile`(https://oreil.ly/BnbCk)을 이용해서 완료 시 자동으로 제거되는 임시 파일 이름을 동적으로 생성한다.

```
fn run_outfile(test: &Test) -> Result<()> {
    let expected = fs::read_to_string(test.out)?;
    let outfile = NamedTempFile::new()?; ❶
    let outpath = &outfile.path().to_str().unwrap(); ❷

    Command::cargo_bin(PRG)? ❸
        .args(&[test.input, outpath])
        .assert()
        .success()
        .stdout("");
    let contents = fs::read_to_string(&outpath)?; ❹
    assert_eq!(&expected, &contents); ❺

    Ok(())
}
```

❶ 이름 있는 임시 파일을 가져와본다.

❷ `path`(https://oreil.ly/BBq4n)를 이용해서 파일의 경로를 가져온다.

❸ 입력 파일 이름과 출력 파일 이름을 인수로 사용해서 프로그램을 실행한 다음 `STDOUT`이 비었는지 확인한다.

❹ 출력 파일을 읽어본다.

❺ 출력 파일의 내용이 기대치와 일치하는지 확인한다.

이어지는 두 함수는 이미 살펴본 함수를 변형한 것으로, `--count` 플래그를 더하고 끝으로 입력 파일 이름이 대시일 때 프로그램이 `STDIN`을 읽도록 요청한다. 모듈의 나머지 부분은 다양한 스트럭트를 가지고 이들 도우미를 호출해서 테스트를 전부 실행한다.

### 6.2.3 입력 파일 처리하기

앞 장과 마찬가지로 `main`이 `Args` 스트럭트를 `run` 함수에 넘기고 오류를 처리하도록 하는 게 좋겠다. 다음 코드를 위해서 `use anyhow::Result`를 추가하는 걸 잊지 말자.

```
fn main() {
    if let Err(e) = run(Args::parse()) {
        eprintln!("{e}");
        std::process::exit(1);
    }
}

fn run(_args: Args) -> Result<()> {
    Ok(())
}
```

프로그램은 입력 파일을 읽어야 하므로  앞 장에 있는 `open` 함수를 사용하는 게 좋겠다.

```
fn open(filename: &str) -> Result<Box<dyn BufRead>> {
    match filename {
        "-" => Ok(Box::new(BufReader::new(io::stdin()))),
        _ => Ok(Box::new(BufReader::new(File::open(filename)?))),
    }
}
```

가져오기 부분은 다음을 포함하도록 확장한다.

```
use std::{ ❶
    fs::File,
    io::{self, BufRead, BufReader},
};
```

❶ 이 문법은 가져오기를 공통 접두사로 묶는다. 따라서 아래 내용은 전부 `std`에서 온다.

입력 파일이나 `STDIN`에서 줄 끝을 유지한 채 텍스트를 줄 단위로 읽는 코드는 상당 부분 3장에서 빌려올 수 있다. 다음 코드는 anyhow::anyhow(https://oreil.ly/AMqFU) 매크로로 가져오기가 필요하다는 걸 유념하자. 여기서는 입력 파일을 열 수 없을 때 `format!` 대신 이 매크로를 사용해서 오류 메시지를 생성한다.

```
fn run(args: Args) -> Result<()> {
    let mut file = open(&args.in_file)
        .map_err(|e| anyhow!("{}: {e}", args.in_file))?; ❶
    let mut line = String::new(); ❷
    loop { ❸
        let bytes = file.read_line(&mut line)?; ❹
        if bytes == 0 { ❺
            break;
        }
        print!("{line}"); ❻
        line.clear(); ❼
    }
    Ok(())
}
```

❶ 입력 파일이 대시이면 `STDIN`을 읽고 아니면 주어진 파일 이름을 연다. 실패하면 정보가 담긴 오류 메시지를 생성한다.

❷ 각 줄을 담아둘 변경 가능한 빈 `String` 버퍼를 새로 만든다.

❸ 무한 루프를 생성한다.

❹ 줄 끝을 유지한 채 텍스트를 줄 단위로 읽는다.

❺ 읽은 바이트가 없으면 루프를 탈출한다.

❻ 줄 버퍼를 인쇄한다.

❼ 줄 버퍼를 비운다.

입력 파일을 가지고 프로그램을 실행해서 작동하는지 확인한다.

```
$ cargo run -- tests/inputs/one.txt
a
```

`STDIN` 읽기도 작동해야 한다.

```
$ cargo run -- - < tests/inputs/one.txt
a
```

다음으로 프로그램에서 입력을 줄 단위로 반복 처리하면서 고유한 줄의 수를 센 다음 이 수의 유무를 달리해서 줄을 인쇄한다. 정확한 결과를 생성할 수 있게 되면 이를 `STDOUT`이나 주어진 파일 이름에 인쇄하는 일을 처리해야 한다. `open` 함수에서 아이디어를 가져다가 여기에 `File::create`(https://oreil.ly/QPy35)를 적용하면 쉽다.

 여기서 읽기를 멈추고 프로그램을 완성하자. 테스트는 하위 집합만 실행할 수도 있다는 걸 기억하자. 예를 들어 이름에 '**empty**' 문자열이 붙은 테스트를 전부 실행하려면 `cargo test empty` 명령을 실행하면 된다.

## 6.3 설루션

필자가 설루션에 도달하기까지 거쳐온 과정을 단계별로 알아보자. 여러분의 버전과 다를 수도 있는데 테스트 스위트를 통과한다면 아무래도 괜찮다. 여기서는 텍스트의 이전 줄과 실행 횟수를 담아둘 변경 가능한 변수 두 개를 추가로 만들 작정이다. 일단은 제대로 작동하는지 확인하기 위해서 카운트를 인쇄해보겠다.

```
fn run(args: Args) -> Result<()> {
    let mut file = open(&args.in_file).map_err(|e| anyhow!("{}: {e}", args.in_file))?;
    let mut line = String::new();
    let mut previous = String::new(); ❶
    let mut count: u64 = 0; ❷

    loop {
        let bytes = file.read_line(&mut line)?;
        if bytes == 0 {
            break;
        }

        if line.trim_end() != previous.trim_end() { ❸
            if count > 0 { ❹
                print!("{count:>4} {previous}"); ❺
            }
            previous = line.clone(); ❻
            count = 0; ❼
        }

        count += 1; ❽
        line.clear();
    }

    if count > 0 { ❾
```

```
        print!("{count:>4} {previous}");
    }

    Ok(())
}
```

❶ 텍스트의 이전 줄을 담아둘 변경 가능한 변수를 생성한다.

❷ 카운트를 담아둘 변경 가능한 변수를 생성한다.

❸ 현재 줄과 이전 줄을 비교한다. 이때 끝에 올 수 있는 공백은 모조리 잘라낸다.

❹ `count`가 0보다 클 때만 결과를 인쇄한다.

❺ `count`를 네 자 너비의 열 안에 오른쪽 정렬로 인쇄하고 그 뒤에 빈칸 하나와 `previous` 값을 인쇄한다.

❻ `previous` 변수를 현재 `line`의 복사본으로 설정한다.

❼ 카운터를 0으로 재설정한다.

❽ 카운터를 1씩 증가시킨다.

❾ 파일의 마지막 줄을 처리한다.

`count` 변수에 굳이 `u64` 타입을 달아둘 필요는 없었다. 러스트가 적절히 타입을 추론해주기 때문이다. 32비트 시스템에서는 러스트가 `i32`를 사용해서 최대 등장 횟수를 `i32::MAX`(https://oreil.ly/sE2YC), 즉 2,147,483,647회로 제한할 것이다. 이 정도면 충분히 만족할 만한 큰 수지만 필자는 `u64`를 지정해서 프로그램이 일관되게 작동하도록 만드는 것이 더 낫다고 생각한다.

지금 `cargo test`를 실행하면 꽤 많은 테스트를 통과한다. 하지만 이 코드는 투박하다. 우선 `if count > 0`을 두 번 확인하는 게 맘에 들지 않는다. 프로그램 여기저기에 똑같은 코드를 복사해 붙여 넣지 말고 공통된 아이디어를 함수와 같은 단일 개념으로 추상화시켜 분리하자는 **반복 금지** don't repeat yourself, DRY 원칙에 위배되기 때문이다. 또한 이 코드는 항상 카운트를 인쇄하지만 `args.count`가 `true`일 때만 카운트를 인쇄해야 한다. 이 로직을 전부 한 함수에 담아보자. 여기서는 특별히 `args.count` 값을 **에워싸는** 클로저를 사용하겠다. 다음 코드를 `run` 함수 안에 추가하자.

```
let print = |num: u64, text: &str| { ❶
    if num > 0 { ❷
        if args.count { ❸
            print!("{num:>4} {text}"); ❹
        } else {
            print!("{text}"); ❺
        }
    };
```

```
};
```

❶ `print` 클로저는 `num`과 `text` 값을 받는다.

❷ `num`이 `0`보다 클 때만 인쇄한다.

❸ `args.count` 값이 `true`인지 확인한다.

❹ `print!` 매크로를 이용해서 `num`과 `text`를 `STDOUT`에 인쇄한다.

❺ 그렇지 않으면 `text`를 `STDOUT`에 인쇄한다.

---

**클로저 vs. 함수**

클로저는 함수이므로, `print`를 `run` 함수의 내부 함수로 작성하고 싶을 수도 있겠다.

```
> fn run(args: Args) -> Result<()> {
>     ...
>     fn print(num: u64, text: &str) {
>         if num > 0 {
>             if args.count {
>                 print!("{num:>4} {text}");
>             } else {
>                 print!("{text}");
>             }
>         }
>     }
>     ...
```

다른 언어에서는 클로저를 작성할 때 이런 식으로 많이 하며 러스트에서도 함수 안에 함수를 선언할 수 있다. 하지만 러스트 컴파일러는 환경에서 동적인 값을 캡처하는 걸 꼭 짚어 허용하지 않는다.

```
> error[E0434]: can't capture dynamic environment in a fn item
>   --> src/main.rs:40:16
>    |
> 40 |             if args.count {
>    |                ^^^^
>    |
>   = help: use the `|| { ... }` closure form instead
```

---

클로저를 사용하도록 함수의 나머지 부분을 업데이트한다.

```
loop {
    let bytes = file.read_line(&mut line)?;
    if bytes == 0 {
```

```
        break;
    }

    if line.trim_end() != previous.trim_end() {
        print(count, &previous);
        previous = line.clone();
        count = 0;
    }

    count += 1;
    line.clear();
}

print(count, &previous);
```

이제 프로그램은 몇 가지 테스트를 더 통과한다. 프로그램이 아직 이름 있는 출력 파일을 기록하지 못하기 때문에 실패한 테스트의 이름에는 전부 **outfile** 문자열이 붙어 있다. 이 마지막 기능을 추가하려면 `File::create`를 이용해서 이름 있는 출력 파일을 생성하거나 `std::io::stdout`을 사용해서 입력 파일과 동일한 방식으로 출력 파일을 열면 된다. `use std::io::Write`를 추가하고 다음 코드를 `file` 변수 바로 뒤에 둔다.

```
let mut out_file: Box<dyn Write> = match &args.out_file { ❶
    Some(out_name) => Box::new(File::create(out_name)?), ❷
    _ => Box::new(io::stdout()), ❸
};
```

❶ 변경 가능한 `out_file`은 `std::io::Write` 트레이트(https://oreil.ly/Hlk6A)를 구현하는 박스 처리된 값이 된다.

❷ `args.out_file`이 파일 이름을 가진 `Some`일 때는 `File::create`(https://oreil.ly/QPy35)를 이용해서 파일 생성을 시도한다.

❸ 그렇지 않으면 `std::io::stdout`(https://oreil.ly/gjxor)을 사용한다.

`File::create`와 `io::stdout`의 문서를 보면 이들이 구현하는 다양한 트레이트가 'Traits' 부분에 표시되는 걸 알 수 있다. 둘 다 `Write`를 구현한다고 되어 있으므로, 이들은 `Box` 안에 있는 값이 이 트레이트를 구현해야 한다는 타입 요구 사항 `Box<dyn Write>`를 만족한다.

두 번째로 바꿔야 할 부분은 출력에 `out_file`을 사용하는 것이다. 출력을 파일 핸들이나 `STDOUT` 같은 스트림에 기록하기 위해서 `print!` 매크로를 `write!`(https://oreil.ly/oiJaM)로 바꾼다. `write!`

의 첫 번째 인수는 `Write` 트레이트를 구현하는 변경 가능한 값이어야 한다. 문서를 보면 `write!`는 실패할 가능성이 있으므로 `std::io::Result`를 반환한다고 되어 있다. 그래서 `print` 클로저가 `Result`를 반환하도록 바꿨다. 다음은 모든 테스트를 통과하는 `run` 함수의 최종 버전이다.

```
fn run(args: Args) -> Result<()> {
    let mut file =
        open(&args.in_file).map_err(|e| anyhow!("{}: {e}", args.in_file))?; ❶

    let mut out_file: Box<dyn Write> = match &args.out_file { ❷
        Some(out_name) => Box::new(File::create(out_name)?),
        _ => Box::new(io::stdout()),
    };

    let mut print = |num: u64, text: &str| -> Result<()> { ❸
        if num > 0 {
            if args.count {
                write!(out_file, "{num:>4} {text}")?;
            } else {
                write!(out_file, "{text}")?;
            }
        };
        Ok(())
    };


    let mut line = String::new();
    let mut previous = String::new();
    let mut count: u64 = 0;
    loop {
        let bytes = file.read_line(&mut line)?;
        if bytes == 0 {
            break;
        }

        if line.trim_end() != previous.trim_end() {
            print(count, &previous)?; ❹
            previous = line.clone();
            count = 0;
        }

        count += 1;
        line.clear();
    }
    print(count, &previous)?; ❺

    Ok(())
}
```

❶ `STDIN`이나 주어진 입력 파일 이름을 연다.

❷ `STDOUT`이나 주어진 출력 파일 이름을 연다.

❸ 출력을 형식화하기 위한 변경 가능한 `print` 클로저를 생성한다.

❹ `print` 클로저를 이용해서 출력을 인쇄한다. 이때 `?`를 이용해서 잠재적인 오류를 전파한다.

❺ 파일의 마지막 줄을 처리한다.

`print` 클로저는 `out_file` 파일 핸들을 변경 가능한 값으로 빌려오기 때문에 `mut` 키워드로 선언해야 한다는 걸 유념하자. 그렇지 않으면 컴파일러는 다음과 같은 오류를 낸다.

```
error[E0596]: cannot borrow `print` as mutable, as it is not declared as mutable
  --> src/main.rs:41:9
   |
41 |     let print = |num: u64, text: &str| -> Result<()> {
   |         ^^^^^ not mutable
...
44 |                 write!(out_file, "{num:>4} {text}")?;
   |                 -------- calling `print` requires mutable binding
   |                          due to mutable borrow of `out_file`
```

다시 말하지만, 여러분의 설루션이 필자의 것과 달라도 테스트를 통과하기만 한다면 괜찮다. 테스트를 함께 작성하는 것에 관해서 필자가 좋아하는 부분은 프로그램이 일정 수준의 사양을 만족하는 시점을 객관적으로 판단할 수 있다는 점이다. 루이스 스리글리Louis Srygley가 말했듯이 "요구 사항이나 설계가 없다면 프로그래밍은 빈 텍스트 파일에 버그를 추가하는 예술이다."[2] 테스트는 요구 사항을 구체화한 것이라고 할 수 있다. 테스트가 없으면 프로그램의 변화가 요구 사항에서 벗어나거나 설계를 깨뜨릴 때 알 수 있는 방법이 없다.

## 6.4 한 걸음 더 나아가기

이 알고리즘을 다른 방식으로 작성해볼 수는 없을까? 예를 들어 필자는 입력 파일의 모든 줄을 벡터로 읽어온 다음 `Vec::windows`(https://oreil.ly/vudZO)를 이용해서 줄을 한 쌍씩 살피는 방법을 시도했었다. 이 방법은 흥미롭긴 했지만 입력 파일의 크기가 머신의 사용 가능한 메모리를 초과할

---

2    Programming Wisdom (@CodeWisdom), "Without requirements or design, programming is the art of adding bugs to an empty text file." Louis Srygley, https://oreil.ly/FC6aS.

경우 실패할 수 있다. 여기서 제시한 설루션은 현재 줄과 이전 줄에 대해서만 메모리를 할당하므로 어떤 크기의 파일이든 다 다룰 수 있다.

늘 그렇듯이 BSD와 GNU 버전의 `uniq`에는 도전 과제에 포함된 것보다 훨씬 더 많은 기능이 있다. 원하는 기능이 있다면 여러분의 버전에 전부 추가해보길 바란다. 각 기능에 대해서 테스트를 추가하고 항상 전체 테스트 스위트를 실행해서 이전에 있던 모든 기능이 계속 작동하는지 확인하는 것도 잊지 말자.

필자는 `uniq`와 `sort`를 같이 쓸 일이 많다 보니 이 둘이 서로 밀접하게 관련되어 있다고 생각한다. 값을 사전순이나 숫자순으로 정렬하는 아주 간단한 러스트 버전의 `sort`를 구현해보는 것도 좋겠다.

# 요약

`uniqr` 프로그램은 80여 줄의 러스트 코드로 오리지널 `uniq` 프로그램이 가진 기능의 일부를 합리적인 수준에서 모사해냈다. 이를 600여 줄 이상의 코드로 된 GNU C 소스 코드(https://oreil.ly/X8ipY)와 비교해보자. 필자는 러스트 컴파일러의 타입 활용과 유용한 오류 메시지 덕분에 C를 사용할 때보다 훨씬 더 자신 있게 `uniqr`를 확장할 수 있을 것 같다.

이번 장에서 배운 내용 몇 가지를 복습해보자.

- 이제 새 파일을 열어서 기록하거나 `STDOUT`에 인쇄할 수 있다.
- DRY는 중복된 코드를 전부 함수나 클로저 같은 단일 개념으로 추상화시켜 옮겨야 한다고 말한다.
- 바깥쪽 범위에 있는 값을 캡처하려면 클로저를 사용해야 한다.
- 값이 `Write` 트레이트를 구현하는 경우에는 `write!`와 `writeln!` 매크로와 함께 사용할 수 있다.
- `tempfile` 크레이트는 임시 파일을 생성하고 제거하는 데 도움을 준다.
- 러스트 컴파일러는 경우에 따라서 변수의 수명, 즉 다른 변수와의 상대적인 지속 시간을 표시할 것을 요구하기도 한다.

다음 장에서는 러스트의 열거 타입인 `enum`과 정규 표현식의 사용법을 소개한다.

# 주운 사람이 임자: find

그때 / 적어둬야지 싶던 그때일까 /

하지만 펜을 찾으려 주위를 둘러봤을 때 /

그때 당신이 했던 말을 떠올리려 했지 / 우린 둘로 갈라졌다던

—&lt;Broke in Two&gt;(데이 마이트 비 자이언츠, 2004)

이번 장에서는 이름에서 알 수 있다시피 파일과 디렉터리를 찾아주는 `find` 유틸리티의 러스트 버전을 작성한다. `find`를 아무런 제약 없이 실행하면 파일, 심벌릭 링크, 소켓, 디렉터리와 같은 항목을 대상으로 하나 이상의 경로를 재귀적으로 찾는다. 그리고 실행할 때 이름, 파일 크기, 파일 타입, 수정 시간, 권한 등 무수히 많은 매칭 제약을 줄 수 있다. 도전 과제 프로그램은 하나 이상의 **정규 표현식**regular expression이나 텍스트 패턴과 일치하는 이름을 가진 하나 이상의 디렉터리에서 파일, 디렉터리, 링크의 정확한 위치를 찾아낸다.

배울 내용은 다음과 같다.

- `clap`을 이용해서 명령줄 인수에 올 수 있는 값을 제한하는 법
- 정규 표현식을 이용해서 텍스트 패턴을 찾는 법
- 열거 타입을 생성하고 구현하는 법
- `walkdir` 크레이트를 이용해서 재귀적으로 파일 경로를 찾는 법

---

\* [옮긴이] 이번 장 제목의 원문은 "Finders Keepers"로 '주운 사람이 임자'라는 뜻이다. 이번 장에서 다룰 `find` 프로그램을 소개하는 언어유희다.

- `Iterator::any` 함수의 사용법

- 여러 `filter`, `map`, `filter_map` 연산을 사슬처럼 엮는 법

- 윈도우인지 아닌지에 따라 코드를 조건부로 컴파일하는 법

- 코드를 리팩터링하는 법

## 7.1 find의 작동 방식

먼저 수십 가지의 옵션을 500여 줄에 걸쳐 자세히 설명하는 매뉴얼 페이지를 참고해서 `find`로 할 수 있는 일을 살펴보는 것으로 시작하자. 이번 장의 도전 과제 프로그램은 하나 이상의 경로에서 항목을 찾아야 하는데, 이때 이들 항목은 파일, 링크, 디렉터리와 더불어 옵션 패턴과 일치하는 이름으로 걸러낼 수 있다. 도전 과제의 요구 사항 중 일부를 보여주는 BSD `find` 매뉴얼 페이지의 시작 부분을 살펴보자.

```
FIND(1)                    BSD General Commands Manual                    FIND(1)

NAME
     find -- walk a file hierarchy

SYNOPSIS
     find [-H | -L | -P] [-EXdsx] [-f path] path ... [expression]
     find [-H | -L | -P] [-EXdsx] -f path [path ...] [expression]

DESCRIPTION
     The find utility recursively descends the directory tree for each path
     listed, evaluating an expression (composed of the ''primaries'' and
     ''operands'' listed below) in terms of each file in the tree.
```

GNU `find`도 비슷하다.

```
$ find --help
Usage: find [-H] [-L] [-P] [-Olevel]
[-D help|tree|search|stat|rates|opt|exec] [path...] [expression]

default path is the current directory; default expression is -print
expression may consist of: operators, options, tests, and actions:

operators (decreasing precedence; -and is implicit where no others are given):
      ( EXPR )   ! EXPR   -not EXPR   EXPR1 -a EXPR2   EXPR1 -and EXPR2
```

```
      EXPR1 -o EXPR2    EXPR1 -or EXPR2    EXPR1 , EXPR2

positional options (always true): -daystart -follow -regextype

normal options (always true, specified before other expressions):
      -depth --help -maxdepth LEVELS -mindepth LEVELS -mount -noleaf
      --version -xautofs -xdev -ignore_readdir_race -noignore_readdir_race

tests (N can be +N or -N or N): -amin N -anewer FILE -atime N -cmin N
      -cnewer FILE -ctime N -empty -false -fstype TYPE -gid N -group NAME
      -ilname PATTERN -iname PATTERN -inum N -iwholename PATTERN
      -iregex PATTERN -links N -lname PATTERN -mmin N -mtime N
      -name PATTERN -newer FILE -nouser -nogroup -path PATTERN
      -perm [-/]MODE -regex PATTERN -readable -writable -executable
      -wholename PATTERN -size N[bcwkMG] -true -type [bcdpflsD] -uid N
      -used N -user NAME -xtype [bcdpfls] -context CONTEXT

actions: -delete -print0 -printf FORMAT -fprintf FILE FORMAT -print
      -fprint0 FILE -fprint FILE -ls -fls FILE -prune -quit
      -exec COMMAND ; -exec COMMAND {} + -ok COMMAND ;
      -execdir COMMAND ; -execdir COMMAND {} + -okdir COMMAND ;
```

늘 그랬듯이 도전 과제 프로그램은 **07_findr/tests/inputs**에 있는 파일을 이용해서 곧 알아볼 이들 옵션의 일부만 구현해본다. 디렉터리와 이 디렉터리의 파일 구조를 보여주는 다음의 `tree` 출력에서 `->` 기호는 **d/b.csv**가 파일 **a/b/b.csv**에 대한 심벌릭 링크임을 나타낸다.

```
$ cd 07_findr/tests/inputs/
$ tree
.
├── a
│   ├── a.txt
│   └── b
│       ├── b.csv
│       └── c
│           └── c.mp3
├── d
│   ├── b.csv -> ../a/b/b.csv
│   ├── d.tsv
│   ├── d.txt
│   └── e
│       └── e.mp3
├── f
│   └── f.txt
└── g.csv

6 directories, 9 files
```

**심벌릭 링크**symbolic link는 파일이나 디렉터리에 대한 포인터 또는 바로 가기다. 윈도우에는 심벌릭 링크(**심링크**symlink라고도 함)가 없어서 경로 **tests\inputs\d\b.csv**가 일반 파일 형태로 존재하기 때문에 출력이 이와 다를 것이다. 윈도우 사용자라면 WSL에서 이 프로그램을 작성하고 테스트해보기를 권한다.

다음으로 도전 과제 프로그램에서 구현해볼 `find`의 기능을 알아보자. 먼저 `find`에는 검색할 경로를 나타내는 위치 인수가 하나 이상 주어져야 한다. 그러면 `find`는 각 경로를 대상으로 그 안에 있는 모든 파일과 디렉터리를 재귀적으로 탐색한다. 만일 **tests/inputs** 디렉터리에 있는 상태에서 현재 작업 디렉터리를 뜻하는 `.`을 주면 `find`는 그 안에 있는 모든 내용을 나열한다. macOS에 있는 BSD `find`의 출력 순서는 리눅스에 있는 GNU 버전과 다른데, 이 둘을 각각 왼쪽과 오른쪽에 놓고 비교해보면 다음과 같다.

```
$ find .                      $ find .
.                             .
./g.csv                       ./d
./a                           ./d/d.txt
./a/a.txt                     ./d/d.tsv
./a/b                         ./d/e
./a/b/b.csv                   ./d/e/e.mp3
./a/b/c                       ./d/b.csv
./a/b/c/c.mp3                 ./f
./f                           ./f/f.txt
./f/f.txt                     ./g.csv
./d                           ./a
./d/b.csv                     ./a/a.txt
./d/d.txt                     ./a/b
./d/d.tsv                     ./a/b/c
./d/e                         ./a/b/c/c.mp3
./d/e/e.mp3                   ./a/b/b.csv
```

`-type` 옵션[1]을 이용해서 `f`를 지정하면 **파일**만 찾을 수 있다.

```
$ find . -type f
./g.csv
./a/a.txt
./a/b/b.csv
./a/b/c/c.mp3
./f/f.txt
./d/d.txt
./d/d.tsv
```

---

1   짧은 플래그는 없고 긴 플래그가 대시 하나로 시작하는 이상한 프로그램 중 하나다.

```
./d/e/e.mp3
```

l을 이용하면 **링크**만 찾을 수 있다.

```
$ find . -type l
./d/b.csv
```

또 d를 이용하면 **디렉터리**만 찾을 수 있다.

```
$ find . -type d
.
./a
./a/b
./a/b/c
./f
./d
./d/e
```

도전 과제 프로그램은 이들 유형만 찾지만 매뉴얼 페이지에 따르면 find는 몇 가지 -type 값을 더 받는다.

```
-type t
    True if the file is of the specified type.  Possible file types
    are as follows:

    b       block special
    c       character special
    d       directory
    f       regular file
    l       symbolic link
    p       FIFO
    s       socket
```

이 목록에 없는 -type 값을 주면 find는 오류와 함께 일을 멈춘다.

```
$ find . -type x
find: -type: x: unknown type
```

-name 옵션은 파일 글롭 패턴과 일치하는 항목의 정확한 위치를 찾아낼 수 있는데, 예를 들어 .csv로 끝나는 항목을 전부 찾으려면 *.csv를 주는 식이다. bash에서는 별표(*)를 백슬래시로 이스케이프 처리해야 셸에서 해석되지 않고 리터럴 문자로 전달된다.

```
$ find . -name \*.csv
./g.csv
./a/b/b.csv
./d/b.csv
```

패턴을 따옴표로 묶을 수도 있다.

```
$ find . -name "*.csv"
./g.csv
./a/b/b.csv
./d/b.csv
```

또는or을 뜻하는 -o로 연결하면 여러 -name 패턴을 찾을 수 있다.

```
$ find . -name "*.txt" -o -name "*.csv"
./g.csv
./a/a.txt
./a/b/b.csv
./f/f.txt
./d/b.csv
./d/d.txt
```

-type과 -name 옵션을 결합할 수 있다. 예를 들어 *.csv와 일치하는 파일이나 링크를 찾을 수 있다.

```
$ find . -name "*.csv" -type f -o -type l
./g.csv
./a/b/b.csv
./d/b.csv
```

-name 조건이 **또는** 표현식 뒤에 올 때는 괄호를 이용해서 -type 인수를 묶어야 한다.

```
$ find . \( -type f -o -type l \) -name "*.csv"
./g.csv
./a/b/b.csv
./d/b.csv
```

여러 검색 경로를 위치 인수로 나열할 수도 있다.

```
$ find a/b d -name "*.mp3"
a/b/c/c.mp3
d/e/e.mp3
```

주어진 검색 경로가 존재하지 않으면 find는 오류를 인쇄한다. 다음 명령에서 **blargh**는 존재하지 않는 경로를 나타낸다.

```
$ find blargh
find: blargh: No such file or directory
```

인수가 기존 파일의 이름이면 find는 이를 인쇄한다.

```
$ find a/a.txt
a/a.txt
```

find는 읽을 수 없는 디렉터리를 만나면 STDERR에 메시지를 인쇄하고 넘어간다. 유닉스 플랫폼에서 **cant-touch-this**라는 디렉터리를 생성하고 chmod 000을 이용해서 모든 권한을 제거하면 이를 확인할 수 있다.

```
$ mkdir cant-touch-this && chmod 000 cant-touch-this
$ find . -type d
.
./a
./a/b
./a/b/c
./f
./cant-touch-this
find: ./cant-touch-this: Permission denied
./d
./d/e
```

윈도우에는 디렉터리를 읽을 수 없게 만드는 권한 시스템이 없으므로 이 방법은 유닉스에서만 통한다. 테스트에 방해가 될 수 있으니 이 디렉터리는 꼭 제거해두자.

```
$ chmod 700 cant-touch-this && rmdir cant-touch-this
```

find로 할 수 있는 일은 훨씬 더 많지만 이번 장에서 구현해볼 기능은 이 정도다.

## 7.2 시작하기

작성할 프로그램의 이름은 findr(**파인더**라고 읽는다)라고 하기로 하고, 먼저 **cargo new findr**를 실행하자. 그런 다음 **Cargo.toml**을 다음과 같이 업데이트한다.

```
[dependencies]
anyhow = "1.0.79"
clap = { version = "4.5.0", features = ["derive"] }
regex = "1.10.3"
walkdir = "2.4.0" ❶

[dev-dependencies]
assert_cmd = "2.0.13"
predicates = "3.0.4"
pretty_assertions = "1.4.0"
rand = "0.8.5"
```

❶ walkdir 크레이트(https://oreil.ly/d8DsV)는 경로를 재귀적으로 탐색해서 항목을 찾는데 쓰인다.

이 맘때면 보통 tests 디렉터리(07_findr/tests)를 프로젝트로 복사할 것을 제안하지만, 이번에는 **tests/inputs** 디렉터리에 있는 심링크가 보존되지 않으면 테스트가 실패할 수 있으므로 각별히 주의해야 한다. 3장에서는 cp(copy) 명령에 -r(recursive) 옵션을 써서 **tests** 디렉터리를 프로젝트로 복사하는 법을 살펴봤다. macOS와 리눅스의 경우 -r을 -R로 바꾸면 디렉터리를 재귀적으로 복사하면서 심링크를 유지할 수 있다. 또 **07_findr** 디렉터리를 보면 **tests**를 대상 디렉터리로 복사하고 직접 심링크를 생성하는 bash 스크립트가 있다. 이를 아무런 인수 없이 실행하면 사용법이 표시된다.

```
$ ./cp-tests.sh
Usage: cp-tests.sh DEST_DIR
```

새 프로젝트를 ~/rust-solutions/findr에 생성했다고 가정하면 이 프로그램을 다음처럼 사용할 수 있다.

```
$ ./cp-tests.sh ~/rust-solutions/findr
Copying "tests" to "/Users/kyclark/rust-solutions/findr"
Fixing symlink
```

```
Done.
```

`cargo test`를 실행해서 프로그램을 빌드하고 테스트를 실행한다. 테스트는 전부 실패해야 한다.

### 7.2.1 인수 정의하기

코드 작성을 시작하기에 앞서 `clap`의 인수를 정의하는 방식에 영향을 줄 것으로 예상되는 명령줄 인터페이스를 살펴보자.

```
$ cargo run -- --help
Rust version of `find`

Usage: findr [OPTIONS] [PATH]...

Arguments:
  [PATH]...  Search paths [default: .] ❶

Options:
  -n, --name [<NAME>...]  Name ❷
  -t, --type [<TYPE>...]  Entry type [possible values: d, f, l] ❸
  -h, --help              Print help
  -V, --version           Print version
```

❶ 0개 이상의 디렉터리를 위치 인수로 지정할 수 있으며 기본값은 현재 작업 디렉터리를 뜻하는 점(`.`)이다.

❷ `-n|--name` 옵션은 하나 이상의 패턴을 지정할 수 있다.

❸ `-t|--type` 옵션에 올 수 있는 값은 파일을 뜻하는 `f`, 디렉터리를 뜻하는 `d`, 링크를 뜻하는 `l` 중 하나 이상으로 제한된다.

이 부분에 대한 모델링은 어떤 식으로 하든 상관없지만, 여기서는 **src/main.rs**를 업데이트해서 다음과 같은 식으로 프로그램의 인수를 모델링하기로 하자.

```
use regex::Regex; ❶

#[derive(Debug)]
struct Args {
    paths: Vec<String>, ❷
    names: Vec<Regex>, ❸
    entry_types: Vec<EntryType>, ❹
}
```

❶ `regex::Regex`(https://oreil.ly/8PrIh) 스트럭트는 컴파일된 정규 표현식을 표현한다.

❷ `paths`는 문자열 벡터이며 파일이나 디렉터리 이름을 지정한다.

❸ `names`는 정규 표현식의 벡터다.

❹ `entry_types`는 `EntryType` 배리언트의 벡터다.

정규 표현식은 고유한 문법을 이용해서 텍스트 패턴을 기술한다. 언어학의 정규 언어regular language 개념에서 유래한 이름으로 정규식regex으로 줄여서 부르는 경우가 많다. 다양한 명령줄 도구와 프로그래밍 언어에서 사용한다.

다음 코드에서는 여러 배리언트 중 하나가 될 수 있는 타입인 `enum`(https://oreil.ly/SGi2B)을 도입한다. 우리는 이미 `Some<T>`와 `None` 배리언트를 갖는 `Option` 그리고 `Ok<T>`와 `Err<E>` 배리언트를 갖는 `Result` 같은 `enum` 타입을 사용해본 적이 있다. 이런 타입이 없는 언어에서는 아마 코드에 `"dir"`, `"file"`, `"link"` 같은 리터럴 문자열을 사용해야 할 것이다. 러스트에서는 `Dir`, `File`, `Link` 이렇게 딱 세 가지 가능성을 갖는 `EntryType`이라는 새 `enum`을 생성할 수 있다. 이러한 값을 패턴 매칭에 사용하면 철자가 틀릴 수도 있는 문자열 매칭보다 훨씬 더 정교하게 매칭을 수행할 수 있다. 게다가 러스트에서는 이들 배리언트 외에 다른 것이 `EntryType` 값으로 매칭되는 일이 없으므로 이를 사용하면 또 다른 안전 계층이 추가되는 셈이다.

```
#[derive(Debug, Eq, PartialEq, Clone)]
enum EntryType {
    Dir,
    File,
    Link,
}
```

러스트 명명 규칙(https://oreil.ly/2tok7)에 따라 타입, 스트럭트, 트레이트, `enum` 배리언트는 첫 글자를 대문자로 쓰는 낙타 표기법(`UpperCamelCase`)을 사용한다. 이를 파스칼 표기법(`PascalCase`)이라고도 한다.

`clap`을 써서 사용자에게 받는 항목 유형을 제한하는 데 관심이 있다면 `clap::ValueEnum` 트레이트(https://oreil.ly/RhN_g)의 구현을 작성해서 `clap::builder::PossibleValue`(https://oreil.ly/dXhAa)를 정의해야 한다. 우리는 5장에서 `impl` 키워드(https://oreil.ly/1Hz3j)를 살펴본 바 있다. 다음 코드에서는 이를 가지고 `EntryType`을 확장해서 `ValueEnum` 트레이트의 두 가지 필수 메서드를 구현한다. `use clap::{builder::PossibleValue, ValueEnum}`을 추가하는 걸 잊지 말자.

```
impl ValueEnum for EntryType {
    fn value_variants<'a>() -> &'a [Self] { ❶
        &[EntryType::Dir, EntryType::File, EntryType::Link]
    }

    fn to_possible_value<'a>(&self) -> Option<PossibleValue> { ❷
        Some(match self {
            EntryType::Dir => PossibleValue::new("d"),
            EntryType::File => PossibleValue::new("f"),
            EntryType::Link => PossibleValue::new("l"),
        })
    }
}
```

❶ `value_variants` 메서드는 허용된 배리언트를 반환한다.

❷ `to_possible_value`는 `enum` 배리언트 중 하나를 문자열로 변환한다.

 앞에 있는 함수 중 하나를 제거해보면, 러스트가 "모든 트레이트 아이템이 구현되지 않음"이라는 오류 메시지와 함께 코드 컴파일을 막는 걸 볼 수 있다.

`Args` 스트럭트에 애너테이션을 달아서 파생 기능을 써도 되고, 다음과 같은 식으로 `get_args` 함수를 만들어도 된다.

```
fn get_args() -> Args {
    let matches = Command::new("findr")
        .version("0.1.0")
        .author("Ken Youens-Clark <kyclark@gmail.com>")
        .about("Rust version of `find`")
        // 여기에는 무엇이 올까?
        .get_matches()

    Args {
        paths: ...
        names: ...
        entry_types: ...
    }
}
```

`main` 함수는 인수를 인쇄하는 것에서 시작한다.

```
fn main() {
    let args = Args::parse();
    println!("{:?}", args);
}
```

아무런 인수 없이 실행할 때 Args의 기본값은 다음과 같아야 한다.

```
$ cargo run
Args { paths: ["."], names: [], entry_types: [] }
```

--type 인수가 f일 때는 entry_types에 File 배리언트가 들어가야 한다.

```
$ cargo run -- --type f
Args { paths: ["."], names: [], entry_types: [File] }
```

값이 d일 때는 Dir이 들어가야 한다.

```
$ cargo run -- --type d
Args { paths: ["."], names: [], entry_types: [Dir] }
```

값이 l일 때는 Link가 들어가야 한다.

```
$ cargo run -- --type l
Args { paths: ["."], names: [], entry_types: [Link] }
```

다른 값은 전부 거부되어야 한다.

```
$ cargo run -- --type x
error: invalid value 'x' for '--type [<TYPE>...]'
  [possible values: d, f, l]

For more information, try '--help'.
```

여기서는 regex 크레이트(https://oreil.ly/VYPhC)를 이용해서 파일과 디렉터리 이름을 매칭할 텐데, 이 말은 --name 값이 유효한 정규 표현식이어야 한다는 뜻이다. 그림 7-1에서 보다시피 정규 표현식 문법은 파일 글롭 패턴과 약간 다르다. 예를 들어, 점은 파일 글롭에서 특별한 의미를 갖지 않고[2] 글롭 `*.txt`에서 별표(`*`)는 **0개 이상의 임의의 문자**라는 뜻이므로 이는 .txt로 끝나는 파일을 매칭한다. 하지만 정규식 문법에서 점(`.`)은 **임의의 문자 하나**라는 뜻의 메타문자이고 별표는 **0개 이상의 이전 문자**라는 뜻이므로 `.*.txt`라고 해야 동등한 정규식이 된다.

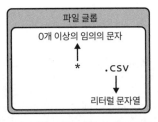 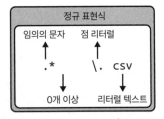

그림 7-1  점(`.`)과 별표(`*`)는 파일 글롭과 정규 표현식에서 서로 다른 의미를 갖는다.

이 말은 이 동등한 정규식을 명령줄에서 사용하려면, `.*\.txt`와 같이 점 리터럴을 백슬래시로 이스케이프 처리하고, 이 백슬래시 자체도 백슬래시로 이스케이프 처리해야 한다는 뜻이다.

```
$ cargo run -- --name .*\\.txt
Args { paths: ["."], names: [Regex(".*\\.txt")], entry_types: [] }
```

아니면 점을 `[.]` 같은 문자 클래스 안에 둬서 더 이상 메타문자로 쓰이지 않게 만들 수도 있다.

```
$ cargo run -- --name .*[.]txt
Args { paths: ["."], names: [Regex(".*[.]txt")], entry_types: [] }
```

기술적으로 `.*`는 **0개** 이상의 무언가라는 뜻이므로 정규 표현식은 문자열의 어느 위치에서든 매칭할 수 있는데, 심지어 맨 앞에서 매칭할 수도 있다.

```
let re = Regex::new(".*[.]csv").unwrap();
assert!(re.is_match("foo.csv"));
assert!(re.is_match(".csv.foo"));
```

정규식을 문자열 맨 뒤에서 매칭하고 싶다면 패턴 끝에 문자열 끝을 나타내는 `$`를 추가하면 된다.

```
let re = Regex::new(".*[.]csv$").unwrap();
assert!(re.is_match("foo.csv"));
assert!(!re.is_match(".csv.foo"));
```

---

2   때로는 점이 그냥 점일 때도 있다.

$는 패턴을 문자열 맨 뒤에 고정하기 위해서 사용하는 반면 ^는 문자열 맨 앞을 나타내기 위해서 사용한다. 예를 들어 패턴 ^foo는 foo로 시작하는 문자열인 **foobar**와 **football**을 매칭하지만, **barefoot**은 매칭하지 않는다.

find가 기대하는 것과 동일한 파일 글롭 패턴을 사용하려고 하면 잘못된 구문이라며 거부되어야 한다.

```
$ cargo run -- --name \*.txt
error: invalid value '*.txt' for '--name [<NAME>...]': regex parse error:
    *.txt
    ^
error: repetition operator missing expression
```

끝으로 모든 Args 필드는 여러 값을 허용해야 한다. 무슨 말인지 쉽게 이해할 수 있도록 스트럭트를 예쁜 인쇄 기능으로 인쇄해보면 다음과 같다.

```
$ cargo run -- -t f l -n txt mp3 -- tests/inputs/a tests/inputs/d
Args {
    paths: [
        "tests/inputs/a",
        "tests/inputs/d",
    ],
    names: [
        Regex(
            "txt",
        ),
        Regex(
            "mp3",
        ),
    ],
    entry_types: [
        File,
        Link,
    ],
}
```

프로그램의 나머지 부분을 해결하려 들기 전에 읽기를 멈추고 지금까지 살펴본 내용을 구현해보자. 프로그램이 앞의 출력을 모사할 수 있고 또 적어도 `cargo test dies`를 통과할 수 있을 때까지는 더 진행하면 안 된다.

```
running 2 tests
test dies_bad_type ... ok
test dies_bad_name ... ok
```

## 7.2.2 인수의 유효성 검사하기

다음은 당면한 과제를 다시 그룹화할 수 있도록 만든 `get_args` 함수다. 먼저 다음 의존성을 가져온다.

```
use clap::{builder::PossibleValue, Arg, ArgAction, Command, ValueEnum};
```

필자는 이 함수를 다음과 같은 식으로 작성했다.

```
fn get_args() -> Args {
    let matches = Command::new("findr")
        .version("0.1.0")
        .author("Ken Youens-Clark <kyclark@gmail.com>")
        .about("Rust version of `find`")
        .arg(
            Arg::new("paths") ❶
                .value_name("PATH")
                .help("Search paths")
                .default_value(".")
                .num_args(0..),
        )
        .arg(
            Arg::new("names") ❷
                .value_name("NAME")
                .short('n')
                .long("name")
                .help("Name")
                .value_parser(Regex::new)
                .action(ArgAction::Append)
                .num_args(0..),
        )
        .arg(
            Arg::new("types")
                .value_name("TYPE")
                .short('t')
                .long("type")
                .help("Entry type")
                .value_parser(clap::value_parser!(EntryType)) ❸
                .action(ArgAction::Append)
                .num_args(0..),
        )
        .get_matches();
```

❶ `paths` 인수에는 하나 이상의 값이 필요하며 기본값은 점(.)이다.

❷ `names` 옵션은 0개 이상의 유효한 정규식으로 된 값을 받는다.

❸ `types` 옵션은 0개 이상의 값을 받으며, 올 수 있는 값은 `f`, `d`, `l`로 제한한다.

끝으로 `Args` 스트럭트를 반환하며 마친다.

```
Args {
    paths: matches.get_many("paths").unwrap().cloned().collect(),
    names: matches
        .get_many("names")
        .unwrap_or_default() ❶
        .cloned()
        .collect(),
    entry_types: matches
        .get_many("types")
        .unwrap_or_default()
        .cloned()
        .collect(),
    }
}
```

❶ Option::unwrap_or_default(https://oreil.ly/juX-y)는 `Vec` 타입의 기본값인 빈 벡터를 반환한다.

다음은 이를 파생 패턴으로 작성한 것이다. 다음 코드를 위해서 `use clap::{ArgAction, Parser}`를 추가하는 걸 잊지 말자.

```
#[derive(Debug, Parser)]
#[command(author, version, about)]
/// `find`의 러스트 버전
struct Args {
    /// 검색 경로(들)
    #[arg(value_name = "PATH", default_value = ".")]
    paths: Vec<String>,

    /// 이름
    #[arg(
        short('n'),
        long("name"),
        value_name = "NAME",
        value_parser(Regex::new),
        action(ArgAction::Append),
        num_args(0..)
    )]
    names: Vec<Regex>,
```

```
/// 항목 유형
#[arg(
    short('t'),
    long("type"),
    value_name = "TYPE",
    value_parser(clap::value_parser!(EntryType)),
    action(ArgAction::Append),
    num_args(0..)
)]
entry_types: Vec<EntryType>,
}
```

전부 찾아내기

사용자가 넘긴 인수의 유효성 검사를 마쳤으니 이제 조건과 일치하는 아이템을 찾을 차례다. 앞 장과 마찬가지로 이들 인수를 run 함수에 넘기는 것으로 시작한다.

```
fn main() {
    if let Err(e) = run(Args::parse()) {
        eprintln!("{e}");
        std::process::exit(1);
    }
}
```

먼저 주어진 경로를 반복 처리해서 각각에 담긴 파일을 전부 찾아보는 것으로 시작한다. 이를 위해서 walkdir 크레이트를 사용할 수 있다. 다음 코드는 항목을 전부 인쇄하는 법을 보여주는데, use anyhow::Result와 use walkdir::WalkDir을 꼭 추가해야 한다.

```
fn run(args: Args) -> Result<()> {
    for path in args.paths {
        for entry in WalkDir::new(path) {
            match entry { ❶
                Err(e) => eprintln!("{e}"), ❷
                Ok(entry) => println!("{}", entry.path().display()), ❸
            }
        }
    }
    Ok(())
}
```

❶ 각 디렉터리 항목은 Result로 반환된다.

❷ 오류를 `STDERR`에 인쇄한다.

❸ `Ok` 값의 표시 이름display name을 인쇄한다.

잘 작동하는지 보기 위해서 **tests/inputs/a/b**의 내용을 나열해보자. 다음은 macOS에서 표시되는 순서다.

```
$ cargo run -- tests/inputs/a/b
tests/inputs/a/b
tests/inputs/a/b/b.csv
tests/inputs/a/b/c
tests/inputs/a/b/c/c.mp3
```

리눅스에서는 다음과 같은 출력이 표시된다.

```
$ cargo run -- tests/inputs/a/b
tests/inputs/a/b
tests/inputs/a/b/c
tests/inputs/a/b/c/c.mp3
tests/inputs/a/b/b.csv
```

윈도우/파워셸에서는 다음과 같은 출력이 표시된다.

```
> cargo run -- tests/inputs/a/b
tests/inputs/a/b
tests/inputs/a/b\b.csv
tests/inputs/a/b\c
tests/inputs/a/b\c\c.mp3
```

테스트 스위트는 순서에 관계없이 출력을 확인한다. 또 윈도우용 출력 파일을 포함하고 있어서 백슬래시가 제대로 쓰였는지 확인하고 해당 플랫폼에 심링크가 존재하지 않는다는 사실을 다룬다. 이 프로그램은 **blargh**와 같이 존재하지 않는 디렉터리를 건너뛴다는 걸 유념하자.

```
$ cargo run -- blargh tests/inputs/a/b
IO error for operation on blargh: No such file or directory (os error 2)
tests/inputs/a/b
tests/inputs/a/b/b.csv
tests/inputs/a/b/c
tests/inputs/a/b/c/c.mp3
```

이 말은 프로그램이 현 상태에서 `cargo test skips_bad_dir`을 통과한다는 뜻이다.

```
running 1 test
test skips_bad_dir ... ok
```

또 읽을 수 없는 디렉터리를 처리해서 STDERR에 메시지를 인쇄한다.

```
$ mkdir tests/inputs/hammer && chmod 000 tests/inputs/hammer
$ cargo run -- tests/inputs 1>/dev/null
IO error for operation on tests/inputs/cant-touch-this:
Permission denied (os error 13)
$ chmod 700 tests/inputs/hammer && rmdir tests/inputs/hammer
```

`cargo test`로 빠르게 확인해보면 이 간단한 버전의 프로그램이 이미 여러 테스트를 통과한다는 걸 알 수 있다.

 이제 여러분 차례다. 지금까지 살펴본 내용을 바탕으로 프로그램의 나머지 부분을 만들어보자. 디렉터리의 내용을 반복 처리하면서 `args.entry_types`에 적절한 EntryType이 들어 있으면 그에 맞게 파일, 디렉터리, 링크를 보여준다. 그런 다음 주어진 정규 표현식과 매칭되지 않는 항목 이름이 있으면 이를 전부 걸러낸다. **tests/cli.rs**에 있는 테스트를 읽고 프로그램이 무얼 처리할 수 있어야 하는지 이해하면 여러모로 도움이 될 것이다.

## 7.3 설루션

아마 여러분은 필자와 다른 방식으로 이 문제를 풀었을 텐데, 테스트 스위트를 통과하는 게 가장 중요하다는 걸 명심하자. 항목 유형을 걸러내는 법을 시작으로 필자가 설루션에 도달하기까지 거쳐온 과정을 살펴보자.

```rust
fn run(args: Args) -> Result<()> {
    for path in args.paths {
        for entry in WalkDir::new(path) {
            match entry {
                Err(e) => eprintln!("{e}"),
                Ok(entry) => {
                    if args.entry_types.is_empty() ❶
                        || args.entry_types.iter().any(|entry_type| {
                            match entry_type { ❷
```

```
                            EntryType::Link => entry.file_type().is_symlink(),
                            EntryType::Dir => entry.file_type().is_dir(),
                            EntryType::File => entry.file_type().is_file(),
                        }
                    })
                {
                    println!("{}", entry.path().display()); ❸
                }
            }
        }
    }
    Ok(())
}
```

❶ 항목 유형이 지정된 게 있는지 확인한다.

❷ 항목 유형이 있으면 `Iterator::any`(https://oreil.ly/HvVrb)를 이용해서 주어진 항목 유형이 기대 유형과 하나라도 일치하는 게 있는지 본다.

❸ 선택 기준과 일치하는 항목만 인쇄한다.

기억하겠지만, 5장에서는 벡터의 **모든** 요소가 어떤 술어 구문을 통과하면 `true`를 반환하려고 `Iterator::all`을 사용했다. 앞 코드에서는 주어진 술어 구문에 대해서 요소가 **하나라도** `true`로 판명되면 `true`를 반환하려고 `Iterator::any`를 사용 중인데, 이 경우에는 항목 유형이 기대 유형 중 하나와 일치하는지를 따진다. 예를 들어 다음과 같이 실행하면 출력에서 보다시피 모든 디렉터리를 찾는다.

```
$ cargo run -- tests/inputs/ -t d
tests/inputs/
tests/inputs/a
tests/inputs/a/b
tests/inputs/a/b/c
tests/inputs/f
tests/inputs/d
tests/inputs/d/e
```

이제 **cargo test type**을 실행하면 유형만 따로 검사하는 테스트를 전부 통과하는 걸 확인할 수 있다. 실패하는 건 유형과 이름의 조합을 검사하는 테스트이므로 이번에는 주어진 정규 표현식을 가지고 파일 이름까지 확인하도록 만들어보자.

```
fn run(args: Args) -> Result<()> {
    for path in args.paths {
        for entry in WalkDir::new(path) {
            match entry {
                Err(e) => eprintln!("{e}"),
                Ok(entry) => {
                    if (args.entry_types.is_empty() ❶
                        || args.entry_types.iter().any(|entry_type| {
                            match entry_type {
                                EntryType::Link => entry.file_type().is_symlink(),
                                EntryType::Dir => entry.file_type().is_dir(),
                                EntryType::File => entry.file_type().is_file(),
                            }
                        }))
                        && (args.names.is_empty() ❷
                            || args.names.iter().any(|re| { ❸
                                re.is_match(
                                    &entry.file_name().to_string_lossy(),
                                )
                            }))
                    {
                        println!("{}", entry.path().display());
                    }
                }
            }
        }
    }
    Ok(())
}
```

❶ 앞에서 한 것처럼 항목 유형을 확인한다.

❷ &&를 이용해서 항목 유형 검사와 주어진 이름에 대한 비슷한 검사를 결합한다.

❸ 다시 Iterator::any를 이용해서 주어진 정규식 중 현재 파일 이름을 매칭하는 게 하나라도 있는지 확인한다.

앞 코드에서는 Boolean::and(https://oreil.ly/WWDcU)(&&)와 Boolean::or(https://oreil.ly/NjWIZ)(||)를 이용해서 문서에 나와 있는 표준 진리표에 따라 두 불리언값을 결합하고 있다. 괄호는 평가를 올바른 순서로 묶는 데 필요하다.

예를 들어 다음과 같이 실행하면 출력에서 보다시피 **mp3**와 매칭되는 모든 파일을 찾는다.

```
$ cargo run -- tests/inputs/ -t f -n mp3
tests/inputs/a/b/c/c.mp3
tests/inputs/d/e/e.mp3
```

이제 **cargo test**를 실행하면 테스트를 전부 통과한다. 만세! 이 정도에서 마무리해도 되지만 코드가 좀 더 우아해지면 좋겠다는 생각이 든다. 필자의 **취향 테스트**smell test를 통과하지 못한 부분을 몇 군데 짚어보자. 우선 코드가 계속 오른쪽으로 치우치는 게 맘에 안 든다. 들여쓰기가 너무 깊은 게 문제다. 또 불리언 연산과 괄호도 전부 찝찝한 느낌을 준다. 이런 식이라면 선택 기준을 더 늘리고 싶을 때 확장하기 어려운 프로그램이 되고 말 것이다.

이 코드를 **리팩터링**하고자 한다. 이 말은 작동 방식은 그대로 둔 채 구조만 바꾸겠다는 뜻이다. 리팩터링은 작동하는 설루션이 있을 때만 할 수 있는 일이며, 테스트는 변경한 부분이 예상대로 계속 작동하는지 확인하는 데 도움이 된다. 구체적으로 말하자면 표시할 항목을 선택하는 덜 복잡한 방법을 찾고 싶다. 이들은 **필터** 연산이므로 `Iterator::filter`(https://oreil.ly/LDu90)를 사용할 작정인데 왜 그래야 하는지 알아보자. 다음은 여전히 모든 테스트를 통과하는 최종적인 `run`이다. 이를 위해서는 코드에 `use walkdir::DirEntry`를 추가해야 한다.

```
fn run(args: Args) -> Result<()> {
    let type_filter = |entry: &DirEntry| { ❶
        args.entry_types.is_empty()
            || args.entry_types.iter().any(|entry_type| match entry_type {
                EntryType::Link => entry.file_type().is_symlink(),
                EntryType::Dir => entry.file_type().is_dir(),
                EntryType::File => entry.file_type().is_file(),
            })
    };

    let name_filter = |entry: &DirEntry| { ❷
        args.names.is_empty()
            || args
                .names
                .iter()
                .any(|re| re.is_match(&entry.file_name().to_string_lossy()))
    };

    for path in &args.paths {
        let entries = WalkDir::new(path)
            .into_iter()
            .filter_map(|e| match e { ❸
                Err(e) => {
```

```
                    eprintln!("{e}");
                    None
                }
                Ok(entry) => Some(entry),
            })
            .filter(type_filter) ❹
            .filter(name_filter) ❺
            .map(|entry| entry.path().display().to_string()) ❻
            .collect::<Vec<_>>(); ❼

        println!("{}", entries.join("\n")); ❽
    }

    Ok(())
}
```

❶ 임의의(any) 정규 표현식을 가지고 항목을 걸러내는 클로저를 생성한다.

❷ 임의의(any) 유형으로 항목을 걸러내는 비슷한 클로저를 생성한다.

❸ `WalkDir`을 이터레이터로 바꾼 다음 `Iterator::filter_map`(https://oreil.ly/nZ8Yi)을 이용해서 잘못된 결과는 제거하여 `STDERR`에 인쇄하고 `Ok` 결과는 통과시킨다.

❹ 원치 않는 유형을 걸러낸다.

❺ 원치 않는 이름을 걸러낸다.

❻ 각 `DirEntry`(https://oreil.ly/F0xri)를 표시할 문자열로 바꾼다.

❼ `Iterator::collect`(https://oreil.ly/Xn28H)를 이용해서 벡터를 생성한다.

❽ 찾은 항목을 마디마다 새 줄을 넣어서 전부 연결해 인쇄한다.

앞 코드에서는 `filter` 연산에 사용할 두 개의 클로저를 만든다. 클로저를 사용하기로 한 이유는 `args`의 값을 캡처하고 싶었기 때문이다. 첫 번째 클로저는 `args.entry_types` 중에서 하나라도 `DirEntry::file_type`(https://oreil.ly/9PU5P)과 매칭되는 게 있는지 확인한다.

```
let type_filter = |entry: &DirEntry| {
    args.entry_types.is_empty() ❶
        || args.entry_types.iter().any(|entry_type| match entry_type { ❷
            EntryType::Link => entry.file_type().is_symlink(), ❸
            EntryType::Dir => entry.file_type().is_dir(), ❹
            EntryType::File => entry.file_type().is_file(), ❺
        })
};
```

❶ 항목 유형이 지정된 게 없으면 즉시 `true`를 반환한다.

❷ 그렇지 않으면 `args.entry_types`를 반복 처리해서 주어진 항목 유형과 비교한다.

❸ 항목 유형이 `Link`이면 `DirEntry::file_type` 함수를 이용해서 `FileType::is_symlink`(https://oreil.ly/6_XUV)를 호출한다.

❹ 항목 유형이 `Dir`이면 마찬가지로 `FileType::is_dir`(https://oreil.ly/Cmkjx)을 사용한다.

❺ 항목 유형이 `File`이면 마찬가지로 `FileType::is_file`(https://oreil.ly/hUsYz)을 사용한다.

앞에 있는 `match`는 러스트 컴파일러의 기능을 통해서 놓치고 지나가는 `EntryType` 배리언트가 없다는 걸 보장받는다. 예를 들어 다음과 같이 갈래 하나를 주석으로 막아보자.

```
let type_filter = |entry: &DirEntry| {
    args.entry_types.is_empty()
        || args.entry_types.iter().any(|entry_type| match entry_type {
            EntryType::Link => entry.file_type().is_symlink(),
            EntryType::Dir => entry.file_type().is_dir(),
            //EntryType::File => entry.file_type().is_file(),  // 컴파일되지 않는다!
        })
};
```

그러면 컴파일러는 하던 일을 멈추고 정중하게 `EntryType::File` 배리언트의 경우를 처리하지 않았다고 알려준다. 문자열을 이용해서 이를 모델링한다면 이런 종류의 안전성은 얻지 못할 것이다. `enum` 타입을 이용하면 코드를 훨씬 더 안전하고 수월하게 검증하고 수정할 수 있다.

```
error[E0004]: non-exhaustive patterns: `&EntryType::File` not covered
  --> src/main.rs:68:63
   |
68 |            || args.entry_types.iter().any(|entry_type| match entry_type {
   |                                                         ^^^^^^^^^^^
   |                               pattern `&EntryType::File` not covered
```

두 번째 클로저는 주어진 정규 표현식 중에서 어느 것과도 매칭되지 않는 파일 이름을 제거하는 데 쓰인다.

```
let name_filter = |entry: &DirEntry| {
    args.names.is_empty() ❶
        || args
            .names
```

```
            .iter()
            .any(|re| re.is_match(&entry.file_name().to_string_lossy()))) ❷
};
```

❶ 이름 정규식이 없으면 즉시 `true`를 반환한다.

❷ `Iterator::any`를 이용해서 정규식 중에서 하나라도 `DirEntry::file_name`(https://oreil. ly/3LGTA)과 매칭되는 게 있는지 확인한다.

마지막으로 강조하고 싶은 부분은 다음 코드에 있는 이터레이터를 가지고 서로 연결chain할 수 있는 여러 연산이다. 파일의 내용을 줄 단위로 읽을 때나 디렉터리의 항목을 읽을 때처럼, 이터레이터에 있는 개별 값은 `DirEntry` 값을 산출할 수 있는 `Result`다. 여기서는 `Iterator::filter_map`을 이용해서 각 `Result`를 클로저에 매핑하는데, 이 클로저는 오류를 `STDERR`에 인쇄하고 `None`을 반환해서 이를 제거하거나, 아니면 `Ok` 값을 `Some` 값으로 바꿔서 이를 다음 단계로 넘긴다. 이렇게 하면 유효한 `DirEntry` 값이 유형과 이름을 위한 필터에 전달되고 난 뒤에 `map` 연산에 넘겨져서 `String` 값으로 변형된다.

```
let entries = WalkDir::new(path)
    .into_iter()
    .filter_map(|e| match e {
        Err(e) => {
            eprintln!("{e}");
            None
        }
        Ok(entry) => Some(entry),
    })
    .filter(type_filter)
    .filter(name_filter)
    .map(|entry| entry.path().display().to_string())
    .collect::<Vec<_>>();
```

이 코드는 군더더기 없이 아주 간결하면서도 표현력이 뛰어나다고 생각한다. 이들 기능이 얼마나 큰 도움이 되는지 또 얼마나 잘 맞는지 생각하면 그저 감사할 따름이다. 무엇보다 중요한 건 어떻게 해야 파일 크기, 수정 시간, 소유권 등을 위한 추가 필터를 가지고 이 코드를 확장할 수 있는지 명확히 눈에 들어온다는 점인데, 이는 `Iterator::filter`를 사용하도록 코드를 리팩터링하지 않았다면 훨씬 더 어려웠을 일이다. 테스트를 통과하는 한 코드야 어떤 식으로든 작성하면 그만이지만 필자는 이런 설루션을 선호한다.

## **7.4** 조건부 테스트: 유닉스 vs. 윈도우

여기서 잠깐, 윈도우와 유닉스 모두에서 통과하는 테스트를 작성하는 법에 대해 알아보는 시간을 가져보자. 윈도우에서는 심링크된 파일이 일반 파일이 되므로 `--type l`로 찾아봐야 아무것도 나올 게 없다. 이 말은 `--type f`로 찾으면 일반 파일이 추가로 더 나온다는 뜻이기도 하다. 테스트는 전부 **tests/cli.rs** 안에 있다. 이전 테스트에서처럼 다양한 인수를 가지고 프로그램을 실행하고 출력을 파일의 내용과 비교하기 위해서 `run`이라는 도우미 함수를 작성해뒀다.

```
fn run(args: &[&str], expected_file: &str) -> Result<()> { ❶
    let file = format_file_name(expected_file); ❷
    let contents = fs::read_to_string(file.as_ref())?; ❸
    let mut expected: Vec<&str> = contents.split("\n").filter(|s| !s.is_empty()).collect();
    expected.sort();

    let cmd = Command::cargo_bin(PRG)?.args(args).assert().success(); ❹
    let out = cmd.get_output();
    let stdout = String::from_utf8(out.stdout.clone())?;
    let mut lines: Vec<&str> = stdout.split("\n").filter(|s| !s.is_empty()).collect();
    lines.sort();

    assert_eq!(lines, expected); ❺
    Ok(())
}
```

❶ 이 함수는 명령줄 인수와 기대 출력이 담긴 파일을 받는다.

❷ 유닉스용 파일을 사용할지 윈도우용 파일을 사용할지 결정한다. 이 부분은 곧 설명한다.

❸ 기대 파일의 내용을 읽은 다음 줄 단위로 분할하고 정렬한다.

❹ 인수를 가지로 프로그램을 실행해서 성공적으로 실행되는지 확인한 다음 출력을 줄 단위로 분할하고 정렬한다.

❺ 출력이 기대치와 같은지 확인한다.

**tests/expected** 디렉터리를 보면 테스트별로 파일이 한 쌍씩 마련되어 있는 걸 볼 수 있다. 즉, 테스트 `name_a`에는 두 개의 출력 파일이 있는데 하나는 유닉스용이고 다른 하나는 윈도우용이다.

```
$ ls tests/expected/name_a.txt*
tests/expected/name_a.txt        tests/expected/name_a.txt.windows
```

`name_a` 테스트는 다음과 같이 생겼다.

```
#[test]
fn name_a() -> Result<()> {
    run(&["tests/inputs", "-n", "a"], "tests/expected/name_a.txt")
}
```

run 함수는 format_file_name 함수를 이용해서 적절한 파일 이름을 생성한다. 이때 조건부 컴파일(https://oreil.ly/AnpGk)을 이용해서 어떤 버전의 함수를 컴파일할지 결정한다. 이들 함수는 use std::borrow::Cow를 필요로 한다는 걸 눈여겨보자. 프로그램을 윈도우에서 컴파일할 때는 다음 함수를 이용해서 기대 파일 이름에 문자열 .windows를 덧붙인다.

```
#[cfg(windows)]
fn format_file_name(expected_file: &str) -> Cow<str> {
    // Cow::Owned(format!("{}.windows", expected_file))과 동등하다.
    format!("{}.windows", expected_file).into()
}
```

프로그램을 윈도우에서 컴파일하지 **않을** 때는 다음 버전을 이용해서 주어진 파일 이름을 사용한다.

```
#[cfg(not(windows))]
fn format_file_name(expected_file: &str) -> Cow<str> {
    // Cow::Borrowed(expected_file)과 동등하다.
    expected_file.into()
}
```

std::borrow::Cow(https://oreil.ly/f88Lq)를 사용한다는 건, 유닉스 시스템에서는 문자열이 복제되지 않고, 윈도우에서는 수정된 파일 이름이 소유권이 있는 문자열 형태로 반환된다는 뜻이다.

끝으로 윈도우가 아닌 플랫폼에서만 실행되는 unreadable_dir 테스트가 있다.

```
#[test]
#[cfg(not(windows))]
fn unreadable_dir() -> Result<()> {
    let dirname = "tests/inputs/cant-touch-this"; ❶
    if !Path::new(dirname).exists() {
        fs::create_dir(dirname)?;
    }

    std::process::Command::new("chmod") ❷
```

```
        .args(&["000", dirname])
        .status()
        .expect("failed");

    let cmd = Command::cargo_bin(PRG)? ❸
        .arg("tests/inputs")
        .assert()
        .success();
    fs::remove_dir(dirname)?; ❹

    let out = cmd.get_output(); ❺
    let stdout = String::from_utf8(out.stdout.clone())?;
    let lines: Vec<&str> = stdout.split("\n").filter(|s| !s.is_empty()).collect();

    assert_eq!(lines.len(), 17); ❻

    let stderr = String::from_utf8(out.stderr.clone())?; ❼
    assert!(stderr.contains("cant-touch-this: Permission denied"));
    Ok(())
}
```

❶ 디렉터리를 정의하고 생성한다.

❷ 디렉터리를 읽을 수 없도록 권한을 설정한다.

❸ `findr`를 실행하고 실패하지 않는지 확인한다.

❹ 향후 있을 테스트에 방해가 되지 않도록 디렉터리를 제거한다.

❺ `STDOUT`의 내용을 줄 단위로 분할한다.

❻ 열일곱 줄인지 확인한다.

❼ `STDERR`에 기대하는 경고가 포함되어 있는지 확인한다.

## 7.5 한 걸음 더 나아가기

이전의 모든 프로그램과 마찬가지로 `find`의 다른 기능을 전부 구현해보자. 예를 들어 `find`에서 가장 유용한 옵션 두 가지는 디렉터리 구조를 얼마나 깊이 탐색할지 제어하는 `-max_depth`와 `-min_depth`다. `WalkDir::max_depth`(https://oreil.ly/kpOl8)와 `WalkDir::min_depth`(https://oreil.ly/J5iea) 옵션을 이용하면 간단히 해결할 수 있을 것이다.

다음으로 크기를 기준으로 파일을 찾아보자. `find` 프로그램에는 지정된 크기보다 작거나, 크거나, 정확히 같은 파일을 나타내는 특별한 문법이 있다.

```
-size n[ckMGTP]
    True if the file's size, rounded up, in 512-byte blocks is n.  If
    n is followed by a c, then the primary is true if the file's size
    is n bytes (characters).  Similarly if n is followed by a scale
    indicator then the file's size is compared to n scaled as:

    k        kilobytes (1024 bytes)
    M        megabytes (1024 kilobytes)
    G        gigabytes (1024 megabytes)
    T        terabytes (1024 gigabytes)
    P        petabytes (1024 terabytes)
```

`find` 프로그램은 이 결과에 대해 조치를 취할 수도 있다. 예를 들어 `-delete` 옵션은 항목을 제거한다. 이는 빈 파일을 찾아서 제거할 때 유용하다.

```
$ find . -size 0 -delete
```

필자는 앞 장에서 `uniqr -c`가 한 것처럼 아이템을 몇 개나 찾았는지 알려주는 `-count` 옵션이 있으면 좋겠다는 생각을 자주 했다. 물론 이를 `wc -l`(아니면 더 나은 `wcr`)과 파이프로 연결하면 될 일이지만 프로그램에 이런 옵션을 넣어보는 것도 좋겠다.

여러 번 소개했던 `tree` 프로그램의 러스트 버전을 작성해보자. 이 프로그램은 항목의 경로를 재귀적으로 탐색해서 파일과 디렉터리 구조를 시각적으로 표현한다. 또 출력을 입맛에 맞게 바꿀 수 있는 다양한 옵션이 있다. 예를 들어 `-d` 옵션을 이용하면 디렉터리만 표시할 수 있다.

```
$ tree -d
.
├── a
│   └── b
│       └── c
├── d
│   └── e
└── f

6 directories
```

`tree`는 `-P` 옵션으로 파일 글롭을 지정할 수 있어서 주어진 패턴과 일치하는 항목만 표시할 수도 있다.

```
$ tree -P \*.csv
.
├── a
│   └── b
│       ├── b.csv
│       └── c
├── d
│   ├── b.csv -> ../a/b/b.csv
│   └── e
├── f
└── g.csv

6 directories, 3 files
```

끝으로 여러분의 버전을 러스트로 작성된 `find`의 또 다른 대안인 `fd`(https://oreil.ly/ralqD)와 비교해보고 이러한 문제를 다른 사람은 어떤 식으로 해결했는지 알아보자.

# 요약

이제 현실적인 프로그램이 얼마나 복잡해질 수 있는지 이해했기를 바란다. 예를 들어 `find`는 여러 비교를 결합해서 디스크를 잡아먹는 대용량 파일이나 오랫동안 수정되지 않아 제거할 수 없는 파일을 찾는 데 도움을 줄 수 있다.

이번 장에서 배운 기술을 되짚어보자.

- `clap`을 이용해서 인숫값을 제한된 문자열 집합으로 한정하면 사용자 입력의 유효성을 검사하는 시간을 절약할 수 있다.
- 가능한 값들의 목록인 `enum`을 위한 구현 블록을 생성하는 법을 배웠다.
- 정규 표현식을 이용해서 텍스트 패턴을 찾는 법을 살펴봤다. 또 캐럿(^)은 패턴을 검색 문자열의 시작 부분에 고정하고 달러 기호($)는 표현식을 끝 부분에 고정한다는 것도 배웠다.
- `WalkDir`을 이용하면 디렉터리 구조를 재귀적으로 탐색하고 `DirEntry` 값을 평가해서 파일, 디렉터리, 링크를 찾을 수 있다.
- `any`, `filter`, `map`, `filter_map` 같은 여러 연산을 이터레이터와 연결하는 법을 배웠다.
- 윈도우에서는 `#[cfg(windows)]`를, 윈도우가 아닌 곳에서는 `#[cfg(not(windows))]`를 이용해서 조건부로 코드를 컴파일할 수 있다.

- 코드 리팩터링을 통해서 로직을 단순화하는 동시에 테스트를 이용해서 프로그램이 계속 작동하는지 확인하는 사례를 살펴봤다.

8장에서는 구분 기호로 분리된 텍스트 파일을 읽는 법을 배우고, 9장에서는 정규 표현식을 이용해서 주어진 패턴과 일치하는 텍스트 줄을 찾는 법을 배운다.

# 8
## CHAPTER

# 면도와 이발: cut

난 엉망진창이야 / 네가 날 잘라낸 이후로 / 하지만 처키의 팔이 곁에 있네

—<Cyclops Rock>(데이 마이트 비 자이언츠, 2001)

다음 도전 과제 프로그램에서는 파일이나 STDIN의 텍스트를 잘라내는 cut의 러스트 버전을 만들어본다. 선택한 텍스트는 특정 범위의 바이트나 문자일 수도 있고, 쉼표나 탭처럼 필드의 경계를 세우는 구분 기호로 표시된 필드일 수도 있다. 연속된 범위의 문자나 바이트를 선택하는 법은 4장에서 headr 프로그램을 만들 때 배운 바 있지만, 이번 도전 과제에서는 선택이 불연속적일 수 있고 또 임의의 순서로 나타날 수 있기 때문에 더 어렵다. 예를 들어 3,1,5-7을 선택하면 도전 과제 프로그램은 세 번째와 첫 번째 그리고 다섯 번째부터 일곱 번째에 해당하는 바이트, 문자, 필드를 해당 순서대로 인쇄해야 한다. 이번 도전 과제 프로그램은 오리지널의 정신을 담아내되 완벽한 재현을 목표로 삼지는 않을 것이며, 개선이라고 생각되는 몇 가지 변경 사항을 제안할 것이다.

이번 장에서 배울 내용은 다음과 같다.

- csv 크레이트를 이용해서 구분 기호로 분리된 텍스트 파일을 읽고 쓰는 법
- *를 이용해서 값을 역참조하는 법
- Iterator::flatten을 이용해서 이터레이터에서 중첩 구조를 제거하는 법
- Iterator::flat_map을 이용해서 Iterator::map과 Iterator::flatten을 결합하는 법

---

\* [옮긴이] 이번 장 제목의 원문은 "Shave and a Haircut"으로 코미디 연출에 자주 쓰이는 멜로디를 뜻한다(https://en.wikipedia.org/wiki/Shave_and_a_Haircut). 이번 장에서 다룰 cut 프로그램을 소개하는 언어유희다.

## 8.1 cut의 작동 방식

먼저 작성할 프로그램의 기능을 설명하는 BSD cut 매뉴얼 페이지의 일부를 검토하는 것으로 시작하자.

```
CUT(1)                    BSD General Commands Manual                    CUT(1)

NAME
     cut -- cut out selected portions of each line of a file

SYNOPSIS
     cut -b list [-n] [file ...]
     cut -c list [file ...]
     cut -f list [-d delim] [-s] [file ...]

DESCRIPTION
     The cut utility cuts out selected portions of each line (as specified by
     list) from each file and writes them to the standard output.  If no file
     arguments are specified, or a file argument is a single dash ('-'), cut
     reads from the standard input.  The items specified by list can be in
     terms of column position or in terms of fields delimited by a special
     character.  Column numbering starts from 1.

     The list option argument is a comma or whitespace separated set of num-
     bers and/or number ranges.  Number ranges consist of a number, a dash
     ('-'), and a second number and select the fields or columns from the
     first number to the second, inclusive.  Numbers or number ranges may be
     preceded by a dash, which selects all fields or columns from 1 to the
     last number.  Numbers or number ranges may be followed by a dash, which
     selects all fields or columns from the last number to the end of the
     line.  Numbers and number ranges may be repeated, overlapping, and in any
     order.  If a field or column is specified multiple times, it will appear
     only once in the output.  It is not an error to select fields or columns
     not present in the input line.
```

오리지널 도구는 꽤 많은 옵션을 제공하지만 도전 과제 프로그램에서는 다음 옵션만 구현한다.

```
     -b list
             The list specifies byte positions.

     -c list
             The list specifies character positions.

     -d delim
```

```
                Use delim as the field delimiter character instead of the tab
                character.

        -f list
                The list specifies fields, separated in the input by the field
                delimiter character (see the -d option.)  Output fields are sepa-
                rated by a single occurrence of the field delimiter character.
```

늘 그랬듯이 GNU 버전은 이들 옵션에 대해서 짧은 플래그와 긴 플래그를 모두 제공한다.

```
NAME
        cut - remove sections from each line of files

SYNOPSIS
        cut OPTION... [FILE]...

DESCRIPTION
        Print selected parts of lines from each FILE to standard output.

        Mandatory  arguments  to  long  options are mandatory for short options
        too.

        -b, --bytes=LIST
                select only these bytes

        -c, --characters=LIST
                select only these characters

        -d, --delimiter=DELIM
                use DELIM instead of TAB for field delimiter

        -f, --fields=LIST
                select only these fields;  also print any line that contains  no
                delimiter character, unless the -s option is specified
```

두 도구 모두 비슷한 방식으로 선택 범위를 구현하며, 수를 기재할 때는 선택한 수를 하나씩 적거나, 1-3과 같이 닫힌 범위로 적거나, (1부터 3까지를 나타내는) -3이나 (5부터 끝까지를 나타내는) 5-와 같이 부분적으로 정의된 범위로 적으면 되지만, 도전 과제 프로그램에서는 닫힌 범위만 지원할 것이다. 책의 **08_cutr/tests/inputs** 디렉터리에 있는 파일 몇 가지를 이용해서 도전 과제 프로그램이 구현할 기능을 알아보자. 앞으로 나올 명령을 실행하려면 이 디렉터리로 자리를 옮겨야 한다.

```
$ cd 08_cutr/tests/inputs
```

먼저 각 열이 고정된 수의 문자를 차지하는 **고정 너비 텍스트**fixed-width text로 된 파일을 보자.

```
$ cat books.txt
Author              Year Title
Émile Zola          1865 La Confession de Claude
Samuel Beckett      1952 Waiting for Godot
Jules Verne         1870 20,000 Leagues Under the Sea
```

저자를 뜻하는 **Author** 열은 앞에서부터 스무 자를 차지한다.

```
$ cut -c 1-20 books.txt
Author
Émile Zola
Samuel Beckett
Jules Verne
```

출판 연도를 뜻하는 **Year** 열은 그다음 다섯 자에 걸쳐있다.

```
$ cut -c 21-25 books.txt
Year
1865
1952
1870
```

제목을 뜻하는 **Title** 열은 줄의 나머지를 채우며 가장 긴 제목은 스물여덟 자다. 여기서는 일부러 실제보다 더 큰 범위를 요청해서 이렇게 해도 오류로 간주되지 않는다는 걸 보여준다.

```
$ cut -c 26-70 books.txt
Title
La Confession de Claude
Waiting for Godot
20,000 Leagues Under the Sea
```

이 프로그램은 **Title**에 해당하는 범위 26-55를 앞에 주고 **Author**에 해당하는 범위 1-20을 뒤에 주더라도 출력을 재배치하지 않는다. 이렇게 선택된 내용은 원래 순서인 오름차순으로 배치된다.

```
$ cut -c 26-55,1-20 books.txt
Author              Title
```

```
Émile Zola          La Confession de Claude
Samuel Beckett      Waiting for Godot
Jules Verne         20,000 Leagues Under the Sea
```

첫 번째 문자를 선택하려면 다음처럼 `-c 1` 옵션을 사용한다.

```
$ cut -c 1 books.txt
A
É
S
J
```

앞 장에서 봤다시피 바이트와 문자를 늘 바꿔서 사용할 수 있는 건 아니다. 예를 들어 Émile Zola의 É는 2바이트로 구성된 유니코드 문자이므로, 1바이트만 요청하면 유니코드 대체 문자로 표현된 잘못된 UTF-8이 반환된다.

```
$ cut -b 1 books.txt
A
�
S
J
```

경험에 비춰볼 때 고정 너비 데이터 파일은 데이터의 열이 쉼표나 탭 같은 문자로 구분되는 데이터 파일보다 덜 일반적이다. **books.tsv** 파일에 있는 동일한 데이터를 보자. 여기서 파일 확장자 **.tsv**는 **tab-separated values**의 약자로, TSV 파일은 열이 탭으로 구분된다.

```
$ cat books.tsv
Author  Year    Title
Émile Zola      1865    La Confession de Claude
Samuel Beckett  1952    Waiting for Godot
Jules Verne     1870    20,000 Leagues Under the Sea
```

기본적으로 `cut`은 탭 문자를 필드 구분 기호로 간주하므로, 예를 들어 두 번째 열에 있는 출판 연도와 세 번째 열에 있는 제목을 선택하려면 다음과 같이 `-f` 옵션을 사용하면 된다.

```
$ cut -f 2,3 books.tsv
Year    Title
```

```
1865      La Confession de Claude
1952      Waiting for Godot
1870      20,000 Leagues Under the Sea
```

쉼표는 흔히 쓰이는 또 다른 구분 기호이며, 이런 파일은 확장자가 **comma-separated values**의 약자인 **.csv**로 된 경우가 많다. 다음은 CSV 파일에 있는 동일한 데이터다.

```
$ cat books.csv
Author,Year,Title
Émile Zola,1865,La Confession de Claude
Samuel Beckett,1952,Waiting for Godot
Jules Verne,1870,"20,000 Leagues Under the Sea"
```

CSV 파일을 파싱하려면 `-d` 옵션으로 구분 기호를 지정해야 한다. 2,1과 같은 식으로 두 번째 열을 앞에 주고 첫 번째 열을 뒤에 주더라도 출력되는 필드의 순서는 바뀌지 않으며 열이 원래 순서대로 나온다는 걸 눈여겨보자.

```
$ cut -d , -f 2,1 books.csv
Author,Year
Émile Zola,1865
Samuel Beckett,1952
Jules Verne,1870
```

세 번째 제목을 보면 **20,000**에 쉼표가 들어 있는데, 이 쉼표가 필드 구분 기호가 아니라는 걸 나타내기 위해서 제목을 따옴표로 묶어뒀다는 걸 눈치챘을지 모르겠다. 구분 기호를 **이스케이프 처리**하거나 파서가 이를 무시하도록 지시할 때는 이렇게 한다. 안타깝게도 BSD와 GNU 버전의 `cut`은 둘 다 이를 인식하지 못해서 제목이 앞에서 잘린다.

```
$ cut -d , -f 1,3 books.csv
Author,Title
Émile Zola,La Confession de Claude
Samuel Beckett,Waiting for Godot
Jules Verne,"20
```

`list` 옵션값 중에서 정수가 아닌 값은 거부된다.

```
$ cut -f foo,bar books.tsv
cut: [-cf] list: illegal list value
```

파일을 열 때 발생하는 모든 오류는 작동 과정에서 처리되어 STDERR에 메시지를 인쇄한다. 다음 예에서 **blargh**는 존재하지 않는 파일을 나타낸다.

```
$ cut -c 1 books.txt blargh movies1.csv
A
É
S
J
cut: blargh: No such file or directory
t
T
L
```

끝으로 프로그램은 주어진 입력 파일 이름이 없거나 대시(-)이면 STDIN을 읽는다.

```
$ cat books.tsv | cut -f 2
Year
1865
1952
1870
```

도전 과제 프로그램에서 구현해볼 내용은 이 정도이며, 일부는 다음과 같이 바꾼다.

- 범위는 시작값과 끝값을 모두 표시해야 한다.
- 선택 범위는 사용자가 지정한 순서대로 인쇄되어야 한다.
- 범위에는 반복되는 값이 포함될 수 있다.
- 구분 기호로 분리된 파일을 파싱할 때는 이스케이프 처리된 구분 기호를 감안해야 한다.

## 8.2 시작하기

도전 과제 프로그램의 이름은 cut의 러스트 버전이라는 의미로 cutr(커터라고 읽는다)라고 하겠다. 먼저 `cargo new cutr`를 실행한 다음 **08_cutr/tests** 디렉터리를 프로젝트로 복사하자. 필자의 설루션은 다음과 같은 크레이트를 사용하므로 이를 Cargo.toml에 추가해야 한다.

```
[dependencies]
anyhow = "1.0.79"
clap = { version = "4.5.0", features = ["derive"] }
csv = "1.3.0" ❶
regex = "1.10.3"

[dev-dependencies]
assert_cmd = "2.0.13"
predicates = "3.0.4"
pretty_assertions = "1.4.0"
rand = "0.8.5"
```

❶ `csv` 크레이트(https://oreil.ly/cE8fC)는 CSV 파일과 같이 구분 기호로 분리된 파일을 파싱하는 데 사용된다.

`cargo test`를 실행하면 의존성을 다운로드해서 테스트를 실행하는데, 이때 테스트는 전부 실패해야 한다.

### 8.2.1 인수 정의하기

다음은 프로그램의 예상 사용법이다.

```
$ cargo run -- --help
Rust version of `cut`

Usage: cutr [OPTIONS] <--fields <FIELDS>|--bytes <BYTES>|--chars <CHARS>> ❶
        [FILES]...

Arguments:
  [FILES]...  Input file(s) [default: -] ❷

Options:
  -d, --delimiter <DELIMITER>  Field delimiter [default: "\t"] ❸
  -f, --fields <FIELDS>        Selected fields
  -b, --bytes <BYTES>          Selected bytes
  -c, --chars <CHARS>          Selected chars
  -h, --help                   Print help
  -V, --version                Print version
```

❶ `--fields`, `--bytes`, `--chars` 중 하나를 반드시 지정해야 한다.

❷ 입력 파일은 옵션이며 기본값은 대시로 표시하는 `STDIN`이다.

❸ 기본 레코드 구분 기호는 탭 문자다.

파생 패턴을 사용할 때 clap이 --fields, --bytes, --chars 중 하나를 필수로 받도록 하기 위해서, 여기서는 프로그램의 인수를 위한 다음 스트럭트를 이용해서 ArgGroup(https://oreil.ly/1h53Z)을 생성하겠다.

```
#[derive(Debug)]
struct Args {
    files: Vec<String>, ❶
    delimiter: String, ❷
    extract: ArgsExtract, ❸
}

#[derive(Debug)]
struct ArgsExtract { ❹
    fields: Option<String>,
    bytes: Option<String>,
    chars: Option<String>,
}
```

❶ files 매개변수는 문자열 벡터다.

❷ delimiter는 열을 구분하는 문자다.

❸ extract 필드는 별도의 스트럭트를 가리킨다.

❹ ArgsExtract 스트럭트는 clap이 이들 인수를 그룹으로 묶는 데 쓰인다.

파생 패턴을 선호한다면 사용 설명서를 만들어내기 위해 앞에 있는 스트럭트에 애너테이션을 달아둔다. 빌더 패턴을 선호한다면 다음 뼈대를 확장해서 get_args를 만들어가면 된다. 빌더 패턴으로 ArgGroup을 정의할 때는 스트럭트를 굳이 분리할 필요가 없지만, 이 프로그램에서는 두 버전다 일관성을 위해서 앞에 있는 스트럭트를 사용하겠다.

```
fn get_args() -> Args {
    let matches = Command::new("cutr")
        .version("0.1.0")
        .author("Ken Youens-Clark <kyclark@gmail.com>")
        .about("Rust version of `cut`")
        // 여기에는 무엇이 올까?
        .get_matches();

    Args {
        files: ...
        delimiter: ...
```

```
        extract: ...
    }
}
```

첫 번째 과제는 `main`에서 실행 시점 값을 예쁜 인쇄 기능으로 인쇄하는 것이다.

```
fn main() {
    let args = get_args();
    println!("{:#?}", args);
}
```

프로그램을 아무런 인수 없이 실행하면 다음과 같이 실패해야 한다.

```
$ cargo run
error: the following required arguments were not provided:
  <--fields <FIELDS>|--bytes <BYTES>|--chars <CHARS>>

Usage: cutr <--fields <FIELDS>|--bytes <BYTES>|--chars <CHARS>> [FILES]...
```

필수 인수 중 하나를 가지고 실행하면 다음과 같이 스트럭트를 인쇄해야 한다.

```
$ cargo run -- -f 1
Args {
    files: [ ❶
        "-",
    ],
    delimiter: "\t", ❷
    extract: ArgsExtract {
        fields: Some( ❸
            "1",
        ),
        bytes: None,
        chars: None,
    },
}
```

❶ 기본 파일 입력은 대시다.

❷ 기본 구분 기호는 탭이다.

❸ `--fields` 값 `1`은 `ArgsExtract` 스트럭트의 일부다.

다른 인수도 올바르게 파싱되는지 확인한다.

```
$ cargo run -- -b 4 -d , tests/inputs/movies1.csv
Args {
    files: [
        "tests/inputs/movies1.csv", ❶
    ],
    delimiter: ",", ❷
    extract: ArgsExtract {
        fields: None,
        bytes: Some( ❸
            "4",
        ),
        chars: None,
    },
}
```

❶ 위치 인수는 `files` 필드로 파싱된다.

❷ `-d` 인수는 `delimiter` 필드로 파싱된다.

❸ `-b` 인수는 `bytes` 필드로 파싱된다.

`-f|--fields`, `-b|--bytes`, `-c|--chars` 옵션은 전부 상호 배타적이어야 한다.

```
$ cargo run -- -f 1 -b 8-9 tests/inputs/movies1.tsv
error: the argument '--fields <FIELDS>' cannot be used with '--bytes <BYTES>'

Usage: cutr <--fields <FIELDS>|--bytes <BYTES>|--chars <CHARS>> [FILES]...
```

 읽기를 멈추고 여러분의 프로그램이 앞서 설명한 동작대로 작동되게 만들어보자. `cargo test dies`를 실행할 때 잘못된 입력 파일을 다루는 다섯 가지 테스트를 통과해야 한다.

빌더 패턴을 쓰기로 했다면 여러분의 `get_args` 함수는 대략 다음과 같을 것이다. 다음 코드를 위해서 `use clap::{Arg, ArgGroup, Command}`를 추가하는 걸 잊지 말자.

```
fn get_args() -> Args {
    let matches = Command::new("cutr")
        .version("0.1.0")
        .author("Ken Youens-Clark <kyclark@gmail.com>")
```

```
        .about("Rust version of `cut`")
        .arg(
            Arg::new("files") ❶
                .value_name("FILES")
                .help("Input file(s)")
                .num_args(0..)
                .default_value("-"),
        )
        .arg(
            Arg::new("delimiter") ❷
                .value_name("DELIMITER")
                .short('d')
                .long("delim")
                .help("Field delimiter")
                .default_value("\t"),
        )
        .arg(
            Arg::new("fields") ❸
                .value_name("FIELDS")
                .short('f')
                .long("fields")
                .help("Selected fields"),
        )
        .arg(
            Arg::new("bytes") ❹
                .value_name("BYTES")
                .short('b')
                .long("bytes")
                .help("Selected bytes"),
        )
        .arg(
            Arg::new("chars") ❺
                .value_name("CHARS")
                .short('c')
                .long("chars")
                .help("Selected characters"),
        )
        .group(
            ArgGroup::new("extract")
                .args(["fields", "bytes", "chars"]) ❻
                .required(true)
                .multiple(false),
        )
        .get_matches();

    Args {
        files: matches.get_many("files").unwrap().cloned().collect(),
        delimiter: matches.get_one("delimiter").cloned().unwrap(),
```

```
    extract: ArgsExtract {  ❼
        fields: matches.get_one("fields").cloned(),
        bytes: matches.get_one("bytes").cloned(),
        chars: matches.get_one("chars").cloned(),
    },
  }
}
```

❶ `files`는 위치 인수다. 필수 인수는 아니며 기본값은 대시다.

❷ `delimiter` 옵션의 기본값은 탭이다.

❸ `fields`는 옵션이다.

❹ `bytes`는 옵션이다.

❺ `chars`는 옵션이다.

❻ 이렇게 하면 여기에 올 수 있는 값을 이 구성원 중 하나로 한정하는 인수 그룹이 생성된다.

❼ 스트럭트는 또 다른 스트럭트를 담을 수 있다.

파생 패턴에는 `use clap::Parser`가 필요하며 다음과 같은 식으로 구현한다.

```
#[derive(Debug, Parser)]
#[command(author, version, about)]
/// `cut`의 러스트 버전
struct Args {
    /// 입력 파일(들)
    #[arg(default_value = "-")]
    files: Vec<String>,

    /// 필드 구분 기호
    #[arg(short, long, value_name = "DELIMITER", default_value = "\t")]
    delimiter: String,

    #[command(flatten)]  ❶
    extract: ArgsExtract,
}

#[derive(Debug, clap::Args)]  ❷
#[group(required = true, multiple = false)]  ❸
struct ArgsExtract {
    /// 선택한 필드
    #[arg(short, long, value_name = "FIELDS")]
    fields: Option<String>,

    /// 선택한 바이트
```

```
    #[arg(short, long, value_name = "BYTES")]
    bytes: Option<String>,

    /// 선택한 문자
    #[arg(short, long, value_name = "CHARS")]
    chars: Option<String>,
}
```

❶ flatten은 ArgsExtract를 Args 스트럭트에 병합한다.

❷ derive 부분을 보면 clap::Args와 같은 식으로 한정자가 모두 붙어있는데, 이는 필자가 정의한 Args와 네임스페이스가 충돌하는 걸 피하기 위함이다.

❸ group 애너테이션은 ArgGroup을 생성한다.

다음으로 인수를 좀 더 심도 있게 검증해보자.

### 8.2.2 구분 기호의 유효성 검사하기

먼저 앞 장과 마찬가지로 run 함수를 소개하겠다. use anyhow::Result와 다음 코드를 추가한다.

```
fn main() {
    if let Err(e) = run(Args::parse()) {
        eprintln!("{e}");
        std::process::exit(1);
    }
}

fn run(_args: Args) -> Result<()> {
    Ok(())
}
```

프로그램의 후반부에서는 csv 크레이트(https://oreil.ly/B3F6c)를 써서 입력 파일을 파싱할 예정인데, 이때는 구분 기호가 부호 없는 8비트 정수 u8(https://oreil.ly/P5d3b)이어야 한다. 프로그램은 현재 구분 기호 입력이 올바른지 확인하는 **cargo test dies_bad_delimiter** 테스트에서 실패한다. **tests/cli.rs**의 소스 코드를 보면 실패 시 출력되는 오류 메시지를 볼 수 있다.

```
#[test]
fn dies_bad_delimiter() -> Result<()> {
    dies(
        &[CSV, "-f", "1", "-d", ",,"], ❶
```

```
        r#"--delim ",," must be a single byte"#, ❷
    )
}
```

❶ 프로그램은 쉼표 두 개를 구분 기호로 사용해 실행된다.

❷ 오류 메시지에는 주어진 구분 기호와 함께 입력을 수정하는 법이 표시되어야 한다.

 읽기를 멈추고 이 테스트를 통과하는 데 필요한 코드를 작성해보자. 필자의 경우에는 run이 오류 메시지를 가지고 복귀하도록 만들기 위해서 use anyhow::bail을 추가해 bail(https://oreil.ly/wCanm) 매크로를 포함시켰다는 걸 유념하자.

다음은 구분 기호가 단일 바이트인지 확인하는 법이다.

```
fn run(args: Args) -> Result<()> {
    let delim_bytes = args.delimiter.as_bytes(); ❶
    if delim_bytes.len() != 1 { ❷
        bail!(r#"--delim "{}" must be a single byte"#, args.delimiter); ❸
    }
    let delimiter: u8 = *delim_bytes.first().unwrap(); ❹
    println!("{delimiter}");
    Ok(())
}
```

❶ String::as_bytes(https://oreil.ly/e-MWZ)를 써서 문자열을 u8 벡터로 쪼갠다.

❷ 벡터의 길이가 1이 아닌지 확인한다.

❸ 포함된 큰따옴표를 이스케이프 처리하지 않아도 되도록 **원시**raw 문자열을 써서 오류를 반환한다.

❹ Vec::first(https://oreil.ly/rFrS8)를 써서 벡터의 첫 번째 요소를 선택한다. 이 벡터가 딱 한 바이트만 담고 있다는 걸 확인했으므로 Option::unwrap을 호출해도 안전하다.

앞 코드에서 표현식 *delim_bytes는 Deref::deref(https://oreil.ly/VCe9J) 연산자 *를 써서 &u8인 변수를 역참조한다. 이 별표가 없으면 코드는 컴파일되지 않으며, 오류 메시지가 역참조 연산자를 정확히 어디에 추가해야 하는지 보여준다.

```
error[E0308]: mismatched types
  --> src/main.rs:59:25
   |
59 |     let delimiter: u8 = delim_bytes.first().unwrap();
   |                    --   ^^^^^^^^^^^^^^^^^^^^^^^^^^^^^ expected `u8`,
```

```
        |              |                              found `&u8`
        |              |
        |              expected due to this
        |
help: consider dereferencing the borrow
        |
59 |        let delimiter: u8 = *delim_bytes.first().unwrap();
        |                         +
```

### 8.2.3 위치 목록 파싱하기 요구 사항

입력 파일에서 표시하고 싶은 필드, 바이트, 문자를 기술하기 위해 PositionList라는 타입 별칭을 정의하겠다. 이는 std::ops::Range 스트럭트(https://oreil.ly/gAOsx)의 벡터인 Vec<Range<usize>>로, 양의 정숫값으로 된 범위를 표현한다. 그런 다음 이 타입을 새 enum에 사용해서 Fields, Bytes, Chars의 추출 범위를 지정하겠다.

```
type PositionList = Vec<Range<usize>>; ❶

#[derive(Debug)] ❷
pub enum Extract {
    Fields(PositionList),
    Bytes(PositionList),
    Chars(PositionList),
}
```

❶ PositionList는 Range<usize> 값의 벡터다.

❷ 필드, 바이트, 문자를 추출하기 위한 배리언트를 담아둘 enum을 정의한다.

오리지널 cut 도구와 달리 도전 과제 프로그램에서는 수나 2-4와 같은 폐구간을 쉼표로 구분한 목록만 입력 범위로 허용한다. 또 도전 과제 프로그램은 선택된 내용을 오름차순으로 재배치하지 않고 주어진 순서대로 사용한다.

바이트, 문자, 필드 인수의 범윗값을 파싱하고 유효성을 검사하기 위해서 parse_pos라는 함수를 작성한다. 일단은 다음과 같이 해두자.

```
fn parse_pos(range: String) -> Result<PositionList> { ❶
    unimplemented!(); ❷
}
```

❶ 이 함수는 `String`를 받아서 `PositionList`나 오류를 반환한다.

❷ `unimplemented!` 매크로(https://oreil.ly/hqKK8)는 프로그램을 **패닉**에 빠지게 하거나 **구현되지 않음** 메시지와 함께 조기에 종료하게 만든다.

일을 수월하게 해나가기 위해서 허용하거나 거부해야 하는 수와 수로 된 범위를 위한 광범위한 단위 테스트를 작성해뒀다. 수는 앞에 0이 올 수 있지만 수가 아닌 문자는 올 수 없고, 수로 된 범위는 꼭 대시(-)로 표시해야 한다. 수와 범위가 여러 개 올 때는 쉼표로 구분하면 된다. 이번 장에서는 `cargo test unit`으로 단위 테스트를 전부 실행할 수 있도록 `unit_tests` 모듈을 생성한다. 필자가 구현한 `parse_pos`는 0부터 시작하는 색인을 위해서 개별 값에서 1을 뺀 색인 위치를 사용하지만, 여러분은 이를 다른 식으로 처리해도 좋다. 다음 내용을 여러분의 소스 코드에 추가하자.

```rust
#[cfg(test)]
mod unit_tests {
    use super::parse_pos;

    #[test]
    fn test_parse_pos() {
        // 빈 문자열은 오류다.
        assert!(parse_pos("".to_string()).is_err());

        // 0은 오류다.
        let res = parse_pos("0".to_string());
        assert!(res.is_err());
        assert_eq!(
            res.unwrap_err().to_string(),
            r#"illegal list value: "0""#
        );

        let res = parse_pos("0-1".to_string());
        assert!(res.is_err());
        assert_eq!(
            res.unwrap_err().to_string(),
            r#"illegal list value: "0""#
        );

        // 앞에 "+"가 오면 오류다.
        let res = parse_pos("+1".to_string());
        assert!(res.is_err());
        assert_eq!(
            res.unwrap_err().to_string(),
            r#"illegal list value: "+1""#,
        );
```

```rust
let res = parse_pos("+1-2".to_string());
assert!(res.is_err());
assert_eq!(
    res.unwrap_err().to_string(),
    r#"illegal list value: "+1-2""#,
);

let res = parse_pos("1-+2".to_string());
assert!(res.is_err());
assert_eq!(
    res.unwrap_err().to_string(),
    r#"illegal list value: "1-+2""#,
);

// 수가 아닌 것은 전부 오류다.
let res = parse_pos("a".to_string());
assert!(res.is_err());
assert_eq!(
    res.unwrap_err().to_string(),
    r#"illegal list value: "a""#
);

let res = parse_pos("1,a".to_string());
assert!(res.is_err());
assert_eq!(
    res.unwrap_err().to_string(),
    r#"illegal list value: "a""#
);

let res = parse_pos("1-a".to_string());
assert!(res.is_err());
assert_eq!(
    res.unwrap_err().to_string(),
    r#"illegal list value: "1-a""#,
);

let res = parse_pos("a-1".to_string());
assert!(res.is_err());
assert_eq!(
    res.unwrap_err().to_string(),
    r#"illegal list value: "a-1""#,
);

// 어딘가 좀 모자란 범위들
let res = parse_pos("-".to_string());
assert!(res.is_err());
```

```rust
let res = parse_pos(",".to_string());
assert!(res.is_err());

let res = parse_pos("1,".to_string());
assert!(res.is_err());

let res = parse_pos("1-".to_string());
assert!(res.is_err());

let res = parse_pos("1-1-1".to_string());
assert!(res.is_err());

let res = parse_pos("1-1-a".to_string());
assert!(res.is_err());

// 첫 번째 수는 두 번째 수보다 작아야 한다.
let res = parse_pos("1-1".to_string());
assert!(res.is_err());
assert_eq!(
    res.unwrap_err().to_string(),
    "First number in range (1) must be lower than second number (1)"
);

let res = parse_pos("2-1".to_string());
assert!(res.is_err());
assert_eq!(
    res.unwrap_err().to_string(),
    "First number in range (2) must be lower than second number (1)"
);

// 다음은 전부 허용된다.
let res = parse_pos("1".to_string());
assert!(res.is_ok());
assert_eq!(res.unwrap(), vec![0..1]);

let res = parse_pos("01".to_string());
assert!(res.is_ok());
assert_eq!(res.unwrap(), vec![0..1]);

let res = parse_pos("1,3".to_string());
assert!(res.is_ok());
assert_eq!(res.unwrap(), vec![0..1, 2..3]);

let res = parse_pos("001,0003".to_string());
assert!(res.is_ok());
assert_eq!(res.unwrap(), vec![0..1, 2..3]);

let res = parse_pos("1-3".to_string());
```

```
        assert!(res.is_ok());
        assert_eq!(res.unwrap(), vec![0..3]);

        let res = parse_pos("0001-03".to_string());
        assert!(res.is_ok());
        assert_eq!(res.unwrap(), vec![0..3]);

        let res = parse_pos("1,7,3-5".to_string());
        assert!(res.is_ok());
        assert_eq!(res.unwrap(), vec![0..1, 6..7, 2..5]);

        let res = parse_pos("15,19-20".to_string());
        assert!(res.is_ok());
        assert_eq!(res.unwrap(), vec![14..15, 18..20]);
    }
}
```

앞 테스트 중 일부는 parse_pos 함수를 작성하는 데 도움이 되라고 특정 오류 메시지를 확인할
수 있게 했는데, 오류 메시지를 국제화하려는 경우에는 이 부분이 성가실 수 있다. 이럴 때는 특정
오류를 테스트하는 동안에 사용자 인터페이스를 통해서 출력을 원하는 내로 바꿀 수 있는 enum
배리언트를 사용하는 것도 방법이다.

 앞에 있는 코드를 차근차근 잘 읽어보면 함수가 어떤 식으로 작동해야 하는지 이해할 수 있을 것이다. 여기
서 읽기를 멈추고 이 테스트를 통과하는 코드를 작성해보자.

cargo test unit이 통과하면 parse_pos 함수를 run에 통합해서 프로그램이 유효하지 않은 인
수를 거부하고 다음과 같은 오류 메시지를 인쇄하도록 만든다.

```
$ cargo run -- -f foo,bar tests/inputs/books.tsv
illegal list value: "foo"
```

또 프로그램은 유효하지 않은 범위를 거부해야 한다.

```
$ cargo run -- -f 3-2 tests/inputs/books.tsv
First number in range (3) must be lower than second number (2)
```

유효한 인수가 주어지면 프로그램은 다음과 같은 식으로 Extract 인수를 인쇄할 수 있어야 한다.

```
$ cargo run -- -f 4-8 tests/inputs/movies1.csv ❶
Fields([3..8])
```

❶ 1부터 시작하는 입력 `-f 4-8`은 0부터 시작하는 수로 된 범위 `3..8`을 갖는 `Extract::Fields` 배리언트를 생성한다.

여기서 멈추고 설명한 대로 프로그램을 돌려보자. 프로그램은 입력의 유효성을 확인하는 테스트, 즉 `cargo test dies`로 실행되는 테스트를 전부 통과할 수 있어야 한다.

```
running 10 tests
test dies_bad_delimiter ... ok
test dies_chars_fields ... ok
test dies_chars_bytes_fields ... ok
test dies_bytes_fields ... ok
test dies_chars_bytes ... ok
test dies_not_enough_args ... ok
test dies_empty_delimiter ... ok
test dies_bad_digit_field ... ok
test dies_bad_digit_bytes ... ok
test dies_bad_digit_chars ... ok
```

`parse_pos` 함수를 작성하는 데 필요한 더 자세한 안내는 다음 절에서 살펴본다.

### 8.2.4 위치 목록 파싱하기 설루션

여기서 살펴볼 `parse_pos` 함수는 문자열을 주어진 수보다 하나 적은 양수로 된 색인값으로 파싱하는 `parse_index` 함수에 의존하는데, 왜냐하면 사용자는 1부터 시작하는 값을 주지만 러스트는 0부터 시작하는 색인이 필요하기 때문이다. 주어진 문자열은 덧셈 기호로 시작할 수 없으며 파싱된 값은 0보다 커야 한다. 클로저는 보통 파이프(||) 안에서 인수를 받지만, 다음 함수는 인수를 받지 않는 두 개의 클로저를 사용하므로 파이프가 비어 있다는 걸 눈여겨보자. 대신 두 클로저는 모두 주어진 `input` 값을 참조한다. 다음 코드의 경우에는 `anyhow::anyhow`와 `std::num::NonZeroUsize`를 사용해야 한다.

```
fn parse_index(input: &str) -> Result<usize> {
    let value_error = || anyhow!(r#"illegal list value: "{input}""#); ❶
    input
        .starts_with('+') ❷
        .then(|| Err(value_error())) ❸
        .unwrap_or_else(|| { ❹
```

```
        input
            .parse::<NonZeroUsize>() ❺
            .map(|n| usize::from(n) - 1) ❻
            .map_err(|_| value_error()) ❼
    })
}
```

❶ 인수를 받지 않고 오류 문자열을 형식화하는 클로저를 생성한다.

❷ 입력값이 덧셈 기호로 시작하는지 확인한다.

❸ 그렇다면 오류를 생성한다.

❹ 그렇지 않다면 인수를 받지 않는 다음 클로저를 가지고 계속 진행한다.

❺ `str::parse`를 이용해서 입력값을 파싱하고, 터보피시를 이용해서 반환 타입이 양의 정숫값인 `std::num::NonZeroUsize`(https://oreil.ly/ec44d)임을 나타낸다.

❻ 입력값이 성공적으로 파싱되면 값을 `usize`로 캐스팅하고 여기에 1을 빼서 0부터 시작하는 오프셋으로 만든다.

❼ 값이 파싱되지 않으면 `value_error` 클로저를 호출해서 오류를 생성한다.

`parse_pos` 함수에서 `parse_index`를 사용하는 법은 다음과 같다. 이 경우에는 가져오기 부분에 `use regex::Regex`를 추가해야 한다.

```
fn parse_pos(range: String) -> Result<PositionList> {
    let range_re = Regex::new(r"^(\d+)-(\d+)$").unwrap(); ❶
    range
        .split(',') ❷
        .into_iter()
        .map(|val| { ❸
            parse_index(val).map(|n| n..n + 1).or_else(|e| { ❹
                range_re.captures(val).ok_or(e).and_then(|captures| { ❺
                    let n1 = parse_index(&captures[1])?; ❻
                    let n2 = parse_index(&captures[2])?;
                    if n1 >= n2 { ❼
                        bail!(
                            "First number in range ({}) \
                            must be lower than second number ({})",
                            n1 + 1,
                            n2 + 1
                        );
                    }
                    Ok(n1..n2 + 1) ❽
                })
```

```
            })
        })
        .collect::<Result<_, _>>()  ❾
        .map_err(From::from)  ❿
}
```

❶ 대시로 구분된 두 정수를 매칭하고 괄호를 이용해서 매칭된 수를 캡처하는 정규 표현식을 생성한다.

❷ 주어진 범윗값을 쉼표를 기준으로 나누고 그 결과를 이터레이터로 바꾼다. 쉼표가 없는 경우에는 주어진 값 자체가 사용된다.

❸ 나뉜 값을 개별적으로 클로저에 매핑한다.

❹ `parse_index`의 파싱 결과가 수 하나이면 그 값에 해당하는 `Range`를 생성한다. 그렇지 않으면 오룟값 `e`를 기억해두고 계속해서 범위를 파싱해나간다.

❺ `Regex`가 값을 매칭하면 `Regex::captures`(https://oreil.ly/O6frw)를 통해서 괄호 안의 수를 사용할 수 있다.

❻ 캡처한 두 수를 색인값으로 파싱한다.

❼ 첫 번째 값이 두 번째 값보다 크거나 같으면 오류를 반환한다.

❽ 그렇지 않으면 상한값이 포함될 수 있도록 1을 더한 뒤에 낮은 수에서 높은 수로 이어지는 `Range`를 생성한다.

❾ `Iterator::collect`(https://oreil.ly/Xn28H)를 이용해서 값을 `Result`로 모은다.

❿ 문제는 전부 `From::from`(https://oreil.ly/sXlWa)에 매핑해서 이를 통해 오류를 생성한다.

앞 코드의 정규 표현식은 러스트가 문자열에 있는 백슬래시 이스케이프 처리된 값을 해석하지 않게 하기 위해서 원시 문자열로 표현해뒀다. 예를 들어 러스트가 \n을 새 줄로 해석하는 걸 봐왔는데, 저렇게 해두지 않으면 컴파일러는 \d를 **알 수 없는 문자 이스케이프**라며 불평한다.

```
error: unknown character escape: `d`
  --> src/main.rs:146:35
   |
146 |     let range_re = Regex::new("^(\d+)-(\d+)$").unwrap();
   |                                   ^ unknown character escape
   |
   = help: for more information, visit
   <https://doc.rust-lang.org/reference/tokens.html#literals>
help: if you meant to write a literal backslash (perhaps escaping in a
regular expression), consider a raw string literal
```

그림 8-1과 같이 하나 이상의 숫자, 그 뒤에 대시, 그 뒤에 하나 이상의 숫자를 나타내는 정규 표현식 `^(\d+)-(\d+)$`에서 괄호에 주목하자. 정규 표현식이 주어진 문자열을 매칭하면 `Regex::captures`를 이용해서 괄호로 둘러싸인 숫자를 추출할 수 있다. 이들은 1부터 세는 체계를 사용하므로 첫 번째 캡처 괄호의 내용은 캡처의 1번 위치에 들어 있음을 유념하자.

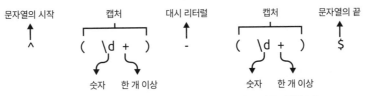

**그림 8-1 정규 표현식에서 괄호는 둘러싸고 있는 값을 캡처한다.**

이제 수치 범위를 파싱하고 유효성을 검사할 방법이 생겼으므로 더 읽기 전에 `run` 함수에 통합하여 `ArgsExtract`를 `Extract` 이늄으로 변환하자.

다음은 `parse_pos` 함수를 `run`에 통합하여 어떤 `Extract` 배리언트를 생성할지 파악하는 필자의 코드다. 사용자가 바이트, 문자, 필드 이외에 다른 것을 선택하면 오류를 생성한다.

```
fn run(args: Args) -> Result<()> {
    // 앞과 동일하다.

    let extract = if let Some(fields) =
        args.extract.fields.map(parse_pos).transpose()? ❶
    {
        Extract::Fields(fields)
    } else if let Some(bytes) =
        args.extract.bytes.map(parse_pos).transpose()?
    {
        Extract::Bytes(bytes)
    } else if let Some(chars) =
        args.extract.chars.map(parse_pos).transpose()?
    {
        Extract::Chars(chars)
    } else {
        unreachable!("Must have --fields, --bytes, or --chars"); ❷
    };

    println!("{extract:?}");

    Ok(())
}
```

❶ `args.extract.fields`를 대상으로 Option::map(https://oreil.ly/DOpks)을 통해서 `parse_pos`
를 호출해보고, Result::transpose(https://oreil.ly/HIxb_)를 써서 `Option`을 담은 `Result`를
`Result`를 담은 `Option`으로 바꾼다.

❷ 논리적으로 이 줄은 절대 실행되어서는 안 되므로 unreachable!(https://oreil.ly/pwSIv) 매크로
를 호출해서 패닉을 유발한다.

다음으로 이 정보를 이용해서 입력에서 원하는 비트열을 추출하는 법을 알아내야 한다.

## 8.2.5 문자 또는 바이트 추출하기

4장과 5장에서는 파일의 내용을 줄 단위, 바이트 단위, 문자 단위로 처리하는 법을 배웠다. 이번
도전 과제에서는 이들 프로그램에 있는 내용을 활용해서 문자와 바이트를 선택해야 한다. 한 가지
다른 점은 줄 끝을 유지할 필요가 없으므로 BufRead::lines(https://oreil.ly/KhmCp)를 이용해서
입력 텍스트를 줄 단위로 읽을 수 있다는 것이다. 먼저 각 파일을 여는 데 쓸 open 함수를 가져오
기로 하자.

```
fn open(filename: &str) -> Result<Box<dyn BufRead>> {
    match filename {
        "-" => Ok(Box::new(BufReader::new(io::stdin()))),
        _ => Ok(Box::new(BufReader::new(File::open(filename)?))),
    }
}
```

앞에 있는 함수를 사용하려면 std 네임스페이스에 있는 가져오기 몇 가지가 추가로 더 필요하다.

```
use std::{
    fs::File,
    io::{self, BufRead, BufReader},
    num::NonZeroUsize,
    ops::Range,
};
```

run이 문제없는 파일과 문제 있는 파일을 처리할 수 있도록 확장한다.

```
fn run(args: Args) -> Result<()> {
    // 앞과 동일하다.
```

```
    for filename in &args.files {
        match open(filename) {
            Err(err) => eprintln!("{filename}: {err}"),
            Ok(_) => println!("Opened {filename}"),
        }
    }
    Ok(())
}
```

여기까지 하고 나면 프로그램이 **cargo test skips_bad_file**을 통과해야 하며, 존재하지 않는 **blargh**와 같은 유효하지 않은 파일을 건너뛰는지는 수동으로 확인할 수 있다.

```
$ cargo run -- -c 1 tests/inputs/books.csv blargh
Opened tests/inputs/books.csv
blargh: No such file or directory (os error 2)
```

이제 어떻게 하면 파일 핸들의 각 줄에서 문자 범위를 추출할 수 있을지 생각해보자. 이를 위해서 주어진 색인 위치에 있는 문자들로 구성된 새 문자열을 반환하는 extract_chars라는 함수를 작성한다.

```
fn extract_chars(line: &str, char_pos: &[Range<usize>]) -> String {
    unimplemented!();
}
```

 필자가 처음 이 함수를 작성했을 때는 char_pos에 &PositionList 타입 애너테이션을 사용했었지만, 호출부에서는, 특히 테스트 작성 시에는 &[Range<usize>] 타입이 더 유연하다.

다음은 unit_tests 모듈에 들어가야 할 테스트다. 모듈의 가져오기 부분에 꼭 extract_chars를 추가하자.

```
#[test]
fn test_extract_chars() {
    assert_eq!(extract_chars("", &[0..1]), "".to_string());
    assert_eq!(extract_chars("ábc", &[0..1]), "á".to_string());
    assert_eq!(extract_chars("ábc", &[0..1, 2..3]), "ác".to_string());
    assert_eq!(extract_chars("ábc", &[0..3]), "ábc".to_string());
    assert_eq!(extract_chars("ábc", &[2..3, 1..2]), "cb".to_string());
    assert_eq!(
```

```
        extract_chars("ábc", &[0..1, 1..2, 4..5]),
        "áb".to_string()
    );
}
```

또 마찬가지로 바이트를 파싱하는 `extract_bytes` 함수를 작성한다.

```
fn extract_bytes(line: &str, byte_pos: &[Range<usize>]) -> String {
    unimplemented!();
}
```

다음 단위 테스트의 경우에는 모듈의 가져오기 부분에 `extract_bytes`를 추가해야 한다.

```
#[test]
fn test_extract_bytes() {
    assert_eq!(extract_bytes("ábc", &[0..1]), "�".to_string()); ❶
    assert_eq!(extract_bytes("ábc", &[0..2]), "á".to_string());
    assert_eq!(extract_bytes("ábc", &[0..3]), "áb".to_string());
    assert_eq!(extract_bytes("ábc", &[0..4]), "ábc".to_string());
    assert_eq!(extract_bytes("ábc", &[3..4, 2..3]), "cb".to_string());
    assert_eq!(extract_bytes("ábc", &[0..2, 5..6]), "á".to_string());
}
```

❶ 문자열 `ábc`에서 한 바이트를 선택하면 멀티바이트 `á`가 깨져서 유니코드 대체 문자를 얻게 되니 유의하자.

> NOTE 작성한 두 함수가 테스트를 통과한다면, 이를 메인 프로그램에 포함시켜서 바이트와 문자 인쇄에 관한 통합 테스트를 통과하게 만들어보자. 실패하는 테스트 중에서 이름에 **tsv**와 **csv**가 들어 있는 것은 탭과 쉼표로 분리된 텍스트를 읽는 것과 관련이 있는데, 이 부분은 다음 절에서 이야기한다.

### 8.2.6 구분 기호로 분리된 텍스트 파싱하기

다음으로 구분 기호로 분리된 텍스트 파일을 파싱하는 법을 배워야 한다. 엄밀히 말하면 지금까지 읽은 모든 파일은 줄 끝을 나타내는 새 줄 문자와 같이 어떤 식으로든 구분 기호로 분리되어 있었다. 이번 경우에는 탭이나 쉼표 같은 구분 기호가 레코드의 필드를 분리하는 데 사용되며, 각 레코드는 새 줄로 끝난다. 경우에 따라서는 CSV 파일에 **20,000 Leagues Under the Sea**라는 제목이 있을 때처럼 구분 기호가 데이터의 일부일 수도 있다. 이 경우에는 필드를 따옴표로 묶어서 구분 기호를 이스케이프 처리해야 한다. 이번 장의 서문에서 언급했다시피 BSD와 GNU 버전의

cut은 둘 다 이 이스케이프 처리된 구분 기호를 인식하지 못하지만, 도전 과제 프로그램에서는 이를 인식하게 만들 것이다. 구분 기호로 분리된 텍스트를 올바로 파싱하는 가장 쉬운 방법은 csv 크레이트와 같은 것을 사용하는 것이다. 먼저 구분 기호로 분리된 텍스트 파일을 다루기 위한 기본적인 내용과 csv 모듈의 효과적인 사용법을 설명하는 튜토리얼(https://oreil.ly/Wcapp)을 읽어보길 적극 권장한다.

이 크레이트를 이용해서 구분 기호로 분리된 데이터를 파싱하는 법을 보여주는 다음 예를 살펴보자. 이 코드를 컴파일하고 실행하려면 먼저 새 프로젝트를 만들고, **Cargo.toml**에 csv = "1.3.0" 의존성을 추가한 다음, **tests/inputs/books.csv** 파일을 새 프로젝트의 루트 디렉터리로 복사한다. **src/main.rs**에는 다음 코드를 붙여 넣는다.

```rust
use csv::{ReaderBuilder, StringRecord};
use std::fs::File;

fn main() -> std::io::Result<()> {
    let mut reader = ReaderBuilder::new() ❶
        .delimiter(b',') ❷
        .from_reader(File::open("books.csv")?); ❸

    println!("{}", fmt(reader.headers()?)); ❹
    for record in reader.records() { ❺
        println!("{}", fmt(&record?)); ❻
    }

    Ok(())
}

fn fmt(rec: &StringRecord) -> String {
    rec.into_iter().map(|v| format!("{:20}", v)).collect() ❼
}
```

❶ csv::ReaderBuilder(https://oreil.ly/aJ-kp)를 이용해서 파일을 파싱한다.

❷ delimiter(https://oreil.ly/cDuGF)는 u8 한 바이트여야 한다.

❸ from_reader 메서드(https://oreil.ly/nHl5R)는 Read 트레이트(https://oreil.ly/wDxvY)를 구현하는 값을 받는다.

❹ Reader::headers 메서드(https://oreil.ly/BtSg8)는 첫 번째 행에 있는 열 이름을 StringRecord (https://oreil.ly/7UOCm)로 반환한다.

❺ `Reader::records` 메서드(https://oreil.ly/SDfZC)는 `StringRecord` 값의 이터레이터를 사용할 수 있게 해준다.

❻ 형식화된 버전의 레코드를 인쇄한다.

❼ `Iterator::map`(https://oreil.ly/cfevE)을 이용해서 값을 스무 자 너비의 필드 안에 형식화하고 이 값을 새 `String`으로 모은다.

이 프로그램을 실행하면 **20,000 Leagues Under the Sea**에 있는 쉼표가 필드 구분 기호로 사용되지 않았음을 알 수 있는데, 이는 이 쉼표가 제거된 메타문자인 따옴표 안에 있었기 때문이다.

```
$ cargo run
Author              Year            Title
Émile Zola           1865            La Confession de Claude
Samuel Beckett       1952            Waiting for Godot
Jules Verne          1870            20,000 Leagues Under the Sea
```

 프로그램의 출력에서 입력 구분 기호를 이스케이프 처리하려면 `csv::ReaderBuilder`와 더불어 `csv::WriterBuilder`(https://oreil.ly/uXNbn)를 사용해야 한다.

도전 과제 프로그램에서 방금 살펴본 몇 가지 아이디어를 어떻게 사용할 수 있을지 생각해보자. 예를 들어 `csv::StringRecord`를 받아서 `PositionList`에 해당하는 필드를 뽑아내는 `extract_fields` 같은 함수를 작성할 수 있다. 다음 함수의 경우에는 use `csv::StringRecord`를 추가해야 한다.

```
fn extract_fields(
    record: &StringRecord,
    field_pos: &[Range<usize>]
) -> Vec<String> {
    unimplemented!();
}
```

다음은 `unit_tests` 모듈에 들어가야 할, 이 함수를 위한 단위 테스트다.

```
#[test]
fn test_extract_fields() {
    let rec = StringRecord::from(vec!["Captain", "Sham", "12345"]);
    assert_eq!(extract_fields(&rec, &[0..1]), &["Captain"]);
```

```
    assert_eq!(extract_fields(&rec, &[1..2]), &["Sham"]);
    assert_eq!(
        extract_fields(&rec, &[0..1, 2..3]),
        &["Captain", "12345"]
    );
    assert_eq!(extract_fields(&rec, &[0..1, 3..4]), &["Captain"]);
    assert_eq!(extract_fields(&rec, &[1..2, 0..1]), &["Sham", "Captain"]);
}
```

이 시점에서 `unit_tests` 모듈에는 다음 가져오기가 전부 필요하다.

```
use super::{extract_bytes, extract_chars, extract_fields, parse_pos};
use csv::StringRecord;
```

 이 마지막 단위 테스트를 통과할 수 있으려면 `extract_*` 함수를 전부 이용해서 입력 파일에서 원하는 바이트, 문자, 필드를 인쇄해야 한다. `cargo test`를 실행해서 무엇이 작동하고 무엇이 작동하지 않는지 확인하자. 쉽지 않은 프로그램이므로 너무 빨리 포기하진 말자. 두려움은 마음을 옴짝달싹 못하게 한다.

## 8.3 설루션

이제 필자의 설루션을 살펴볼 텐데, 이 프로그램을 작성하는 법은 여러 가지라는 걸 다시 한번 강조하고 싶다. 테스트 스위트를 통과하는 모든 버전이 다 옳다. 먼저 문자를 선택하는 `extract_chars`를 어떻게 발전시켰는지 살펴보자.

### 8.3.1 문자열에서 문자 선택하기

`extract_chars`의 첫 번째 버전에서는 결과를 누적하기 위한 변경 가능한 벡터를 초기화한 다음 명령형 접근 방식을 이용해서 원하는 문자를 선택한다.

```
fn extract_chars(line: &str, char_pos: &[Range<usize>]) -> String {
    let chars: Vec<_> = line.chars().collect(); ❶
    let mut selected: Vec<char> = vec![]; ❷

    for range in char_pos.iter().cloned() { ❸
        for i in range { ❹
            if let Some(val) = chars.get(i) { ❺
                selected.push(*val) ❻
            }
        }
    }
```

```
    }
    selected.iter().collect() ❼
}
```

❶ str::chars(https://oreil.ly/u9LXa)를 이용해서 텍스트 줄을 문자로 분할한다. `Iterator::collect`(https://oreil.ly/Xn28H)는 다양한 유형의 컬렉션을 반환할 수 있으므로 러스트는 `Vec` 타입 애너테이션을 요구한다.

❷ 선택한 문자를 담아둘 변경 가능한 벡터를 초기화한다.

❸ 색인이 담긴 `Range`를 반복 처리한다.

❹ `Range`에 있는 값을 반복 처리한다.

❺ Vec::get(https://oreil.ly/7xsI8)을 이용해서 색인에 있는 문자를 선택한다. 사용자가 문자열 끝을 넘어선 위치를 요청하면 실패할 수 있지만 문자를 선택하지 못해도 오류가 발생하지는 않는다.

❻ 문자를 선택할 수 있으면 Vec::push(https://oreil.ly/TQlnN)를 이용해서 해당 문자를 `selected`에 추가한다. `*`를 이용해서 `&val`을 역참조하고 있는 걸 눈여겨보자.

❼ `Iterator::collect`를 이용해서 문자를 가지고 `String`을 생성한다.

주어진 클로저가 `Some(value)`를 반환하는 값만 산출하는 `Iterator::filter_map`(https://oreil.ly/nZ8Yi)을 이용하면 문자를 선택하는 과정을 단순화할 수 있다.

```
fn extract_chars(line: &str, char_pos: &[Range<usize>]) -> String {
    let chars: Vec<_> = line.chars().collect();
    let mut selected: Vec<char> = vec![];

    for range in char_pos.iter().cloned() {
        selected.extend(range.filter_map(|i| chars.get(i)));
    }
    selected.iter().collect()
}
```

이전 버전은 모두 결과를 모아둘 변수를 초기화한다. 다음 버전에서는 반복형 접근 방식을 도입해서 변경 가능성을 피하고 `Iterator::map`과 `Iterator::flatten`을 이용해서 더 짧은 함수를 만든다. 문서(https://oreil.ly/RzXDz)에 따르면 `Iterator::flatten`은 "이터레이터의 이터레이터 또는 이터레이터로 바꿀 수 있는 무언가의 이터레이터가 있는 상황에서 간접층의 수준을 한 단계 내리고 싶을 때 유용하다."

```
fn extract_chars(line: &str, char_pos: &[Range<usize>]) -> String {
    let chars: Vec<_> = line.chars().collect();
    char_pos
        .iter()
        .cloned()
        .map(|range| range.filter_map(|i| chars.get(i)))  ❶
        .flatten() ·❷
        .collect()
}
```

❶ Iterator::map(https://oreil.ly/cfevE)을 이용해서 각 Range에 해당하는 문자를 선택한다.

❷ Iterator::flatten을 이용해서 중첩 구조를 제거한다.

Iterator::flatten이 없으면 러스트는 다음과 같은 오류를 표시한다.

```
error[E0277]: a value of type `std::string::String` cannot be built from an
iterator over elements of type `FilterMap<std::ops::Range<usize>`
```

7장에 있는 findr 프로그램에서는 Iterator::filter_map을 이용해서 filter와 map 연산을 결합했다. 마찬가지로 flatten과 map 연산은 Iterator::flat_map(https://oreil.ly/zHoNC)을 이용해서 결합할 수 있는데, 그 덕분에 짧아질 대로 짧아진 이 함수의 최종 버전은 다음과 같다.

```
fn extract_chars(line: &str, char_pos: &[Range<usize>]) -> String {
    let chars: Vec<_> = line.chars().collect();
    char_pos
        .iter()
        .cloned()
        .flat_map(|range| range.filter_map(|i| chars.get(i)))
        .collect()
}
```

## 8.3.2 문자열에서 바이트 선택하기

바이트 선택은 무척 비슷하지만, 문자 레퍼런스의 이터레이터를 String으로 모을 수 있었던 이전 예와 달리 String::from_utf8_lossy가 바이트 슬라이스를 필요로 한다는 사실을 다뤄야 한다. extract_chars와 마찬가지로 목표는 새 문자열을 반환하는 것이지만, 바이트 선택이 유니코드 문자를 깨뜨려서 유효하지 않은 UTF-8 문자열을 산출할 잠재적인 문제가 있다.

```
fn extract_bytes(line: &str, byte_pos: &[Range<usize>]) -> String {
    let bytes = line.as_bytes(); ❶
    let selected: Vec<_> = byte_pos
        .iter()
        .cloned()
        .flat_map(|range| range.filter_map(|i| bytes.get(i)).copied()) ❷
        .collect();
    String::from_utf8_lossy(&selected).into_owned() ❸
}
```

❶ 줄을 바이트 벡터로 바꾼다.

❷ `Iterator::flat_map`을 이용해서 원하는 위치에 있는 바이트를 선택하고 이 선택한 바이트를 복사한다.

❸ `String::from_utf8_lossy`(https://oreil.ly/Bs4Zl)를 이용해서 선택한 바이트를 가지고 유효하지 않을 수도 있는 UTF-8 문자열을 생성한다. 필요하면 `Cow::into_owned`(https://oreil.ly/Jpdd0)를 이용해서 데이터를 복제한다.

앞 코드는 `Iterator::get`을 이용해서 바이트를 선택하고 있다. 이 함수는 바이트 레퍼런스의 벡터(`&Vec<&u8>`)를 반환하지만 `String::from_utf8_lossy`는 바이트 슬라이스(`&[u8]`)를 기대한다. 이를 해결하기 위해서 여기서는 `std::iter::Copied`(https://oreil.ly/5SvXY)를 이용해서 요소의 복사본을 생성하는데 그래야 다음 오류를 피할 수 있다.

```
error[E0308]: mismatched types
   --> src/main.rs:159:29
    |
159 |        String::from_utf8_lossy(&selected).into_owned()
    |        ---------------------- ^^^^^^^^^ expected `&[u8]`, found `&Vec<&u8>`
    |        |
    |        arguments to this function are incorrect
    |
    = note: expected reference `&[u8]`
                 found reference `&Vec<&u8>`
```

마지막으로 함수 끝에서 `Cow::into_owned`를 사용하는 이유를 짚고 넘어가자. 이게 없으면 `Cow` 값을 `String`으로 변환하는 대체 설루션을 제안하는 컴파일 오류가 발생한다.

```
error[E0308]: mismatched types
   --> src/main.rs:159:5
```

```
      |
152 | fn extract_bytes(line: &str, byte_pos: &[Range<usize>]) -> String {
      |                                                            ------
      |              expected `std::string::String` because of return type
 ...
159 |     String::from_utf8_lossy(&selected)
      |     ^^^^^^^^^^^^^^^^^^^^^^^^^^^^^^^^^^^^^- help: try using a conversion
      |     |                                     method: `.to_string()`
      |     |
      |     expected `String`, found `Cow<'_, str>`
      |
    = note: expected struct `std::string::String`
                 found enum `Cow<'_, str>`
```

러스트 컴파일러는 엄격하고 까다로운 면이 많긴 해도, 이렇게 유익하고 도움이 되는 오류 메시지를 대할 때면 고마운 마음이 절로 든다.

### 8.3.3 csv::StringRecord에서 필드 선택하기

csv::StringRecord에서 필드를 선택하는 것은 줄에서 문자를 추출하는 것과 거의 동일하다.

```
fn extract_fields(
    record: &StringRecord,
    field_pos: &[Range<usize>],
) -> Vec<String> {
    field_pos
        .iter()
        .cloned()
        .flat_map(|range| range.filter_map(|i| record.get(i))) ❶
        .map(String::from) ❷
        .collect()
}
```

❶ StringRecord::get(https://oreil.ly/pIQuO)을 이용해서 색인 위치에 해당하는 필드를 가져온다.

❷ Iterator::map을 이용해서 &str 값을 String 값으로 바꾼다.

이 함수를 작성하는 또 다른 방법은 Vec<&str>를 반환하게 만드는 것인데, 이렇게 하면 문자열의 복사본을 만들지 않아도 되므로 메모리 효율이 약간 더 올라간다. 대신 수명을 표시해야 한다는 단점이 있다. 먼저 별다른 고민 없이 다음처럼 작성해보자.

```
// 컴파일되지 않는다.
fn extract_fields(
    record: &StringRecord,
    field_pos: &[Range<usize>],
) -> Vec<&str> {
    field_pos
        .iter()
        .cloned()
        .flat_map(|range| range.filter_map(|i| record.get(i)))
        .collect()
}
```

이를 컴파일하려고 하면 러스트 컴파일러가 수명을 두고 불평할 것이다.

```
error[E0106]: missing lifetime specifier
  --> src/main.rs:165:10
   |
163 |       record: &StringRecord,
   |               -------------
164 |       field_pos: &[Range<usize>],
   |                  ---------------
165 | ) -> Vec<&str> {
   |          ^ expected named lifetime parameter
   |
   = help: this function's return type contains a borrowed value, but the
   signature does not say whether it is borrowed from `record` or `field_pos`
```

오류 메시지에는 코드를 수정해서 수명을 추가하는 법에 대한 지침이 이어진다.

```
help: consider introducing a named lifetime parameter
    |
162 ~ fn extract_fields<'a>(
163 ~     record: &'a StringRecord,
164 ~     field_pos: &'a [Range<usize>],
165 ~ ) -> Vec<&'a str> {
```

사실 이 제안은 수명을 과도하게 제한하고 있다. 반환된 문자열 슬라이스는 StringRecord가 소유
한 값을 참조하므로 record와 반환값의 수명만 같으면 된다. 수명을 추가한 다음 버전은 문제없이
잘 작동한다.

```rust
fn extract_fields<'a>(
    record: &'a StringRecord,
    field_pos: &[Range<usize>],
) -> Vec<&'a str> {
    field_pos
        .iter()
        .cloned()
        .flat_map(|range| range.filter_map(|i| record.get(i)))
        .collect()
}
```

`Vec<String>`을 반환하는 버전과 `Vec<&'a str>`를 반환하는 버전은 모두 `test_extract_fields` 단위 테스트를 통과한다. 후자의 버전이 약간 더 효율적이고 짧지만 인지 과부하는 더 크다. 지금부터 6주 뒤에 봐도 이해할 수 있다고 생각되는 버전을 선택하자.

### 8.3.4 끝판왕

이번에 볼 코드의 경우에는 다음 가져오기를 추가해야 한다.

```rust
use csv::{ReaderBuilder, StringRecord, WriterBuilder};
```

다음은 원하는 범위의 문자, 바이트, 레코드를 인쇄하는 모든 테스트를 통과하는 `run` 함수다.

```rust
fn run(args: Args) -> Result<()> {
    let delim_bytes = args.delimiter.as_bytes();
    if delim_bytes.len() != 1 {
        bail!(r#"--delim "{}" must be a single byte"#, args.delimiter);
    }
    let delimiter: u8 = *delim_bytes.first().unwrap();

    let extract = if let Some(fields) =
        args.extract.fields.map(parse_pos).transpose()?
    {
        Extract::Fields(fields)
    } else if let Some(bytes) =
        args.extract.bytes.map(parse_pos).transpose()?
    {
        Extract::Bytes(bytes)
    } else if let Some(chars) =
        args.extract.chars.map(parse_pos).transpose()?
    {
        Extract::Chars(chars)
```

```
        } else {
            unreachable!("Must have --fields, --bytes, or --chars");
        };

        for filename in &args.files {
            match open(filename) {
                Err(err) => eprintln!("{filename}: {err}"),
                Ok(file) => match &extract {
                    Extract::Fields(field_pos) => {
                        let mut reader = ReaderBuilder::new() ❶
                            .delimiter(delimiter)
                            .has_headers(false)
                            .from_reader(file);

                        let mut wtr = WriterBuilder::new() ❷
                            .delimiter(delimiter)
                            .from_writer(io::stdout());

                        for record in reader.records() { ❸
                            wtr.write_record(extract_fields( ❹
                                &record?, field_pos,
                            ))?;
                        }
                    }
                    Extract::Bytes(byte_pos) => {
                        for line in file.lines() { ❺
                            println!("{}", extract_bytes(&line?, byte_pos));
                        }
                    }
                    Extract::Chars(char_pos) => {
                        for line in file.lines() { ❻
                            println!("{}", extract_chars(&line?, char_pos));
                        }
                    }
                },
            }
        }
    }
    Ok(())
}
```

❶ 사용자가 구분 기호로 분리된 파일에서 필드를 요청하면, csv::ReaderBuilder를 이용해서 주어
  진 구분 기호를 가지고 변경 가능한 리더를 생성한다. 첫 번째 행은 헤더로 취급하지 않는다.

❷ csv::WriterBuilder를 이용해서 출력에 있는 구분 기호를 적절히 이스케이프 처리한다.

❸ 레코드를 반복 처리한다.

❹ 추출한 필드를 출력에 기록한다.

❺ 텍스트 줄을 반복 처리해서 추출한 바이트를 인쇄한다.

❻ 텍스트 줄을 반복 처리해서 추출한 문자를 인쇄한다.

`csv::Reader`는 기본적으로 첫 번째 행에서 열 이름을 파싱하려고 한다. 이 프로그램의 경우에는 이들 값을 가지고 할 게 딱히 없으므로 첫 번째 줄을 헤더 행으로 파싱하지 않는다. 기본 동작을 사용하는 경우에는 헤더를 나머지 레코드와 별도로 처리해야 한다.

이 프로그램은 입력을 파싱하고 출력을 기록하는 데 모두 `csv` 크레이트를 사용하고 있으므로 구분 기호로 분리된 텍스트 파일을 제대로 처리하는데, 이 부분은 오리지널 `cut` 프로그램보다 개선된 것이라고 생각한다. 다시 **tests/inputs/books.csv**를 이용해서 `cutr`가 구분 기호를 가진 필드를 제대로 선택하는지 또 구분 기호를 적절히 이스케이프 처리하고 열을 요청된 순서대로 배치해서 결과를 생성하는지 보자.

```
$ cargo run -- -d , -f 3,1 tests/inputs/books.csv
Title,Author
La Confession de Claude,Émile Zola
Waiting for Godot,Samuel Beckett
"20,000 Leagues Under the Sea",Jules Verne
```

옵션이 많은 꽤 복잡한 프로그램이었지만 러스트 컴파일러의 엄격함 덕분에 설루션을 작성하는 데 집중할 수 있었다.

## 8.4 한 걸음 더 나아가기

이 프로그램을 확장할 수 있는 아이디어가 몇 가지 있다. (1-3을 의미하는) -3이나 (5부터 끝까지를 의미하는) 5-와 같은 부분 범위를 허용하도록 프로그램을 변경해보자. -3은 `std::ops::RangeTo`(https://oreil.ly/ZniC2)를 사용해서, 5-는 `std::ops::RangeFrom`(https://oreil.ly/azzZY)을 사용해서 모델링하면 된다. 단, `cargo run -- -f -3 tests/inputs/books.tsv`라고 실행하면 `clap`이 값 `-3`을 옵션으로 해석하므로 대신 `-f=-3`을 사용해야 한다는 걸 유념하자.

도전 과제 프로그램의 최종 버전은 `--delimiter`를 입력과 출력 구분 기호로 사용한다. 출력 구분 기호를 지정하는 옵션을 추가하고 기본값을 입력 구분 기호로 설정하자.

멀티바이트 문자의 분할을 막아주는 `-n` 옵션을 구현해본다면 재미있는 도전거리가 될 것이다. 또 선택한 바이트, 문자, 필드 집합을 뒤집어서 여기에 해당하지 **않는** 위치만 보여주는 GNU 버전의 `cut`에 있는 `--complement` 옵션도 꽤 마음에 든다. 끝으로 구분 기호로 분리된 텍스트 레코드를 다루는 법에 관한 더 많은 아이디어가 필요하다면 '러스트로 작성한 빠른 CSV 명령줄 툴킷'인 `xsv` 크레이트(https://oreil.ly/894fA)를, 구분 기호로 분리된 텍스트 레코드의 세로 보기가 필요하다면 `csvchk` 크레이트(https://crates.io/crates/csvchk)를 살펴보자.

# 요약

이번 장에서 얻은 지식을 살펴보자.

- `*` 연산자를 이용해서 레퍼런스가 들어 있는 변수를 역참조하는 법을 배웠다.
- 경우에 따라서는 이터레이터에 취하는 행동이 다른 이터레이터를 반환하기도 한다. 이럴때 `Iterator::flatten`이 어떤 식으로 안쪽에 있는 구조를 없애고 결과를 평평하게 만드는지 봤다.
- 보다 간결한 코드를 위해서 `Iterator::flat_map`을 가지고 `Iterator::map`과 `Iterator::flatten`을 하나의 연산으로 결합하는 법을 배웠다.
- `get` 함수를 이용해서 벡터에 있는 위치나 `csv::StringRecord`에 있는 필드를 선택했다. 이 행동은 실패할 수 있으므로 `Iterator::filter_map`을 이용해서 성공적으로 검색된 값들만 반환되게 했다.
- 함수에서 `String`을 반환하는 법과 `&str`을 반환하는 법을 비교했는데, 후자는 수명을 표시해야 했다.
- 이제 `csv` 크레이트를 이용해서 구분 기호로 분리된 텍스트를 파싱하고 생성할 수 있다.

다음 장에서는 정규 표현식과 꼬리에 꼬리를 무는 식으로 연결해 쓰는 이터레이터 연산에 대해서 자세히 배운다.

# 잭 더 그레퍼: grep

당신의 얼굴 표정을 설명해주세요

—<Unrelated Thing>(데이 마이트 비 자이언츠, 1994)

이번 장에서는 입력에서 주어진 정규 표현식과 매칭되는 줄을 찾는 grep의 러스트 버전을 작성해 본다.[1] 기본적으로 입력은 STDIN에서 오지만, 하나 이상의 파일 이름을 줄 수도 있고, 재귀 옵션을 이용해서 원하는 디렉터리에 있는 파일을 전부 찾게 만들 수도 있다. 보통은 출력에 주어진 패턴과 일치하는 줄이 들어가지만, 매칭을 뒤집어서 일치하지 않는 줄을 찾을 수도 있다. 또 grep이 텍스트 줄 대신 매칭된 줄의 수를 인쇄하게 지시할 수도 있다. 패턴 매칭은 보통 대소문자를 구분하지만 대소문자를 구분하지 않는 매칭을 수행하는 옵션을 사용할 수도 있다. 오리지널 프로그램은 이보다 더 많은 일을 할 수 있지만 도전 과제 프로그램은 이 정도만 다룬다.

이 프로그램을 작성하면서 배울 내용은 다음과 같다.

- 대소문자를 구분하는 정규 표현식 사용하기
- 정규 표현식 문법의 변형
- 트레이트 바운드를 나타내는 또 다른 문법
- 러스트의 비트별 배타적 논리합 연산자 사용하기

---

\* [옮긴이] 이번 장 제목의 원문은 "Jack the Grepper"로 19세기 런던에서 활동한 연쇄 살인범 'Jack the Ripper'의 패러디다. 이번 장에서 다룰 grep 프로그램을 소개하는 언어유희다.

1 grep이라는 이름은 표준 텍스트 편집기 ed의 명령어 중에서 전역 정규 표현식 출력(global regular expression print)이라는 뜻을 가진 g/re/p에서 왔다.

## 9.1 grep의 작동 방식

먼저 BSD grep의 매뉴얼 페이지를 보면서 이 명령이 허용하는 많은 옵션을 짚어보는 것으로 시작하자.

```
GREP(1)                    BSD General Commands Manual                    GREP(1)

NAME
     grep, egrep, fgrep, zgrep, zegrep, zfgrep -- file pattern searcher

SYNOPSIS
     grep [-abcdDEFGHhIiJLlmnOopqRSsUVvwxZ] [-A num] [-B num] [-C[num]]
          [-e pattern] [-f file] [--binary-files=value] [--color[=when]]
          [--colour[=when]] [--context[=num]] [--label] [--line-buffered]
          [--null] [pattern] [file ...]

DESCRIPTION
     The grep utility searches any given input files, selecting lines that
     match one or more patterns.  By default, a pattern matches an input line
     if the regular expression (RE) in the pattern matches the input line
     without its trailing newline.  An empty expression matches every line.
     Each input line that matches at least one of the patterns is written to
     the standard output.

     grep is used for simple patterns and basic regular expressions (BREs);
     egrep can handle extended regular expressions (EREs).  See re_format(7)
     for more information on regular expressions.  fgrep is quicker than both
     grep and egrep, but can only handle fixed patterns (i.e. it does not
     interpret regular expressions).  Patterns may consist of one or more
     lines, allowing any of the pattern lines to match a portion of the input.
```

GNU 버전도 매우 비슷하다.

```
GREP(1)                      General Commands Manual                      GREP(1)

NAME
     grep, egrep, fgrep - print lines matching a pattern

SYNOPSIS
        grep [OPTIONS] PATTERN [FILE...]
        grep [OPTIONS] [-e PATTERN | -f FILE] [FILE...]

DESCRIPTION
        grep  searches the named input FILEs (or standard input if no files are
        named, or if a single hyphen-minus (-) is given as file name) for lines
```

```
        containing  a  match to the given PATTERN.  By default, grep prints the
        matching lines.
```

책의 깃허브 저장소에 있는 파일 몇 가지를 이용해서 도전 과제 프로그램에서 구현해볼 grep의 기능을 알아보자. 따라 해보고 싶다면 **09_grepr/tests/inputs** 디렉터리로 자리를 옮긴다.

```
$ cd 09_grepr/tests/inputs
```

이 디렉터리에 들어 있는 파일은 다음과 같다.

- **empty.txt**: 빈 파일
- **fox.txt**: 한 줄짜리 텍스트를 가진 파일
- **bustle.txt**: 텍스트 여덟 줄과 빈 줄 하나로 된 에밀리 디킨슨의 시
- **nobody.txt**: 텍스트 여덟 줄과 빈 줄 하나로 된 에밀리 디킨슨의 또 다른 시

먼저 `grep fox empty.txt`를 실행해서 빈 파일을 사용하면 아무것도 인쇄되지 않는다는 걸 직접 확인하자. 사용법에 나와 있다시피, grep은 정규 표현식을 첫 번째 위치 인수로 받고 옵션으로 몇 가지 입력 파일을 나머지 인수로 받는다. 빈 정규 표현식은 입력에 있는 모든 줄을 매칭한다는 걸 유념하자. 다음은 한 줄짜리 텍스트를 가진 **fox.txt**를 입력 파일로 사용할 때의 결과다.

```
$ grep "" fox.txt
The quick brown fox jumps over the lazy dog.
```

에밀리 디킨슨의 다음 시를 보면 **Nobody**가 전부 대문자로 시작한다.

```
$ cat nobody.txt
I'm Nobody! Who are you?
Are you-Nobody-too?
Then there's a pair of us!
Don't tell! they'd advertise-you know!

How dreary-to be-Somebody!
How public-like a Frog-
To tell one's name-the livelong June-
To an admiring Bog!
```

**Nobody**를 검색하면 해당 문자열이 들어 있는 두 줄이 인쇄된다.

```
$ grep Nobody nobody.txt
I'm Nobody! Who are you?
Are you-Nobody-too?
```

**grep nobody nobody.txt**를 이용해서 소문자로 된 **nobody**를 검색하면 아무것도 인쇄되지 않는다. 하지만 -i|--ignore-case를 이용하면 다음과 같이 줄을 찾을 수 있다.

```
$ grep -i nobody nobody.txt
I'm Nobody! Who are you?
Are you-Nobody-too?
```

-v|--invert-match 옵션을 이용하면 패턴과 매칭되지 않는 줄을 찾을 수 있다.

```
$ grep -v Nobody nobody.txt
Then there's a pair of us!
Don't tell! they'd advertise-you know!

How dreary-to be-Somebody!
How public-like a Frog-
To tell one's name-the livelong June-
To an admiring Bog!
```

-c|--count 옵션은 매칭이 일어난 횟수를 요약해서 출력한다.

```
$ grep -c Nobody nobody.txt
2
```

-v와 -c를 결합하면 매칭되지 않는 줄의 수를 셀 수 있다.

```
$ grep -vc Nobody nobody.txt
7
```

여러 입력 파일을 검색할 때는 출력되는 각 줄에 출처에 해당하는 파일 이름이 포함된다.

```
$ grep The *.txt
bustle.txt:The bustle in a house
bustle.txt:The morning after death
bustle.txt:The sweeping up the heart,
```

```
fox.txt:The quick brown fox jumps over the lazy dog.
nobody.txt:Then there's a pair of us!
```

카운트의 경우에도 파일 이름이 포함된다.

```
$ grep -c The *.txt
bustle.txt:3
empty.txt:0
fox.txt:1
nobody.txt:1
```

보통 위치 인수는 파일이며 **$HOME** 디렉터리와 같은 디렉터리가 포함되면 grep에서 경고를 인쇄한다.

```
$ grep The bustle.txt $HOME fox.txt
bustle.txt:The bustle in a house
bustle.txt:The morning after death
bustle.txt:The sweeping up the heart,
grep: /Users/kyclark: Is a directory
fox.txt:The quick brown fox jumps over the lazy dog.
```

디렉터리 이름은 -r|--recursive 옵션을 가지고 원하는 디렉터리에서 매칭되는 텍스트가 포함된 파일을 전부 찾고자 할 때만 줄 수 있다. 다음 명령은 .을 이용해서 현재 작업 디렉터리를 나타낸다.

```
$ grep -r The .
./nobody.txt:Then there's a pair of us!
./bustle.txt:The bustle in a house
./bustle.txt:The morning after death
./bustle.txt:The sweeping up the heart,
./fox.txt:The quick brown fox jumps over the lazy dog.
```

짧은 플래그 -r과 -i를 결합하면 하나 이상의 디렉터리를 대상으로 대소문자를 구분하지 않는 재귀적인 검색을 수행할 수 있다.

```
$ grep -ri the .
./nobody.txt:Then there's a pair of us!
./nobody.txt:Don't tell! they'd advertise—you know!
./nobody.txt:To tell one's name—the livelong June—
./bustle.txt:The bustle in a house
```

```
./bustle.txt:The morning after death
./bustle.txt:The sweeping up the heart,
./fox.txt:The quick brown fox jumps over the lazy dog.
```

입력을 지정하는 위치 인수가 없으면 grep은 STDIN을 읽는다.

```
$ cat * | grep -i the
The bustle in a house
The morning after death
The sweeping up the heart,
The quick brown fox jumps over the lazy dog.
Then there's a pair of us!
Don't tell! they'd advertise-you know!
To tell one's name-the livelong June—
```

도전 과제 프로그램에서 다뤄 볼 내용은 이 정도다.

## 9.2 시작하기

도전 과제 프로그램의 이름은 grep의 러스트 버전이라는 의미로 grepr(그레퍼라고 읽는다)라고 하겠다. 먼저 `cargo new grepr`를 실행한 다음 책의 **09_grepr/tests** 디렉터리를 새 프로젝트로 복사한다. 그리고 **Cargo.toml**을 수정해서 다음 의존성을 포함시킨다.

```
[dependencies]
anyhow = "1.0.79"
clap = { version = "4.5.0", features = ["derive"] }
regex = "1.10.3"
walkdir = "2.4.0"

[dev-dependencies]
assert_cmd = "2.0.13"
predicates = "3.0.4"
pretty_assertions = "1.4.0"
rand = "0.8.5"
sys-info = "0.9.1" ❶
```

❶ 테스트는 이 크레이트를 이용해서 현재 윈도우에서 실행되고 있는지 아닌지를 알아낸다.

`cargo test`를 실행해서 초기 빌드를 수행하고 테스트를 실행한다. 테스트는 전부 실패해야 한다.

## 9.2.1 인수 정의하기

먼저 **src/main.rs**를 업데이트해서 프로그램의 인수를 위한 `Args` 스트럭트를 정의하는 것으로 시작하자.

```
#[derive(Debug)]
struct Args {
    pattern: String, ❶
    files: Vec<String>, ❷
    insensitive: bool, ❸
    recursive: bool, ❹
    count: bool, ❺
    invert: bool, ❻
}
```

❶ `pattern`은 필수 문자열이다.

❷ `files` 옵션은 문자열 벡터다.

❸ `insensitive` 옵션은 대소문자를 구분할지 여부를 나타내는 불리언이다.

❹ `recursive` 옵션은 디렉터리를 재귀적으로 검색할지 여부를 나타내는 불리언이다.

❺ `count` 옵션은 매칭이 일어난 횟수를 표시할지 여부를 나타내는 불리언이다.

❻ `invert` 옵션은 패턴과 매칭되지 않는 줄을 찾을지 여부를 나타내는 불리언이다.

`clap` 파생 패턴을 사용하려면 필요에 맞게 앞에 있는 스트럭트에 애너테이션을 달아둔다. 빌더 패턴을 선호한다면 다음과 같은 식으로 `get_args` 함수를 시작하기 바란다.

```
fn get_args() -> Args {
    let matches = Command::new("grepr")
        .version("0.1.0")
        .author("Ken Youens-Clark <kyclark@gmail.com>")
        .about("Rust version of `grep`")
        // 여기에는 무엇이 올까?
        .get_matches();

    Args {
        pattern: ...
        files: ...
        insensitive: ...
        recursive: ...
        count: ...
        invert: ...
```

```
        }
}
```

인수를 파싱해서 예쁜 인쇄 기능으로 인쇄하도록 `main` 함수를 업데이트한다.

```
fn main() {
    let args = Args::parse();
    println!("{args:#?}");
}
```

프로그램은 다음의 사용법을 만들어내야 한다.

```
$ cargo run -- -h
Rust version of `grep`

Usage: grepr [OPTIONS] <PATTERN> [FILE]...

Arguments:
  <PATTERN>  Search pattern ❶
  [FILE]...  Input file(s) [default: -] ❷

Options:
  -i, --insensitive    Case-insensitive
  -r, --recursive      Recursive search
  -c, --count          Count occurrences
  -v, --invert-match   Invert match
  -h, --help           Print help
  -V, --version        Print version
```

❶ 검색 패턴은 필수 인수다.

❷ 입력 파일은 옵션이며 기본값은 `STDIN`을 뜻하는 대시다.

패턴만 주어지고 입력 파일이 없을 때는 프로그램이 다음과 같은 인수를 인쇄할 수 있어야 한다.

```
$ cargo run -- dog
Args {
    pattern: "dog",
    files: [
        "-",
    ],
    insensitive: false,
    recursive: false,
```

```
        count: false,
        invert: false,
    }
```

모든 불리언 옵션의 기본값은 `false`이므로 플래그가 있을 때 제대로 설정되는지 확인하자.

```
$ cargo run -- dog -ricv tests/inputs/*.txt
Args {
    pattern: "dog",
    files: [
        "tests/inputs/bustle.txt",
        "tests/inputs/empty.txt",
        "tests/inputs/fox.txt",
        "tests/inputs/nobody.txt",
    ],
    insensitive: true,
    recursive: true,
    count: true,
    invert: true,
}
```

 잠시 시간을 내서 프로그램을 여기까지 완성하자. 최소한 `cargo test dies_no_args`를 통과해야 한다.

다음은 필자가 작성한 `get_args`다. 이 코드를 위해서 `use clap::{Arg, ArgAction, Command}`를 추가하는 걸 잊지 말자.

```
fn get_args() -> Args {
    let matches = Command::new("grepr")
        .version("0.1.0")
        .author("Ken Youens-Clark <kyclark@gmail.com>")
        .about("Rust version of `grep`")
        .arg(
            Arg::new("pattern") ❶
                .value_name("PATTERN")
                .help("Search pattern")
                .required(true),
        )
        .arg(
            Arg::new("files") ❷
                .value_name("FILE")
                .help("Input file(s)")
```

```
                .num_args(1..)
                .default_value("-"),
        )
        .arg(
            Arg::new("insensitive") ❸
                .short('i')
                .long("insensitive")
                .help("Case-insensitive")
                .action(ArgAction::SetTrue),
        )
        .arg(
            Arg::new("recursive") ❹
                .short('r')
                .long("recursive")
                .help("Recursive search")
                .action(ArgAction::SetTrue),
        )
        .arg(
            Arg::new("count") ❺
                .short('c')
                .long("count")
                .help("Count occurrences")
                .action(ArgAction::SetTrue),
        )
        .arg(
            Arg::new("invert") ❻
                .short('v')
                .long("invert-match")
                .help("Invert match")
                .action(ArgAction::SetTrue),
        )
        .get_matches();

    Args {
        pattern: matches.get_one("pattern").cloned().unwrap(),
        files: matches.get_many("files").unwrap().cloned().collect(),
        insensitive: matches.get_flag("insensitive"),
        recursive: matches.get_flag("recursive"),
        count: matches.get_flag("count"),
        invert: matches.get_flag("invert"),
    }
}
```

❶ 첫 번째 위치 인수는 `pattern`을 위한 것이다.

❷ 나머지 위치 인수는 입력을 위한 것이다. 기본값은 대시다.

❸ `insensitive` 플래그는 대소문자를 구분하지 않는 옵션을 처리한다.

**❹** `recursive` 플래그는 디렉터리 내의 파일 검색을 처리한다.

**❺** `count` 플래그는 프로그램이 카운트를 인쇄하게 한다.

**❻** `invert` 플래그는 패턴과 매칭되지 않는 줄을 검색한다.

 위치 매개변수는 맨 먼저 정의한 것이 첫 번째 위치 인수가 되는 식이라서 여기서는 선언하는 순서가 중요하다. 옵션 인수는 위치 매개변수 앞이나 뒤에 정의할 수 있다.

다음은 필자가 `use clap::Parser`를 가지고 작성한 파생 패턴이다.

```
#[derive(Debug, Parser)]
#[command(author, version, about)]
/// `grep`의 러스트 버전
struct Args {
    /// 검색 패턴
    #[arg()]
    pattern: String,

    /// 입력 파일(들)
    #[arg(default_value = "-", value_name = "FILE")]
    files: Vec<String>,

    /// 대소문자 구분
    #[arg(short, long)]
    insensitive: bool,

    /// 재귀 검색
    #[arg(short, long)]
    recursive: bool,

    /// 등장 횟수 세기
    #[arg(short, long)]
    count: bool,

    /// 거꾸로 매칭
    #[arg(short('v'), long("invert-match"))]
    invert: bool,
}
```

다음은 앞 장과 마찬가지로 `main`이 `run` 함수를 호출하게 만들 차례다.

```
fn main() {
    if let Err(e) = run(Args::parse()) {
```

```
        eprintln!("{e}");
        std::process::exit(1);
    }
}
```

`run` 함수에서는 인수를 이용해서 `insensitive` 옵션이 반영된 정규 표현식을 생성한다. 다음 코드를 위해서 `regex::RegexBuilder`와 `anyhow::{anyhow, Result}`를 가져오는 걸 잊지 말자.

```
fn run(args: Args) -> Result<()> {
    let pattern = RegexBuilder::new(&args.pattern) ❶
        .case_insensitive(args.insensitive) ❷
        .build() ❸
        .map_err(|_| anyhow!(r#"Invalid pattern "{}""#, args.pattern))?; ❹
    println!(r#"pattern "{pattern}""#); ❺
    Ok(())
}
```

❶ `RegexBuilder::new` 메서드(https://oreil.ly/Aw1Hk)는 새 정규 표현식을 생성한다.

❷ `RegexBuilder::case_insensitive` 메서드(https://oreil.ly/bvRkF)는 `insensitive` 플래그가 있을 때 정규식이 비교 과정에서 대소문자 구분을 무시하도록 만든다.

❸ `RegexBuilder::build` 메서드(https://oreil.ly/LbZh5)는 정규식을 컴파일한다.

❹ `build`가 오류를 반환하면 `Result::map_err`(https://oreil.ly/4izCX)을 이용해서 주어진 패턴이 유효하지 않다는 오류 메시지를 생성한다.

❺ 컴파일된 정규식을 인쇄한다.

프로그램은 유효하지 않은 정규 표현식을 거부해야 한다. 예를 들어 `*`는 선행 패턴이 **0개 이상**임을 나타낸다. 그러나 이 자체로는 불완전하므로 오류 메시지가 표시되어야 하는데, 이는 프로그램이 **cargo test dies_bad_pattern**을 통과해야 한다는 뜻이기도 하다.

```
$ cargo run -- \*
Invalid pattern "*"
```

패턴을 가지고 프로그램을 실행해서 타당한 내용이 인쇄되는지 확인하자.

```
$ cargo run -- fox
pattern "fox"
```

정규 표현식을 인쇄한다는 건 `Regex::as_str` 메서드(https://oreil.ly/SrNIX)를 호출한다는 뜻이다. `RegexBuilder::build`(https://oreil.ly/82KDm)의 설명에 따르면 이 메서드는 "`new`에 주어진 패턴을 있는 그대로 산출한다. 이 빌더에 설정한 플래그를 전혀 반영하지 않는다는 걸 유념하자"라고 되어 있는데, 여기에는 대소문자 구분 옵션도 포함된다.

`RegexBuilder::build`는 유효한 정규 표현식이 아닌 모든 패턴을 거부하는데 이로 인해서 흥미로운 구석이 드러난다. 정규 표현식을 작성하기 위한 문법에는 여러 가지가 있다. `grep`의 매뉴얼 페이지를 자세히 살펴보면 다음과 같은 옵션을 볼 수 있다.

```
-E, --extended-regexp
      Interpret pattern as an extended regular expression (i.e. force
      grep to behave as egrep).

-e pattern, --regexp=pattern
      Specify a pattern used during the search of the input: an input
      line is selected if it matches any of the specified patterns.
      This option is most useful when multiple -e options are used to
      specify multiple patterns, or when a pattern begins with a dash
      ('-').
```

다음은 이들 옵션과 정반대 역할을 한다.

```
-G, --basic-regexp
      Interpret pattern as a basic regular expression (i.e. force grep
      to behave as traditional grep).
```

정규 표현식은 1950년대에 미국의 수학자 스티븐 콜 클레이니Stephen Cole Kleene가 발명한 이래로 지금껏 사용되어왔다.[2] 그 이후로 다양한 그룹에서 문법을 수정하고 확장해왔는데, 특히 펄 커뮤니티가 만든 펄 호환 정규 표현식Perl compatible regular expressions, PCRE이 아마 가장 유명할 것이다. 기본적으로 `grep`은 기본 정규식만 파싱하지만 앞에 있는 플래그를 이용하면 다른 종류의 문법을 사용할 수 있다. 예를 들어 패턴 **ee**를 이용해서 인접한 두 개의 **e**가 포함된 모든 줄을 검색할 수 있다. 다음 출력에서 눈에 잘 띄라고 굵게 표시해둔 부분이 검색된 패턴이다.

```
$ grep 'ee' tests/inputs/*
tests/inputs/bustle.txt:The sweeping up the heart,
```

---

2   정규식에 대해 더 자세히 알고 싶다면 제프리 프리들(Jeffrey Friedl)이 쓴 《Mastering Regular Expressions, 3rd Edition》(O'Reilly, 2006)을 추천한다.

두 번 반복되는 문자를 찾고 싶을 때는 패턴 `(.)\1`을 사용하면 되는데, 여기서 점`(.)`은 임의의 문자에 해당하고 캡처 괄호를 이용하면 역참조 `\1`을 써서 첫 번째 캡처 그룹을 참조할 수 있다. 이는 확장 정규식의 예이므로 `-E` 플래그가 필요하다.

```
$ grep -E '(.)\1' tests/inputs/*
tests/inputs/bustle.txt:The sweeping up the heart,
tests/inputs/bustle.txt:And putting love away
tests/inputs/bustle.txt:We shall not want to use again
tests/inputs/nobody.txt:Are you-Nobody-too?
tests/inputs/nobody.txt:Don't tell! they'd advertise-you know!
tests/inputs/nobody.txt:To tell one's name-the livelong June-
```

러스트 `regex` 크레이트의 문서(https://oreil.ly/qCNOo)를 보면 "크레이트가 지원하는 정규식 문법은 다른 정규식 엔진과 비슷하지만, 효율적인 구현 방법이 알려지지 않은 몇 가지 기능이 빠져 있는데 그중에는 전후방 탐색과 역참조가 포함된다"라고 되어 있다(**전후방 탐색** 어서션은 표현식에서 어떤 패턴이 다른 패턴 앞이나 뒤에 와야 한다는 걸 주장할 수 있게 해주고, **역참조**는 패턴에서 이전에 캡처한 값을 참조할 수 있게 해준다). 이 말은 도전 과제 프로그램이 기본적으로 확장 정규 표현식을 처리한다는 점에서 `egrep`와 더 비슷하게 작동한다는 뜻이다. 안타깝게도 이 말은 프로그램이 역참조를 필요로 하는 앞의 패턴을 처리할 수 없다는 뜻이기도 하다. 그래도 여전히 작성해볼 만한 아주 멋진 프로그램이므로 계속 진행해나가자.

### 9.2.2 검색할 파일 찾기

다음으로 검색할 파일을 전부 찾아야 한다. 기억하겠지만, 사용자는 `--recursive` 옵션과 함께 디렉터리 이름을 줘서 각 디렉터리에 포함된 모든 파일을 검색할 수 있는데, 이때 이 옵션 없이 디렉터리 이름만 있으면 `STDERR`에 경고를 인쇄해야 한다. 따라서 디렉터리를 재귀적으로 검색할지 여부를 나타내는 불리언과 함께 파일이나 디렉터리 이름을 담은 문자열 벡터를 받는 `find_files`라는 함수를 작성하겠다. 이 함수는 유효한 파일의 이름이나 오류 메시지가 담긴 문자열을 쥐고 있는 `Result` 값 벡터를 반환한다. 다음 뼈대를 가지고 여러분의 버전을 만들어보자.

```
fn find_files(paths: &[String], recursive: bool) -> Vec<Result<String>> {
    unimplemented!();
}
```

이를 테스트하기 위해서 `tests` 모듈을 **src/main.rs**에 추가한다. 이 모듈은 `rand` 크레이트를 사용하므로 이번 장 앞부분에 나와 있는 **Cargo.toml**처럼 해당 크레이트를 `[dev-dependencies]` 부분에 나열해두어야 한다는 걸 유념하자.

```
#[cfg(test)]
mod tests {
    use super::find_files;
    use rand::{distributions::Alphanumeric, Rng};

    #[test]
    fn test_find_files() {
        // 함수가 존재 여부가 확실한 파일을 찾는지 확인한다.
        let files = find_files(&["./tests/inputs/fox.txt".to_string()], false);
        assert_eq!(files.len(), 1);
        assert_eq!(files[0].as_ref().unwrap(), "./tests/inputs/fox.txt");

        // 재귀 옵션 없이 디렉터리를 줬다면 거부해야 한다.
        let files = find_files(&["./tests/inputs".to_string()], false);
        assert_eq!(files.len(), 1);
        if let Err(e) = &files[0] {
            assert_eq!(e.to_string(), "./tests/inputs is a directory");
        }

        // 함수가 디렉터리에 있는 파일 네 개를 재귀적으로 찾는지 확인한다.
        let res = find_files(&["./tests/inputs".to_string()], true);
        let mut files: Vec<String> = res
            .iter()
            .map(|r| r.as_ref().unwrap().replace("\\", "/"))
            .collect();
        files.sort();
        assert_eq!(files.len(), 4);
        assert_eq!(
            files,
            vec![
                "./tests/inputs/bustle.txt",
                "./tests/inputs/empty.txt",
                "./tests/inputs/fox.txt",
                "./tests/inputs/nobody.txt",
            ]
        );

        // 존재하지 않는 파일을 표현하기 위해서 랜덤 문자열을 생성한다.
        let bad: String = rand::thread_rng()
            .sample_iter(&Alphanumeric)
            .take(7)
            .map(char::from)
            .collect();
```

```
        // 함수가 문제 있는 파일을 오류로 반환하는지 확인한다.
        let files = find_files(&[bad], false);
        assert_eq!(files.len(), 1);
        assert!(files[0].is_err());
    }
}
```

 읽기를 멈추고 `cargo test test_find_files`를 통과하도록 코드를 작성해보자.

`find_files`의 사용법은 다음과 같다.

```
fn run(args: Args) -> Result<()> {
    let pattern = RegexBuilder::new(&args.pattern)
        .case_insensitive(args.insensitive)
        .build()
        .map_err(|_| anyhow!(r#"Invalid pattern "{}""#, args.pattern))?;
    println!(r#"pattern "{pattern}""#);

    let entries = find_files(&args.files, args.recursive);
    for entry in entries {
        match entry {
            Err(e) => eprintln!("{e}"),
            Ok(filename) => println!(r#"file "{filename}""#),
        }
    }

    Ok(())
}
```

필자의 설루션은 7장에서 소개한 `WalkDir`(https://oreil.ly/oVQEG)을 사용한다. 여러분의 프로그램이 다음 출력을 재현할 수 있는지 확인해보자. 먼저 기본 입력은 STDIN에서 읽는 걸 뜻하는 대시(-)여야 한다.

```
$ cargo run -- fox
pattern "fox"
file "-"
```

대시를 직접 입력으로 줄 때도 동일한 출력이 생성되어야 한다.

```
$ cargo run -- fox -
pattern "fox"
file "-"
```

프로그램은 여러 입력 파일을 처리해야 한다.

```
$ cargo run -- fox tests/inputs/*
pattern "fox"
file "tests/inputs/bustle.txt"
file "tests/inputs/empty.txt"
file "tests/inputs/fox.txt"
file "tests/inputs/nobody.txt"
```

`--recursive` 옵션이 없는 디렉터리 이름은 거부되어야 한다.

```
$ cargo run -- fox tests/inputs
pattern "fox"
tests/inputs is a directory
```

`--recursive` 플래그를 주면 디렉터리에 있는 파일을 찾아야 한다.

```
$ cargo run -- -r fox tests/inputs
pattern "fox"
file "tests/inputs/empty.txt"
file "tests/inputs/nobody.txt"
file "tests/inputs/bustle.txt"
file "tests/inputs/fox.txt"
```

유효하지 않은 파일 인수는 각 항목을 처리하는 과정에서 `STDERR`에 인쇄되어야 한다. 다음 예에서 **blargh**는 존재하지 않는 파일을 나타낸다.

```
$ cargo run -- -r fox blargh tests/inputs/fox.txt
pattern "fox"
blargh: No such file or directory (os error 2)
file "tests/inputs/fox.txt"
```

### (9.2.3) 입력에서 매칭되는 줄 찾기

이제 프로그램에서 파일을 열고 매칭되는 줄을 검색할 차례다. 이번에도 앞 장에서 사용한 바 있는 open 함수와 필요한 가져오기를 이용해서 기존 파일을 열어서 읽거나 파일 이름이 대시(-)일 때는 STDIN을 열어서 읽기로 하자.

```
fn open(filename: &str) -> Result<Box<dyn BufRead>> {
    match filename {
        "-" => Ok(Box::new(BufReader::new(io::stdin()))),
        _ => Ok(Box::new(BufReader::new(File::open(filename)?))),
    }
}
```

입력 파일 중에는 윈도우 스타일 CRLF 줄 끝을 포함하고 있는 게 있으므로 줄을 읽을 때는 꼭 줄 끝을 유지해야 한다. 필자의 설루션은 다음 뼈대와 같이 시작하는 find_lines라는 함수를 사용한다. 가져오기 부분에 use regex::Regex를 추가하는 걸 잊지 말자.

```
fn find_lines<T: BufRead>(
    mut file: T, ❶
    pattern: &Regex, ❷
    invert: bool, ❸
) -> Result<Vec<String>> {
    unimplemented!();
}
```

❶ file 옵션은 std::io::BufRead 트레이트(https://oreil.ly/c5fGP)를 구현해야 한다.

❷ pattern 인수는 컴파일된 정규 표현식의 레퍼런스다.

❸ invert 인수는 매칭 작업을 뒤바꿔서 수행할지 여부를 나타내는 불리언이다.

 5장의 wcr 프로그램에서는 impl BufRead를 이용해서 BufRead 트레이트를 구현해야 하는 값을 나타냈다. 앞 코드에서는 <T: BufRead>를 이용해서 타입 T를 위한 트레이트 바운드를 나타내고 있다. 둘 다 같은 일을 하지만 이런 식으로도 작성할 수 있다는 걸 보여주고 싶었다.

이 함수를 테스트하려면 tests 모듈을 확장해서 다음 test_find_lines 함수를 추가한다. 이 함수는 다시 한번 std::io::Cursor를 이용해서 BufRead를 구현하는 테스트용 가짜 파일 핸들을 생성한다.

```
#[cfg(test)]
mod test {
    use super::{find_files, find_lines};
```

```rust
use rand::{distributions::Alphanumeric, Rng};
use regex::{Regex, RegexBuilder};
use std::io::Cursor;

#[test]
fn test_find_files() {}  // 앞과 동일하다.

#[test]
fn test_find_lines() {
    let text = b"Lorem\nIpsum\r\nDOLOR";

    // 패턴 _or_은 "Lorem" 한 줄을 매칭해야 한다.
    let re1 = Regex::new("or").unwrap();
    let matches = find_lines(Cursor::new(&text), &re1, false);
    assert!(matches.is_ok());
    assert_eq!(matches.unwrap().len(), 1);

    // 뒤집기가 설정되면 이 함수는 다른 두 줄을 매칭해야 한다.
    let matches = find_lines(Cursor::new(&text), &re1, true);
    assert!(matches.is_ok());
    assert_eq!(matches.unwrap().len(), 2);

    // 이 정규식은 대소문자를 구분하지 않는다.
    let re2 = RegexBuilder::new("or")
        .case_insensitive(true)
        .build()
        .unwrap();

    // "Lorem"과 "DOLOR" 이렇게 두 줄을 매칭해야 한다.
    let matches = find_lines(Cursor::new(&text), &re2, false);
    assert!(matches.is_ok());
    assert_eq!(matches.unwrap().len(), 2);

    // 뒤집기가 설정되면 나머지 한 줄을 매칭해야 한다.
    let matches = find_lines(Cursor::new(&text), &re2, true);
    assert!(matches.is_ok());
    assert_eq!(matches.unwrap().len(), 1);
}
}
```

읽기를 멈추고 `cargo test test_find_lines`를 통과하는 함수를 작성하자.

이어서 이들 아이디어를 run에 통합해보자.

```
fn run(args: Args) -> Result<()> {
    let pattern = RegexBuilder::new(&args.pattern)
        .case_insensitive(args.insensitive)
        .build()
        .map_err(|_| anyhow!(r#"Invalid pattern "{}""#, args.pattern))?;

    let entries = find_files(&args.files, args.recursive); ❶
    for entry in entries {
        match entry {
            Err(e) => eprintln!("{e}"), ❷
            Ok(filename) => match open(&filename) { ❸
                Err(e) => eprintln!("{filename}: {e}"), ❹
                Ok(file) => {
                    let matches = find_lines(file, &pattern, args.invert); ❺
                    println!("Found {matches:?}");
                }
            },
        }
    }

    Ok(())
}
```

❶ 입력 파일을 찾는다.

❷ 입력 파일을 찾다가 발생한 오류를 처리한다.

❸ 유효한 파일 이름을 열어본다.

❹ 파일을 열다가 발생한 오류를 처리한다.

❺ 열린 파일 핸들을 이용해서 정규식과 매칭되는 (또는 매칭되지 않는) 줄을 찾는다.

여기까지 하고 나면 프로그램이 다음과 같은 출력을 보여줘야 한다.

```
$ cargo run -- -r fox tests/inputs/*
Found Ok([])
Found Ok([])
Found Ok(["The quick brown fox jumps over the lazy dog.\n"])
Found Ok([])
```

프로그램의 기준에 맞게 이 버전을 수정한다. 가능한 단순하게 가져가기 위해서 입력에 있는 모든
줄을 매칭해야 하는 빈 정규 표현식부터 시작한다.

```
$ cargo run -- "" tests/inputs/fox.txt
```

```
The quick brown fox jumps over the lazy dog.
```

기본적으로 STDIN을 읽고 있는지 확인한다.

```
$ cargo run -- "" < tests/inputs/fox.txt
The quick brown fox jumps over the lazy dog.
```

여러 입력 파일과 대소문자를 구분하는 패턴을 가지고 실행한다.

```
$ cargo run -- The tests/inputs/*
tests/inputs/bustle.txt:The bustle in a house
tests/inputs/bustle.txt:The morning after death
tests/inputs/bustle.txt:The sweeping up the heart,
tests/inputs/fox.txt:The quick brown fox jumps over the lazy dog.
tests/inputs/nobody.txt:Then there's a pair of us!
```

그런 다음 줄 대신 매칭된 수를 인쇄해본다.

```
$ cargo run -- --count The tests/inputs/*
tests/inputs/bustle.txt:3
tests/inputs/empty.txt:0
tests/inputs/fox.txt:1
tests/inputs/nobody.txt:1
```

--insensitive 옵션을 포함시킨다.

```
$ cargo run -- --count --insensitive The tests/inputs/*
tests/inputs/bustle.txt:3
tests/inputs/empty.txt:0
tests/inputs/fox.txt:1
tests/inputs/nobody.txt:3
```

다음으로 매칭을 뒤집어본다.

```
$ cargo run -- --count --invert-match The tests/inputs/*
tests/inputs/bustle.txt:6
tests/inputs/empty.txt:0
tests/inputs/fox.txt:0
tests/inputs/nobody.txt:8
```

--recursive 옵션이 작동하는지 확인한다.

```
$ cargo run -- -icr the tests/inputs
tests/inputs/empty.txt:0
tests/inputs/nobody.txt:3
tests/inputs/bustle.txt:3
tests/inputs/fox.txt:1
```

파일을 순서대로 처리해나가면서 존재하지 않는 파일 **blargh**와 같은 오류를 해결한다.

```
$ cargo run -- fox blargh tests/inputs/fox.txt
blargh: No such file or directory (os error 2)
tests/inputs/fox.txt:The quick brown fox jumps over the lazy dog.
```

적절히 처리해야 할 또 다른 잠재적인 문제는 권한 부족으로 인해서 파일을 여는 데 실패하는 경우다.

```
$ touch hammer && chmod 000 hammer
$ cargo run -- fox hammer tests/inputs/fox.txt
hammer: Permission denied (os error 13)
tests/inputs/fox.txt:The quick brown fox jumps over the lazy dog.
```

 이제 직접 해볼 차례다. 도전 과제가 점점 어려워지고 있어서 요구 사항이 다소 부담스러운 게 사실이다. 각 작업을 적절히 해결해나가면서 계속 `cargo test`를 실행해서 얼마나 많은 테스트를 통과할 수 있는지 확인하자. 막힐 때는 테스트에 있는 인수를 가지고 grep을 실행해서 출력을 면밀히 살펴보자. 그리고 동일한 인수를 가지고 프로그램을 실행해서 차이점을 찾아보자.

## 9.3 설루션

제공된 테스트 스위트를 통과하기만 한다면 설루션이야 어떤 식으로든 작성하면 그만이라는 걸 늘 강조하고 싶다. 다음 `find_files` 함수에서는 결과를 이터레이터에서 모으는 게 아니라 벡터에 직접 밀어 넣는 명령형 접근 방식을 사용하기로 했다. 이 함수는 잘못된 경로에 대해서는 오류를 모으고, 그렇지 않으면 이터러블 `WalkDir`을 평평하게 만들어서 재귀적으로 파일을 가져온다. 이 코드의 경우에는 `use std::fs`와 `use walkdir::WalkDir`을 추가해야 한다.

```
fn find_files(paths: &[String], recursive: bool) -> Vec<Result<String>> {
    let mut results = vec![]; ❶

    for path in paths { ❷
        match path.as_str() {
            "-" => results.push(Ok(path.to_string())), ❸
            _ => match fs::metadata(path) { ❹
                Ok(metadata) => {
                    if metadata.is_dir() { ❺
                        if recursive { ❻
                            for entry in WalkDir::new(path) ❼
                                .into_iter()
                                .flatten() ❽
                                .filter(|e| e.file_type().is_file())
                            {
                                results.push(Ok(entry
                                    .path()
                                    .display()
                                    .to_string()));
                            }
                        } else {
                            results.push(Err(anyhow!("{path} is a directory"))); ❾
                        }
                    } else if metadata.is_file() { ❿
                        results.push(Ok(path.to_string()));
                    }
                }
                Err(e) => { ⓫
                    Err(e) => results.push(Err(anyhow!("{path}: {e}"))),
                }
            },
        }
    }

    results
}
```

❶ results를 담아둘 빈 벡터를 초기화한다.

❷ 주어진 경로를 하나씩 반복 처리한다.

❸ 먼저 STDIN을 뜻하는 대시(-)를 경로로 받는다.

❹ 경로의 메타데이터를 가져온다.

❺ 경로가 디렉터리인지 확인한다.

❻ 사용자가 디렉터리를 재귀적으로 검색하길 원하는지 확인한다.

❼ 주어진 디렉터리에 있는 파일을 전부 results에 추가한다.

❽ Iterator::flatten(https://oreil.ly/RzXDz)은 Result와 Option 타입이 오면 Ok와 Some 배리언트는 다음 단계로 보내고 Err과 None 배리언트는 무시한다. 즉, 디렉터리를 재귀적으로 검색해서 파일을 찾을 때 오류는 무시한다는 뜻이다.

❾ 주어진 항목이 디렉터리라는 오류를 기록해둔다.

❿ 경로가 파일이면 results에 추가한다.

⓫ 이 갈래는 존재하지 않는 파일에 의해서 작동된다.

다음으로 find_lines 함수를 공유하겠다. 다음 코드의 경우에는 가져오기 부분에 use std::mem을 추가해야 한다. 이 함수는 파일을 한 줄씩 읽는 이전 함수의 내용을 상당 부분 차용하고 있으므로 앞서 사용했던 코드에 대해서는 따로 언급하지 않겠다.

```rust
fn find_lines<T: BufRead>(
    mut file: T,
    pattern: &Regex,
    invert: bool,
) -> Result<Vec<String>> {
    let mut matches = vec![]; ❶
    let mut line = String::new();

    loop {
        let bytes = file.read_line(&mut line)?;
        if bytes == 0 {
            break;
        }
        if pattern.is_match(&line) ^ invert { ❷
            matches.push(mem::take(&mut line)); ❸
        }
        line.clear();
    }

    Ok(matches)
}
```

❶ 매칭된 줄을 담아둘 변경 가능한 벡터를 초기화한다.

❷ BitXor **비트별 배타적 논리합**(https://oreil.ly/fwIFt) 연산자(^)를 이용해서 줄을 포함시킬지 여부를 결정한다.

❸ std::mem::take(https://oreil.ly/bKZz9)를 이용해서 줄의 소유권을 가져온다. clone(https://oreil.ly/NkRmp)을 이용해서 문자열을 복사한 다음 이를 matches에 넣어도 되지만, take를 사용하면 불필요한 복사를 피할 수 있다.

이전 함수에서 비트별 **XOR** 비교(^)는 다음처럼 논리 연산자 **AND**(&&)와 **OR**(||)의 조합을 이용해서 표현할 수도 있다.

```
if (pattern.is_match(&line) && !invert) ❶
    || (!pattern.is_match(&line) && invert) ❷
{
    matches.push(line.clone());
}
```

❶ 줄이 매칭된 상태에서 사용자가 매칭 뒤집기를 원하지 않는 경우를 확인한다.

❷ 반대로 줄이 매칭되지 않은 상태에서 사용자가 매칭 뒤집기를 원하는 경우를 확인한다.

`run` 함수의 시작 부분에 입력 파일의 개수가 주어지면 출력을 인쇄할 때 파일 이름을 넣을지 말지 처리하는 클로저를 만들기로 하자.

```
fn run(args: Args) -> Result<()> {
    let pattern = RegexBuilder::new(&args.pattern)
        .case_insensitive(args.insensitive)
        .build()
        .map_err(|_| anyhow!(r#"Invalid pattern "{}""#, args.pattern))?;

    let entries = find_files(&args.files, args.recursive); ❶
    let num_files = entries.len(); ❷
    let print = |fname: &str, val: &str| { ❸
        if num_files > 1 {
            print!("{fname}:{val}");
        } else {
            print!("{val}");
        }
    };
```

❶ 입력을 전부 찾는다.

❷ 입력의 개수를 구한다.

❸ 입력의 개수를 이용해서 결과에 파일 이름을 인쇄할지 여부를 결정하는 `print` 클로저를 만든다.

이어서 프로그램은 항목에서 매칭되는 줄을 찾으려고 시도한다.

```
    for entry in entries {
        match entry {
```

```
                    Err(e) => eprintln!("{e}"),  ❶
                Ok(filename) => match open(&filename) {  ❷
                    Err(e) => eprintln!("{filename}: {e}"),  ❸
                    Ok(file) => match find_lines(file, &pattern, args.invert) {  ❹
                        Err(e) => eprintln!("{e}"),  ❺
                        Ok(matches) => {
                            if args.count {  ❻
                                print(&filename, &format!("{}\n", matches.len()));
                            } else {
                                for line in &matches {
                                    print(&filename, line);
                                }
                            }
                        }
                    },
                },
            }
        }
        Ok(())
}
```

❶ 존재하지 않는 파일과 같은 오류를 STDERR에 인쇄한다.

❷ 파일을 열어본다. 권한으로 인해서 실패할 수도 있다.

❸ 오류를 STDERR에 인쇄한다.

❹ 매칭되는 텍스트 줄을 찾는다.

❺ 오류를 STDERR에 인쇄한다.

❻ 매칭 결과의 개수를 인쇄할지 매칭 결과 자체를 인쇄할지 결정한다.

이 시점에서 프로그램은 모든 테스트를 통과해야 한다.

## 9.4 한 걸음 더 나아가기

러스트 ripgrep 도구(https://oreil.ly/oqlzw)는 grep의 많은 기능을 구현하고 있어서 연구해볼 가치가 있다. 제공된 지침에 따라 프로그램을 설치한 다음 rg로 실행하면 된다. 그림 9-1에서 보다시피 매칭되는 텍스트가 출력에 강조되어 표시된다. 여러분의 프로그램에 이 기능을 넣어보자. Regex::find(https://oreil.ly/MzvvZ)로 매칭되는 패턴의 시작과 끝 위치를 찾은 다음 termcolor(https://oreil.ly/QRuAE) 같은 것으로 매칭된 결과를 강조해서 표시하면 된다.

```
$ rg The tests/inputs
tests/inputs/nobody.txt
3:Then there's a pair of us!

tests/inputs/bustle.txt
1:The bustle in a house
2:The morning after death
6:The sweeping up the heart,

tests/inputs/fox.txt
1:The quick brown fox jumps over the lazy dog.
```

그림 9-1 `ripgrep` 도구는 매칭되는 텍스트를 강조해서 표시한다.

`ripgrep`의 저자는 블로그 게시글(https://oreil.ly/JfnB8)에서 이 프로그램을 작성할 때 내린 설계 결정에 대해서 자세히 썼다. 'Repeat After Me: Thou Shalt Not Search Line by Line' 절에서 저자는 대부분의 매칭이 실패로 끝나는 텍스트 줄 검색의 성능 저하에 대해서 이야기한다.

# 요약

이번 장은 디렉터리에 있는 파일을 재귀적으로 찾고 정규 표현식을 사용하는 등 7장에서 배운 기술을 확장해나가는 도전의 여정이었다. 이번 장에서는 이러한 기술을 결합해서 주어진 정규식과 매칭되는 (또는 매칭되지 않는) 파일의 내용을 찾았다. 또 다음과 같은 것을 배웠다.

- `RegexBuilder`를 이용해서 이를테면 대소문자를 구분하지 않는 옵션을 가지고 대소문자에 관계없이 문자열을 매칭하는 등 보다 복잡한 정규 표현식을 만들 수 있다.
- PCRE와 같이 다양한 도구가 인식하는 정규 표현식을 작성하기 위한 문법에는 여러 가지가 있다. 러스트의 `regex` 엔진은 전후방 탐색 어서션이나 역참조 같은 PCRE의 일부 기능을 구현하지 않는다.
- `impl BufRead`나 `<T: BufRead>`를 이용해서 함수 시그니처에 `BufRead` 같은 트레이트 바운드를 나타낼 수 있다.
- 러스트의 비트별 **XOR** 연산자는 **AND**와 **OR** 비교를 결합하는 더 복잡한 논리 연산을 대체할 수 있다.

다음 장에서는 파일을 줄 단위로 반복 처리하는 법, 문자열을 비교하는 법, 보다 복잡한 `enum` 타입을 생성하는 법에 대해서 자세히 배운다.

# 10
## CHAPTER

# 보스턴 커먼: comm

한 번도 본 적 없는 / 상식

—<Circular Karate Chop>(데이 마이트 비 자이언츠, 2013)

이번 장에서는 두 개의 파일을 읽어서 둘 다 공통으로 가지고 있는 텍스트 줄과 각자 고유하게 가지고 있는 텍스트 줄을 알려주는 comm(common의 준말) 유틸리티의 러스트 버전을 작성한다. 집합 연산으로 치면, 공통된 줄은 두 파일의 **교집합** 연산이고 고유한 줄은 두 파일의 **차집합** 연산이다. 데이터베이스에 익숙하다면 이들을 일종의 **조인** 연산으로 간주할 수도 있다.

배울 내용은 다음과 같다.

- `Iterator::next`를 이용해서 파일 핸들을 줄 단위로 직접 반복 처리하는 법
- `match`와 튜플을 이용해서 가능성 조합을 매칭하는 법
- 문자열을 비교할 때 `std::cmp::Ordering`을 사용하는 법

## 10.1 comm의 작동 방식

이번 프로그램에서 예상되는 내용을 알아보기 위해, 먼저 BSD `comm`을 위한 매뉴얼 페이지의 일부를 검토해보고 이를 통해서 이 도구의 작동 방식을 살펴보자.

---

\* 〔옮긴이〕 이번 장 제목의 원문은 "Boston Commons"로 보스컨 코먼(Boston Common)은 미국 매사추세츠주 보스턴에 있는 미국에서 가장 오래된 공원이다. 이번 장에서 다룰 `comm` 프로그램을 소개하는 언어유희다.

```
NAME
     comm -- select or reject lines common to two files

SYNOPSIS
     comm [-123i] file1 file2

DESCRIPTION
     The comm utility reads file1 and file2, which should be sorted lexically,
     and produces three text columns as output: lines only in file1; lines
     only in file2; and lines in both files.

     The filename ''-'' means the standard input.

     The following options are available:

     -1        Suppress printing of column 1.

     -2        Suppress printing of column 2.

     -3        Suppress printing of column 3.

     -i        Case insensitive comparison of lines.

     Each column will have a number of tab characters prepended to it equal to
     the number of lower numbered columns that are being printed.  For exam-
     ple, if column number two is being suppressed, lines printed in column
     number one will not have any tabs preceding them, and lines printed in
     column number three will have one.

     The comm utility assumes that the files are lexically sorted; all charac-
     ters participate in line comparisons.
```

GNU 버전에는 몇 가지 추가 옵션이 있지만 대소문자를 구분하지 않는 옵션은 없다.

```
$ comm --help
Usage: comm [OPTION]... FILE1 FILE2
Compare sorted files FILE1 and FILE2 line by line.

When FILE1 or FILE2 (not both) is -, read standard input.

With no options, produce three-column output.  Column one contains
lines unique to FILE1, column two contains lines unique to FILE2,
and column three contains lines common to both files.
```

```
-1                  suppress column 1 (lines unique to FILE1)
-2                  suppress column 2 (lines unique to FILE2)
-3                  suppress column 3 (lines that appear in both files)

--check-order      check that the input is correctly sorted, even
                        if all input lines are pairable
--nocheck-order    do not check that the input is correctly sorted
--output-delimiter=STR  separate columns with STR
--total             output a summary
-z, --zero-terminated    line delimiter is NUL, not newline
    --help          display this help and exit
    --version   output version information and exit

Note, comparisons honor the rules specified by 'LC_COLLATE'.

Examples:
  comm -12 file1 file2  Print only lines present in both file1 and file2.
  comm -3 file1 file2  Print lines in file1 not in file2, and vice versa.
```

아마 이쯤 되면 이 도구를 대체 언제 무슨 용도로 사용하는지 궁금할 것이다. 예를 들어 좋아하는 밴드가 지난 투어 중에 공연했던 도시 목록이 담긴 파일이 있다고 가정해보자.

```
$ cd 10_commr/tests/inputs/
$ cat cities1.txt
Jackson
Denton
Cincinnati
Boston
Santa Fe
Tucson
```

또 다른 파일에는 이번에 투어 중인 도시가 나열되어 있다.

```
$ cat cities2.txt
San Francisco
Denver
Ypsilanti
Denton
Cincinnati
Boston
```

comm을 이용하면 1번 열(첫 번째 파일에만 있는 줄)과 2번 열(두 번째 파일에만 있는 줄)은 숨기고 3번 열(두 파일에 모두 있는 줄)만 표시하는 방법으로 두 집합에 모두 등장하는 도시를 찾을 수 있다. 이는 두 입력에 모두 등장하는 데이터만 보여주는 SQL의 **내부 조인**과 비슷하다. 이때 두 파일을 먼저 정렬해야 한다는 걸 유념하자.

```
$ comm -12 <(sort cities1.txt) <(sort cities2.txt)
Boston
Cincinnati
Denton
```

밴드가 첫 번째 투어 중에 공연했던 도시만 알고 싶다면 2번 열과 3번 열을 숨기면 된다.

```
$ comm -23 <(sort cities1.txt) <(sort cities2.txt)
Jackson
Santa Fe
Tucson
```

마지막으로 밴드가 두 번째 투어 중에 공연했던 도시만 알고 싶다면 1번 열과 3번 열을 숨기면 된다.

```
$ comm -13 <(sort cities1.txt) <(sort cities2.txt)
Denver
San Francisco
Ypsilanti
```

첫 번째 파일이나 두 번째 파일은 STDIN일 수 있는데, 파일 이름 자리에 대시(-)를 써서 표시하면 된다.

```
$ sort cities2.txt | comm -12 <(sort cities1.txt) -
Boston
Cincinnati
Denton
```

GNU comm과 마찬가지로 도전 과제 프로그램은 입력 중 하나만 대시일 수 있다. BSD comm은 -i 플래그가 있을 때 대소문자를 구분하지 않는 비교를 수행할 수 있다는 걸 유념하자. 예를 들어 첫 번째 투어 도시를 소문자로 적어두었다고 하자.

```
$ cat cities1_lower.txt
jackson
denton
cincinnati
boston
santa fe
tucson
```

또 두 번째 투어 도시를 대문자로 적어두었다고 하자.

```
$ cat cities2_upper.txt
SAN FRANCISCO
DENVER
YPSILANTI
DENTON
CINCINNATI
BOSTON
```

이럴 때는 -i 플래그를 이용해서 공통으로 등장하는 도시를 찾을 수 있다.

```
$ comm -i -12 <(sort cities1_lower.txt) <(sort cities2_upper.txt)
boston
cincinnati
denton
```

 투어 도시 예는 너무 뻔한 것 같으니, 필자가 컴퓨터 과학과 생물학의 교차점이라 할 수 있는 생물정보학에서 경험한 내용을 바탕으로 한 다른 예를 들어보겠다. 단백질 서열이 담긴 파일이 주어지면 유사한 서열을 클러스터로 묶는 분석을 수행할 수 있다. 이때 comm을 이용하면 클러스터링된 단백질을 원래 목록과 비교해서 클러스터링에 실패한 단백질을 찾을 수 있다. 이 클러스터링되지 않은 단백질에는 추가 분석이 필요한 고유한 무언가가 있을 수도 있다.

도전 과제 프로그램에서 구현해볼 기능은 이 정도다. BSD 버전과 한 가지 다른 점은 GNU 버전의 출력 열 구분 기호 옵션을 사용한다는 것인데, 기본값은 comm의 일반적인 출력에 쓰이는 탭 문자다.

## 10.2 시작하기

이번 장의 프로그램의 이름은 comm의 러스트 버전이라는 의미로 commr(단어 comma의 기본적인 영국식 발음을 따라서 **코머**라고 읽는다)라고 하겠다. 먼저 `cargo new commr`를 실행하고 나서 Cargo.

**toml** 파일에 다음 의존성을 추가하자.

```
[dependencies]
anyhow = "1.0.79"
clap = { version = "4.5.0", features = ["derive"] }

[dev-dependencies]
assert_cmd = "2.0.13"
predicates = "3.0.4"
pretty_assertions = "1.4.0"
rand = "0.8.5"
```

**10_commr/tests** 디렉터리를 프로젝트로 복사한 다음 **cargo test**를 실행해서 테스트를 돌린다. 테스트는 전부 실패해야 한다.

### 10.2.1 인수 정의하기

늘 그랬듯이 먼저 `Args` 스트럭트를 정의하는 것으로 시작하기로 하자.

```
#[derive(Debug)]
pub struct Args
    file1: String, ❶
    file2: String, ❷
    show_col1: bool, ❸
    show_col2: bool, ❹
    show_col3: bool, ❺
    insensitive: bool, ❻
    delimiter: String, ❼
}
```

❶ 첫 번째 입력 파일 이름은 `String`이다.

❷ 두 번째 입력 파일 이름은 `String`이다.

❸ 출력의 첫 번째 열을 표시할지 여부를 나타내는 불리언이다.

❹ 출력의 두 번째 열을 표시할지 여부를 나타내는 불리언이다.

❺ 출력의 세 번째 열을 표시할지 여부를 나타내는 불리언이다.

❻ 대소문자를 구분하지 않는 비교를 수행할지 여부를 나타내는 불리언이다.

❼ 출력 열 구분 기호. 기본값은 탭이다.

필자는 보통 `Args` 필드의 이름을 인수와 동일하게 가져가지만, **suppress**라는 부정적인 동사보다는 **show**라는 긍정적인 동사를 선호한다. 뒤에서 보겠지만 이렇게 하면 코드가 더 읽기 쉬워진다고 생각한다.

`clap` 파생 패턴을 쓰려면 앞에 있는 스트럭트에 애너테이션을 달아두면 되고, 그렇지 않으면 다음 코드를 가져다가 누락된 부분을 채워서 `get_args` 함수를 시작하면 된다.

```
fn get_args() -> Args {
    let matches = Command::new("commr")
        .version("0.1.0")
        .author("Ken Youens-Clark <kyclark@gmail.com>")
        .about("Rust version of `comm`")
        // 여기에는 무엇이 올까?
        .get_matches();

    Args {
        file1: ...
        file2: ...
        show_col1: ...
        show_col2: ...
        show_col3: ...
        insensitive: ...
        delimiter: ...
    }
}
```

`main` 함수는 인수를 예쁜 인쇄 기능으로 인쇄하는 것에서 시작한다.

```
fn main() {
    let args = get_args();
    println!("{:#?}", args);
}
```

프로그램은 다음의 사용법을 만들어낼 수 있어야 한다.

```
$ cargo run -- -h
Rust version of `comm`

Usage: commr [OPTIONS] <FILE1> <FILE2>

Arguments:
  <FILE1>  Input file 1
```

```
 <FILE2>  Input file 2

Options:
  -1                             Suppress printing of column 1
  -2                             Suppress printing of column 2
  -3                             Suppress printing of column 3
  -i                             Case-insensitive comparison of lines
  -d, --output-delimiter <DELIM> Output delimiter [default: "\t"]
  -h, --help                     Print help
  -V, --version                  Print version
```

아무런 인수 없이 프로그램을 실행하면 두 개의 파일 인수가 필요하다는 메시지와 함께 실패해야
한다.

```
$ cargo run
error: the following required arguments were not provided:
  <FILE1>
  <FILE2>

Usage: commr <FILE1> <FILE2>

For more information, try '--help'.
```

두 개의 위치 인수를 제공하면 다음과 같은 출력이 표시되어야 한다.

```
$ cargo run -- tests/inputs/file1.txt tests/inputs/file2.txt
Args {
    file1: "tests/inputs/file1.txt", ❶
    file2: "tests/inputs/file2.txt",
    show_col1: true, ❷
    show_col2: true,
    show_col3: true,
    insensitive: false,
    delimiter: "\t",
}
```

❶ 두 개의 위치 인수는 `file1`과 `file2`로 파싱된다.

❷ 나머지 값은 전부 기본값을 사용한다. 불리언의 기본값은 `true`이고 출력 구분 기호의 기본값
은 탭 문자다.

다른 인수도 전부 잘 설정되는지 확인한다.

```
$ cargo run -- tests/inputs/file1.txt tests/inputs/file2.txt -123 -d , -i
Args {
    file1: "tests/inputs/file1.txt",
    file2: "tests/inputs/file2.txt",
    show_col1: false, ❶
    show_col2: false,
    show_col3: false,
    insensitive: true, ❷
    delimiter: ",", ❸
}
```

❶ -123은 **show**가 붙은 값을 전부 `false`로 설정한다.

❷ -i는 `insensitive`를 `true`로 설정한다.

❸ -d 옵션은 출력 구분 기호를 쉼표(,)로 설정한다.

 읽기를 멈추고 프로그램을 앞의 출력에 맞게 만들어보자.

`get_args`에는 다음과 같은 식으로 인수를 정의하며, `use clap::{Arg, ArgAction, Command}`를 추가한다. 이전 프로그램과 크게 다르지 않으므로 여기서는 따로 언급하지 않겠다.

```
fn get_args() -> Args {
    let matches = Command::new("commr")
        .version("0.1.0")
        .author("Ken Youens-Clark <kyclark@gmail.com>")
        .about("Rust version of `comm`")
        .arg(
            Arg::new("file1")
                .value_name("FILE1")
                .help("Input file 1")
                .required(true),
        )
        .arg(
            Arg::new("file2")
                .value_name("FILE2")
                .help("Input file 2")
                .required(true),
        )
        .arg(
            Arg::new("suppress_col1")
                .short('1')
                .action(ArgAction::SetTrue)
```

```
                .help("Suppress printing of column 1"),
        )
        .arg(
            Arg::new("suppress_col2")
                .short('2')
                .action(ArgAction::SetTrue)
                .help("Suppress printing of column 2"),
        )
        .arg(
            Arg::new("suppress_col3")
                .short('3')
                .action(ArgAction::SetTrue)
                .help("Suppress printing of column 3"),
        )
        .arg(
            Arg::new("insensitive")
                .short('i')
                .action(ArgAction::SetTrue)
                .help("Case-insensitive comparison of lines"),
        )
        .arg(
            Arg::new("delimiter")
                .short('d')
                .long("output-delimiter")
                .value_name("DELIM")
                .help("Output delimiter")
                .default_value("\t"),
        )
        .get_matches();

    Args {
        file1: matches.get_one("file1").cloned().unwrap(),
        file2: matches.get_one("file2").cloned().unwrap(),
        show_col1: !matches.get_flag("suppress_col1"),
        show_col2: !matches.get_flag("suppress_col2"),
        show_col3: !matches.get_flag("suppress_col3"),
        insensitive: matches.get_flag("insensitive"),
        delimiter: matches.get_one("delimiter").cloned().unwrap(),
    }
}
```

파생 패턴의 경우에는 `use clap::{ArgAction, Parser}`를 추가하고 `Args`에 애너테이션을 달아 둔다. 다음 코드에서는 `ArgAction::SetFalse`를 써서 플래그의 의미를 **숨김**에서 **표시**로 뒤집는다 는 걸 유념하자.

```
#[derive(Debug, Parser)]
#[command(author, version, about)]
/// `comm`의 러스트 버전
struct Args {
    /// 입력 파일 1
    #[arg()]
    file1: String,

    /// 입력 파일 2
    #[arg()]
    file2: String,

    /// 1번 열을 숨긴다.
    #[arg(short('1'), action(ArgAction::SetFalse))]
    show_col1: bool,

    /// 2번 열을 숨긴다.
    #[arg(short('2'), action(ArgAction::SetFalse))]
    show_col2: bool,

    /// 3번 열을 숨긴다.
    #[arg(short('3'), action(ArgAction::SetFalse))]
    show_col3: bool,

    /// 대소문자를 구분하지 않는 줄 비교
    #[arg(short)]
    insensitive: bool,

    /// 출력 구분 기호
    #[arg(short, long("output-delimiter"), default_value = "\t")]
    delimiter: String,
}
```

## 10.2.2 입력 파일 검증하고 열기

이제 main 함수가 run을 호출하도록 바꿀 차례다.

```
fn main() {
    if let Err(e) = run(Args::parse()) {
        eprintln!("{e}");
        std::process::exit(1);
    }
}
```

다음 단계는 입력 파일을 확인하고 여는 것이다. 앞에서 여러 번 사용했던 open 함수를 다음과 같이 수정하기로 하자.

```
fn open(filename: &str) -> Result<Box<dyn BufRead>> {
    match filename {
        "-" => Ok(Box::new(BufReader::new(io::stdin()))),
        _ => Ok(Box::new(BufReader::new(
            File::open(filename).map_err(|e| anyhow!("{filename}: {e}"))?, ❶
        ))),
    }
}
```

❶ 오류 메시지에 filename을 포함시킨다.

이를 위해서는 가져오기 부분을 다음과 같이 확장해야 한다.

```
use anyhow::{anyhow, Result};
use std::{
    fs::File,
    io::{self, BufRead, BufReader},
};
```

앞서 언급했다시피 입력 중 하나만이 STDIN을 뜻하는 대시일 수 있다. 다음 코드를 이용하면 run에서 파일 이름을 확인한 다음 파일을 열 수 있다. 가져오기 부분에 use anyhow::bail을 추가하는 걸 잊지 말자.

```
fn run(args: Args) -> Result<()> {
    let file1 = &args.file1;
    let file2 = &args.file2;

    if file1 == "-" && file2 == "-" { ❶
        bail!(r#"Both input files cannot be STDIN ("-")"#);
    }

    let _fh1 = open(file1)?; ❷
    let _fh2 = open(file2)?;
    println!(r#"Opened "{file1}" and "{file2}""#); ❸

    Ok(())
}
```

❶ 파일 이름이 모두 대시(-)가 아니라는 걸 확인한다.

❷ 두 입력 파일을 열어본다.

❸ 무슨 일이 벌어졌는지 알 수 있도록 메시지를 인쇄한다.

프로그램은 두 인수가 모두 `STDIN`이면 이를 거부해야 한다.

```
$ cargo run -- - -
Both input files cannot be STDIN ("-")
```

두 입력 파일이 모두 정상이면 다음을 인쇄할 수 있어야 한다.

```
$ cargo run -- tests/inputs/file1.txt tests/inputs/file2.txt
Opened "tests/inputs/file1.txt" and "tests/inputs/file2.txt"
```

존재하지 않는 **blargh**와 같이 두 인수가 하나라도 문제 있는 파일이면 이를 거부해야 한다.

```
$ cargo run -- tests/inputs/file1.txt blargh
blargh: No such file or directory (os error 2)
```

이 시점에서 프로그램은 누락되거나 문제 있는 입력 인수를 확인하는 `cargo test dies` 테스트를 전부 통과해야 한다.

```
running 4 tests
test dies_both_stdin ... ok
test dies_no_args ... ok
test dies_bad_file1 ... ok
test dies_bad_file2 ... ok
```

### 10.2.3 파일 처리하기

이제 프로그램은 모든 인수의 유효성을 검사하고 `STDIN`일 수도 있는 입력 파일을 열 수 있다. 다음으로 각 파일의 내용을 줄 단위로 반복 처리해서 비교해야 한다. **10_commr/tests/inputs**에서 테스트에 사용되는 파일은 다음과 같다.

- **empty.txt**: 빈 파일

- **blank.txt**: 빈 줄 하나로 된 파일
- **file1.txt**: 네 줄짜리 텍스트를 가진 파일
- **file2.txt**: 두 줄짜리 텍스트를 가진 파일

줄 끝을 유지할 필요가 없으므로 `BufRead::lines`(https://oreil.ly/KhmCp)를 이용해서 파일을 읽으면 된다. 먼저 단순한 **empty.txt**와 **file1.txt** 파일을 가지고 시작한다. 프로그램에서 `comm`의 다음 출력을 재현해보자.

```
$ cd tests/inputs/
$ comm file1.txt empty.txt
a
b
c
d
```

그런 다음 인수의 순서를 뒤집어서 똑같은 출력이 나오는지 보는데, 이번에는 다음처럼 2번 열에 표시되어야 한다.

```
$ comm empty.txt file1.txt
        a
        b
        c
        d
```

다음으로 **file1.txt**와 **file2.txt**를 이용해서 BSD 버전의 `comm`에서 나오는 출력을 살펴보자. 다음 명령에 표시된 줄의 순서가 도전 과제 프로그램의 기대 출력이다.

```
$ comm file1.txt file2.txt
        B
a
b
                c
d
```

GNU `comm`은 줄이 같지 않을 때 어떤 줄을 먼저 표시할지를 두고 다른 순서를 사용한다. **B** 줄이 **b** 줄 밑에 표시되는 걸 눈여겨보자.

```
$ comm file1.txt file2.txt
a
b
        B
            c
d
```

다음으로 빈 줄 하나를 가진 **blank.txt** 파일을 어떻게 처리할지 생각해보자. 다음 출력을 보면 빈 줄이 먼저 표시되고 그 뒤에 **file2.txt**에 있는 두 줄이 표시되는 걸 알 수 있다.

```
$ comm tests/inputs/blank.txt tests/inputs/file2.txt
        B
        c
```

각 파일에서 한 줄씩 읽어보는 것부터 시작하는 게 좋겠다. 문서에 따르면 `BufRead::lines`는 파일의 끝에 닿을 때 `None`을 반환한다고 되어 있다. 인수 중 하나를 빈 파일로 주고 시작하면 줄 수가 고르지 않아서 파일 핸들이 하나는 전진하고 다른 하나는 그대로 머무는 상황을 처리해야 한다. 또 비어 있지 않은 두 개의 파일을 사용할 때는 일치하는 줄이 나올 때까지 각 파일을 독립적으로 읽는 법을 고민해야 한다.

여기서 멈추고 가이드가 되어줄 테스트 스위트를 이용해서 프로그램을 완성하자. 솔루션을 작성하고 난 뒤에 다시 만나자.

## 10.3 설루션

늘 그렇듯이 여러분의 코드에 대한 유일한 요구 사항은 테스트 스위트를 통과하는 것뿐이라는 점을 강조하고 싶다. 여러분이 필자와 똑같은 코드를 작성할 리는 없겠지만 바로 그런 점이 있어 코딩이 아주 재미있고 창의적인 게 아닐까 생각한다. 필자의 설루션에서는 파일 핸들에서 내용을 한 줄씩 가져오는 이터레이터를 생성하기로 했다. 이 이터레이터에는 대소문자를 구분하지 않는 비교를 처리하기 위한 클로저가 붙는다.

```
fn run(args: Args) -> Result<()> {
    let file1 = &args.file1;
```

```
    let file2 = &args.file2;

    if file1 == "-" && file2 == "-" {
        bail!(r#"Both input files cannot be STDIN ("-")"#);
    }

    let case = |line: String| { ❶
        if args.insensitive {
            line.to_lowercase()
        } else {
            line
        }
    };

    let mut lines1 = open(file1)?.lines().map_while(Result::ok).map(case); ❷
    let mut lines2 = open(file2)?.lines().map_while(Result::ok).map(case);

    let line1 = lines1.next(); ❸
    let line2 = lines2.next();
    println!("line1 = {:?}", line1); ❹
    println!("line2 = {:?}", line2);

    Ok(())
}
```

❶ args.insensitive가 true일 때 텍스트의 각 줄을 소문자로 만드는 클로저를 생성한다.

❷ 파일을 열고 오류를 제거하는 이터레이터를 만든 다음 줄을 case 클로저에 매핑한다.

❸ Iterator::next 메서드(https://oreil.ly/7yJEJ)는 이터레이터를 전진시키고 다음 값을 반환한다. 여기서는 파일 핸들에서 첫 번째 줄을 가져온다.

❹ 각 파일의 첫 번째 줄을 인쇄한다.

> NOTE 앞 코드에서는 클로저 |line| line.ok()를 작성하는 대신 함수 Result::ok를 사용했다. 둘 다 같은 일을 하지만 후자가 더 짧다.

앞서 언급했던 대로 파일 중 하나가 비어 있는 상태에서 시작하겠다. 이번 장의 루트 디렉터리로 자리를 옮겨서 다음 입력 파일을 가지고 프로그램을 실행한다.

```
$ cd ../..
$ cargo run -- tests/inputs/file1.txt tests/inputs/empty.txt
line1 = Some("a")
line2 = None
```

결과가 이렇다 보니, 두 개의 이터레이터에서 얻을 수 있는 `Some(line)`과 `None`의 네 가지 조합을 바탕으로 각 이터레이터의 줄을 훑어나가려면 어떻게 해야 좋을지 생각해야 했다. 다음 코드에서는 이들을 괄호로 둘러싼 유한 이종 시퀀스<sub>finite heterogeneous sequence</sub>인 튜플(https://oreil.ly/Cmywl) 안에 담아둔다.

```
let mut line1 = lines1.next(); ❶
let mut line2 = lines2.next();

while line1.is_some() || line2.is_some() { ❷
    match (&line1, &line2) { ❸
        (Some(_), Some(_)) => { ❹
            line1 = lines1.next();
            line2 = lines2.next();
        }
        (Some(_), None) => { ❺
            line1 = lines1.next();
        }
        (None, Some(_)) => { ❻
            line2 = lines2.next();
        }
        _ => (), ❼
    };
}
```

❶ 줄 변수를 변경 가능하게 만든다.

❷ 파일 핸들 중 하나가 줄을 산출하는 한 루프를 실행한다.

❸ 두 배리언트를 대상으로 두 줄 변수의 가능한 모든 조합을 비교한다.

❹ 둘 다 `Some` 값이면 `Iterator::next`를 이용해서 두 파일 핸들의 다음 줄을 가져온다.

❺ 첫 번째 값만 있을 때는 첫 번째 파일 핸들에서 다음 줄을 요청한다.

❻ 두 번째 파일 핸들을 대상으로 같은 일을 한다.

❼ 기타 다른 조건의 경우에는 아무 일도 하지 않는다.

첫 번째나 두 번째 파일에서 가져온 값이 하나뿐일 때는 각각 1번이나 2번 열에 값을 인쇄해야 한다. 파일에서 가져온 값이 두 개이면서 서로 같을 때는 3번 열에 값을 인쇄해야 한다. 두 개의 값이 있고 첫 번째 값이 두 번째 값보다 작을 때는 1번 열에 첫 번째 값을 인쇄해야 하고, 그렇지 않을 때는 2번 열에 두 번째 값을 인쇄해야 한다. 이 마지막 내용을 이해하기 위해서, 코드가 줄을 어떤 식으로 읽는지 상상할 수 있도록 나란히 배치해둔 다음 두 입력 파일을 살펴보자.

```
$ cat tests/inputs/file1.txt        $ cat tests/inputs/file2.txt
a                                    B
b                                    c
c
d
```

BSD comm의 출력을 알아보기 쉽도록 sed(stream editor의 준말)에 파이프로 연결해서 각 탭 문자 (\t)가 문자열 --->로 대체되게 만들면 어떤 열이 인쇄되고 있는지 명확히 알 수 있다.

```
$ comm tests/inputs/file1.txt tests/inputs/file2.txt | sed "s/\t/--->/g" ❶
--->B
a
b
--->--->c
d
```

❶ sed 명령 s//는 첫 번째 슬래시 쌍 사이에 있는 문자열을 두 번째 슬래시 쌍 사이에 있는 문자 열로 바꿔서 값을 **대체**한다. 맨 끝에 있는 g는 등장하는 모든 값을 대체하는 **전역** 플래그다.

이제 코드가 각 입력의 첫 번째 줄을 읽기 시작해 **file1.txt**에서 a를 또 **file2.txt**에서 B를 가져왔 다고 하자. 이 둘은 같지 않으므로 어느 것을 인쇄할지가 문제다. 목표는 BSD comm을 흉내 내는 것이므로 당연히 B가 2번 열에 먼저 인쇄되어야 한다. a와 B를 **코드 포인트**나 수칫값 순으로 놓고 비교해보면 B가 a보다 작다는 걸 알 수 있다. 이를 직접 확인해볼 수 있도록, 인쇄 가능한 첫 번째 문자에서 시작하는 아스키 테이블의 일부를 보여주는 프로그램을 **util/ascii**에 포함시켜두었다. B 의 값은 66인 반면 a의 값은 97이라는 걸 눈여겨보자.

```
33: !    52: 4    71: G    90: Z    109: m
34: "    53: 5    72: H    91: [    110: n
35: #    54: 6    73: I    92: \    111: o
36: $    55: 7    74: J    93: ]    112: p
37: %    56: 8    75: K    94: ^    113: q
38: &    57: 9    76: L    95: _    114: r
39: '    58: :    77: M    96: `    115: s
40: (    59: ;    78: N    97: a    116: t
41: )    60: <    79: O    98: b    117: u
42: *    61: =    80: P    99: c    118: v
43: +    62: >    81: Q    100: d   119: w
44: ,    63: ?    82: R    101: e   120: x
45: -    64: @    83: S    102: f   121: y
```

```
46: .    65: A    84: T    103: g    122: z
47: /    66: B    85: U    104: h    123: {
48: 0    67: C    86: V    105: i    124: |
49: 1    68: D    87: W    106: j    125: }
50: 2    69: E    88: X    107: k    126: ~
51: 3    70: F    89: Y    108: l    127: DEL
```

BSD `comm`을 흉내 내려면 먼저 **낮은** 값(**B**)을 인쇄하고 다음 반복 처리를 위해 해당 파일에서 다른 값을 가져와야 한다. GNU 버전은 그 반대로 움직인다. 다음 코드에서는 이 순서에만 신경을 쓰기로 하고 들여쓰기는 잠시 뒤에 처리하기로 하자. 이 코드의 경우에는 가져오기 부분에 `use std::cmp::Ordering::*`을 추가해야 한다는 걸 유념하자.

```rust
    let mut line1 = lines1.next();
    let mut line2 = lines2.next();

    while line1.is_some() || line2.is_some() {
        match (&line1, &line2) {
            (Some(val1), Some(val2)) => match val1.cmp(val2) { ❶
                Equal => { ❷
                    println!("{val1}");
                    line1 = lines1.next();
                    line2 = lines2.next();
                }
                Less => { ❸
                    println!("{val1}");
                    line1 = lines1.next();
                }
                Greater => { ❹
                    println!("{val2}");
                    line2 = lines2.next();
                }
            },
            (Some(val1), None) => {
                println!("{val1}"); ❺
                line1 = lines1.next();
            }
            (None, Some(val2)) => {
                println!("{val2}"); ❻
                line2 = lines2.next();
            }
            _ => (),
        }
    }
```

❶ Ord::cmp(https://oreil.ly/cTw3P)를 이용해서 첫 번째 값을 두 번째 값과 비교한다. 그러면 std::cmp::Ordering(https://oreil.ly/ytvJ9)의 enum 배리언트가 반환된다.

❷ 두 값이 같으면 첫 번째 값을 인쇄하고 각 파일에서 값을 가져온다.

❸ 첫 번째 파일의 값이 두 번째 파일의 값보다 작으면 첫 번째 파일의 값을 인쇄하고 첫 번째 파일의 다음 값을 요청한다.

❹ 첫 번째 파일의 값이 두 번째 파일의 값보다 크면 두 번째 파일의 값을 인쇄하고 두 번째 파일의 다음 값을 요청한다.

❺ 첫 번째 파일의 값만 있으면 이를 인쇄하고 첫 번째 파일의 값을 계속 요청한다.

❻ 두 번째 파일의 값만 있으면 이를 인쇄하고 두 번째 파일의 값을 계속 요청한다.

비어 있지 않은 파일과 빈 파일을 가지고 이 코드를 실행하면 문제없이 잘 작동한다.

```
$ cargo run -- tests/inputs/file1.txt tests/inputs/empty.txt
a
b
c
d
```

file1.txt와 file2.txt를 사용하더라도 기대 출력과 크게 다르지 않다.

```
$ cargo run -- tests/inputs/file1.txt tests/inputs/file2.txt
B
a
b
c
d
```

여기서는 값이 인쇄되어야 하는 열을 표현하기 위해서 Column이라는 enum을 만들겠다. 각 배리언트는 수명 애너테이션을 필요로 하는 &str을 가진다. 다음을 src/main.rs 상단에 있는 Args 선언 근처에 둔다. Column::Col1을 Col1로 참조할 수 있으려면 가져오기 부분에 use crate::Column::*을 꼭 추가해야 한다.

```
enum Column<'a> {
    Col1(&'a str),
    Col2(&'a str),
    Col3(&'a str),
}
```

다음으로 출력을 인쇄 처리하기 위해서 print라는 클로저를 만들었다. 다음은 run 함수에 들어가는 코드다.

```rust
let print = |col: Column| {
    let mut columns = vec![]; ❶
    match col {
        Col1(val) => {
            if args.show_col1 { ❷
                columns.push(val);
            }
        }
        Col2(val) => {
            if args.show_col2 { ❸
                if args.show_col1 {
                    columns.push("");
                }
                columns.push(val);
            }
        }
        Col3(val) => {
            if args.show_col3 { ❹
                if args.show_col1 {
                    columns.push("");
                }
                if args.show_col2 {
                    columns.push("");
                }
                columns.push(val);
            }
        }
    };

    if !columns.is_empty() { ❺
        println!("{}", columns.join(&args.delimiter));
    }
};
```

❶ 출력 열을 담아둘 변경 가능한 벡터를 생성한다.

❷ 1번 열의 텍스트가 주어지면 1번 열의 표시 여부를 따져보고 그에 맞게 값을 추가한다.

❸ 2번 열의 텍스트가 주어지면 1번 열과 2번 열의 표시 여부를 따져보고 그에 맞게 값을 추가한다.

❹ 3번 열의 텍스트가 주어지면 1번 열, 2번 열, 3번 열의 표시 여부를 따져보고 그에 맞게 값을 추가한다.

❺ 인쇄할 열이 있으면 출력 구분 기호를 가지고 전부 연결한다.

 처음에 필자는 `suppress_col1` 필드를 사용했는데 그러다 보니 `if !args.suppress_col1`과 같은 식으로 이해하기 훨씬 더 어려운 이중 부정을 작성해야 했다. 보통 **dont_do_something** 보다는 **do_something**처럼 긍정적인 이름을 사용하는 게 좋다.

`print` 클로저를 통합하는 법은 다음과 같다.

```
let mut line1 = lines1.next(); ❶
let mut line2 = lines2.next();

while line1.is_some() || line2.is_some() {
    match (&line1, &line2) {
        (Some(val1), Some(val2)) => match val1.cmp(val2) {
            Equal => {
                print(Col3(val1)); ❷
                line1 = lines1.next();
                line2 = lines2.next();
            }
            Less => {
                print(Col1(val1)); ❸
                line1 = lines1.next();
            }
            Greater => {
                print(Col2(val2)); ❹
                line2 = lines2.next();
            }
        },
        (Some(val1), None) => {
            print(Col1(val1)); ❺
            line1 = lines1.next();
        }
        (None, Some(val2)) => {
            print(Col2(val2)); ❻
            line2 = lines2.next();
        }
        _ => (),
    }
}
```

❶ 두 입력 파일에서 초기값을 꺼낸다.

❷ 값이 같으면 그 중 하나를 3번 열에 인쇄한다.

❸ 첫 번째 값이 두 번째 값보다 작으면 첫 번째 값을 1번 열에 인쇄한다.

❹ 첫 번째 값이 두 번째 값보다 크면 두 번째 값을 2번 열에 인쇄한다.

❺ 첫 번째 파일의 값만 있으면 이를 1번 열에 인쇄한다.

❻ 두 번째 파일의 값만 있으면 이를 2번 열에 인쇄한다.

출력 구분 기호를 탭에서 보다 눈에 잘 띄는 것으로 바꾸는 옵션이 있다는 게 마음에 든다.

```
$ cargo run -- -d="--->" tests/inputs/file1.txt tests/inputs/file2.txt
--->B
a
b
--->--->c
d
```

이렇게 바꾸고 나면 테스트를 전부 통과한다.

## 10.4 한 걸음 더 나아가기

필자가 제시한 버전은 BSD 버전의 `comm`을 흉내 낸 것이다. 프로그램을 GNU 출력에 맞게 변경해보고 해당 버전의 추가 옵션도 넣어보자. 테스트 스위트와 테스트 파일을 업데이트해서 프로그램이 GNU 버전의 작동 방식과 정확히 일치하는지 확인하는 것도 잊지 말자.

열을 숨기는 플래그를 열을 선택하는 플래그로 바꿔서 `-12`가 **처음 두 열만 표시하기**라는 뜻이 되게 만들어보자. 선택된 열이 없을 때는 열 전체가 표시되어야 한다. 이는 평상시에는 줄, 단어, 문자에 해당하는 열을 전부 표시하다가, 해당 열 중 일부가 선택되면 선택되지 않은 나머지 열을 숨기는 `wcr` 프로그램의 작동 방식과 비슷하다. 테스트를 업데이트해서 프로그램이 제대로 작동하는지 확인하자.

이번 장의 서문에서 언급했다시피 `comm`은 두 파일을 대상으로 `join` 프로그램과 유사한 기본적인 조인 연산을 수행한다. `man join`을 실행해서 이 프로그램의 매뉴얼 페이지를 읽고, `commr`를 작성해본 경험을 바탕으로 이 프로그램의 러스트 버전을 작성해보자. `joinr`라는 기발한 이름을 추천한다. 입력 파일을 생성한 다음 `join`을 이용해서 여러분의 버전이 오리지널 도구를 얼마만큼 충실히 재현하고 있는지 확인하는 데 쓸 수 있는 출력 파일을 생성하자.

# 요약

필자는 이 버전의 `comm`을 작성해보기 전까지는 매번 매뉴얼 페이지를 보고 플래그가 의미하는 게 무엇인지 외워야 했다. 또 아주 복잡한 프로그램일 거라고 생각했지만 설루션은 꽤 단순하면서도 우아하다는 걸 깨달았다. 배운 내용을 다시 짚어보자.

- `Iterator::next`를 이용해서 이터레이터의 진행 시기를 선택할 수 있다. 예를 들어 파일 핸들과 함께 사용하면 수동으로 다음 줄을 선택할 수 있다.
- 가능성 조합을 그룹별로 튜플 안에 담아두면 `match`를 이용해서 이를 매칭할 수 있다.
- `Ord` 트레이트의 `cmp` 메서드를 이용해서 어떤 값을 다른 값과 비교할 수 있다. 결과는 `std::cmp::Ordering`의 배리언트다.
- 수명 애너테이션을 포함하기만 한다면 배리언트가 `&str` 값을 가질 수 있는 `Column`이라는 `enum`을 만들 수 있다.

다음 장에서는 파일에서 원하는 줄이나 바이트 위치로 이동하는 법을 배운다.

# 11
## CHAPTER

# 테일러 스위프트: tail

배아 고래부터 꼬리 없는 원숭이까지

—<Mammal>(데이 마이트 비 자이언츠, 1992)

이번 장의 도전 과제는 4장의 `head`와 정반대의 일을 하는 `tail`의 러스트 버전을 작성하는 것이다. 이 프로그램은 한 개 이상의 파일이나 `STDIN`에서 맨 뒤에 있는 바이트나 줄을 보여주는데 대개 기본값은 마지막 열 줄이다. 이번에도 프로그램은 잘못된 입력을 처리해야 하며 어쩌면 유니코드 문자를 다뤄야 할 수도 있다. 도전 과제 프로그램은 정규 파일만 읽으며 `STDIN`은 신경 쓰지 않는다.

이번 장에서 배울 내용은 다음과 같다.

- 정적인 값, 전역적인 값, 계산된 값을 초기화하는 법
- 파일 핸들에서 원하는 줄이나 바이트 위치를 찾는 법
- `where` 절을 이용해서 타입에 여러 개의 트레이트 바운드를 표시하는 법
- 카고로 릴리스 바이너리를 빌드하는 법
- 실행 시점 성능을 비교하기 위해서 프로그램을 벤치마크하는 법

---

\* 옮긴이 이번 장 제목의 원문은 "Tailor Swyfte"로 싱어송라이터 테일러 스위프트(Taylor Swift)를 연상케 하는 이름이다. 이번 장에서 다룰 `tail` 프로그램을 소개하는 언어유희다.

## 11.1 tail의 작동 방식

도전 과제 프로그램이 어떻게 작동해야 하는지 알아보기 위해서 먼저 BSD `tail`을 위한 매뉴얼 페이지의 일부를 살펴보자. 도전 과제 프로그램은 이들 기능 중에서 일부만 구현한다는 걸 유념하자.

```
TAIL(1)                  BSD General Commands Manual                  TAIL(1)

NAME
     tail -- display the last part of a file

SYNOPSIS
     tail [-F | -f | -r] [-q] [-b number | -c number | -n number] [file ...]

DESCRIPTION
     The tail utility displays the contents of file or, by default, its stan-
     dard input, to the standard output.

     The display begins at a byte, line or 512-byte block location in the
     input.  Numbers having a leading plus ('+') sign are relative to the
     beginning of the input, for example, ''-c +2'' starts the display at the
     second byte of the input.  Numbers having a leading minus ('-') sign or
     no explicit sign are relative to the end of the input, for example,
     ''-n2'' displays the last two lines of the input.  The default starting
     location is ''-n 10'', or the last 10 lines of the input.
```

BSD 버전에는 많은 옵션이 있지만 도전 과제 프로그램과 관련된 것은 다음 옵션뿐이다.

```
     -c number
             The location is number bytes.

     -n number
             The location is number lines.

     -q      Suppresses printing of headers when multiple files are being
             examined.

     If more than a single file is specified, each file is preceded by a
     header consisting of the string ''==> XXX <=='' where XXX is the name of
     the file unless -q flag is specified.
```

다음은 긴 옵션 이름이 포함된 GNU `tail`을 위한 매뉴얼 페이지의 일부다.

```
TAIL(1)                        User Commands                        TAIL(1)

NAME
    tail - output the last part of files

SYNOPSIS
    tail [OPTION]... [FILE]...

DESCRIPTION
    Print  the  last  10  lines of each FILE to standard output.  With more
    than one FILE, precede each with a header giving the file  name.   With
    no FILE, or when FILE is -, read standard input.

    Mandatory  arguments  to  long  options are mandatory for short options
    too.

    -c, --bytes=K
        output the last K bytes; or use -c +K to output  bytes  starting
        with the Kth of each file

    -n, --lines=K
        output the last K lines, instead of the last 10; or use -n +K to
            output starting with the Kth
```

책의 **11_tailr/tests/inputs** 디렉터리에 있는 파일을 이용해서 도전 과제 프로그램에서 구현해볼 `tail`의 기능을 알아보자. 이전 장에서와 마찬가지로 일부 예는 출력에 꼭 유지되어야 하는 윈도우 줄 끝 문자가 포함되어 있다. 사용할 파일은 다음과 같다.

- **empty.txt**: 빈 파일
- **one.txt**: 한 줄짜리 UTF-8 유니코드 텍스트를 가진 파일
- **two.txt**: 두 줄짜리 아스키 텍스트를 가진 파일
- **three.txt**: 세 줄짜리 아스키 텍스트와 CRLF 줄 끝 문자를 가진 파일
- **twelve.txt**: 열두 줄짜리 아스키 텍스트를 가진 파일

이번 장의 디렉터리로 자리를 옮긴다.

```
$ cd 11_tailr
```

기본적으로 `tail`은 파일에서 맨 뒤에 있는 열 줄을 보여주는데 **tests/inputs/twelve.txt**를 가지고 확인해보자.

```
$ tail tests/inputs/twelve.txt
three
four
five
six
seven
eight
nine
ten
eleven
twelve
```

맨 뒤에 있는 네 줄을 보려면 `-n 4`를 주고 실행한다.

```
$ tail -n 4 tests/inputs/twelve.txt
nine
ten
eleven
twelve
```

파일에서 맨 뒤에 있는 10바이트를 선택하려면 `-c 10`을 사용한다. 다음 출력에는 바이트 크기의 문자 여덟 개와 바이트 크기의 새 줄 문자 두 개, 이렇게 해서 전부 10바이트가 들어 있다. 파이프를 이용해서 출력을 `cat -e`에 연결하면 각 줄 끝에 새 줄을 나타내는 달러 기호($)가 표시된다.

```
$ tail -c 10 tests/inputs/twelve.txt | cat -e
en$
twelve$
```

입력 파일이 여러 개일 때 `tail`은 각 파일 사이에 헤더를 인쇄한다. (존재하지 않거나 읽을 수 없는 파일과 같이) 파일을 열 때 발생하는 오류는 파일 헤더 없이 전부 `STDERR`에 기록된다. 예를 들어 다음 명령에서 **blargh**는 존재하지 않는 파일을 나타낸다.

```
$ tail -n 1 tests/inputs/one.txt blargh tests/inputs/three.txt
==> tests/inputs/one.txt <==
One line, four words.
tail: blargh: No such file or directory

==> tests/inputs/three.txt <==
four words.
```

`-q` 플래그는 파일 헤더를 숨긴다.

```
$ tail -q -n 1 tests/inputs/*.txt
Öne line, four wordś.
ten
four words.
Four words.
```

파일에 포함된 것보다 많은 줄이나 바이트를 요청해도 오류가 아니며 이 경우 `tail`은 전체 파일을 인쇄한다.

```
$ tail -n 1000 tests/inputs/one.txt
Öne line, four wordś.
$ tail -c 1000 tests/inputs/one.txt
Öne line, four wordś.
```

매뉴얼 페이지에 나와 있다시피 `-n`이나 `-c` 값 앞에 덧셈 기호를 붙이면 파일의 끝이 아니라 **시작**을 기준으로 하는 줄이나 바이트 위치를 나타낼 수 있다. 시작 위치가 파일의 끝을 벗어나도 오류가 아니며 이 경우 `tail`은 아무것도 인쇄하지 않는데, **tail -n +1000 tests/inputs/one.txt**를 실행해보면 이를 확인할 수 있다. 다음 명령은 `-n +8`을 이용해서 8번 줄부터 인쇄를 시작한다.

```
$ tail -n +8 tests/inputs/twelve.txt
eight
nine
ten
eleven
twelve
```

바이트 선택을 쓰면 멀티바이트 문자가 쪼개질 가능성이 있다. 예를 들어 **tests/inputs/one.txt** 파일은 2바이트 길이의 유니코드 문자 Ö로 시작한다. 다음 명령은 `-c +2`를 이용해서 두 번째 바이트부터 인쇄를 시작하는데, 이렇게 하면 멀티바이트 문자가 쪼개져서 알 수 없는 문자가 생성된다.

```
$ tail -c +2 tests/inputs/one.txt
�ne line, four wordś.
```

두 번째 **문자**부터 인쇄를 시작하려면 `-c +3`을 이용해서 세 번째 **바이트**부터 인쇄를 시작해야 한다.

```
$ tail -c +3 tests/inputs/one.txt
ne line, four wordś.
```

**tests/inputs/one.txt**의 끝에는 예사롭지 않은 멀티바이트 유니코드 문자 ś가 추가되어 있다. 파일에서 맨 뒤에 있는 네 바이트를 요청하면 ś가 두 바이트, 마침표가 한 바이트, 마지막 새 줄이 한 바이트를 차지하므로 결과는 다음과 같다.

```
$ tail -c 4 tests/inputs/one.txt
ś.
```

세 바이트만 요청하면 ś가 쪼개져서 유니코드의 **알 수 없는** 문자가 표시된다.

```
$ tail -c 3 tests/inputs/one.txt
�.
```

BSD와 GNU 버전은 모두 -n과 -c에 0과 -0을 허용한다. GNU 버전은 출력을 전혀 표시하지 않는 반면, BSD 버전은 입력 파일을 하나만 가지고 실행할 때는 출력을 전혀 표시하지 않지만 여러 개를 가지고 실행할 때는 파일 헤더를 표시한다. 도전 과제 프로그램은 BSD의 다음 동작을 따른다.

```
$ tail -n 0 tests/inputs/*
==> tests/inputs/empty.txt <==

==> tests/inputs/one.txt <==

==> tests/inputs/three.txt <==

==> tests/inputs/twelve.txt <==

==> tests/inputs/two.txt <==
```

두 버전 모두 값 +0을 0번째 줄이나 바이트에서 시작하는 것으로 해석하므로 전체 파일이 표시된다.

```
$ tail -n +0 tests/inputs/one.txt
Öne line, four wordś.
$ tail -c +0 tests/inputs/one.txt
Öne line, four wordś.
```

두 버전 모두 정수로 파싱할 수 없는 `-n`과 `-c` 값을 전부 거부한다.

```
$ tail -c foo tests/inputs/one.txt
tail: illegal offset -- foo
```

`tail`에는 이 외에도 몇 가지 기능이 더 있지만 여러분의 프로그램에서 구현해야 할 기능은 이 정도다.

## 11.2 시작하기

도전 과제 프로그램의 이름은 `tailr`(테일러라고 읽는다)라고 하겠다. 먼저 `cargo new tailr`를 실행한 다음 **Cargo.toml**에 다음 의존성을 추가한다.

```
[dependencies]
anyhow = "1.0.79"
clap = { version = "4.5.0", features = ["derive"] }
num = "0.4.1"
once_cell = "1.19.0" ❶
regex = "1.10.3"

[dev-dependencies]
assert_cmd = "2.0.13"
predicates = "3.0.4"
pretty_assertions = "1.4.0"
rand = "0.8.5"
```

❶ `once_cell` 크레이트(https://oreil.ly/DXeXE)는 계산된 정적인 값을 생성하는 데 쓰인다.

책의 **11_tailr/tests** 디렉터리를 여러분의 프로젝트에 복사한 다음, `cargo test`를 실행해서 필요한 크레이트를 다운로드하고, 프로그램을 빌드하고, 그리고 테스트가 전부 실패하는 걸 확인한다.

### 11.2.1 인수 정의하기

앞 장과 마찬가지로 `Args` 스트럭트를 **src/main.rs**에 정의하는 것으로 시작하자.

```
#[derive(Debug)]
struct Args {
```

```
    files: Vec<String>, ❶
    lines: String, ❷
    bytes: Option<String>, ❸
    quiet: bool, ❹
}
```

❶ files는 문자열 벡터다.

❷ `lines`의 기본값은 마지막 열 줄을 나타내는 "10"이어야 한다.

❸ `bytes`는 선택할 바이트 수를 나타내는 옵션이다.

❹ `quiet` 플래그는 여러 파일 사이에 헤더 표시를 숨길지 여부를 나타내는 불리언이다.

`clap` 파생 패턴을 쓰려면 이 `Args` 스트럭트에 애너테이션을 달아두면 되고, 그렇지 않으면 다음을 `get_args`의 뼈대로 사용하면 된다.

```
fn get_args() -> Args {
    let matches = Command::new("tailr")
        .version("0.1.0")
        .author("Ken Youens-Clark <kyclark@gmail.com>")
        .about("Rust version of `tail`")
        // 여기에는 무엇이 올까?
        .get_matches();

    Args {
        files: ...
        lines: ...
        bytes: ...
        quiet: ...
    }
}
```

`main` 함수는 인수를 인쇄하는 것에서 시작하기로 하자.

```
fn main() {
    let args = get_args();
    println!("{args:#?}");
}
```

먼저 프로그램이 다음 사용법을 인쇄하게 만들어본다.

```
$ cargo run -- -h
Rust version of `tail`

Usage: tailr [OPTIONS] <FILE>...

Arguments:
  <FILE>...  Input file(s)

Options:
  -n, --lines <LINES>  Number of lines [default: 10]
  -c, --bytes <BYTES>  Number of bytes
  -q, --quiet          Suppress headers
  -h, --help           Print help
  -V, --version        Print version
```

이 프로그램은 기본적으로 STDIN을 읽지 않기 때문에, 아무런 인수 없이 프로그램을 실행하면 적어도 하나의 파일 인수가 필요하다는 오류와 함께 실패해야 한다.

```
$ cargo run
error: the following required arguments were not provided:
  <FILE>...

Usage: tailr <FILE>...
```

--bytes와 --lines 옵션은 상호 배타적으로 다뤄져야 한다.

```
$ cargo run -- tests/inputs/empty.txt --bytes 1 --lines 1
error: the argument '--bytes <BYTES>' cannot be used with '--lines <LINES>'

Usage: tailr --bytes <BYTES> <FILES>...
```

파일 인수를 가지고 프로그램을 실행해서 다음과 같은 출력이 표시되는지 확인한다.

```
$ cargo run -- tests/inputs/one.txt
Args {
    files: [
        "tests/inputs/one.txt", ❶
    ],
    lines: "10", ❷
    bytes: None, ❸
    quiet: false, ❹
}
```

❶ 위치 인수는 `files`에 들어간다.

❷ `lines` 인수의 기본값은 마지막 열 줄을 가져오는 "10"이어야 한다.

❸ `bytes` 인수의 기본값은 None이어야 한다.

❹ `quiet` 옵션의 기본값은 `false`여야 한다.

여러 개의 파일 인수와 `-c` 옵션을 가지고 프로그램을 실행해서 다음과 같은 출력이 표시되는지 확인한다.

```
$ cargo run -- -q -c 4 tests/inputs/*.txt
Args {
    files: [
        "tests/inputs/empty.txt", ❶
        "tests/inputs/one.txt",
        "tests/inputs/three.txt",
        "tests/inputs/twelve.txt",
        "tests/inputs/two.txt",
    ],
    lines: "10", ❷
    bytes: Some( ❸
        "4",
    ),
    quiet: true, ❹
}
```

❶ 위치 인수는 `files`로 파싱된다.

❷ `lines` 인수는 여전히 기본값으로 설정된다.

❸ 이제 `bytes`는 마지막 4바이트를 가져와야 한다는 걸 나타내는 Some("4")로 설정된다.

❹ `-q` 플래그는 `quiet` 옵션을 `true`로 만든다.

> 여기서 잠시 멈추고 프로그램 출력을 앞의 예와 일치하도록 만들어보자. 프로그램은 `cargo test dies`에 포함된 테스트 두 가지를 통과해야 한다.

## 11.2.2 명령줄 인수를 파싱하고 유효성 검사하기

필자의 방식대로 작성한 `get_args` 함수를 보여주겠다. 다음을 위해서 `use clap::{Arg, ArgAction, Command}`를 추가하는 걸 잊지 말자.

```
fn get_args() -> Args {
    let matches = Command::new("tailr")
        .version("0.1.0")
        .author("Ken Youens-Clark <kyclark@gmail.com>")
        .about("Rust version of `tail`")
        .arg(
            Arg::new("files") ❶
                .value_name("FILE")
                .help("Input file(s)")
                .required(true)
                .num_args(1..),
        )
        .arg(
            Arg::new("lines") ❷
                .short('n')
                .long("lines")
                .value_name("LINES")
                .help("Number of lines")
                .default_value("10"),
        )
        .arg(
            Arg::new("bytes") ❸
                .short('c')
                .long("bytes")
                .value_name("BYTES")
                .conflicts_with("lines")
                .help("Number of bytes"),
        )
        .arg(
            Arg::new("quiet") ❹
                .short('q')
                .long("quiet")
                .action(ArgAction::SetTrue)
                .help("Suppress headers"),
        )
        .get_matches();

    Args {
        files: matches.get_many("files").unwrap().cloned().collect(),
        lines: matches.get_one("lines").cloned().unwrap(),
        bytes: matches.get_one("bytes").cloned(),
        quiet: matches.get_flag("quiet"),
    }
}
```

❶ `files`는 위치 인수이며 하나 이상의 값이 필요하다.

❷ `lines` 인수의 기본값은 10이다.

❸ `bytes` 인수는 옵션이며 `lines`와 상충한다.

❹ `quiet` 플래그는 옵션이다.

 `--lines`와 `--bytes`는 상호 배타적이므로 8장에서처럼 이들을 `ArgGroup` 안에 두는 것도 좋겠다.

파생 패턴의 경우에는 `use clap::Parser`를 추가하고 다음과 같이 `Args` 스트럭트에 애너테이션을 달아둔다.

```rust
#[derive(Debug, Parser)]
#[command(author, version, about)]
/// `tail`의 러스트 버전
struct Args {
    /// 입력 파일(들)
    #[arg(required = true)]
    files: Vec<String>,

    /// 줄 수
    #[arg(value_name = "LINES", short('n'), long, default_value = "10")]
    lines: String,

    /// 바이트 수
    #[arg(value_name = "BYTES", short('c'), long, conflicts_with("lines"))]
    bytes: Option<String>,

    /// 헤더 숨김
    #[arg(short, long)]
    quiet: bool,
}
```

이어서 앞 장과 마찬가지로 `run` 함수를 호출하도록 코드를 재구성한다. 다음 코드를 위해서 `use anyhow::Result`를 추가해야 한다.

```rust
fn main() {
    if let Err(e) = run(Args::parse()) {
        eprintln!("{e}");
        std::process::exit(1);
    }
}
```

```
fn run(_args: Args) -> Result<()> {
    Ok(())
}
```

다음으로 할 일은 `lines`와 `bytes` 인수의 유효성을 검사하는 것이다.

### 11.2.3 양수와 음수 수치 인수 파싱하기

도전 과제 프로그램은 `headr`와 비슷한 옵션을 갖지만, 이 프로그램은 줄 수와 바이트 수에 대해서 양수와 음수를 모두 처리해야 한다. `headr`에서는 양수만 표현할 수 있는 **부호 없는** 정수를 사용했다. 이 프로그램에서는 음수도 저장할 수 있도록 부호 있는 64비트 정수 타입인 `i64`(https://oreil.ly/7grA6)를 사용한다. 또 **아무것도** 선택해서는 안 된다는 의미의 `0`과 **모든 것**을 선택해야 한다는 의미의 `+0`을 구별할 방법이 필요하다. 필자는 이를 표현하기 위해서 `TakeValue`라는 `enum`을 만들 것이지만 다른 방법을 선택해도 된다.

```
#[derive(Debug, PartialEq)] ❶
enum TakeValue {
    PlusZero, ❷
    TakeNum(i64), ❸
}
```

❶ `PartialEq`는 테스트에서 값을 비교할 때 필요하다.

❷ 이 배리언트는 인수 `+0`을 표현한다.

❸ 이 배리언트는 유효한 정숫값을 표현한다.

`TakeValue` 접두사 없이 `enum` 값을 참조하기 위해서 다음을 가져오기 부분에 추가하자.

```
use crate::TakeValue::*;
```

다음은 이를 해결하기 위한 용도로 작성할 `parse_num` 함수의 초기 모습으로, 문자열을 받아서 `TakeValue`나 오류를 반환한다.

```
fn parse_num(val: String) -> Result<TakeValue> {
    unimplemented!();
}
```

다음 단위 테스트를 **src/main.rs**의 `tests` 모듈에 추가한다.

```
#[cfg(test)]
mod tests {
    use super::{parse_num, TakeValue::*};

    #[test]
    fn test_parse_num() {
        // 모든 정수는 음수로 해석되어야 한다.
        let res = parse_num("3".to_string());
        assert!(res.is_ok());
        assert_eq!(res.unwrap(), TakeNum(-3));

        // 앞에 "+"를 붙이면 양수가 되어야 한다.
        let res = parse_num("+3".to_string());
        assert!(res.is_ok());
        assert_eq!(res.unwrap(), TakeNum(3));

        // 명시적으로 "-"를 붙인 값은 음수가 되어야 한다.
        let res = parse_num("-3".to_string());
        assert!(res.is_ok());
        assert_eq!(res.unwrap(), TakeNum(-3));

        // 0은 0이다.
        let res = parse_num("0".to_string());
        assert!(res.is_ok());
        assert_eq!(res.unwrap(), TakeNum(0));

        // +0은 특별하다.
        let res = parse_num("+0".to_string());
        assert!(res.is_ok());
        assert_eq!(res.unwrap(), PlusZero);

        // 경계 테스트.
        let res = parse_num(i64::MAX.to_string());
        assert!(res.is_ok());
        assert_eq!(res.unwrap(), TakeNum(i64::MIN + 1));

        let res = parse_num((i64::MIN + 1).to_string());
        assert!(res.is_ok());
        assert_eq!(res.unwrap(), TakeNum(i64::MIN + 1));

        let res = parse_num(format!("+{}", i64::MAX));
        assert!(res.is_ok());
        assert_eq!(res.unwrap(), TakeNum(i64::MAX));

        let res = parse_num(i64::MIN.to_string());
```

```
        assert!(res.is_ok());
        assert_eq!(res.unwrap(), TakeNum(i64::MIN));

        // 부동소수점 값은 유효하지 않다.
        let res = parse_num("3.14".to_string());
        assert!(res.is_err());
        assert_eq!(res.unwrap_err().to_string(), "3.14");

        // 정수가 아닌 문자열은 모두 유효하지 않다.
        let res = parse_num("foo".to_string());
        assert!(res.is_err());
        assert_eq!(res.unwrap_err().to_string(), "foo");
    }
}
```

 읽기를 멈추고 잠시 시간을 내서 이 함수를 작성해보자. `cargo test test_parse_num`을 통과할 때까지는 더 진행하면 안 된다. 다음 절에서 필자의 설루션을 공유하겠다.

작동하는 함수를 손에 넣었으니 이제 이를 가지고 `run`에서 줄과 바이트를 파싱한다. 다음 코드를 위해서 가져오기 부분에 `use anyhow::anyhow`를 추가하는 걸 잊지 말자.

```
fn run(args: Args) -> Result<()> {
    let lines = parse_num(args.lines)
        .map_err(|e| anyhow!("illegal line count -- {e}"))?;

    let bytes = args
        .bytes
        .map(parse_num)
        .transpose()
        .map_err(|e| anyhow!("illegal byte count -- {e}"))?;

    println!("lines = {lines:?}");
    println!("bytes = {bytes:?}");
    Ok(())
}
```

기본값을 가지고 실행하면 출력은 다음과 같아야 한다.

```
$ cargo run -- tests/inputs/empty.txt
lines = TakeNum(-10)
bytes = None
```

바이트값을 가지고 프로그램을 실행해서 해당 값이 올바로 파싱되는지 확인한다.

```
$ cargo run -- -c 4 tests/inputs/empty.txt
lines = TakeNum(-10)
bytes = Some(TakeNum(-4))
```

4라는 값이 양수로 주어졌음에도 불구하고 음수로 파싱되었다는 걸 눈치챘을지 모르겠다. `lines`와 `bytes`에 오는 수치는 프로그램이 파일의 **맨 뒤**에서 값을 가져온다는 걸 나타내기 위해서 음수여야 한다. 덧셈 기호는 시작 위치가 파일의 **맨 앞**이라는 걸 나타내기 위해서 필요하다.

```
$ cargo run -- -n +5 tests/inputs/twelve.txt ❶
lines = TakeNum(5) ❷
bytes = None
```

❶ 인수 `+5`는 프로그램이 다섯 번째 줄에서 인쇄를 시작해야 한다는 걸 나타낸다.

❷ 값은 양의 정수로 해석된다.

`-n`과 `-c`는 모두 값 `0`을 허용하는데, 이는 아무런 줄이나 바이트도 표시되지 않음을 의미한다.

```
$ cargo run -- tests/inputs/empty.txt -c 0
lines = TakeNum(-10)
bytes = Some(TakeNum(0))
```

오리지널 버전과 마찬가지로 값 `+0`은 시작 지점이 파일의 맨 앞이라는 걸 나타내므로 내용이 전부 표시되어야 한다.

```
$ cargo run -- tests/inputs/empty.txt -n +0
lines = PlusZero ❶
bytes = None
```

❶ `PlusZero` 배리언트는 `+0`을 표현한다.

`-n`과 `-c`에 정수가 아닌 값이 오면 전부 거부되어야 한다.

```
$ cargo run -- tests/inputs/empty.txt -n foo
illegal line count -- foo
```

```
$ cargo run -- tests/inputs/empty.txt -c bar
illegal byte count -- bar
```

 여기서 멈추고 지금까지 살펴본 내용을 프로그램에 구현해보자. `bytes`와 `lines`에 해당하는 수치 인수의 유효성을 검사하는 방법에 대한 안내가 필요하다면 다음 절에서 설명하니 참고하자.

### 11.2.4 정규 표현식을 이용해서 정수와 옵션으로 붙는 기호 매칭하기

다음은 테스트를 통과하는 `parse_num` 함수의 한 버전이다. 여기서는 정규 표현식을 이용해서 입력값이 기대하는 텍스트 패턴과 일치하는지 확인할 작정이다. 이 버전을 여러분의 프로그램에 포함시키려면 `use regex::Regex`를 꼭 추가해야 한다.

```
fn parse_num(val: String) -> Result<TakeValue> {
    let num_re = Regex::new(r"^([+-])?(\d+)$").unwrap(); ❶

    match num_re.captures(&val) {
        Some(caps) => {
            let sign = caps.get(1).map_or("-", |m| m.as_str()); ❷
            let signed_num =
                format!("{sign}{}", caps.get(2).unwrap().as_str()); ❸

            if let Ok(num) = signed_num.parse() { ❹
                if sign == "+" && num == 0 { ❺
                    Ok(PlusZero) ❻
                } else {
                    Ok(TakeNum(num)) ❼
                }
            } else {
                bail!(val) ❽
            }
        }
        _ => bail!(val), ❾
    }
}
```

❶ 앞에 `+`나 `-` 기호가 옵션으로 붙고 뒤에 하나 이상의 숫자가 오는 패턴을 찾는 정규식을 생성한다.

❷ 매칭되면 옵션으로 붙는 기호가 첫 번째 캡처가 된다. 매칭되는 것이 없으면 뺄셈 기호가 있다고 가정한다.

❸ 일련의 숫자들은 두 번째 캡처에 들어간다. 기호와 숫자들을 문자열로 형식화한다.

❹ 문자열을 수로 파싱해본다. 이때 러스트는 함수의 반환 타입을 보고 결과가 `i64`라고 추론한다.

❺ 기호가 덧셈이면서 파싱된 값이 `0`인지 확인한다.

❻ 맞다면 `PlusZero` 배리언트를 반환한다.

❼ 그렇지 않다면 파싱된 값을 `TakeNum` 배리언트로 반환한다.

❽ 파싱할 수 없는 수를 오류로 반환한다.

❾ 유효하지 않은 인수를 오류로 반환한다.

정규 표현식 문법은 익숙하지 않은 사람에게는 어려울 수 있다. 그림 11-1은 앞서 본 함수에서 사용한 패턴의 각 요소를 보여준다.

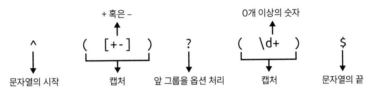

**그림 11-1 양의 정수나 음의 정수를 매칭하는 정규 표현식이다.**

이전 프로그램에서 이런 구문을 많이 봤을 것이다. 이 정규식의 모든 부분을 하나씩 짚어보면 다음과 같다.

- `^`는 문자열의 시작을 나타낸다. 이게 없으면 패턴이 문자열 내부 어디에서나 매칭될 수 있다.

- 괄호는 값을 그룹으로 묶고 캡처해서 `Regex::captures`(https://oreil.ly/O6frw)를 통해 사용할 수 있도록 만든다.

- 대괄호(`[]`)는 그 안에 포함된 모든 값과 매칭되는 **문자 클래스**를 생성한다. 문자 클래스 안에서는 대시(`-`)를 써서 범위를 나타낼 수 있는데, 예를 들어 `[0-9]`는 0에서 9까지의 모든 문자를 나타낸다.[1] 리터럴 대시를 나타내려면 대시를 맨 마지막에 두면 된다.

- `?`는 앞 패턴을 선택 사항으로 만든다.

- `\d`는 문자 클래스 `[0-9]`의 축약 표기로 모든 숫자를 매칭한다. `+` 접미사는 **하나 이상**의 이전 패턴을 나타낸다.

---

1 여기서 범위는 두 코드 포인트 사이의 모든 문자를 의미한다. 10장에 나와 있는 `ascii` 프로그램의 출력을 보면 0에서 9까지의 수가 전부 연속된 값이라는 걸 알 수 있다. 반면 A에서 z까지의 값은 중간에 다양한 구두점 문자가 포함되어 있어서 아스키 알파벳 문자를 선택할 때는 범위를 `[A-Za-z]`라고 쓰는 걸 자주 볼 수 있다.

- **$**는 문자열의 끝을 나타낸다. 이게 없으면 일치하는 부분 뒤에 추가 문자가 오더라도 성공적으로 매칭된다.

여기서 한 가지를 살짝 바꾸기로 하자. 앞에 있는 함수의 첫 번째 줄은 함수가 호출될 때마다 **매번** 패턴을 파싱해서 정규 표현식을 생성한다.

```
fn parse_num(val: String) -> Result<TakeValue> {
    let num_re = Regex::new(r"^([+-])?(\d+)$").unwrap();
    ...
}
```

그러지 말고 프로그램이 정규식을 컴파일하는 작업을 딱 한 번만 했으면 좋겠다. 지금까지 테스트에서 어떻게 `const`를 이용해서 상숫값을 생성했는지 봤을 것이다. 다음처럼 전역 상수에 `ALL_CAPS`와 같은 식의 이름을 주고 크레이트 상단에 두는 것이 일반적이다.

```
// 컴파일되지 않는다.
const NUM_RE: Regex = Regex::new(r"^([+-])?(\d+)$").unwrap();
```

테스트를 다시 실행하려고 하면 다음처럼 계산된 값을 상수로 사용할 수 없다는 오류가 발생한다.

```
error[E0015]: cannot call non-const fn `regex::Regex::new` in constants
 --> src/main.rs:7:23
  |
7 | const NUM_RE: Regex = Regex::new(r"^([+-])?(\d+)$").unwrap();
  |                       ^^^^^^^^^^^^^^^^^^^^^^^^^^^^^^
  |
  = note: calls in constants are limited to constant functions, tuple structs
    and tuple variants
```

이럴 때 필요한 게 바로 지연 평가가 이뤄지는 스태틱lazily evaluated static을 생성하기 위한 메커니즘을 제공하는 `once_cell`이다. 이를 사용하려면 먼저 이번 장 앞부분에서 한 것처럼 **Cargo.toml**에 해당 의존성을 추가해야 한다. 프로그램에서 지연 평가가 이뤄지는 정규 표현식을 딱 한 번만 생성하려면 **src/main.rs** 맨 위에 다음 내용을 추가한다.

```
use once_cell::sync::OnceCell;

static NUM_RE: OnceCell<Regex> = OnceCell::new();
```

`parse_num` 함수에서 바뀌는 건 함수가 처음 호출될 때 `NUM_RE`를 초기화하는 것뿐이다.

```
fn parse_num(val: String) -> Result<TakeValue> {
    let num_re = NUM_RE.get_or_init(|| Regex::new(r"^([+-])?(\d+)$").unwrap());
    // 앞과 동일하다.
}
```

수치 인수를 파싱하는 데 정규 표현식을 사용할 필요는 없다. 다음은 러스트의 내부 파싱 기능에만 의존하는 방법이다.

```
fn parse_num(val: String) -> Result<TakeValue> {
    let signs: &[char] = &['+', '-']; ❶
    let res = val
        .starts_with(signs) ❷
        .then(|| val.parse())
        .unwrap_or_else(|| val.parse().map(i64::wrapping_neg)); ❸

    match res {
        Ok(num) => {
            if num == 0 && val.starts_with('+') { ❹
                Ok(PlusZero)
            } else {
                Ok(TakeNum(num))
            }
        }
        _ => bail!(val), ❺
    }
}
```

❶ 러스트는 이를 배열의 레퍼런스인 `&[char; 2]` 타입으로 추론하지만 여기서는 값을 슬라이스로 강제 변환하고자 하므로 타입 애너테이션이 필요하다.

❷ 주어진 값이 덧셈이나 뺄셈 기호로 시작하면 기호를 이용해서 각각 양수나 음수를 생성하는 `str::parse`를 사용한다.

❸ 그렇지 않으면 수를 파싱하고 `i64::wrapping_neg`(https://oreil.ly/H2gWn)를 이용해서 음숫값을 계산한다. 즉, 양숫값은 음수로 반환되는 반면 음숫값은 음수로 유지된다.

❹ 결과가 성공적으로 파싱된 `i64`이면 그 수가 `0`인지 또 주어진 값이 덧셈 기호로 시작하는지 보고 `PlusZero`를 반환할지 여부를 판단한다. 여기에 해당되지 않으면 파싱된 값을 반환한다.

❺ 파싱할 수 없는 값은 오류로 반환한다.

어쩌면 이를 해결해 내는 또 다른 방법을 찾았을 수도 있는데 이게 바로 함수와 테스트를 사용하는 것의 핵심이다. 테스트를 통과하기만 한다면 함수를 **어떤 식으로** 작성하는지는 크게 중요하지 않다. 함수는 무언가가 들어가면 무언가가 나오는 블랙박스이므로, 함수가 제대로 작동한다는 걸 확신할 수 있을 만큼 충분히 테스트를 작성해두면 된다.

### 11.2.5 파일 처리하기

주어진 파일을 반복 처리하면서 열어보도록 `run` 함수를 확장한다. 도전 과제에는 `STDIN` 읽기가 포함되지 않으므로 다음 코드의 경우에는 `use std::fs::File`만 추가하면 된다.

```
fn run(args: Args) -> Result<()> {
    // 앞과 동일하다.

    for filename in args.files {
        match File::open(&filename) {
            Err(err) => eprintln!("{filename}: {err}"),
            Ok(_) => println!("Opened {filename}"),
        }
    }

    Ok(())
}
```

문제없는 파일 이름과 문제 있는 파일 이름을 모두 가지고 프로그램을 실행해서 제대로 작동하는지 확인한다. 또 프로그램은 이제 **cargo test skips_bad_file**을 통과해야 한다. 다음 명령에서 **blargh**는 존재하지 않는 파일을 나타낸다.

```
$ cargo run -- tests/inputs/one.txt blargh
Opened tests/inputs/one.txt
blargh: No such file or directory (os error 2)
```

### 11.2.6 파일의 전체 줄과 바이트 수 세기

다음으로 파일을 주어진 바이트나 줄 위치에서 읽는 법을 알아낼 차례다. 예를 들어 기본적인 경우는 파일의 마지막 열 줄을 인쇄하는 것이므로, 끝에서 열 번째 줄의 위치를 파악하려면 파일이 몇 줄이나 가졌는지 알아야 한다. 바이트의 경우도 마찬가지다. 또 사용자가 파일이 가진 것보다 더 많은 줄이나 바이트를 요청하진 않았는지 알아내야 한다. 이 값이 음수라면(즉, 사용자가 파일의 맨 앞을 벗어난 위치에서 시작하길 원한다면) 프로그램은 전체 파일을 인쇄해야 한다. 이 값이 양수라면(즉, 사용자가 파일의 맨 뒤를 벗어난 위치에서 시작하길 원한다면) 프로그램은 아무것도 인쇄하지 말아야 한다.

여기서는 파일 이름을 받아서 파일의 전체 줄과 바이트 수가 담긴 튜플을 반환하는 `count_lines_bytes`라는 함수를 만들 작정이다. 다음은 이 함수의 시그니처다.

```
fn count_lines_bytes(filename: &str) -> Result<(i64, i64)> {
    unimplemented!()
}
```

이 함수를 만들고자 한다면 `tests` 모듈을 수정해서 다음 단위 테스트를 추가한다.

```
#[cfg(test)]
mod tests {
    use super::{count_lines_bytes, parse_num, TakeValue::*};

    #[test]
    fn test_parse_num() {}  // 앞과 동일하다.

    #[test]
    fn test_count_lines_bytes() {
        let res = count_lines_bytes("tests/inputs/one.txt");
        assert!(res.is_ok());
        let (lines, bytes) = res.unwrap();
        assert_eq!(lines, 1);
        assert_eq!(bytes, 24);

        let res = count_lines_bytes("tests/inputs/twelve.txt");
        assert!(res.is_ok());
        let (lines, bytes) = res.unwrap();
        assert_eq!(lines, 12);
        assert_eq!(bytes, 63);
    }
}
```

 여기서 잠시 멈추고 `cargo test test_count_lines_bytes`를 통과하는 코드를 작성하자.

`run`이 임시로 입력 파일의 줄 수와 바이트 수를 인쇄할 수 있도록 확장한다.

```
fn run(args: Args) -> Result<()> {
    // 앞과 동일하다.

    for filename in args.files {
        match File::open(&filename) {
            Err(err) => eprintln!("{filename}: {err}"),
            Ok(_) => {
                let (total_lines, total_bytes) =
                    count_lines_bytes(&filename)?;
                println!(
                    "{filename} has {total_lines} lines, {total_bytes} bytes"
                );
            }
        }
    }
    Ok(())
}
```

 파일 핸들을 함수가 소비해버리면 바이트나 줄을 선택하는 데 사용할 수 없게 되므로 `count_lines_`
`bytes` 함수에는 `File::open`이 반환하는 파일 핸들 대신 파일 이름을 넘기기로 했다.

제대로 작동하는지 확인한다.

```
$ cargo run tests/inputs/one.txt tests/inputs/twelve.txt
tests/inputs/one.txt has 1 lines, 24 bytes
tests/inputs/twelve.txt has 12 lines, 63 bytes
```

### 11.2.7 인쇄할 시작 줄 찾기

다음 단계는 주어진 파일의 줄을 인쇄하는 함수를 작성하는 것이다. 다음은 `print_lines` 함수의
시그니처다. 이 경우에는 `use std::io::BufRead`를 꼭 추가해야 한다.

```
fn print_lines(
    mut file: impl BufRead, ❶
    num_lines: &TakeValue, ❷
    total_lines: i64, ❸
) -> Result<()> {
    unimplemented!();
}
```

❶ `file` 인수는 `BufRead` 트레이트를 구현해야 한다.

❷ `num_lines` 인수는 인쇄할 줄 수를 말해주는 `TakeValue`다.

❸ `total_lines` 인수는 이 파일의 전체 줄 수다.

 이 함수는 명령줄에 인쇄하므로 단위 테스트가 없다. 줄 벡터를 반환하기로 한 경우에는 파일을 통째로 메모리에 읽어야 하는 탓에 사용 가능한 메모리를 초과할 위험이 있다. 이 부분이 올바로 작동하는지 확인하기 위해서 프로그램의 출력을 검증하는 통합 테스트에 의존할 것이다.

시작 줄의 색인은 사용자가 인쇄하려는 줄 수와 파일의 전체 줄 수를 이용해서 찾을 수 있다. 이 로직은 시작 바이트 위치를 찾을 때도 필요하므로, 유효한 시작 위치가 있으면 `Some<u64>`를 반환하고 없으면 `None`을 반환하는 `get_start_index`라는 함수를 작성하기로 하자. 유효한 시작 위치는 양수여야 하므로 `u64`를 반환하기로 했다. 또 반환된 색인을 사용할 함수에도 이 타입이 필요하다.

```
fn get_start_index(take_val: &TakeValue, total: i64) -> Option<u64> {
    unimplemented!();
}
```

다음은 모든 가능성을 보다 명확히 파악하는 데 도움을 줄 수 있는 단위 테스트로 `tests` 모듈에 추가하면 된다. 예를 들어 이 함수는 주어진 파일이 비어 있거나 파일의 끝을 벗어난 위치에서 읽으려고 하면 `None`을 반환한다. `super` 가져오기 목록에 `get_start_index`를 꼭 추가해야 한다.

```
#[test]
fn test_get_start_index() {
    // 빈 파일(0 줄/바이트)에서 +0은 None을 반환한다.
    assert_eq!(get_start_index(&PlusZero, 0), None);

    // 비어 있지 않은 파일에서 +0은 줄/바이트 수보다 하나 작은 색인을 반환한다.
    assert_eq!(get_start_index(&PlusZero, 1), Some(0));

    // 0 줄/바이트 가져오기는 None을 반환한다.
    assert_eq!(get_start_index(&TakeNum(0), 1), None);

    // 빈 파일에서 임의의 줄/바이트를 가져오려고 하면 None을 반환한다.
    assert_eq!(get_start_index(&TakeNum(1), 0), None);

    // 사용 가능한 것보다 더 많은 줄/바이트를 가져오려고 하면 None을 반환한다.
    assert_eq!(get_start_index(&TakeNum(2), 1), None);

    // 시작 줄/바이트가 전체 줄/바이트보다 작으면 시작 번호보다 하나 작은 값을 반환한다.
```

```
    assert_eq!(get_start_index(&TakeNum(1), 10), Some(0));
    assert_eq!(get_start_index(&TakeNum(2), 10), Some(1));
    assert_eq!(get_start_index(&TakeNum(3), 10), Some(2));

    // 시작 줄/바이트가 음수이고 전체보다 작으면 전체 - 시작에 해당하는 값을 반환한다.
    assert_eq!(get_start_index(&TakeNum(-1), 10), Some(9));
    assert_eq!(get_start_index(&TakeNum(-2), 10), Some(8));
    assert_eq!(get_start_index(&TakeNum(-3), 10), Some(7));

    // 시작 줄/바이트가 음수이고 전체보다 크면 전체 파일이 인쇄되도록 0을 반환한다.
    assert_eq!(get_start_index(&TakeNum(-20), 10), Some(0));
}
```

인쇄를 시작할 줄 색인을 파악하고 나면, `print_lines` 함수에서 이 정보를 가지고 입력 파일의 내용을 줄 단위로 반복 처리해서 시작 색인 이후에 있는 줄을 전부 인쇄한다.

### 11.2.8 인쇄할 시작 바이트 찾기

이어서 `print_lines`와 매우 비슷하게 작동하는 `print_bytes`라는 함수를 작성한다. 이 함수의 시그니처는 `file` 인수가 Read(https://oreil.ly/wDxvY)와 Seek(https://oreil.ly/vJDlW) 트레이트를 구현해야 함을 나타내는데, 여기서 후자는 많은 프로그래밍 언어에서 **커서** 또는 **읽기 헤드**라고 하는 것을 스트림의 특정 위치로 옮기기 위해 사용하는 단어다. 이어지는 코드를 위해서는 가져오기 부분을 확장해서 std::io::{BufRead, Read, Seek}를 포함시켜야 한다.

```
fn print_bytes<T: Read + Seek>( ❶
    mut file: T, ❷
    num_bytes: &TakeValue, ❸
    total_bytes: i64, ❹
) -> Result<()> {
    unimplemented!();
}
```

❶ 제네릭 타입 `T`는 트레이트 바운드 Read와 Seek를 갖는다.

❷ `file` 인수는 표시된 트레이트를 구현해야 한다.

❸ `num_bytes` 인수는 바이트 선택을 말해주는 `TakeValue`다.

❹ `total_bytes` 인수는 바이트 단위로 된 파일 크기다.

제네릭 타입과 바운드는 `where` 절(https://oreil.ly/aM1vI)을 이용해서 작성할 수도 있는데, 이렇게 하면 읽기가 더 쉬워진다.

```
fn print_bytes<T>(
    mut file: T,
    num_bytes: &TakeValue,
    total_bytes: i64,
) -> Result<()>
where
    T: Read + Seek,
{
    unimplemented!();
}
```

get_start_index 함수를 이용해서 파일의 맨 앞에서 시작 바이트 위치를 찾은 다음 커서를 해당 위치로 옮기면 된다. 이때 선택한 바이트 문자열에는 유효하지 않은 UTF-8이 포함될 수 있다는 걸 유념하자. 따라서 필자의 설루션은 선택한 바이트를 인쇄할 때 String::from_utf8_lossy(https://oreil.ly/Bs4Zl)를 사용한다.

### 11.2.9 대용량 입력 파일을 가지고 프로그램 테스트하기

여러분의 프로그램을 스트레스 테스트하는 데 사용할 수 있는 대용량 입력 텍스트 파일을 생성하는 프로그램을 저장소의 **util/biggie** 디렉터리에 포함시켜두었다. 예를 들어 이 프로그램을 이용해서 다양한 범위의 줄과 바이트를 선택할 때 사용할 백만 줄의 랜덤 텍스트로 된 파일을 생성할 수 있다. 다음은 이 biggie 프로그램의 사용법이다.

```
Make big text files

Usage: biggie [OPTIONS]

Options:
  -o, --outfile <FILE>   Output filename [default: out.txt]
  -l, --lines <LINES>    Number of lines [default: 100000]
  -h, --help             Print help
  -V, --version          Print version
```

이 정도면 설루션을 작성하는 데 충분한 힌트가 될 것이다. 서둘러 프로그램을 완성할 필요는 없다. 때로는 잠재의식이 작동하는 동안 어려운 문제에서 하루 이상 물러나 있어야 할 때도 있는 법이다. 여러분의 설루션이 cargo test를 통과하면 그때 다시 돌아오자.

## 11.3 설루션

필자가 설루션에 도달하기까지 거쳐온 과정을 살펴보자. 필자의 설루션은 다음과 같은 몇 가지 의존성을 포함한다.

```
use crate::TakeValue::*;
use anyhow::{anyhow, bail, Result};
use clap::Parser;
use once_cell::sync::OnceCell;
use regex::Regex;
use std::{
    fs::File,
    io::{BufRead, BufReader, Read, Seek, SeekFrom},
};
```

이번 장 첫 번째 부분에서 몇 가지 중간 함수를 작성할 것을 제안했는데, 이번에는 필자가 제공한 단위 테스트를 통과하는 필자의 버전을 살펴보자.

### 11.3.1 파일의 전체 줄과 바이트 수 세기

먼저 파일의 전체 줄과 바이트 수를 세는 `count_lines_bytes` 함수를 살펴보는 것으로 시작하자. 이전 프로그램에서는 `String`에 기록하는 `BufRead::read_line`(https://oreil.ly/aJFkc)을 사용했었다. 다음 함수에서는 불필요한 문자열을 생성하는 비용을 피하기 위해서 원시 바이트를 읽는 `BufRead::read_until`(https://oreil.ly/7BJaH)을 사용한다.

```
fn count_lines_bytes(filename: &str) -> Result<(i64, i64)> {
    let mut file = BufReader::new(File::open(filename)?); ❶
    let mut num_lines = 0; ❷
    let mut num_bytes = 0;
    let mut buf = Vec::new();
    loop {
        let bytes_read = file.read_until(b'\n', &mut buf)?; ❸
        if bytes_read == 0 { ❹
            break;
        }
        num_lines += 1; ❺
        num_bytes += bytes_read as i64; ❻
        buf.clear(); ❼
    }
    Ok((num_lines, num_bytes)) ❽
}
```

❶ 주어진 파일 이름을 읽기 위해서 변경 가능한 파일 핸들을 생성한다.

❷ 줄과 바이트 수를 위한 카운터와 더불어 줄을 읽기 위한 버퍼를 초기화한다.

❸ `BufRead::read_until`을 이용해서 새 줄 바이트가 나올 때까지 바이트를 읽는다. 이 함수는 파일 핸들에서 읽은 바이트 수를 반환한다.

❹ 읽은 바이트가 없으면 루프를 종료한다.

❺ 줄 수를 올린다.

❻ 바이트 수를 올린다. `BufRead::read_until`은 `usize`를 반환하므로 이 값을 총계인 `num_bytes`에 더하려면 `i64`로 캐스팅해야 한다는 걸 유념하자.

❼ 다음 줄을 읽기 전에 버퍼를 비운다.

❽ 파일의 줄과 바이트 수가 담긴 튜플을 반환한다.

### 11.3.2 시작 색인 찾기

시작 줄이나 바이트 위치를 찾기 위해서 필자의 프로그램은 원하는 위치 그리고 파일의 전체 줄 수나 바이트 수를 사용하는 `get_start_index` 함수에 의존한다.

```
fn get_start_index(take_val: &TakeValue, total: i64) -> Option<u64> {
    match take_val {
        PlusZero => {
            if total > 0 { ❶
                Some(0)
            } else {
                None
            }
        }
        TakeNum(num) => {
            if num == &0 || total == 0 || num > &total { ❷
                None
            } else {
                let start = if num < &0 { total + num } else { num - 1 }; ❸
                Some(if start < 0 { 0 } else { start as u64 }) ❹
            }
        }
    }
}
```

❶ 사용자가 색인 `0`에서 시작하려는 경우에는 파일이 비어 있지 않으면 `0`을 반환하고, 그렇지 않으면 `None`을 반환한다.

❷ 사용자가 아무것도 선택하지 않으려 하거나, 파일이 비어 있거나, 사용자가 파일에서 사용 가능한 것보다 더 많은 데이터를 선택하려는 경우에는 `None`을 반환한다.

❸ 원하는 줄이나 바이트 수가 음수이면 이를 총계에 더하고, 그렇지 않으면 원하는 수에서 1을 빼서 0부터 시작하는 오프셋을 얻는다.

❹ 시작 색인이 `0`보다 작으면 `0`을 반환하고, 그렇지 않으면 시작 색인을 `u64`로 반환한다.

### 11.3.3 줄 인쇄하기

다음은 `count_lines_bytes`와 많은 부분이 비슷한 `print_lines` 함수다.

```
fn print_lines(
    mut file: impl BufRead,
    num_lines: &TakeValue,
    total_lines: i64,
) -> Result<()> {
    if let Some(start) = get_start_index(num_lines, total_lines) { ❶
        let mut line_num = 0; ❷
        let mut buf = Vec::new();
        loop {
            let bytes_read = file.read_until(b'\n', &mut buf)?;
            if bytes_read == 0 {
                break;
            }
            if line_num >= start { ❸
                print!("{}", String::from_utf8_lossy(&buf)); ❹
            }
            line_num += 1;
            buf.clear();
        }
    }

    Ok(())
}
```

❶ 사용 가능한 전체 줄 수에서 주어진 줄 수를 읽으려고 할 때 유효한 시작 위치가 있는지 확인한다.

❷ 파일에서 줄을 세고 읽기 위한 변수를 초기화한다.

❸ 주어진 줄이 시작 점이나 그 너머에 있는지 확인한다.

❹ 그렇다면 바이트를 문자열로 바꿔서 인쇄한다.

이는 다음과 같은 식으로 run 함수에 통합할 수 있다.

```
fn run(args: Args) -> Result<()> {
    let lines = parse_num(args.lines)
        .map_err(|e| anyhow!("illegal line count -- {e}"))?;

    let _bytes = args
        .bytes
        .map(parse_num)
        .transpose()
        .map_err(|e| anyhow!("illegal byte count -- {e}"))?;

    for filename in args.files {
        match File::open(&filename) {
            Err(err) => eprintln!("{filename}: {err}"),
            Ok(file) => {
                let (total_lines, _total_bytes) =
                    count_lines_bytes(&filename)?; ❶
                let file = BufReader::new(file); ❷
                print_lines(file, &lines, total_lines)?; ❸
            }
        }
    }

    Ok(())
}
```

❶ 현재 파일의 전체 줄과 바이트 수를 센다.

❷ 열린 파일 핸들을 가지고 BufReader를 생성한다.

❸ 요청된 수만큼 줄을 인쇄한다.

예를 들어 이렇게 했을 때 마지막 다섯 줄이 선택되는지 간단히 확인해보자.

```
$ cargo run -- -n 5 tests/inputs/twelve.txt
eight
nine
ten
eleven
twelve
```

여덟 번째 줄을 지정해도 같은 결과를 얻을 수 있다.

```
$ cargo run -- -n +8 tests/inputs/twelve.txt
eight
nine
ten
eleven
twelve
```

이제 **cargo test**를 실행하면 테스트를 3분의 2 이상 통과한다.

### 11.3.4 바이트 인쇄하기

다음으로 print_bytes 함수를 살펴보자.

```
fn print_bytes<T: Read + Seek>(
    mut file: T,
    num_bytes: &TakeValue,
    total_bytes: i64,
) -> Result<()> {
    if let Some(start) = get_start_index(num_bytes, total_bytes) { ❶
        file.seek(SeekFrom::Start(start))?; ❷
        let mut buffer = Vec::new(); ❸
        file.read_to_end(&mut buffer)?; ❹
        if !buffer.is_empty() {
            print!("{}", String::from_utf8_lossy(&buffer)); ❺
        }
    }

    Ok(())
}
```

❶ 유효한 시작 바이트 위치가 있는지 확인한다.

❷ Seek::seek(https://oreil.ly/ki8DT)를 이용해서 SeekFrom::Start(https://oreil.ly/Bi8Bp)에 정의된 원하는 바이트 위치로 이동한다.

❸ 바이트를 읽기 위한 변경 가능한 버퍼를 생성한다.

❹ 바이트 위치에서 파일 끝까지 읽고 결과를 버퍼에 담는다.

❺ 버퍼가 비어 있지 않으면 선택한 바이트를 String으로 바꿔서 인쇄한다.

이를 run 함수에 통합하는 법은 다음과 같다.

```
fn run(args: Args) -> Result<()> {
```

```
    let lines = parse_num(args.lines)
        .map_err(|e| anyhow!("illegal line count -- {e}"))?;

    let bytes = args
        .bytes
        .map(parse_num)
        .transpose()
        .map_err(|e| anyhow!("illegal byte count -- {e}"))?;

    for filename in args.files {
        match File::open(&filename) {
            Err(err) => eprintln!("{filename}: {err}"),
            Ok(file) => {
                let (total_lines, total_bytes) =
                    count_lines_bytes(&filename)?;
                let file = BufReader::new(file);
                if let Some(num_bytes) = &bytes { ❶
                    print_bytes(file, &num_bytes, total_bytes)?; ❷
                } else {
                    print_lines(file, &lines, total_lines)?; ❸
                }
            }
        }
    }
    Ok(())
}
```

❶ 사용자가 바이트 선택을 요청했는지 확인한다.

❷ 그렇다면 선택한 바이트를 인쇄한다.

❸ 그렇지 않다면 선택한 줄을 인쇄한다.

cargo test를 가지고 간단히 확인해보면 모든 테스트를 통과하는 데 점점 더 가까워지고 있음을 알 수 있다. 실패하는 테스트는 전부 **multiple**로 시작하는데 이는 프로그램이 각 파일의 출력을 구분하는 헤더를 인쇄하고 있지 않기 때문이다. 이를 위해서 비슷한 일을 했던 4장에 있는 코드를 가져와 수정하겠다. 다음은 모든 테스트를 통과하는 최종적인 run 함수다.

```
fn run(args: Args) -> Result<()> {
    let lines = parse_num(args.lines)
        .map_err(|e| anyhow!("illegal line count -- {e}"))?;

    let bytes = args
        .bytes
        .map(parse_num)
```

```
            .transpose()
            .map_err(|e| anyhow!("illegal byte count -- {e}"))?;

    let num_files = args.files.len(); ❶
    for (file_num, filename) in args.files.iter().enumerate() { ❷
        match File::open(filename) {
            Err(err) => eprintln!("{filename}: {err}"),
            Ok(file) => {
                if !args.quiet && num_files > 1 { ❸
                    println!(
                        "{}==> {filename} <==",
                        if file_num > 0 { "\n" } else { "" },
                    );
                }

                let (total_lines, total_bytes) = count_lines_bytes(filename)?;
                let file = BufReader::new(file);
                if let Some(num_bytes) = &bytes {
                    print_bytes(file, num_bytes, total_bytes)?;
                } else {
                    print_lines(file, &lines, total_lines)?;
                }
            }
        }
    }

    Ok(())
}
```

❶ 파일의 개수를 찾는다.

❷ `Iterator::enumerate`를 이용해서 색인 위치와 파일 이름을 반복 처리한다.

❸ `quiet` 옵션이 `false`이면서 파일이 여러 개일 때는 헤더를 인쇄한다.

### 11.3.5 설루션 벤치마크하기

`tailr` 프로그램이 `tail`과 공유하는 일련의 기능을 비교해보려면 어떻게 해야 할까? 앞서 `biggie` 프로그램을 이용하면 여러분의 프로그램을 테스트하기 위한 대용량 입력 파일을 생성할 수 있다고 제안한 바 있다. 필자는 이 방법으로 프로그램을 테스트하는 데 사용할 백만 줄의 랜덤 텍스트로 된 **1M.txt**라는 파일을 생성했다. `time` 명령을 이용하면 `tail`이 **1M.txt** 파일의 마지막 열 줄을 찾는 데 걸리는 시간을 확인할 수 있다.[2]

---

2    모든 벤치마크 테스트에는 8코어와 8 GB 램이 탑재된 맥북 프로 M1에서 macOS 14.2.1을 사용했다.

```
$ time tail 1M.txt > /dev/null ①

real    0m0.022s ②
user    0m0.006s ③
sys     0m0.015s ④
```

❶ 명령의 출력은 보고 싶지 않으므로 해당 입력을 무시하는 특수 시스템 장치인 `/dev/null`로 리디렉션한다.

❷ `real` 시간은 프로세스가 시작 후 종료될 때까지 걸린 시간을 측정한 **벽시계 시간**wall-clock time이다.

❸ `user` 시간은 CPU가 커널 외부의 **사용자** 모드에서 보낸 시간이다.

❹ `sys` 시간은 CPU가 커널 내부에서 작동하며 보낸 시간이다.

`tail`과 비교할 수 있는 가장 빠른 버전의 `tailr`를 빌드하고 싶으므로 `cargo build --release`를 이용해서 릴리스 빌드(https://oreil.ly/A9BMw)를 생성하겠다. 바이너리는 **target/release/tailr**에 생성된다. 이 프로그램 빌드는 `tail`보다 훨씬 느린 것 같다.

```
$ time target/release/tailr 1M.txt > /dev/null

real    0m0.505s
user    0m0.072s
sys     0m0.024s
```

이렇게 해서 **벤치마킹**이라는 프로세스에 첫발을 내디뎠다. 이를 통해서 다양한 프로그램이 얼마나 잘 작동하는지 비교해보려고 한다. 그런데 한 이터레이션iteration을 돌리고 나서 그 결과를 눈대중으로 재는 건 그다지 과학적이거나 효과적이지 못하다. 다행히 이 일을 훨씬 더 잘 해낼 수 있는 `hyperfine`(https://oreil.ly/ICXBY)이라는 러스트 크레이트가 있다. `cargo install hyperfine`으로 이를 설치한 뒤에 벤치마크를 돌려보니, **1M.txt** 파일의 마지막 열 줄을 인쇄할 때 필자의 러스트 프로그램이 시스템 `tail`보다 훨씬 더 느리다는 걸 알 수 있었다.

```
$ hyperfine -i -L prg tail,target/release/tailr '{prg} 1M.txt > /dev/null'
Benchmark 1: tail 1M.txt > /dev/null
  Time (mean ± σ):      4.3 ms ±   6.6 ms   [User: 1.7 ms, System: 3.2 ms]
  Range (min … max):    2.6 ms …  49.9 ms   50 runs

Benchmark 2: target/release/tailr 1M.txt > /dev/null
  Time (mean ± σ):     86.9 ms ±   3.2 ms   [User: 70.2 ms, System: 16.5 ms]
  Range (min … max):   84.8 ms … 100.5 ms   27 runs
```

```
Summary
  tail 1M.txt > /dev/null ran
    20.32 ± 31.44 times faster than target/release/tailr 1M.txt > /dev/null
```

하지만 마지막 십만 줄을 요청하면 러스트 버전이 `tail`보다 더 빠르다.

```
$ hyperfine -i -L prg tail,target/release/tailr '{prg} -n 100000 1M.txt > /dev/null'
Benchmark 1: tail -n 100000 1M.txt > /dev/null
  Time (mean ± σ):      26.8 ms ±   0.5 ms    [User: 19.8 ms, System: 5.4 ms]
  Range (min … max):    25.9 ms … 28.9 ms    82 runs

Benchmark 2: target/release/tailr -n 100000 1M.txt > /dev/null
  Time (mean ± σ):     154.7 ms ±   1.4 ms    [User: 108.1 ms, System: 43.8 ms]
  Range (min … max):   153.4 ms … 158.1 ms    18 runs

Summary
  tail -n 100000 1M.txt > /dev/null ran
    5.78 ± 0.12 times faster than target/release/tailr -n 100000 1M.txt
     > /dev/null
```

마지막 100바이트를 인쇄하도록 명령을 `{prg} -c 100 1M.txt`로 바꿔도 러스트 버전이 여전히 느리다.

```
Summary
  tail -c 100 1M.txt ran
    14.98 ± 2.51 times faster than target/release/tailr -c 100 1M.txt
```

하지만 마지막 백만 바이트를 요청하면 러스트 버전이 약간 더 빠르다.

```
Summary
  target/release/tailr -c 1000000 1M.txt ran
    1.34 ± 0.04 times faster than tail -c 1000000 1M.txt
```

성능 개선을 위한 다음 단계는 아마도 코드를 프로파일링해서 러스트가 대부분의 시간과 메모리를 사용하고 있는 곳을 찾는 것일 것이다. 프로그램 최적화는 이 책의 범위를 훨씬 넘어서는 아주 흥미롭고 심오한 주제다.

## 11.4 한 걸음 더 나아가기

크기 접미사와 `STDIN` 읽기 등 여러분이 구현할 수 있는 BSD와 GNU 옵션이 몇 개나 되는지 살펴보자. 보다 어려운 옵션 중 하나는 파일을 **따라가는 것**이다. 필자는 웹 애플리케이션을 개발할 때 자주 `tail -f`를 이용해서 웹 서버의 접근과 오류 로그를 지켜보고 요청과 응답이 발생하는 걸 확인하곤 한다. 다른 사람들이 이러한 아이디어를 어떤 식으로 구현했는지 궁금하다면 **crates.io**에서 'tail'(https://oreil.ly/Lo6rG)을 검색해보자.

## 요약

이번 장에서 해낸 것들을 다시 한번 짚어보자.

- `once_cell` 크레이트를 이용해서 정규 표현식을 정적이면서 전역적인 변수로 만드는 법을 배웠다.
- 파일 핸들에서 줄이나 바이트 위치를 탐색하는 법을 배웠다.
- `<T: Read + Seek>`와 같은 여러 개의 트레이트 바운드를 표시하는 법과 더불어 이를 `where`를 이용해서 작성하는 법도 배웠다.
- 카고로 릴리스 바이너리를 빌드하는 법을 배웠다.
- `hyperfine`을 이용해서 프로그램을 벤치마크했다.

다음 장에서는 의사 난수 생성기를 이용하고 제어해서 무작위 선택을 수행하는 법을 배운다.

# 12
**CHAPTER**

## 행운아: fortune

이제 나는 웃으며 큰돈을 벌지 / 내가 고문했던 바로 그들에게서

—<Kiss Me, Son of God>(데이 마이트 비 자이언츠, 1988)

이번 장에서는 텍스트 파일로 된 데이터베이스에서 무작위로 선택한 격언이나 약간의 일반 상식 또는 흥미로운 아스키 아트[1]를 인쇄하는 fortune 프로그램의 러스트 버전을 만들어본다. 이 프로그램의 이름은 '곧 여행을 떠나게 될 겁니다' 같은 식의 짧은 운세나 농담 또는 격언이 인쇄된 작은 종이 조각이 들어 있는 바삭바삭한 쿠키인 포춘 쿠키에서 따왔다. 필자는 학부 시절에 처음으로 유닉스 터미널의 사용법을 배웠는데,[2] 그때는 로그인이 성공하면 메시지에 fortune의 출력이 같이 인쇄되는 경우가 많았다.

배울 내용은 다음과 같다.

- Path와 PathBuf 스트럭트를 이용해서 시스템 경로를 표현하는 법
- 파일에서 여러 줄에 걸쳐 있는 텍스트 레코드를 파싱하는 법
- 무작위성을 사용하는 법과 이를 시드로 제어하는 법
- OsStr와 OsString 타입을 이용해서 파일 이름을 표현하는 법

---

* [옮긴이] 이번 장 제목의 원문은 "Fortunate Son"이다. 미국 록 밴드 크리던스 클리어워터 리바이벌(C.C.R.)의 곡명이기도 한데, 이 곡에서의 의미는 오늘날로 치면 금수저나 신의 아들에 해당한다. 이번 장에서 다룰 fortune 프로그램을 소개하는 언어유희다.

1   아스키 아트는 아스키 텍스트값만 사용하는 그래픽을 가리키는 용어다.

2   이때가 1990년대였는데 요즘 사람들은 '1900년대 후반'이라고 부르는 것 같다.

## 12.1 fortune의 작동 방식

먼저 `fortune`의 작동 방식을 살펴보고 여러분의 버전이 해야 할 일을 파악해보자. 이 프로그램은 대부분의 시스템에서 기본으로 제공되지 않는 경우가 많으므로 먼저 설치부터 해야 할 수도 있다.[3] 다음은 `man fortune`으로 읽을 수 있는 매뉴얼 페이지의 일부다.

```
NAME
       fortune - print a random, hopefully interesting, adage

SYNOPSIS
       fortune [-acefilosuw] [-n length] [ -m pattern] [[n%] file/dir/all]

DESCRIPTION
       When  fortune  is run with no arguments it prints out a random epigram.
       Epigrams are divided into several categories, where  each  category  is
       sub-divided  into those which are potentially offensive and those which
       are not.
```

오리지널 프로그램에는 많은 옵션이 있지만 도전 과제 프로그램에서는 다음 내용만 다룬다.

```
 -m pattern
       Print out all fortunes which match the basic regular  expression
       pattern.  The  syntax  of these expressions depends on how your
       system defines re_comp(3) or regcomp(3), but it should neverthe-
       less be similar to the syntax used in grep(1).

       The  fortunes  are output to standard output, while the names of
       the file from which each fortune comes are printed  to  standard
       error.   Either or both can be redirected; if standard output is
       redirected to a file, the result is a  valid  fortunes  database
       file.   If  standard  error is also redirected to this file, the
       result is still valid, but there  will  be  ''bogus''  fortunes,
       i.e. the filenames themselves, in parentheses.  This can be use-
       ful if you wish to remove the gathered matches from their origi-
       nal  files,  since each filename-record will precede the records
       from the file it names.

 -i    Ignore case for -m patterns.
```

---

**3**　우분투에서는 `sudo apt install fortune-mod`로, macOS에서는 `brew install fortune`으로 설치할 수 있다.

아무런 인수 없이 fortune 프로그램을 실행하면 텍스트 하나를 무작위로 골라서 인쇄한다.

```
$ fortune
Laughter is the closest distance between two people.
                -- Victor Borge
```

이 텍스트의 출처는 어디일까? 매뉴얼 페이지에는 텍스트 소스가 담긴 하나 이상의 파일이나 디렉터리를 제공할 수 있다고 명시되어 있다. 파일을 제공하지 않으면 프로그램은 기본 위치 몇 군데를 읽는다. 필자의 노트북에서 열어 본 매뉴얼 페이지에는 이 위치가 다음과 같이 나와 있다.

```
FILES
        Note: these are the defaults as defined at compile time.

        /opt/homebrew/Cellar/fortune/9708/share/games/fortunes
                Directory for inoffensive fortunes.
        /opt/homebrew/Cellar/fortune/9708/share/games/fortunes/off
                Directory for offensive fortunes.
```

테스트 목적으로 **12_fortuner/tests/inputs** 디렉터리에 대표 파일 몇 가지와 빈 디렉터리 하나를 만들어두었다.

```
$ cd 12_fortuner
$ ls tests/inputs/
ascii-art   empty/      jokes       literature  quotes
```

head를 이용해서 파일의 구조를 살펴보자. 운세 레코드는 여러 줄에 걸쳐 있을 수 있고 퍼센트 기호(%)가 있는 줄로 끝난다.

```
$ head -n 9 tests/inputs/jokes
Q. What do you call a head of lettuce in a shirt and tie?
A. Collared greens.
%
Q: Why did the gardener quit his job?
A: His celery wasn't high enough.
%
Q. Why did the honeydew couple get married in a church?
A. Their parents told them they cantaloupe.
%
```

fortune이 tests/inputs/ascii-art와 같은 특정 파일을 읽도록 지시할 수 있지만, 그러기 위해서는 먼저 strfile(https://oreil.ly/jYa5O) 프로그램을 이용해서 텍스트 레코드를 무작위로 선택하기 위한 색인 파일을 생성해야 한다. 이를 위해서 tests/inputs 디렉터리에 있는 파일을 색인화하는 mk-dat.sh라는 bash 스크립트를 12_fortuner 디렉터리에 마련해뒀다. 이 프로그램을 실행하고 나면 입력 파일마다 .dat로 끝나는 색인 파일이 생성되어야 한다.

```
$ ls -1 tests/inputs/
ascii-art
ascii-art.dat
empty/
jokes
jokes.dat
literature
literature.dat
quotes
quotes.dat
```

이제 다음 명령을 실행해서 무작위로 아스키 아트를 선택할 수 있어야 한다. 귀여운 개구리를 볼 수도 있고 아닐 수도 있다.

```
$ fortune tests/inputs/ascii-art
        .--.-.--.
       ( O    O )
       /   ..   \
       .`_____'.
      /(        )\
   _/ \ \   /  / \_
  .~  `  \ \ / /  '  ~.
  {   -.   \ V /  .-   }
_ _'.    \ |  |  | /   .'_ _
>_        _} |  |  | {_        _<
/. - ~ ,_-'  .^. `-_, ~ - .\
    '-'|/    \|`-`
```

또 tests/inputs 디렉터리를 제공해서 fortune이 그 안에 있는 파일에서 레코드를 선택하도록 지시할 수도 있다.

```
$ fortune tests/inputs
A classic is something that everyone wants to have read
```

```
and nobody wants to read.
                -- Mark Twain, "The Disappearance of Literature"
```

제공된 경로가 존재하지 않으면 fortune은 오류와 함께 즉시 중단된다. 존재하지 않는 파일인 **blargh**를 사용해보자.

```
$ fortune tests/inputs/jokes blargh tests/inputs/ascii-art
blargh: No such file or directory
```

이상하게도 입력 소스가 존재하지만 읽을 수 없는 경우 어떤 버전의 fortune은 파일이 존재하지 않는다며 불평하고는 더 이상 출력을 생성하지 않는다.

```
$ touch hammer && chmod 000 hammer
$ fortune hammer
hammer: No such file or directory
```

또 다른 버전은 파일을 읽을 수 없다고 설명하고 선택할 수 있는 운세가 없음을 사용자에게 알린다.

```
$ fortune hammer
/home/u20/kyclark/hammer: Permission denied
No fortunes found
```

-m 옵션을 이용하면 주어진 문자열과 일치하는 모든 텍스트 레코드를 검색할 수 있다. 이때 레코드가 포함된 파일 이름을 나열하는 헤더는 STDERR에 인쇄되고 이어서 레코드는 STDOUT에 인쇄된다. 예를 들어 다음은 요기 베라Yogi Berra의 모든 인용문이다.

```
$ fortune -m 'Yogi Berra' tests/inputs/
(quotes)
%
It's like deja vu all over again.
-- Yogi Berra
%
You can observe a lot just by watching.
-- Yogi Berra
%
```

마크 트웨인Mark Twain을 검색하면서 STDERR와 STDOUT을 모두 파일로 리디렉션해보면 **literature**와 **quotes** 파일에 그의 인용문이 있다는 걸 알 수 있다. STDERR에 인쇄되는 헤더에는 **tests/inputs/ literature**와 같은 전체 경로가 아니라 **literature**와 같은 파일의 기본 이름만 포함된다는 걸 유념 하자.

```
$ fortune -m 'Mark Twain' tests/inputs/ 1>out 2>err
$ cat err
(literature)
%
(quotes)
%
```

검색은 기본적으로 대소문자를 구분하므로 소문자 **yogi berra**를 검색하면 결과가 반환되지 않는 다. 대소문자를 구분하지 않는 매칭을 수행하려면 -i 플래그를 사용해야 한다.

```
$ fortune -i -m 'yogi berra' tests/inputs/
(quotes)
%
It's like deja vu all over again.
-- Yogi Berra
%
You can observe a lot just by watching.
-- Yogi Berra
%
```

fortune은 이 외에도 할 수 있는 일이 더 있지만 도전 과제 프로그램에서 다시 만들어볼 기능은 이 정도다.

## 12.2 시작하기

이번 장의 도전 과제 프로그램은 fortune의 러스트 버전이라는 의미로 fortuner(포추너라고 읽는 다)라고 하겠다. 먼저 **cargo new fortuner**를 실행하고 나서 **Cargo.toml**에 다음 의존성을 추가해 야 한다.

```
[dependencies]
anyhow = "1.0.79"
clap = { version = "4.5.0", features = ["derive"] }
```

```
rand = "0.8.5"
regex = "1.10.3"
walkdir = "2.4.0"

[dev-dependencies]
assert_cmd = "2.0.13"
predicates = "3.0.4"
pretty_assertions = "1.4.0"
```

책의 **12_fortuner/tests** 디렉터리를 여러분의 프로젝트에 복사한다. 그리고 `cargo test`를 실행해서 프로그램을 빌드하고 테스트를 실행한다. 이때 테스트는 전부 실패해야 한다.

### 12.2.1 인수 정의하기

프로그램의 인수를 정의하기 위해 **src/main.rs**를 다음처럼 업데이트한다.

```
#[derive(Debug)]
pub struct Args {
    sources: Vec<String>, ❶
    pattern: Option<String>, ❷
    insensitive: bool, ❸
    seed: Option<u64>, ❹
}
```

❶ `sources` 인수는 파일이나 디렉터리 목록이다.

❷ `pattern`은 운세를 필터링하기 위한 옵션 문자열이다.

❸ `insensitive`는 검색할 때 대소문자를 구분할지 여부를 나타내는 불리언 옵션이다.

❹ `seed`는 무작위 선택을 제어하기 위한 `u64` 값으로 옵션이다.

`clap` 파생 패턴을 쓰려면 이 `Args` 스트럭트에 애너테이션을 달아두면 되고, 그렇지 않으면 `get_args` 함수를 위한 다음 뼈대를 가지고 빌더 패턴을 시작하면 된다.

```
fn get_args() -> Args {
    let matches = Command::new("fortuner")
        .version("0.1.0")
        .author("Ken Youens-Clark <kyclark@gmail.com>")
        .about("Rust version of `fortune`")
        // 여기에는 무엇이 올까?
        .get_matches();
```

```
    Args {
        sources: ...
        seed: ...
        pattern: ...
        insensitive: ...
    }
}
```

먼저 main이 인수를 예쁜 인쇄 기능으로 인쇄하도록 만든다.

```
fn main() {
    let args = get_args();
    println!("{args:#?}");
}
```

프로그램은 다음과 같은 사용 설명서를 인쇄할 수 있어야 한다.

```
$ cargo run -- -h
Rust version of `fortune`

Usage: fortuner [OPTIONS] <FILE>...

Arguments:
  <FILE>...  Input files or directories

Options:
  -m, --pattern <PATTERN>  Pattern
  -i, --insensitive        Case-insensitive pattern matching
  -s, --seed <SEED>        Random seed
  -h, --help               Print help
  -V, --version            Print version
```

오리지널 fortune과 달리 도전 과제 프로그램에는 하나 이상의 입력 파일이나 디렉터리가 필요하다. 아무런 인수 없이 실행하면 일을 멈추고 사용법을 인쇄해야 한다.

```
$ cargo run
error: the following required arguments were not provided:
  <FILE>...

Usage: fortuner <FILE>...

For more information, try '--help'.
```

인수가 제대로 파싱되었는지 확인한다.

```
$ cargo run -- ./tests/inputs -m 'Yogi Berra' -s 1
Args {
    sources: [
        "./tests/inputs",  ❶
    ],
    pattern: Some(  ❷
        "Yogi Berra",
    ),
    insensitive: false,  ❸
    seed: Some(  ❹
        1,
    ),
}
```

❶ 위치 인수는 sources로 해석되어야 한다.

❷ -m 옵션은 pattern을 위한 값이어야 한다.

❸ insensitive 플래그의 기본값은 false다.

❹ -s 옵션이 있으면 u64로 파싱되어야 한다.

u64로 파싱될 수 없는 --seed 값 역시 전부 거부되어야 한다.

```
$ cargo run -- ./tests/inputs -s blargh
error: invalid value 'blargh' for '--seed <SEED>':
invalid digit found in string
```

 읽기를 멈추고 여러분의 프로그램이 앞의 출력에 맞게 만들어보자. dies_not_enough_args와 dies_bad_seed 테스트도 통과해야 한다.

### 난수 생성기의 시드 설정하기

도전 과제 프로그램은 표시할 일부 텍스트 무작위로 선택하지만 컴퓨터는 보통 완전히 무작위로 선택하지 않는다. 로버트 커뷰Robert Coveyou가 말했듯이 "난수 생성은 우연에 맡기기에는 너무 중요하다."[4] 도전 과제 프로그램에서는 보통 **시드**seed라고 하는 어떤 시작 값에서 늘 똑같은 다음 값을 선택하는 **의사 난수 생성기**

---

4 Robert R. Coveyou, "Random Number Generation Is Too Important to Be Left to Chance," *Studies in Applied Mathematics* 3(1969): 70–111.

pseudorandom number generator, PRNG를 사용한다. 즉, 주어진 시드에 대해서 똑같은 '무작위' 선택이 뒤따른다. 이렇게 되면 알려진 시드를 이용해서 어떤 기대 출력을 생성하는지 확인할 수 있기 때문에 의사 난수 프로그램을 테스트할 수 있다. 여기서는 `rand` 크레이트(https://oreil.ly/aKH3G)를 이용해서 PRNG를 생성하고 `args.seed` 옵션값이 있으면 이를 사용하겠다. 시드가 없을 때는 프로그램이 다른 무작위 입력을 토대로 다른 의사 난수를 선택하게 되므로 실제로 무작위처럼 보이게 될 것이다. 더 자세한 정보는 'The Rust Rand Book(https://oreil.ly/J7gRz)'을 참고하자.

필자는 다음과 같은 식으로 `get_args`에서 인수를 정의했다. 이 부분은 앞서 다룬 많은 프로그램과 비슷하므로 따로 언급하지 않겠다. 다음 코드를 위해서 `use clap::{Arg, ArgAction, Command}`를 추가하는 걸 잊지 말자.

```rust
fn get_args() -> Args {
    let matches = Command::new("fortuner")
        .version("0.1.0")
        .author("Ken Youens-Clark <kyclark@gmail.com>")
        .about("Rust version of `fortune`")
        .arg(
            Arg::new("sources")
                .value_name("FILE")
                .num_args(1..)
                .required(true)
                .help("Input files or directories"),
        )
        .arg(
            Arg::new("pattern")
                .value_name("PATTERN")
                .short('m')
                .long("pattern")
                .help("Pattern"),
        )
        .arg(
            Arg::new("insensitive")
                .short('i')
                .long("insensitive")
                .help("Case-insensitive pattern matching")
                .action(ArgAction::SetTrue),
        )
        .arg(
            Arg::new("seed")
                .value_name("SEED")
                .short('s')
                .long("seed")
                .value_parser(clap::value_parser!(u64))
```

```
            .help("Random seed"),
        )
        .get_matches();

    Args {
        sources: matches.get_many("sources").unwrap().cloned().collect(),
        seed: matches.get_one("seed").cloned(),
        pattern: matches.get_one("pattern").cloned(),
        insensitive: matches.get_flag("insensitive"),
    }
}
```

파생 패턴의 경우에는 `use clap::Parser`와 다음을 포함시킨다.

```
#[derive(Debug, Parser)]
#[command(author, version, about)]
/// `fortune`의 러스트 버전
struct Args {
    /// 입력 파일 또는 디렉터리
    #[arg(required(true), value_name = "FILE")]
    sources: Vec<String>,

    /// 패턴
    #[arg(short('m'), long)]
    pattern: Option<String>,

    /// 대소문자를 구분하지 않는 패턴 매칭
    #[arg(short, long)]
    insensitive: bool,

    /// 랜덤 시드
    #[arg(short, long, value_parser(clap::value_parser!(u64)))]
    seed: Option<u64>,
}
```

다음으로 `main`에서 `run` 함수를 호출한다.

```
fn main() {
    if let Err(e) = run(Args::parse()) {
        eprintln!("{e}");
        std::process::exit(1);
    }
}
```

run에서는 --insensitive 플래그에 regex::RegexBuilder(https://oreil.ly/oXA6X)를 써서 대소문자를 구분하지 않는 정규 표현식을 생성하고자 한다. 이는 9장에서 했던 것과 비슷한데, 단 여기에 있는 args.pattern은 옵션 정규식으로 변환되는 옵션 문자열이라는 게 다르다.

```rust
fn run(args: Args) -> Result<()> {
    let pattern = args
        .pattern ❶
        .map(|val: String| { ❷
            RegexBuilder::new(val.as_str()) ❸
                .case_insensitive(args.insensitive) ❹
                .build() ❺
                .map_err(|_| anyhow!(r#"Invalid --pattern "{val}""#)) ❻
        })
        .transpose()?; ❼

    println!("{pattern:?}");
    Ok(())
}
```

❶ args.pattern은 Option<String>이다.

❷ Option::map(https://oreil.ly/JaDYG)을 이용해서 Some(val)을 처리한다.

❸ 주어진 값을 가지고 RegexBuilder::new를 호출한다.

❹ RegexBuilder::case_insensitive 메서드(https://oreil.ly/rRTXv)는 insensitive 플래그가 있을 때 정규식이 비교 과정에서 대소문자 구분을 무시하도록 만든다.

❺ RegexBuilder::build 메서드(https://oreil.ly/wrXyO)는 정규식을 컴파일한다.

❻ build가 오류를 반환하면 Result::map_err(https://oreil.ly/4izCX)을 이용해서 주어진 패턴이 유효하지 않다는 오류 메시지를 생성한다.

❼ Option::map의 결과는 Option<Result>가 되고 Option::transpose(https://oreil.ly/QCiOs)는 이를 Result<Option>으로 바꾼다. ?를 이용해서 유효하지 않은 정규식이 있을 때 실패하도록 만든다.

유효하지 않은 정규 표현식은 이 시점에서 거부되어야 하며, 여러분의 프로그램은 **cargo test dies_bad_pattern**을 통과해야 한다. 예를 들어 9장에서 언급한 것처럼 별표 하나만 덩그러니 있는 것은 유효한 정규식이 아니다.

```
$ cargo run -- ./tests/inputs -m "*"
Invalid --pattern "*"
```

이제 여러분의 프로그램은 정규식 패턴의 디버그 표현을 인쇄할 수 있어야 한다.

```
$ cargo run -- -m Yogi tests/inputs/
Some(Regex("Yogi"))
```

### 12.2.2 입력 소스 찾기

통합 테스트를 통과하는 한 설루션이야 어떤 식으로든 작성하면 그만이다. 프로그램이 다소 복잡하기 때문에 설루션에 도달하기까지의 여정이 순탄할 수 있도록 이를 테스트 가능한 여러 개의 작은 함수로 나눠서 살펴보겠다.[5] 필자의 방식을 따르고자 한다면 다음으로 할 일은 파일 이름이나 디렉터리로 주어지는 소스에서 입력 파일을 찾는 것이다. 소스가 디렉터리일 때는 그 디렉터리에 있는 파일이 전부 사용된다. 운세 파일을 읽기 위해서 fortune 프로그램은 strfile로 생성한 *.dat 파일이 필요하다. 이는 레코드를 임의로 접근하는 데 필요한 데이터를 담고 있는 바이너리 파일이다. 도전 과제 프로그램은 이를 사용하지 않으므로 있으면 건너뛰어야 한다. mk-dat.sh 프로그램을 실행했다면 tests/inputs에서 *.dat 파일을 제거하거나 프로그램에 이를 건너뛰는 로직을 넣으면 된다.

여기서는 사용자가 제공한 경로 목록에서 모든 파일을 찾는 함수를 작성하겠다. 파일을 문자열로 반환해도 되지만 러스트에서 경로를 표현하는 유용한 스트럭트 몇 가지를 소개하고자 한다. 첫 번째로 Path(https://oreil.ly/H9eW4)는 문서에 따르면 "경로를 (유닉스에서는 /로, 윈도우에서는 /나 \로 구분되는) 구성 요소로 나누고, 파일 이름을 뽑아내고, 경로가 절대 경로인지 여부를 알아내는 등 경로를 검사하기 위한 여러 가지 작업을 지원한다." 이게 그럴듯하게 들려서 함수가 결과를 Path 객체로 반환해야 한다고 생각할지 모르지만, 다시 문서를 보면 "이는 **비균일 크기** 타입으로 늘 &나 Box 같은 포인터 뒤에서 사용해야 한다. 이 타입의 소유권이 있는 버전에 대해서는 PathBuf를 참고하자"라고 되어 있다.

이 PathBuf(https://oreil.ly/Mth0r)가 바로 경로를 표현하는 유용한 두 번째 모듈이다. String이 &str의 소유권이 있는 변경 가능한 버전인 것처럼, PathBuf는 Path의 소유권이 있는 변경 가능한 버전이다. 함수에서 Path를 반환하면 코드가 드롭된 값을 참조하려고 하기 때문에 컴파일러 오류가 발생하지만 PathBuf를 반환하면 그런 문제가 없다. 이들 스트럭트 중 하나를 반드시 사용해야

---

5 "엔지니어링의 예술(art)이란 매우 복잡한 것을 만드는 게 아니라, 복잡한 문제를 더 단순하게 만드는 것이다." 니클라우스 비르트(Niklaus Wirth)가 한 말로, 켄 타카라(Ken Takara)와의 인터뷰에서 인용함. "Programming Philosophy: Interviews with Donald Knuth and Niklaus Wirth," *Computer Language* 2, no. 5 (May 1985): 25-35.

하는 건 아니지만 프로그램을 운영체제 간에 이식할 수 있고 또 경로를 제대로 파싱하기 위해서 해야 하는 많은 일을 절약할 수 있다. 다음은 필자가 만든 `find_files` 함수의 시그니처로 원하면 가져다 사용해도 좋다. 가져오기 부분에 `use std::path::PathBuf`를 꼭 추가해야 한다.

```
fn find_files(paths: &[String]) -> Result<Vec<PathBuf>> {
    unimplemented!();
}
```

다음 단위 테스트를 **src/main.rs**에 추가한다.

```
#[cfg(test)]
mod tests {
    use super::find_files; ❶

    #[test]
    fn test_find_files() {
        // 함수가 존재 여부가 확실한 파일을 찾는지 확인한다.
        let res = find_files(&["./tests/inputs/jokes".to_string()]);
        assert!(res.is_ok());

        let files = res.unwrap();
        assert_eq!(files.len(), 1);
        assert_eq!(
            files.get(0).unwrap().to_string_lossy(),
            "./tests/inputs/jokes"
        );

        // 문제 있는 파일은 찾을 때 실패한다.
        let res = find_files(&["/path/does/not/exist".to_string()]);
        assert!(res.is_err());

        // '.dat'를 제외한 모든 입력 파일을 찾는다.
        let res = find_files(&["./tests/inputs".to_string()]);
        assert!(res.is_ok());

        // 파일의 개수와 순서를 확인한다.
        let files = res.unwrap();
        assert_eq!(files.len(), 5); ❷
        let first = files.get(0).unwrap().display().to_string();
        assert!(first.contains("ascii-art"));
        let last = files.last().unwrap().display().to_string();
        assert!(last.contains("quotes"));
```

```
        // 여러 개의 소스를 테스트한다. 이때 경로는 유일해야 하고 정렬되어 있어야 한다.
        let res = find_files(&[
            "./tests/inputs/jokes".to_string(),
            "./tests/inputs/ascii-art".to_string(),
            "./tests/inputs/jokes".to_string(),
        ]);
        assert!(res.is_ok());
        let files = res.unwrap();
        assert_eq!(files.len(), 2);
        if let Some(filename) = files.first().unwrap().file_name() {
            assert_eq!(filename.to_string_lossy(), "ascii-art".to_string())
        }
        if let Some(filename) = files.last().unwrap().file_name() {
            assert_eq!(filename.to_string_lossy(), "jokes".to_string())
        }
    }
}
```

❶ `find_files`를 가져온다.

❷ **tests/inputs/empty** 디렉터리에는 깃이 이 디렉터리를 추적할 수 있도록 빈 숨은 파일 **.gitkeep**
이 포함되어 있다. 빈 파일을 무시하도록 선택하면 기대 파일 수를 5에서 4로 바꿀 수 있다.

`find_files` 함수는 경로를 정렬된 순서로 반환해야 한다는 걸 유념하자. 운영체제마다 파일
을 반환하는 순서가 다른데 이로 인해서 운세의 순서가 그때그때 달라지게 되면 테스트하기
가 어려울 수 있다. 파일을 일관된 순서로 정렬해 반환하면 문제를 미연에 방지할 수 있다. 뿐
만 아니라 반환하는 경로는 고유해야 하는데 이를 위해서는 `Vec::sort`(https://oreil.ly/ua4OG)와
`Vec::dedup`(https://oreil.ly/7FvsZ)을 조합해 사용하면 된다.

읽기를 멈추고 `cargo test find_files`를 만족하는 함수를 작성하자.

다음으로 `run` 함수를 업데이트해서 찾은 파일을 인쇄한다.

```
fn run(args: Args) -> Result<()> {
    let _pattern =  // 앞과 동일하다.
    let files = find_files(&args.sources)?;
    println!("{files:#?}");
    Ok(())
}
```

읽을 수 있는 기존 파일 목록이 주어지면 이를 순서대로 인쇄해야 한다.

```
$ cargo run tests/inputs/jokes tests/inputs/ascii-art
[
    "tests/inputs/ascii-art",
    "tests/inputs/jokes",
]
```

프로그램을 테스트해서 **tests/inputs** 디렉터리에서 (.dat로 끝나지 않는) 파일을 찾을 수 있는지 확인한다.

```
$ cargo run tests/inputs/
[
    "tests/inputs/ascii-art",
    "tests/inputs/empty/.gitkeep",
    "tests/inputs/jokes",
    "tests/inputs/literature",
    "tests/inputs/quotes",
]
```

지금까지 이 책에서 살펴본 도전 과제 프로그램은 읽을 수 없거나 존재하지 않는 파일을 그냥 언급만 하고 넘어가지만, `fortune`은 사용할 수 없는 파일이 하나라도 주어지면 바로 죽는다. 여러분의 프로그램도 존재하지 않는 **blargh**와 같은 유효하지 않은 파일을 제공하는 경우에 동일하게 작동하는지 확인하자.

```
$ cargo run tests/inputs/jokes blargh tests/inputs/ascii-art
blargh: No such file or directory (os error 2)
```

필자 버전의 `find_files`는 파일을 **찾으려고**만 할 뿐 열려고는 하지 않는다는 걸 유념하자. 이 말은 읽을 수 없는 파일이 이 시점에서 실패를 유발하지 않는다는 뜻이다.

```
$ touch hammer && chmod 000 hammer
$ cargo run -- hammer
[
    "hammer",
]
```

### **12.2.3** 운세 파일 읽기

입력 파일을 찾았다면 다음 단계는 이들 파일에서 텍스트 레코드를 읽는 것이다. 필자는 찾은 파일 목록을 받아서 그 안에 담긴 운세 목록을 반환하는 함수를 작성했다. 주어진 패턴과 일치하는 모든 운세를 찾기 위해서 `-m` 옵션을 가지고 프로그램을 실행할 때는 운세 내용과 소스 파일 이름이 모두 필요하므로, 필자는 이들을 담아둘 `Fortune`이라는 스트럭트를 만들기로 했다. 이 아이디어를 사용하고자 한다면 다음 스트럭트를 `Args` 바로 뒤에 추가한다.

```
#[derive(Debug)]
struct Fortune {
    source: String, ❶
    text: String, ❷
}
```

❶ `source`는 레코드를 담고 있는 파일 이름이다.

❷ `text`는 맨 끝에 있는 퍼센트 기호(%)를 제외한 나머지 레코드의 내용이다.

필자의 `read_fortunes` 함수는 입력 경로 목록을 받아서 `Fortune` 스트럭트 벡터를 반환한다. 파일을 읽을 수 없는 등의 문제가 발생하면 이 함수는 오류를 반환한다. 이 함수를 작성하고자 한다면 다음 시그니처를 사용하면 된다.

```
fn read_fortunes(paths: &[PathBuf]) -> Result<Vec<Fortune>> {
    unimplemented!();
}
```

다음은 `test_read_fortunes` 단위 테스트로 `tests` 모듈에 추가하면 된다.

```
#[cfg(test)]
mod tests {
    use super::{find_files, read_fortunes, Fortune}; ❶
    use std::path::PathBuf;

    #[test]
    fn test_find_files() {}  // 앞과 동일하다.

    #[test]
    fn test_read_fortunes() {
        // 입력 파일이 하나일 때.
```

```
        let res = read_fortunes(&[PathBuf::from("./tests/inputs/jokes")]);
        assert!(res.is_ok());

        if let Ok(fortunes) = res {
            // 개수와 순서가 올바른지 본다.
            assert_eq!(fortunes.len(), 6); ❷
            assert_eq!(
                fortunes.first().unwrap().text,
                "Q. What do you call a head of lettuce in a shirt and tie?\n\
                A. Collared greens."
            );
            assert_eq!(
                fortunes.last().unwrap().text,
                "Q: What do you call a deer wearing an eye patch?\n\
                A: A bad idea (bad-eye deer)."
            );
        }

        // 입력 파일이 여러 개일 때.
        let res = read_fortunes(&[
            PathBuf::from("./tests/inputs/jokes"),
            PathBuf::from("./tests/inputs/quotes"),
        ]);
        assert!(res.is_ok());
        assert_eq!(res.unwrap().len(), 11);
    }
}
```

❶ 테스트를 위해서 `read_fortunes`, `Fortune`, `PathBuf`를 가져온다.

❷ **tests/inputs/jokes** 파일에는 제거되어야 할 빈 운세가 포함되어 있다.

 여기서 멈추고 `cargo test read_fortunes`를 통과하는 버전의 함수를 구현해보자.

`run`을 업데이트해서 찾은 레코드 중 하나를 인쇄해보자.

```
fn run(args: Args) -> Result<()> {
    let _pattern =  // 앞과 동일하다.
    let files = find_files(&args.sources)?;
    let fortunes = read_fortunes(&files)?;
    println!("{:#?}", fortunes.last());
    Ok(())
}
```

문제없는 입력 소스를 전달하면 프로그램은 다음과 같이 운세를 인쇄해야 한다.

```
$ cargo run tests/inputs
Some(
    Fortune {
        source: "quotes",
        text: "You can observe a lot just by watching.\n-- Yogi Berra",
    },
)
```

앞서 생성한 **hammer** 파일과 같이 읽을 수 없는 파일을 제공하면 프로그램은 도움이 될 만한 오류 메시지를 가지고 종료해야 한다.

```
$ cargo run hammer
hammer: Permission denied (os error 13)
```

프로그램이 출력할 수 있는 건 두 가지다. 사용자가 `pattern`을 제공하면 프로그램은 이 패턴과 일치하는 모든 운세를 인쇄해야 하고, 그렇지 않으면 프로그램은 인쇄할 운세 하나를 무작위로 골라야 한다. 후자의 경우를 위해서 필자는 운세 몇 가지와 시드 옵션을 받아서 문자열 옵션을 반환하는 `pick_fortune` 함수를 작성했다.

```
fn pick_fortune(fortunes: &[Fortune], seed: Option<u64>) -> Option<String> {
    unimplemented!();
}
```

필자의 함수는 이번 장 앞부분에서 설명한 것처럼 **난수 생성기**random number generator, RNG를 이용해 운세를 고르기 위해서 `rand` 크레이트를 사용한다. 시드값이 없을 때는 `rand::thread_rng`(https:// oreil.ly/V2gh5)를 이용해서 시스템이 시드를 설정하는 RNG를 생성한다. 시드값이 있을 때는 `rand::rngs::StdRng::seed_from_u64`(https://oreil.ly/hcrzg)를 사용한다. 끝으로 이 RNG를 가지고 `SliceRandom::choose`(https://oreil.ly/hBg3S)를 이용해서 운세를 고른다.

`tests` 모듈을 확장해서 `test_read_fortunes` 단위 테스트를 포함시키는 방법은 다음과 같다.

```
#[cfg(test)]
mod tests {
    use super::{find_files, pick_fortune, read_fortunes, Fortune};
    use std::path::PathBuf;

    #[test]
    fn test_find_files() {}  // 앞과 동일하다.

    #[test]
    fn test_read_fortunes() {}  // 앞과 동일하다.

    #[test]
    fn test_pick_fortune() {
        // 운세 슬라이스를 생성한다.
        let fortunes = &[
            Fortune {
                source: "fortunes".to_string(),
                text: "You cannot achieve the impossible without \
                    attempting the absurd."
                    .to_string(),
            },
            Fortune {
                source: "fortunes".to_string(),
                text: "Assumption is the mother of all screw-ups."
                    .to_string(),
            },
            Fortune {
                source: "fortunes".to_string(),
                text: "Neckties strangle clear thinking.".to_string(),
            },
        ];

        // 시드를 가지고 운세를 고른다.
        assert_eq!(
            pick_fortune(fortunes, Some(1)).unwrap(),
            "Neckties strangle clear thinking.".to_string()
        );
    }
}
```

테스트를 위해서 `pick_fortune` 함수를 가져온다.

의사 랜덤 선택이 재현 가능한지 확인하기 위해서 시드를 제공한다.

읽기를 멈추고 `cargo test pick_fortune`를 통과하는 함수를 작성하자.

이 함수는 다음과 같은 식으로 run에 통합할 수 있다.

```
fn run(args: Args) -> Result<()> {
    let _pattern =  // 앞과 동일하다.
    let files = find_files(&args.sources)?;
    let fortunes = read_fortunes(&files)?;
    println!("{:#?}", pick_fortune(&fortunes, args.seed));
    Ok(())
}
```

시드 없이 프로그램을 실행해서 끊임없이 펼쳐지는 랜덤 카오스를 즐겨보자.

```
$ cargo run tests/inputs/
Some(
    "Q: Why did the gardener quit his job?\nA: His celery wasn't high enough.",
)
```

시드를 제공하면 프로그램은 늘 똑같은 운세를 골라야 한다.

```
$ cargo run tests/inputs/ -s 1
Some(
    "You can observe a lot just by watching.\n-- Yogi Berra",
)
```

필자가 작성한 테스트는 운세가 특정 순서로 되어 있다는 걸 전제로 한다. 따라서 파일을 정렬된 순서로 반환하기 위해 find_files를 작성했는데, 이 말은 pick_fortune에 넘긴 운세 목록이 먼저 소스 파일 이름을 기준으로 정렬된 다음 파일 내부의 순서에 따라 정렬된다는 뜻이다. 다른 데이터 구조를 이용해서 운세를 표현하거나 이를 다른 순서로 파싱한다면 테스트를 변경해서 해당 결정 사항을 반영해야 한다. 핵심은 여러분의 의사 랜덤 선택을 예측 가능하고 테스트 가능하게 하기 위한 방법을 찾는 것이다.

### 12.2.5 패턴과 매칭되는 레코드 인쇄하기

이제 프로그램을 완성하기 위한 모든 부분을 갖췄다. 마지막 단계는 주어진 정규 표현식과 매칭되는 모든 운세를 인쇄할지 아니면 무작위로 운세 하나를 고를지 결정하는 것이다. 다음과 같이 run 함수를 확장할 수 있다.

```
fn run(args: Args) -> Result<()> {
    // 전과 동일하다.
```

```
    match pattern {
        Some(pattern) => {
            for fortune in fortunes {
                // 패턴과 매칭되는 모든 운세를 인쇄한다.
            }
        }
        _ => {
            // 운세 하나를 골라 인쇄한다.
        }
    }

    Ok(())
}
```

프로그램은 **tests/inputs/empty** 디렉터리를 사용할 때와 같이 운세가 존재하지 않을 때 이를 사용자에게 알려야 한다는 걸 명심하자.

```
$ cargo run tests/inputs/empty
No fortunes found
```

 이 정도면 주어진 테스트를 이용해서 프로그램을 완성하기에 충분한 정보다. 문제가 어렵지만 그래도 포기하지 말자.

### 12.3 설루션

필자의 설루션의 경우에는 다음 가져오기를 포함시켜야 한다.

```
use anyhow::{anyhow, bail, Result};
use rand::prelude::SliceRandom;
use rand::{rngs::StdRng, RngCore, SeedableRng};
use regex::RegexBuilder;
use std::{
    ffi::OsStr,
    fs::{self, File},
    io::{BufRead, BufReader},
    path::PathBuf,
};
use walkdir::WalkDir;
```

앞 절에서 설명한 각 함수를 어떤 식으로 작성했는지 살펴보자. 먼저 `find_files` 함수를 보면 `OsStr`(https://oreil.ly/CAeUi) 타입을 이용해서 확장자가 **.dat**인 파일을 필터링한다는 걸 알수 있는데, 이는 유효한 UTF-8 문자열이 아닐 수도 있는 운영체제의 기본 문자열 표현을 위한 러스트 타입이다. `OsStr` 타입은 빌려온 것으로 소유권이 있는 버전은 `OsString`(https://oreil.ly/J3nFa)이다. 이는 `Path`와 `PathBuf`의 차이와 비슷하다. 두 버전 다 윈도우와 유닉스 플랫폼에서 파일 이름을 다룰 때의 복잡성을 캡슐화한다. 다음 코드를 보면 `Option<&OsStr>`를 반환하는 `Path::extension`(https://oreil.ly/aOffl)을 사용한다는 걸 알 수 있다.

```
fn find_files(paths: &[String]) -> Result<Vec<PathBuf>> {
    let dat = OsStr::new("dat");
    let mut files = vec![];

    for path in paths {
        match fs::metadata(path) {
            Err(e) => bail!("{path}: {e}"),
            Ok(_) => files.extend(
                WalkDir::new(path)
                    .into_iter()
                    .filter_map(Result::ok)
                    .filter(|e| {
                        e.file_type().is_file()
                            && e.path().extension() != Some(dat)
                    })
                    .map(|e| e.path().into()),
            ),
        }
    }

    files.sort();
    files.dedup();
    Ok(files)
}
```

문자열 **dat**를 위한 `OsStr` 값을 생성한다.

결과를 위한 변경 가능한 벡터를 생성한다.

`fs::metadata`(https://oreil.ly/VsRxb)가 실패하면 도움이 될 만한 오류 메시지를 반환한다.

`Vec::extend`(https://oreil.ly/nWMcd)를 이용해서 `WalkDir`의 결과를 결과에 추가한다.

`walkdir::WalkDir`(https://oreil.ly/o6mZn)을 이용해서 시작 경로에 있는 모든 항목을 찾는다.

이렇게 하면 읽을 수 없는 파일이나 디렉터리에 대한 오류를 전부 무시하게 되는데, 오리지널 프로그램이 이런 식으로 작동한다.

확장자가 **.dat**가 아닌 일반 파일만 필터링한다.

`walkdir::DirEntry::path` 함수(https://oreil.ly/1dWxe)는 `Path`를 반환하므로 이를 `PathBuf`로 변환한다.

`Vec::sort`(https://oreil.ly/ua40G)를 이용해서 항목을 즉석에서 정렬한다.

`Vec::dedup`(https://oreil.ly/7FvsZ)을 이용해서 연이어 반복되는 값을 제거한다.

정렬된 고유한 파일을 반환한다.

앞 함수가 찾은 파일은 `read_fortunes` 함수의 입력으로 들어간다.

```
fn read_fortunes(paths: &[PathBuf]) -> Result<Vec<Fortune>> {
    let mut fortunes = vec![];
    let mut buffer = vec![];

    for path in paths {
        let basename =
            path.file_name().unwrap().to_string_lossy().into_owned();
        let file = File::open(path)
            .map_err(|e| anyhow!("{}: {e}", path.to_string_lossy()))?;

        for line in BufReader::new(file).lines().map_while(Result::ok) {
            if line == "%" {
                if !buffer.is_empty() {
                    fortunes.push(Fortune {
                        source: basename.clone(),
                        text: buffer.join("\n"),
                    });
                    buffer.clear();
                }
            } else {
                buffer.push(line.to_string());
            }
        }
    }

    Ok(fortunes)
}
```

운세와 레코드 버퍼를 위한 변경 가능한 벡터를 생성한다.

주어진 파일 이름을 반복 처리한다.

❸ `Path::file_name`(https://oreil.ly/PVqKf)을 `OsStr`에서 `String`으로 변환하고 유효한 UTF-8이 아닐 때는 **손실**lossy 버전을 사용한다. 결과는 **기록 중 복제**clone-on-write 스마트 포인터이므로 아직 소유하지 않은 데이터라면 `Cow::into_owned`(https://oreil.ly/Jpdd0)를 이용해서 복제한다.

❹ 파일을 열거나 오류 메시지를 반환한다.

❺ 파일을 줄 단위로 반복 처리한다.

❻ 퍼센트 기호(%)만 있는 줄은 레코드의 끝을 나타낸다.

❼ 버퍼가 비어 있지 않으면 그 안에 있는 내용을 마디마다 새 줄을 넣어서 전부 연결해 `text`에 설정하고 버퍼를 비운다.

❽ 그렇지 않으면 현재 줄을 `buffer`에 추가한다.

`pick_fortune` 함수를 작성하는 과정은 하나의 긴 여정이었다. 필자는 처음에는 다음과 같은 식으로 작성했었다.

```
// 컴파일되지 않는다.
fn pick_fortune(fortunes: &[Fortune], seed: Option<u64>) -> Option<String> {
    let mut rng = match seed {
        Some(val) => StdRng::seed_from_u64(val),
        _ => rand::thread_rng(),
    };

    fortunes.choose(&mut rng).map(|f| f.text.to_string())
}
```

`match`의 갈래가 반환하는 타입이 하나는 `StdRng`이고 다른 하나는 `ThreadRng`이기 때문에 컴파일러는 이를 거부했다.

```
error[E0308]: `match` arms have incompatible types
  --> src/main.rs:150:14
    |
148 |         let mut rng = match seed {
    |  _____-
149 | |         Some(val) => StdRng::seed_from_u64(val),
    | |                      ------------------------- this is found to be
    | |                                                of type `StdRng`
150 | |         _ => rand::thread_rng(),
    | |              ^^^^^^^^^^^^^^^^^^ expected `StdRng`, found `ThreadRng`
151 | |     };
    | |_____- `match` arms have incompatible types
```

그래서 이를 다음과 같이 `Box`에 넣을 수 있지 않을까 생각했다.

```
// 여전히 컴파일되지 않는다.
fn pick_fortune(fortunes: &[Fortune], seed: Option<u64>) -> Option<String> {
    let mut rng = match seed {
        Some(val) => Box::new(StdRng::seed_from_u64(val)),
        _ => Box::new(rand::thread_rng()),
    };

    fortunes.choose(&mut rng).map(|f| f.text.to_string())
}
```

그러나 이렇게 하더라도, 갈래가 반환하는 타입이 하나는 `Box<StdRng>`이고 다른 하나는 `Box<ThreadRng>`이기 때문에 여전히 호환되지 않는 타입이 만들어진다. 이 오류를 해결하는 열쇠는 `Slice::choose` 함수가 `rand::RngCore`(https://oreil.ly/DLh4z) 트레이트를 구현하는 인수를 요구한다는 걸 깨닫는 것이었고, 따라서 이를 `Box`의 내용을 위한 타입 애너테이션으로 사용했다.

```
fn pick_fortune(fortunes: &[Fortune], seed: Option<u64>) -> Option<String> {
    let mut rng: Box<dyn RngCore> = match seed {
        Some(val) => Box::new(StdRng::seed_from_u64(val)), ❶
        _ => Box::new(rand::thread_rng()), ❷
    };

    fortunes.choose(&mut rng).map(|f| f.text.to_string()) ❸
}
```

❶ 제공된 시드를 이용해서 PRNG를 생성한다.

❷ 아니면 시스템이 시드를 설정하는 PRNG를 사용한다.

❸ PRNG를 이용해서 운세 중 하나를 고른다.

이 모든 아이디어는 다음과 같은 식으로 `run`에 모아 담으면 된다.

```
fn run(args: Args) -> Result<()> {
    let pattern = args
        .pattern
        .map(|val: String| {
            RegexBuilder::new(val.as_str())
                .case_insensitive(args.insensitive)
                .build()
                .map_err(|_| anyhow!(r#"Invalid --pattern "{val}""#))
```

```
        })
        .transpose()?;

    let files = find_files(&args.sources)?;
    let fortunes = read_fortunes(&files)?;
    match pattern {
        Some(pattern) => {
            let mut prev_source = None;
            for fortune in fortunes
                .iter()
                .filter(|fortune| pattern.is_match(&fortune.text))
            {
                if prev_source.as_ref().map_or(true, |s| s != &fortune.source)
                {
                    eprintln!("({})\n%", fortune.source);
                    prev_source = Some(fortune.source.clone());
                }
                println!("{}\n%", fortune.text);
            }
        }
        _ => {
            println!(
                "{}",
                pick_fortune(&fortunes, args.seed)
                    .or_else(|| Some("No fortunes found".to_string()))
                    .unwrap()
            );
        }
    }
    Ok(())
}
```

사용자가 pattern 옵션을 제공했는지 확인한다.

마지막 운세 소스를 기억해둘 변경 가능한 변수를 초기화한다.

찾은 운세를 반복 처리해서 제공된 정규 표현식과 매칭되는 것을 필터링한다.

현재 소스가 이전에 본 소스와 같지 않으면 소스 헤더를 인쇄한다.

현재 운세 소스를 저장한다.

운세의 내용을 인쇄한다.

랜덤 운세를 인쇄하거나 운세를 찾을 수 없다는 메시지를 인쇄한다.

> 운세는 줄 바꿈이 포함된 상태로 저장되므로 찾고자 하는 문구가 여러 줄에 걸쳐 있는 경우에는 정규 표현식 매칭이 실패할 수 있다. 오리지널 fortune의 작동 방식도 이런 식이지만 사용자가 기대하는 바는 이와 다를 수 있다.

이제 프로그램은 주어진 테스트를 전부 통과한다. 이번 도전 과제는 파일을 찾아서 읽은 다음 일치하는 레코드를 전부 인쇄하거나 PRNG를 이용해서 무작위로 하나를 고르는 과정에서 많은 단계가 수반되기 때문에 평소보다 더 많은 양의 지침을 제공했다. 여러분도 필자만큼이나 즐거웠기를 바란다.

`fortune` 매뉴얼 페이지를 읽고 여러분의 프로그램에서 구현할 수 있는 다른 옵션에 대해 알아보자. 예를 들어 `-n length` 옵션을 추가해서 운세를 주어진 길이보다 짧은 것들로 제한할 수 있다. 운세의 길이를 알면 **짧은** 운세만 고르는 `-s` 옵션을 구현할 때 편리하다. 최종 설루션에서 언급했다시피 운세에 포함된 줄 바꿈으로 인해서 정규 표현식 매칭이 실패할 수도 있다. 어떻게 하면 이 한계를 우회할 수 있을까?

무작위성은 여러분이 작성해봄직한 많은 게임에 필수적이다. 어쩌면 사용자가 특정 범위 안에 있는 무작위로 선택된 수를 맞춰야 하는 게임에서 출발해, 사용자가 무작위로 선택된 단어나 구문 안에 있는 글자를 맞추는 '운명의 수레바퀴Wheel of Fortune' 같은 좀 더 어려운 게임으로 넘어가볼 수 있겠다. 많은 시스템에는 수천 개의 영어 단어가 들어 있는 **/usr/share/dict/words** 파일이 있는데, 이를 소스로 사용하거나 아니면 나만의 단어와 구문으로 된 입력 파일을 만들어서 사용할 수도 있다.

필자는 무작위성을 내포하고 있는 프로그램을 좋아한다. 프로그래밍에 갓 입문했던 시절에는, 펄 스크립트를 작성해서 필자가 좋아하는 시인 중 한 명의 랜덤 인용구가 들어 있는 스크립트를 생성해내기도 했다. 랜덤 이벤트는 게임뿐만 아니라 머신러닝 프로그램을 만드는 데도 매우 유용하므로 무작위성을 제어하고 테스트하는 법을 이해하는 게 중요하다. 이번 장에서 배운 내용 몇 가지를 살펴보면 다음과 같다.

운세 레코드는 여러 줄에 걸쳐 있으며 퍼센트 기호만 있는 줄을 이용해서 레코드의 끝을 나타낸다. 줄을 버퍼에 읽는 법과 레코드나 파일 종료자가 발견되면 버퍼를 덤프하는 법을 배웠다.

---

보세요, 엄마. 영문학 학위는 실제로 쓸모가 있다고요.

- `rand` 크레이트를 이용하면 시드값으로 제어할 수 있는 의사 랜덤 선택을 만들 수 있다.

- (빌려온) `Path`와 (소유권이 있는) `PathBuf` 타입은 윈도우와 유닉스 모두에서 시스템 경로를 다룰 때 유용한 추상화다. 빌려온 문자열과 소유권이 있는 문자열을 다루기 위한 `&str` 및 `String` 타입과 비슷하다.

- 파일 이름과 디렉터리 이름은 유효하지 않은 UTF-8일 수 있으므로 러스트는 (빌려온) `OsStr`와 (소유권이 있는) `OsString` 타입을 이용해서 이러한 문자열을 표현한다.

- `Path`와 `OsStr` 같은 추상화를 사용하면 여러분의 러스트 코드를 여러 운영체제에 이식하기가 수월해진다.

다음 장에서는 터미널 기반의 캘린더 프로그램을 만들어보면서 날짜를 조작하는 법을 배운다.

# 13

## 라스칼리: cal

> 시간은 화살처럼 날아가고
>
> 시곗바늘은 너무 빨라 바람을 불게 하고
>
> 달력의 종이가 하나씩 창밖으로 날아가네
>
> —<Hovering Sombrero>(데이 마이트 비 자이언츠, 2001)

이번 장에서는 터미널에 텍스트로 된 달력을 표시하는 cal[1]의 복제본을 만들어본다. 필자는 날짜를 (심지어 요일조차도) 모를 때가 많기 때문에 (date와 함께) cal을 이용해서 내가 시공 연속체의 어디쯤에 있는지를 어렴풋이 확인한다. 늘 그렇듯이 간단한 앱처럼 보이는 것도 구현의 세부 사항으로 들어가면 훨씬 더 복잡해진다.

배울 내용은 다음과 같다.

- 오늘 날짜를 찾는 법과 기본적인 날짜 조작법
- Vec::chunks를 이용해서 아이템 그룹을 생성하는 법
- 여러 이터레이터에 담긴 요소들을 결합하는 법
- 터미널에 강조된 텍스트를 만들어내는 법

---

\* [옮긴이] 이번 장 제목의 원문은 "Rascalry"로 악랄한 행동이라는 뜻이다. 이번 장에서 다룰 cal 프로그램을 소개하는 언어유희다.

**1** [옮긴이] WSL 등 환경에 따라서는 ncal을 설치해야 사용할 수 있다.

먼저 BSD cal의 매뉴얼 페이지를 보면서 필요한 것이 무엇인지 생각해보자. 내용이 다소 길기 때문에 도전 과제 프로그램과 관련된 부분만 추려서 보자.

```
CAL(1)                     BSD General Commands Manual                     CAL(1)

NAME
     cal, ncal – displays a calendar and the date of Easter

SYNOPSIS
     cal [-31jy] [-A number] [-B number] [-d yyyy-mm] [[month] year]
     cal [-31j] [-A number] [-B number] [-d yyyy-mm] -m month [year]
     ncal [-C] [-31jy] [-A number] [-B number] [-d yyyy-mm] [[month] year]
     ncal [-C] [-31j] [-A number] [-B number] [-d yyyy-mm] -m month [year]
     ncal [-31bhjJpwySM] [-A number] [-B number] [-H yyyy-mm-dd] [-d yyyy-mm]
          [-s country_code] [[month] year]
     ncal [-31bhJeoSM] [-A number] [-B number] [-d yyyy-mm] [year]

DESCRIPTION
     The cal utility displays a simple calendar in traditional format and ncal
     offers an alternative layout, more options and the date of Easter.  The
     new format is a little cramped but it makes a year fit on a 25x80 termi-
     nal.  If arguments are not specified, the current month is displayed.

     ...

     A single parameter specifies the year (1-9999) to be displayed; note the
     year must be fully specified: ``cal 89'' will not display a calendar for
     1989.  Two parameters denote the month and year; the month is either a
     number between 1 and 12, or a full or abbreviated name as specified by
     the current locale.  Month and year default to those of the current sys-
     tem clock and time zone (so ``cal -m 8'' will display a calendar for the
     month of August in the current year).
```

GNU cal은 --help에 응답하며 짧은 옵션 이름과 긴 옵션 이름을 모두 가지고 있다. 이 버전에서는 주의 시작을 일요일이나 월요일로 설정할 수 있지만 도전 과제 프로그램에서는 일요일에 시작된다.

```
$ cal --help

Usage:
 cal [options] [[[day] month] year]
```

```
Options:
 -1, --one       show only current month (default)
 -3, --three     show previous, current and next month
 -s, --sunday    Sunday as first day of week
 -m, --monday    Monday as first day of week
 -j, --julian    output Julian dates
 -y, --year      show whole current year
 -V, --version   display version information and exit
 -h, --help      display this help text and exit
```

인수가 없으면 `cal`은 이번 달을 인쇄하고 터미널의 전경색과 배경색을 반전시켜서 오늘 날짜를 강조해 표시한다. 다만 이를 책에 인쇄해 보여줄 수 없으므로 대신 오늘 날짜(7월 26일)를 굵게 표시해둘 테니 터미널에서 명령을 실행하면 다음과 같은 식으로 표시된다고 생각하면 된다.

```
$ cal
     July 2024
Su Mo Tu We Th Fr Sa
    1  2  3  4  5  6
 7  8  9 10 11 12 13
14 15 16 17 18 19 20
21 22 23 24 25 26 27
28 29 30 31
```

위치 인수는 연도로 해석된다. 이 값이 1-9999 범위의 유효한 정수라면 `cal`은 해당 연도의 달력을 표시한다. 예를 들어 다음은 1066년의 달력이다. 다음 출력에서 연도가 첫 번째 줄 중앙에 표시되는 걸 눈여겨보자.

```
$ cal 1066
                            1066
      January               February               March
Su Mo Tu We Th Fr Sa   Su Mo Tu We Th Fr Sa   Su Mo Tu We Th Fr Sa
 1  2  3  4  5  6  7             1  2  3  4                1  2  3  4
 8  9 10 11 12 13 14    5  6  7  8  9 10 11    5  6  7  8  9 10 11
15 16 17 18 19 20 21   12 13 14 15 16 17 18   12 13 14 15 16 17 18
22 23 24 25 26 27 28   19 20 21 22 23 24 25   19 20 21 22 23 24 25
29 30 31               26 27 28               26 27 28 29 30 31

      April                  May                    June
Su Mo Tu We Th Fr Sa   Su Mo Tu We Th Fr Sa   Su Mo Tu We Th Fr Sa
                   1       1  2  3  4  5  6                1  2  3
```

```
 2  3  4  5  6  7  8      7  8  9 10 11 12 13      4  5  6  7  8  9 10
 9 10 11 12 13 14 15     14 15 16 17 18 19 20     11 12 13 14 15 16 17
16 17 18 19 20 21 22     21 22 23 24 25 26 27     18 19 20 21 22 23 24
23 24 25 26 27 28 29     28 29 30 31              25 26 27 28 29 30
30

        July                   August                September
Su Mo Tu We Th Fr Sa     Su Mo Tu We Th Fr Sa     Su Mo Tu We Th Fr Sa
                   1            1  2  3  4  5                     1  2
 2  3  4  5  6  7  8      6  7  8  9 10 11 12      3  4  5  6  7  8  9
 9 10 11 12 13 14 15     13 14 15 16 17 18 19     10 11 12 13 14 15 16
16 17 18 19 20 21 22     20 21 22 23 24 25 26     17 18 19 20 21 22 23
23 24 25 26 27 28 29     27 28 29 30 31           24 25 26 27 28 29 30
30 31

       October                November                December
Su Mo Tu We Th Fr Sa     Su Mo Tu We Th Fr Sa     Su Mo Tu We Th Fr Sa
 1  2  3  4  5  6  7            1  2  3  4                     1  2
 8  9 10 11 12 13 14      5  6  7  8  9 10 11      3  4  5  6  7  8  9
15 16 17 18 19 20 21     12 13 14 15 16 17 18     10 11 12 13 14 15 16
22 23 24 25 26 27 28     19 20 21 22 23 24 25     17 18 19 20 21 22 23
29 30 31                 26 27 28 29 30           24 25 26 27 28 29 30
                                                  31
```

연도가 허용 범위에 속하지 않으면 BSD 버전과 GNU 버전은 모두 비슷한 오류 메시지를 표시한다.

```
$ cal 0
cal: year `0' not in range 1..9999
$ cal 10000
cal: year `10000' not in range 1..9999
```

두 버전은 모두 정숫값 두 개를 각각 순서대로 월과 연도로 해석한다. 예를 들어 cal 3 1066이라고 주문을 외면 3을 세 번째 달인 3월로 해석한다. 한 달을 표시할 때는 연도가 월 이름에 포함되는 걸 눈여겨보자.

```
$ cal 3 1066
     March 1066
Su Mo Tu We Th Fr Sa
          1  2  3  4
 5  6  7  8  9 10 11
12 13 14 15 16 17 18
19 20 21 22 23 24 25
26 27 28 29 30 31
```

-y|--year 플래그를 사용하면 올해 전체가 표시되는데, 필자는 올해가 몇 년도인지 역시 잊어버릴 때가 많아서 유용한 기능이라고 생각한다. -y|--year와 연도 위치 인수가 같이 오면 cal은 연도 위치 인수를 사용하지만, 도전 과제 프로그램은 이를 오류로 간주해야 한다. 희한하게도 GNU cal 은 -y에 월과 연도를 같이 줘도 불평하지 않지만 BSD cal은 오류를 발생시킨다. 도전 과제 프로그램에서 구현해볼 내용은 이 정도다.

## 13.2 시작하기

이번 장에서 살펴볼 프로그램의 이름은 러스트 캘린더라는 의미로 calr(캘러라고 읽는다)라고 하겠다. 먼저 **cargo new calr**를 실행한 다음 **Cargo.toml**에 다음 의존성을 추가한다.

```
[dependencies]
ansi_term = "0.12.1" ❶
anyhow = "1.0.79"
chrono = "0.4.34" ❷
clap = { version = "4.5.0", features = ["derive"] }
itertools = "0.12.1" ❸

[dev-dependencies]
assert_cmd = "2.0.13"
predicates = "3.0.4"
pretty_assertions = "1.4.0"
```

❶ ansi_term 크레이트는 오늘 날짜를 강조하는 데 사용한다.

❷ chrono 크레이트(https://oreil.ly/_JDTq)는 날짜와 시간 함수를 제공한다.

❸ itertools 크레이트(https://oreil.ly/wcg_8)는 텍스트 줄을 연결하는 데 사용한다.

이 책의 **13_calr/tests** 디렉터리를 프로젝트로 복사하고 **cargo test**를 실행해서 프로그램을 빌드하고 테스트한다. 부끄럽지만 테스트는 대부분 실패해야 한다.

### 13.2.1 인수 정의하고 검증하기

**src/main.rs**를 업데이트해서 프로그램의 인수를 위한 다음 스트럭트를 추가하기로 하자.

```
#[derive(Debug)]
struct Args {
    year: Option<i32>, ❶
```

```
    month: Option<String>, ❷
    show_current_year: bool, ❸
}
```

❶ `year`는 `i32` 값으로 옵션이다.

❷ `month`은 사용자가 월을 이름이나 숫자로 지정할 수 있으므로 옵션 문자열이다.

❸ `show_current_year`는 전체 연도를 표시할지 여부를 나타내는 불리언이다.

 우리 프로그램은 오리지널 `cal`처럼 양수로 된 연도만 허용하므로 `year` 필드가 `u32`일 것이라고 생각할 수 있다. 그러나 날짜를 처리하는 데 사용할 `chrono` 크레이트는 `i32`를 이용해서 양수(CE 또는 **공동 연대**)와 음수(BCE 또는 **공동 연대 이전**)를 모두 허용한다.

`clap` 파생 패턴을 쓰려면 `Args`에 애너테이션을 달아두면 되고, 그렇지 않으면 `get_args` 함수를 위한 다음 뼈대를 사용하면 된다.

```
fn get_args() -> Args {
    let matches = Command::new("calr")
        .version("0.1.0")
        .author("Ken Youens-Clark <kyclark@gmail.com>")
        .about("Rust version of `cal`")
        // 여기에는 무엇이 올까?
        .get_matches();

    Args {
        year: ...
        month: ...
        show_current_year: ...
    }
}
```

먼저 `main`은 인수를 예쁜 인쇄 기능으로 인쇄하는 것에서 시작한다.

```
fn main() {
    let args = get_args();
    println!("{args:?}");
}
```

프로그램은 다음의 사용법을 만들어낼 수 있어야 한다.

```
$ cargo run -- -h
Rust version of `cal`

Usage: calr [OPTIONS] [YEAR]

Arguments:
  [YEAR]  Year (1-9999)

Options:
  -m <MONTH>      Month name or number (1-12)
  -y, --year      Show whole current year
  -h, --help      Print help
  -V, --version   Print version
```

모든 인수는 옵션이므로 프로그램은 다음 기본값을 표시해야 한다.

```
$ cargo run
Args { year: None, month: None, show_current_year: false }
```

정수 위치 인수는 연도로 해석해야 한다.

```
$ cargo run -- 1000
Args { year: Some(1000), month: None, show_current_year: false }
```

범위 1-9999를 벗어난 수가 연도로 주어지면 전부 거부해야 한다.

```
$ cargo run -- 0
error: invalid value '0' for '[YEAR]': 0 is not in 1..=9999
$ cargo run -- 10000
error: invalid value '10000' for '[YEAR]': 10000 is not in 1..=9999
```

-y|--year 플래그는 show_current_year를 true로 만들어야 한다.

```
$ cargo run -- -y
Args { year: None, month: None, show_current_year: true }
```

-y|--year 플래그는 월과 함께 사용할 수 없다.

```
$ cargo run -- -m 1 -y
error: the argument '-m <MONTH>' cannot be used with '--year'

Usage: calr -m <MONTH> [YEAR]
```

또 `-y|--year` 플래그는 `year` 위치 인수와 결합할 수 없다.

```
$ cargo run -- -y 1972
error: the argument '--year' cannot be used with '[YEAR]'

Usage: calr --year [YEAR]
```

여기서 잠시 멈추고 프로그램을 이 지점까지 작동되게 만들어보자. 프로그램은 `cargo test dies` 아래
에 있는 여러 테스트를 통과해야 한다.

다음은 명령줄 인수를 파싱한 뒤에 유효성을 검사하고 기본값을 고르기 위해서 필자가 작성한
`get_args`다. `use clap::{Arg, ArgAction, Command}`를 추가하는 걸 잊지 말자.

```rust
fn get_args() -> Args {
    let matches = Command::new("calr")
        .version("0.1.0")
        .author("Ken Youens-Clark <kyclark@gmail.com>")
        .about("Rust version of `cal`")
        .arg(
            Arg::new("year")
                .value_name("YEAR")
                .value_parser(clap::value_parser!(i32).range(1..=9999)) ❶
                .help("Year (1-9999)"),
        )
        .arg(
            Arg::new("month")
                .value_name("MONTH")
                .short('m')
                .help("Month name or number (1-12)"), ❷
        )
        .arg(
            Arg::new("show_current_year")
                .value_name("SHOW_YEAR")
                .short('y')
                .long("year")
                .help("Show whole current year")
```

```
                .conflicts_with_all(["month", "year"]) ❸
                .action(ArgAction::SetTrue),
        )
        .get_matches();

    Args {
        year: matches.get_one("year").cloned(),
        month: matches.get_one("month").cloned(),
        show_current_year: matches.get_flag("show_current_year"),
    }
}
```

❶ `year`는 1-9999 범위의 `i32`로 파싱되어야 한다.

❷ 월은 문자열이나 수가 될 수 있는데 이들의 유효성은 뒤에서 검사한다.

❸ 이 플래그가 다른 인수와 같이 쓰이는 일이 없는지 확인한다.

파생 패턴의 경우에는 `use clap::Parser`와 다음 코드를 추가한다.

```
#[derive(Debug, Parser)]
#[command(author, version, about)]
/// `cal`의 러스트 버전
struct Args {
    /// 연도 (1-9999)
    #[arg(value_parser(clap::value_parser!(i32).range(1..=9999)))]
    year: Option<i32>,

    /// 월 이름이나 숫자 (1-12)
    #[arg(short)]
    month: Option<String>,

    /// 현재 연도를 전부 보여준다.
    #[arg(short('y'), long("year"), conflicts_with_all(["month", "year"]))]
    show_current_year: bool,
}
```

앞 장과 마찬가지로 `run` 함수를 호출하도록 `main`을 재구성한다.

```
fn main() {
    if let Err(e) = run(Args::parse()) {
        eprintln!("{e}");
        std::process::exit(1);
    }
}
```

인수의 유효성을 검사하기 위한 작업이 더 있는데 이 부분은 run 함수에서 다루겠다. 다음 코드를 위해서 use anyhow::Result를 추가하는 걸 잊지 말자.

```
fn run(_args: Args) -> Result<()> {
    Ok(())
}
```

먼저 월 인수의 유효성을 검사하기 위해서, 주어진 문자열이 1-12 범위의 정수로 파싱할 수 있거나 알려진 월 이름과 일치하면 정수를 반환하는 parse_month 함수를 생성하겠다.

```
fn parse_month(month: String) -> Result<u32> {
    unimplemented!();
}
```

 월의 범위는 고작 1-12이므로 u32가 지나치게 커 보일 수도 있지만, 이는 chrono 크레이트가 월에 사용하는 타입이다.

범위 1-12와 (January를 뜻하는) jan과 같이 대소문자를 구분하지 않는 샘플 월, 그리고 알 수 없는 월 이름을 이용해서 이 함수를 검사하는 다음 단위 테스트를 추가한다.

```
#[cfg(test)]
mod tests {
    use super::parse_month;

    #[test]
    fn test_parse_month() {
        let res = parse_month("1".to_string());
        assert!(res.is_ok());
        assert_eq!(res.unwrap(), 1u32);

        let res = parse_month("12".to_string());
        assert!(res.is_ok());
        assert_eq!(res.unwrap(), 12u32);

        let res = parse_month("jan".to_string());
        assert!(res.is_ok());
        assert_eq!(res.unwrap(), 1u32);

        let res = parse_month("0".to_string());
```

```
        assert!(res.is_err());
        assert_eq!(
            res.unwrap_err().to_string(),
            r#"month "0" not in the range 1 through 12"#
        );

        let res = parse_month("13".to_string());
        assert!(res.is_err());
        assert_eq!(
            res.unwrap_err().to_string(),
            r#"month "13" not in the range 1 through 12"#
        );

        let res = parse_month("foo".to_string());
        assert!(res.is_err());
        assert_eq!(res.unwrap_err().to_string(), r#"Invalid month "foo""#);
    }
}
```

 여기서 읽기를 멈추고 `cargo test test_parse_month`를 통과하는 함수를 작성해보자.

필자의 `parse_month` 함수에는 유효한 월 이름 목록이 필요하므로 **src/main.rs** 상단에 상숫값을 선언한다.

```
const MONTH_NAMES: [&str; 12] = [
    "January",
    "February",
    "March",
    "April",
    "May",
    "June",
    "July",
    "August",
    "September",
    "October",
    "November",
    "December",
];
```

월 이름을 이용해서 주어진 월을 파악하는 법은 다음과 같다. 가져오기 부분에 `use anyhow::bail`

을 추가하는 걸 잊지 말자.

```rust
fn parse_month(month: String) -> Result<u32> {
    match month.parse() {   ❶
        Ok(num) => {
            if (1..=12).contains(&num) {   ❷
                Ok(num)
            } else {
                bail!(r#"month "{month}" not in the range 1 through 12"#)   ❸
            }
        }
        _ => {
            let lower = &month.to_lowercase();   ❹
            let matches: Vec<_> = MONTH_NAMES
                .iter()
                .enumerate()   ❺
                .filter_map(|(i, name)| {
                    if name.to_lowercase().starts_with(lower) {   ❻
                        Some(i + 1)   ❼
                    } else {
                        None
                    }
                })
                .collect();   ❽

            if matches.len() == 1 {   ❾
                Ok(matches[0] as u32)
            } else {
                bail!(r#"Invalid month "{month}""#)
            }
        }
    }
}
```

❶ 수치 인수를 파싱해본다.

❷ 파싱된 수가 범위 1-12 안에 있으면 그 값을 반환한다.

❸ 그렇지 않으면 정보가 담긴 오류 메시지를 생성한다.

❹ 월이 정수로 파싱되지 않으면 소문자로 된 값을 월 이름과 비교한다.

❺ 월 이름을 열거해서 색인과 값을 가져온다.

❻ 주어진 값이 월 이름의 시작인지 확인한다.

❼ 그렇다면 0부터 시작하는 색인 위치를 1부터 시작하는 카운팅으로 보정해서 반환한다.

❽ 가능한 월의 값을 전부 모은다.

**❾** 해당하는 월이 딱 하나이면 이를 `u32` 값으로 반환하고, 그렇지 않으면 정보가 담긴 오류 메시지를 반환한다.

이를 이용하면 `run` 함수에서 월의 유효성을 검사할 수 있다.

```
fn run(args: Args) -> Result<()> {
    let month = args.month.map(parse_month).transpose()?;
    println!("month = {month:?}");
    println!("year  = {:?}", args.year);
    Ok(())
}
```

프로그램은 월과 연도에 대해서 유효한 정수값을 받아야 한다.

```
$ cargo run -- -m 7 1776
month = Some(7)
year  = Some(1776)
```

범위 1-12를 벗어난 수가 월로 주어지면 전부 거부해야 한다.

```
$ cargo run -- -m 0
month "0" not in the range 1 through 12
$ cargo run -- -m 13
month "13" not in the range 1 through 12
```

알 수 없는 월 이름은 전부 거부해야 한다.

```
$ cargo run -- -m Fortinbras
Invalid month "Fortinbras"
```

월은 서로 구분할 수만 있다면 앞에서부터 시작하는 부분 문자열을 줘도 되므로 **Jul**이나 **July**를 줘도 작동해야 한다.

```
$ cargo run -- -m Jul
month = Some(7)
year  = None
```

문자열 **Ju**만 가지고는 **June**과 **July**를 구별할 수 없다.

```
$ cargo run -- -m Ju
Invalid month "Ju"
```

또 월 이름은 대소문자를 구분하지 않아야 하므로 **s**만 가지고도 **September**를 구별할 수 있다.

```
$ cargo run -- -m s 1999
month = Some(9)
year  = Some(1999)
```

아무런 인수 없이 실행하면 프로그램은 현재 월과 연도를 기본값으로 사용해야 하는데, 이 글을 쓰고 있던 당시는 2024년 3월이었다. 기본값으로 사용할 연도와 월을 알아내려면 `chrono` 크레이트를 사용하는 게 좋다. `chrono::Local::now`(https://oreil.ly/V2xTo) 함수는 여러분의 로컬 시간대로 설정된 `DateTime` 스트럭트(https://oreil.ly/yEGzP)를 반환한다. 그런 다음 `Datelike::month`(https://oreil.ly/jw2t-)와 `Datelike::year`(https://oreil.ly/o4-d4) 같은 메서드를 이용해서 현재 월과 연도를 나타내는 정숫값을 가져오면 된다. `-y|--year` 플래그가 있으면 현재 연도 전체를 보여주고 월을 `None`으로 설정한다. 다음 코드를 위해서 가져오기 부분에 `use chrono::{Datelike, Local}`을 추가한다.

```rust
fn run(args: Args) -> Result<()> {
    let today = Local::now().date_naive(); ❶
    let mut month = args.month.map(parse_month).transpose()?; ❷
    let mut year = args.year;

    if args.show_current_year { ❸
        month = None;
        year = Some(today.year());
    } else if month.is_none() && year.is_none() { ❹
        month = Some(today.month());
        year = Some(today.year());
    }
    let year = year.unwrap_or(today.year()); ❺

    println!("month = {month:?}");
    println!("year  = {year:?}");
    Ok(())
}
```

❶ 현재 날짜를 `NaiveDate`(https://oreil.ly/ktLQU)로 가져오는데, 이는 기원전 262145년 1월 1일부터 기원후 262143년 12월 31일까지의 날짜를 표현할 수 있는 시간대가 없는 ISO 8601 달력 날짜다. 이 애플리케이션에는 시간대가 필요하지 않으므로 나이브 데이트naive date가 적합하다.

❷ 변수 `month`와 `year`를 변경 가능하게 만든다.

❸ `args.show_current_year`가 `true`이면 연도는 현재 연도로 월은 `None`으로 설정한다.

❹ `month`나 `year`에 값이 없으면 `today`에서 값을 가져와 사용한다.

❺ `year` 변수는 `Some` 값을 쥐고 있으므로 `Option::unwrap`을 호출해도 안전하다.

또 `chrono` 크레이트에는 `chrono::Utc`(https://oreil.ly/dT_t0)가 있어서, 그리니치 평균시Greenwich Mean Time, GMT의 뒤를 이어서 세계 시계를 조정하는 데 사용되는 시간 표준인 협정 세계시Coordinated Universal Time, UTC를 기준으로 시간을 구할 수 있다. '왜 약자를 CUT라고 하지 않는 거지?'라며 의문을 가질 수도 있는데, 국제전기통신연합International Telecommunication Union과 국제천문연맹 International Astronomical Union이 하나의 보편적인 약어를 원했기 때문이라는 게 후문이다. 영어권에서는 (**coordinated universal time**을 줄여서) CUT를 제안한 반면, 프랑스어권에서는 (**temps universel coordonné**를 줄여서) TUC를 원했다. 결국 두 진영은 솔로몬의 지혜를 발휘하여, 특별한 의미는 없지만 세계시 약어 규칙을 따르는 UTC로 타협했다.

인수가 전혀 주어지지 않았을 때 프로그램이 현재 월과 연도를 사용하는지 확인한다.

```
$ cargo run
month = Some(3)
year  = 2024
```

`-y|--year` 플래그만 주면 현재 연도가 선택된다.

```
$ cargo run -- -y
month = None
year  = 2024
```

월만 명시하면 현재 연도가 선택된다.

```
$ cargo run -- -m July
month = Some(7)
year  = 2024
```

이 시점에서 프로그램은 cargo test dies를 통과해야 한다.

```
running 8 tests
test dies_year_10000 ... ok
test dies_y_and_month ... ok
test dies_y_and_year ... ok
test dies_year_0 ... ok
test dies_month_0 ... ok
test dies_invalid_month ... ok
test dies_month_13 ... ok
test dies_invalid_year ... ok
```

## 13.2.2 프로그램 작성하기

이제 문제없는 입력을 손에 넣었으므로 프로그램의 나머지 부분을 작성할 차례다. 먼저 2016년 4월과 같이 한 달만 인쇄하는 법을 생각해보자. 다음은 이를 2017년 같은 달과 나란히 배치한 결과인데, cal의 출력을 `cat -e`에 파이프로 연결해서 줄 끝에 달러 기호(\$)를 표시했다. 이를 통해서 각 달이 월 이름을 보여주는 데 한 줄, 요일 헤더를 보여주는 데 한 줄, 해당 월의 주를 보여주는 데 여섯 줄, 이렇게 총 여덟 줄로 구성된다는 걸 알 수 있다. 또 각 줄의 너비는 22열이어야 한다.

```
$ cal -m 4 2016 | cat -e          $ cal -m 4 2017 | cat -e
      April 2016      $                 April 2017      $
Su Mo Tu We Th Fr Sa $           Su Mo Tu We Th Fr Sa $
                1  2 $                              1 $
 3  4  5  6  7  8  9 $            2  3  4  5  6  7  8 $
10 11 12 13 14 15 16 $            9 10 11 12 13 14 15 $
17 18 19 20 21 22 23 $           16 17 18 19 20 21 22 $
24 25 26 27 28 29 30 $           23 24 25 26 27 28 29 $
                     $           30                   $
```

여기서는 한 달 치 출력을 생성하기 위해서 `format_month`라는 함수를 만들 작정이다. 다음 코드를 위해서 가져오기 부분에 `chrono::NaiveDate`를 추가하는 걸 잊지 말자.

```
fn format_month(
    year: i32, ❶
    month: u32, ❷
    print_year: bool, ❸
    today: NaiveDate, ❹
) -> Vec<String> { ❺
    unimplemented!();
}
```

**❶** `year`는 해당 월의 연도다.

**❷** `month`는 형식화할 월 번호다.

**❸** 월 헤더에 연도를 포함시킬지 여부다.

**❹** 오늘 날짜. 오늘을 강조하는 데 쓰인다.

**❺** 이 함수는 여덟 줄짜리 텍스트로 된 `Vec<String>`을 반환한다.

`tests` 모듈을 확장해서 다음 단위 테스트를 포함시킨다.

```
#[cfg(test)]
mod tests {
    use super::{format_month, parse_month};  ❶
    use chrono::NaiveDate;

    #[test]
    fn test_parse_month() {}  // 앞과 동일하다.

    #[test]
    fn test_format_month() {
        let today = NaiveDate::from_ymd_opt(0, 1, 1).unwrap();
        let leap_february = vec![
            "    February 2020      ",
            "Su Mo Tu We Th Fr Sa ",
            "                  1 ",
            " 2  3  4  5  6  7  8 ",
            " 9 10 11 12 13 14 15 ",
            "16 17 18 19 20 21 22 ",
            "23 24 25 26 27 28 29 ",
            "                     ",
        ];
        assert_eq!(format_month(2020, 2, true, today), leap_february);  ❷

        let may = vec![
            "         May          ",
            "Su Mo Tu We Th Fr Sa ",
            "              1  2 ",
            " 3  4  5  6  7  8  9 ",
            "10 11 12 13 14 15 16 ",
            "17 18 19 20 21 22 23 ",
            "24 25 26 27 28 29 30 ",
            "31                   ",
        ];
        assert_eq!(format_month(2020, 5, false, today), may);  ❸

        let april_hl = vec![
```

```
        "      April 2021        ",
        "Su Mo Tu We Th Fr Sa  ",
        "             1  2  3  ",
        " 4  5  6 \u{1b}[7m 7\u{1b}[0m  8  9 10  ", ❹
        "11 12 13 14 15 16 17  ",
        "18 19 20 21 22 23 24  ",
        "25 26 27 28 29 30     ",
        "                      ",
    ];
    let today = NaiveDate::from_ymd_opt(2021, 4, 7).unwrap();
    assert_eq!(format_month(2021, 4, true, today), april_hl); ❺
  }
}
```

❶ `format_month` 함수와 `chrono::NaiveDate` 스트럭트를 가져온다.

❷ 2020년은 윤년이므로 2월은 29일이어야 하고 끝에 빈 줄이 있어야 한다.

❸ 2020년 5월이 차지하는 줄 수는 4월과 같아야 한다.

❹ `ansi_term::Style::reverse`(https://oreil.ly/F3TpC)는 이 출력에서 4월 7일을 강조해 표시하는 데 쓰인다.

❺ 주어진 월에 해당하는 오늘을 뜻하는 `today`를 생성하고 출력에 해당 날짜가 강조해 표시되어 있는지 확인한다.

> **NOTE** `Style::reverse`가 생성하는 이스케이프 시퀀스는 BSD `cal`과 똑같지는 않지만 효과는 동등하다. 어떤 방법으로 현재 날짜를 강조해 표시할지는 선택하기 나름이며 그에 맞게 테스트를 적절히 업데이트하기만 하면 된다.

`format_month` 함수는 주어진 달의 첫 날부터 끝 날까지 모든 날에 번호를 매기는 것으로 시작하면 될 것이다. 2월은 윤년인지 여부에 따라서 일 수가 다를 수 있으므로 '9월은 30일까지 있다'라는 식의 단순한 기억법은 여기서 통하지 않는다. 필자는 어떤 달의 끝 날을 표현하는 `NaiveDate`를 반환하는 `last_day_in_month`라는 함수를 작성했다.

```
fn last_day_in_month(year: i32, month: u32) -> NaiveDate {
    unimplemented!();
}
```

다음은 이를 위한 단위 테스트인데 윤년 검사가 포함되어 있는 걸 볼 수 있다. `tests` 모듈 상단에 있는 가져오기 목록에 `last_day_in_month`를 꼭 추가해야 한다.

```
#[test]
fn test_last_day_in_month() {
    assert_eq!(
        last_day_in_month(2020, 1),
        NaiveDate::from_ymd(2020, 1, 31)
    );
    assert_eq!(
        last_day_in_month(2020, 2),
        NaiveDate::from_ymd(2020, 2, 29)
    );
    assert_eq!(
        last_day_in_month(2020, 4),
        NaiveDate::from_ymd(2020, 4, 30)
    );
}
```

 읽기를 멈추고 `cargo test test_format_month`를 통과하도록 코드를 작성해보자.

여기까지 잘 따라왔다면 프로그램을 완성하기 위한 모든 부분을 갖췄을 것이다. 도전 과제 프로그램은 한 달만 인쇄하거나 열두 달을 전부 인쇄하거나 이 두 가지 일만 하므로, 먼저 현재 월을 인쇄하고 여기에 현재 날짜를 강조해 표시하도록 프로그램을 작성해보자. 그런 다음 한 해에 해당하는 달을 전부 줄줄이 인쇄하게 만들어보자. 그러고 나서 `cal`의 출력을 흉내 내기 위해서 한 열에 석 달씩 나란히 묶어서 총 네 열로 인쇄해낼 방법을 생각해보자. 각 달은 여러 줄로 이뤄진 벡터이므로 각 열의 첫 번째 줄을 전부 결합한 다음 두 번째 줄을 전부 결합해나가는 식으로 움직여야 한다. 이 작업을 흔히 **zip**이라고 하며, 러스트 이터레이터에는 이럴 때 유용하게 쓸 수 있는 **zip** 메서드(https://oreil.ly/2zGKh)가 마련되어 있다. **cargo test**를 전부 통과할 때까지 계속 진행해나가자. 그리고 완료되면 필자의 설루션을 확인하자.

## 13.3 설루션

그럼 필자는 어떤 식으로 이 프로그램을 구축했는지 살펴보자. `clap` 외에 필요한 모든 가져오기는 다음과 같다.

```
use ansi_term::Style;
use anyhow::{bail, Result};
```

```
use chrono::{Datelike, Local, NaiveDate};
use itertools::izip;
```

또 줄의 너비를 위한 상수 하나를 추가했다.

```
const LINE_WIDTH: usize = 22;
```

먼저 **다음** 달의 첫 날을 파악한 뒤에 그 직전 날짜를 찾는 last_day_in_month 함수부터 시작하겠다.

```
fn last_day_in_month(year: i32, month: u32) -> NaiveDate {
    // 다음 달의 첫 날...
    let (y, m) = if month == 12 { ❶
        (year + 1, 1)
    } else {
        (year, month + 1) ❷
    };

    // ...앞에는 이번 달의 끝 날이 온다.
    NaiveDate::from_ymd_opt(y, m, 1) ❸
        .unwrap()
        .pred_opt()
        .unwrap()
}
```

❶ 이번 달이 12월이라면 해를 하나 넘기고 달을 1월로 설정한다.

❷ 그렇지 않으면 달을 하나 넘긴다.

❸ NaiveDate::from_ymd_opt(https://oreil.ly/RS5jG)를 이용해서 NaiveDate를 생성한 다음,
   NaiveDate::pred_opt(https://oreil.ly/l_1dS)를 호출해서 그 직전 달력 날짜를 가져온다.

chrono 크레이트 대신 나만의 솔루션을 구현해 사용하고 싶을 수도 있겠지만 윤년을 계산하기가 번거로
울 수 있다. 예를 들어 윤년은 4로 나누어떨어져야 하는데, 단 세기말 연도는 400으로 나누어떨어져야 한
다. 즉, 2000년은 윤년이지만, 1900년은 윤년이 아니고, 2100년 역시 윤년이 아니다. 평판이 좋고 테스트
가 잘 이루어진 라이브러리를 사용하는 것이 더 바람직하다.

다음으로 주어진 달을 형식화하는 format_month 함수를 부분별로 나눠 살펴보자.

```
fn format_month(
    year: i32,
```

```
    month: u32,
    print_year: bool,
    today: NaiveDate,
) -> Vec<String> {
    let first = NaiveDate::from_ymd_opt(year, month, 1).unwrap(); ❶
    let mut days: Vec<String> = (1..first.weekday().number_from_sunday()) ❷
        .map(|_| "  ".to_string())  // 빈칸 두 개
        .collect();
```

❶ 주어진 달의 시작에 해당하는 `NaiveDate`를 생성한다.

❷ 일요일부터 그 달의 시작 전까지에 해당하는 날짜 버퍼를 가지고, 변경 가능한 `Vec<String>`을 초기화한다.

`days` 초기화는 이를테면 2020년 4월이 수요일에 시작한다는 사실을 처리한다. 이 경우에 첫 주의 일요일부터 화요일까지 각 날짜를 빈칸 두 개로 채우고자 하는 것이다. 이어서 계속 보자.

```
    let is_today = |day: u32| { ❶
        year == today.year() && month == today.month() && day == today.day()
    };

    let last = last_day_in_month(year, month); ❷
    days.extend((first.day()..=last.day()).map(|num| { ❸
        let fmt = format!("{num:>2}"); ❹
        if is_today(num) { ❺
            Style::new().reverse().paint(fmt).to_string()
        } else {
            fmt
        }
    }));
```

❶ 주어진 날짜가 오늘인지 여부를 판단하기 위한 클로저를 생성한다.

❷ 주어진 달의 끝 날을 찾는다.

❸ 주어진 달의 첫 날부터 끝 날까지 각 `chrono::Datelike::day`(https://oreil.ly/7pMJ1)를 반복 처리해서 `days`를 연장한다.

❹ 날짜를 2열 안에 오른쪽 정렬로 형식화한다.

❺ 주어진 날짜가 오늘이면 `Style::reverse`(https://oreil.ly/F3TpC)를 이용해서 텍스트를 강조해 표시하고, 그렇지 않으면 텍스트를 그대로 사용한다.

다음은 이 함수의 마지막 부분이다.

```
    let month_name = MONTH_NAMES[month as usize - 1]; ❶
    let mut lines = Vec::with_capacity(8); ❷
    lines.push(format!( ❸
        "{:^20}  ",  // 빈칸 두 개가 뒤에 붙음
        if print_year {
            format!("{month_name} {year}")
        } else {
            month_name.to_string()
        }
    ));

    lines.push("Su Mo Tu We Th Fr Sa  ".to_string());  // 빈칸 두 개가 뒤에 붙음 ❹

    for week in days.chunks(7) { ❺
        lines.push(format!( ❻
            "{:width$}  ",  // 빈칸 두 개가 뒤에 붙음
            week.join(" "),
            width = LINE_WIDTH - 2
        ));
    }

    while lines.len() < 8 { ❼
        lines.push(" ".repeat(LINE_WIDTH)); ❽
    }

    lines ❾
}
```

❶ 현재 월의 화면 표시용 이름을 가져온다. 이를 위해서는 `month`를 `usize`로 캐스팅한 다음 0부터 시작하는 카운팅으로 보정해야 한다.

❷ 여덟 줄짜리 텍스트를 가질 수 있는 변경 가능한 빈 벡터를 초기화한다.

❸ 월 헤더에는 연도가 있을 수도 있고 없을 수도 있다. 이 헤더를 20자 너비의 빈칸 중앙에 형식화하고 그 뒤에 빈칸 두 개를 둔다.

❹ 요일을 추가한다.

❺ `Vec::chunks`(https://oreil.ly/wBfGb)를 이용해서 한 번에 7일씩 가져온다. 앞서 만든 버퍼의 구성 요건상 한 주는 일요일부터 시작한다.

❻ 날짜를 마디마다 빈칸을 넣어서 전부 연결하고 그 결과를 적절한 너비로 형식화한다.

❼ 총 여덟 줄이 되도록 필요한 만큼 줄을 채운다.

❽ `str::repeat`(https://oreil.ly/cXKMU)를 이용해서 빈칸 하나를 줄 너비만큼 반복해 이어 붙인 새 `String`을 생성한다.

**❾** 줄을 반환한다.

`run` 안에서 이 모두를 한데 엮어내는 법은 다음과 같다.

```
pub fn run(config: Config) -> MyResult<()> {
    let today = Local::now().date_naive();
    let mut month = args.month.map(parse_month).transpose()?;
    let mut year = args.year;

    if args.show_current_year {
        month = None;
        year = Some(today.year());
    } else if month.is_none() && year.is_none() {
        month = Some(today.month());
        year = Some(today.year());
    }
    let year = year.unwrap_or(today.year());

    match month {
        Some(month) => {  ❶
            let lines = format_month(year, month, true, today);  ❷
            println!("{}", lines.join("\n"));  ❸
        }
        None => {  ❹
            println!("{year:>32}");  ❺
            let months: Vec<_> = (1..=12)  ❻
                .map(|month| format_month(year, month, false, today))
                .collect();

            for (i, chunk) in months.chunks(3).enumerate() {  ❼
                if let [m1, m2, m3] = chunk {  ❽
                    for lines in izip!(m1, m2, m3) {  ❾
                        println!("{}{}{}", lines.0, lines.1, lines.2);  ❿
                    }
                    if i < 3 {  ⓫
                        println!();
                    }
                }
            }
        }
    }

    Ok(())
}
```

❶ 한 달만 인쇄하는 경우를 처리한다.

❷ 헤더에 월과 연도를 형식화한다.

❸ 결과를 마디마다 새 줄을 넣어서 전부 연결해 인쇄한다.

❹ 지정된 월이 없으면 전체 연도를 인쇄한다.

❺ 모든 월을 인쇄할 때는 먼저 연도를 첫 번째 헤더로 인쇄한다.

❻ 헤더에 연도를 생략한 채로 모든 월을 형식화한다.

❼ `Vec::chunks`를 이용해서 세 그룹으로 나누고 `Iterator::enumerate`를 이용해서 그룹 번호를 추적한다.

❽ 패턴 매칭 `[m1, m2, m3]`을 이용해서 한 그룹을 세 달로 분해한다.

❾ `itertools::izip`(https://oreil.ly/t00b3)을 이용해서 세 달을 줄별로 결합하는 이터레이터를 생성한다.

❿ 세 달을 한 줄씩 인쇄한다.

⓫ 마지막 월 집합이 아니라면 새 줄을 인쇄해서 그룹을 분리한다.

> 문서에 따르면 러스트 이터레이터에는 '서로 다른 두 이터레이터를 반복 처리해서, 첫 번째 이터레이터의 요소를 첫 번째 요소로 갖고 두 번째 이터레이터의 요소를 두 번째 요소로 갖는 튜플을 반환하는 새 이터레이터를 반환하는' `zip` 함수(https://oreil.ly/2zGKh)가 있다. 하지만 안타깝게도 이 함수는 두 이터레이터를 대상으로만 작동한다. 자세히 보면 `izip!` 호출이 매크로라는 걸 알 수 있다. 문서를 인용하자면 이렇다. "이 매크로의 결과는 일반적인 경우에 `.zip()`과 `.map()`을 반복해서 구성한 이터레이터다."

이로써 모든 테스트를 통과했고 이제 터미널에서 달력을 눈으로 볼 수 있다.

## 13.4 한 걸음 더 나아가기

이 프로그램을 여러분의 입맛에 맞게 좀 더 바꿔볼 수 있다. 예를 들어 휴일, 생일, 기념일 같은 특별한 날짜를 나열하는 $HOME/.calr 구성 파일을 도입하고, 여기에 있는 날짜를 굵은 텍스트, 반전 텍스트, 컬러 텍스트 등의 새로운 터미널 색상 지정 기법을 이용해서 강조해 표시해보자.

매뉴얼 페이지에는 월을 가로가 아닌 세로로 형식화하는 `ncal` 프로그램이 언급되어 있다. `ncal`은 한 해 전체를 표시할 때 `cal`처럼 한 줄에 석 달씩 네 줄을 인쇄하는 게 아니라 한 줄에 넉 달씩 세 줄을 인쇄한다. `calr`의 출력을 `ncal`의 출력처럼 바꿔주는 옵션을 만들어보자. 모든 가능성에 대한 테스트를 추가하는 것도 잊지 말자.

출력을 국제화할 수 있는 방법을 생각해보자. 보통은 사용자가 선호하는 언어로 월 이름을 선택하는 데 사용할 수 있는 환경 변수 `LANG`이나 `LANGUAGE`가 있기 마련이다. 아니면 앞서 언급한 구성 파일을 이용해서 사용자가 월 이름을 입맛에 맞게 바꿀 수 있도록 할 수도 있다. 중국어, 일본어, 키릴 자모와 같이 다른 글씨를 쓰는 언어는 어떻게 처리할 수 있을까? 오른쪽에서 왼쪽으로 읽는 히브리어 달력이나 위에서 아래로 읽는 몽골어 달력을 만들어보자.

오리지널 `cal`은 한 달만 보여주거나 전체 연도를 보여주거나 둘 중 하나다. 사용자가 `cutr`에서 쓰는 범위를 이용해서 여러 달을 선택할 수 있게 만들어보자. 예를 들어 `-m 4,1,7-9`가 주어지면 4월, 1월, 7월부터 9월까지를 표시하는 식이 될 것이다.

끝으로 필자는 이번 장의 시작 부분에서 `date` 명령을 언급한 바 있다. 이 명령은 여러 가지 중에서 현재 날짜와 시간만 표시하는 프로그램이다. `man date`를 이용해서 매뉴얼 페이지를 읽은 다음 마음에 드는 옵션을 구현하는 러스트 버전을 작성해보자.

# 요약

이번 장에서 배운 내용 몇 가지를 요약하면 다음과 같다.

- `chrono` 크레이트는 오늘 날짜를 찾는 방법과 (`last_day_in_month`에서) 주어진 날짜의 전날을 찾는 것과 같은 기본적인 날짜 조작을 수행하는 방법을 제공한다.
- `Vec::chunks` 메서드는 요소의 그룹을 슬라이스로 반환한다. 도전 과제 프로그램에서는 이를 이용해서 요일을 일곱 개의 그룹으로 또 월을 세 개의 그룹으로 묶었다.
- `Iterator::zip` 메서드는 두 이터레이터를 받아서 이들 소스의 값으로 된 튜플을 갖는 새 이터레이터로 결합한다. `itertools::izip` 매크로를 이용하면 이를 원하는 수의 이터레이터로 확장할 수 있다.
- `ansi_term::Style`은 텍스트와 배경에 쓰인 색을 반전시켜서 현재 날짜를 강조해 표시하기 등 다양한 색상과 스타일로 된 터미널 텍스트를 생성할 수 있다.

다음 장에서는 유닉스 파일 메타데이터와 출력을 텍스트 테이블로 형식화하는 법에 대해서 자세히 배운다.

# 14 CHAPTER

# 엘에스 섬: ls

이제 여자애들은 그냥 지어낸 얘기란 걸 알겠지

이제 남자애들은 그냥 운이 좋아 그런 거란 걸 알겠지

이제 내 차가 실제로 존재하지 않는다는 걸 알겠지

그리고 내 이름은 실제로 그 목록에 없어

—<Prevenge>(데이 마이트 비 자이언츠, 2004)

끝으로 이번 장에서는 유닉스에서 가장 열일하는 프로그램이라 할 수 있는 **리스트** 명령 `ls`(엘에스라고 읽는다)의 러스트 복제본을 만들어본다. 필자는 디렉터리의 내용을 보거나 일부 파일의 크기나 권한을 알아보기 위한 용도로 이를 매일매일 하루에도 여러 번씩 사용한다. 오리지널 프로그램에는 30개 이상의 옵션이 있지만, 도전 과제 프로그램에서는 디렉터리의 내용을 인쇄하거나 파일 목록을 권한, 크기, 수정 시간과 함께 인쇄하는 등의 몇 가지 기능만 구현해본다. 이번 도전 과제 프로그램은 유닉스에만 해당하는 파일과 소유권의 개념에 의존하므로 윈도우에서는 작동하지 않는다. 윈도우 사용자는 WSL을 설치하고 해당 환경 안에서 프로그램을 작성하고 테스트하길 권한다.

이번 장에서 배울 내용은 다음과 같다.

- 파일의 권한을 질의하고 시각적으로 표현하는 법
- 구현을 이용해서 사용자 정의 타입에 메서드를 추가하는 법

---

\* [옮긴이] 이번 장 제목의 원문은 "Elless Island"로 미국 뉴욕에 있는 엘리스 섬(Ellis Island)을 연상케 한다. 이번 장에서 다룰 `ls` 프로그램을 소개하는 언어유희다.

- 별도의 파일에 모듈을 생성해서 코드를 정리하는 법

- 텍스트 테이블을 이용해서 정렬된 출력 열을 생성하는 법

- 문서 주석을 생성하는 법

## 14.1  ls의 작동 방식

도전 과제 프로그램에서 예상되는 내용을 알아보기 위해 먼저 BSD `ls`의 매뉴얼 페이지를 살펴보자. 39개의 옵션이 있다는 걸 알 수 있다. 문서가 다소 길기 때문에 여기에는 첫 번째 부분만 포함시켜두지만 전체 내용을 읽어보길 권한다.

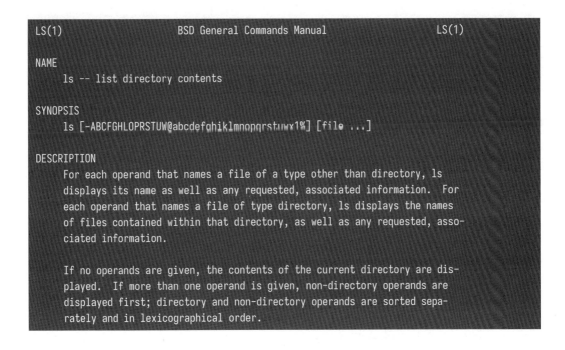

```
LS(1)                      BSD General Commands Manual                      LS(1)

NAME
     ls -- list directory contents

SYNOPSIS
     ls [-ABCFGHLOPRSTUW@abcdefghiklmnopqrstuwx1%] [file ...]

DESCRIPTION
     For each operand that names a file of a type other than directory, ls
     displays its name as well as any requested, associated information.  For
     each operand that names a file of type directory, ls displays the names
     of files contained within that directory, as well as any requested, asso-
     ciated information.

     If no operands are given, the contents of the current directory are dis-
     played.  If more than one operand is given, non-directory operands are
     displayed first; directory and non-directory operands are sorted sepa-
     rately and in lexicographical order.
```

아무런 옵션 없이 `ls`를 실행하면 현재 작업 디렉터리의 내용이 표시된다. 예를 들어 **14_lsr** 디렉터리로 자리를 옮겨서 실행해보자.

```
$ cd 14_lsr
$ ls
Cargo.toml          set-test-perms.sh* src/                tests/
```

도전 과제 프로그램은 `-l|--long`과 `-a|--all` 이렇게 두 가지 옵션 플래그만 구현한다. 매뉴얼 페이지의 설명을 보자.

```
The Long Format
If the -l option is given, the following information is displayed for
each file: file mode, number of links, owner name, group name, number of
bytes in the file, abbreviated month, day-of-month file was last modi-
fied, hour file last modified, minute file last modified, and the path-
name.  In addition, for each directory whose contents are displayed, the
total number of 512-byte blocks used by the files in the directory is
displayed on a line by itself, immediately before the information for the
files in the directory.
```

소스 디렉터리에서 `ls -l`을 실행해보자(긴 형식). 물론 소유자와 수정 시간 같은 메타데이터는 여기에 표시된 것과 다를 것이다.

```
$ ls -l
total 16
-rw-r--r--  1 kyclark  staff  217 Aug 11 08:26 Cargo.toml
-rwxr-xr-x  1 kyclark  staff  447 Aug 12 17:56 set-test-perms.sh*
drwxr-xr-x  5 kyclark  staff  160 Aug 26 09:44 src/
drwxr-xr-x  4 kyclark  staff  128 Aug 17 08:42 tests/
```

**모두 보기** 옵션인 `-a`는 보통 숨겨진 항목을 표시한다. 예를 들어 이 옵션을 사용하면 일반적으로 현재 디렉터리 `.`과 부모 디렉터리 `..`이 표시된다.

```
$ ls -a
./                  Cargo.toml          src/
../                 set-test-perms.sh*  tests/
```

이들 플래그는 `ls -a -l`처럼 따로 지정할 수도 있고 `ls -la`처럼 붙여 지정할 수도 있다. 이때 순서는 상관이 없어서 `-la`나 `-al` 둘 다 통한다.

```
$ ls -la
total 16
drwxr-xr-x   6 kyclark  staff  192 Oct 15 07:52 ./
drwxr-xr-x  24 kyclark  staff  768 Aug 24 08:22 ../
-rw-r--r--   1 kyclark  staff  217 Aug 11 08:26 Cargo.toml
-rwxr-xr-x   1 kyclark  staff  447 Aug 12 17:56 set-test-perms.sh*
drwxr-xr-x   5 kyclark  staff  160 Aug 26 09:44 src/
drwxr-xr-x   4 kyclark  staff  128 Aug 17 08:42 tests/
```

이름이 점(.)으로 시작하는 모든 항목(디렉터리나 파일)은 숨겨지는데, 이런 특성으로 인해서 프로그램 상태와 메타데이터를 저장하는 데 자주 쓰이는 소위 **닷파일**dotfile이라는 것이 생겨났다. 예를 들어 소스 코드 저장소의 루트 디렉터리에는 깃이 파일의 변경 사항을 추적하는 데 필요한 모든 정보가 담겨 있는 **.git**이라는 디렉터리가 포함되어 있다. 또 깃에서 제외하려는 파일 이름과 글롭이 담겨 있는 **.gitignore** 파일을 생성하는 게 일반적이다.

하나 이상의 디렉터리 이름을 위치 인수로 주면 그 안에 있는 내용을 볼 수 있다.

```
$ ls src/ tests/
src/:
main.rs   owner.rs

tests/:
cli.rs inputs
```

위치 인수는 파일일 수도 있다.

```
$ ls -l src/*.rs
-rw-r--r--  1 kyclark  staff  8959 Feb 25 12:09 src/main.rs
-rw-r--r--  1 kyclark  staff   313 Feb 25 12:03 src/owner.rs
```

파일이 반환되는 순서는 운영체제마다 다르다. 예를 들어 macOS에서는 **.hidden** 파일이 다른 모든 파일보다 먼저 표시된다.

```
$ ls -la tests/inputs/
total 16
drwxr-xr-x  7 kyclark  staff  224 Aug 12 10:29 ./
drwxr-xr-x  4 kyclark  staff  128 Aug 17 08:42 ../
-rw-r--r--  1 kyclark  staff    0 Mar 19  2021 .hidden
-rw-r--r--  1 kyclark  staff  193 May 31 16:43 bustle.txt
drwxr-xr-x  4 kyclark  staff  128 Aug 10 18:08 dir/
-rw-r--r--  1 kyclark  staff    0 Mar 19  2021 empty.txt
-rw-------  1 kyclark  staff   45 Aug 12 10:29 fox.txt
```

리눅스에서는 **.hidden** 파일이 마지막에 나열된다.

```
$ ls -la tests/inputs/
total 20
drwxr-xr-x. 3 kyclark staff 4096 Aug 21 12:13 ./
```

```
drwxr-xr-x.  3 kyclark staff 4096 Aug 21 12:13 ../
-rw-r--r--.  1 kyclark staff  193 Aug 21 12:13 bustle.txt
drwxr-xr-x.  2 kyclark staff 4096 Aug 21 12:13 dir/
-rw-r--r--.  1 kyclark staff    0 Aug 21 12:13 empty.txt
-rw-------.  1 kyclark staff   45 Aug 21 12:13 fox.txt
-rw-r--r--.  1 kyclark staff    0 Aug 21 12:13 .hidden
```

 이러한 차이로 인해서 테스트에서는 특정한 순서를 확인하지 않는다.

존재하지 않는 파일이 있을 때는 그와 관련된 오류가 먼저 인쇄된 다음 유효한 인수에 대한 결과가 인쇄된다. 늘 그렇듯이 **blargh**는 존재하지 않는 파일을 의미한다.

```
$ ls Cargo.toml blargh src/main.rs
ls: blargh: No such file or directory
Cargo.toml   src/main.rs
```

도전 과제 프로그램에서 구현해야 할 내용은 대략 이 정도다. ls의 버전은 역사를 따지자면 오리지널 AT&T 유닉스까지 거슬러 올라가며, BSD와 GNU 버전 모두 수십 년에 걸쳐서 진화해왔다. 도전 과제 프로그램은 ls를 대체하기엔 수박 겉 핥기에 비교해도 모자라지만, 운영체제와 정보 저장소의 아주 흥미로운 측면 몇 가지를 깊이 있게 생각해볼 좋은 기회가 될 것이다.

## 14.2 시작하기

이번 도전 과제 프로그램의 이름은 ls의 러스트 버전이라는 의미로 lsr(레서 또는 **리스터**라고 읽는다)라고 하겠다. 먼저 `cargo new lsr`를 실행하는 것으로 시작하자. 필자의 설루션은 다음 의존성을 사용하므로 이를 **Cargo.toml**에 추가해야 한다.

```
[dependencies]
anyhow = "1.0.79"
chrono = "0.4.31" ❶
clap = { version = "4.5.0", features = ["derive"] }
tabular = "0.2.0" ❷
users = "0.11.0" ❸

[dev-dependencies]
assert_cmd = "2.0.13"
```

```
predicates = "3.0.4"
pretty_assertions = "1.4.0"
rand = "0.8.5"
```

❶ chrono는 파일 수정 시간을 다루는 데 쓰인다.

❷ tabular는 긴 목록을 텍스트 테이블로 보여주는 데 쓰인다.

❸ users는 소유자의 사용자와 그룹 이름을 가져오는 데 쓰인다.

**14_lsr/tests**를 여러분의 프로젝트에 복사한 다음 **cargo test**를 실행해서 프로그램을 빌드하고 테스트한다. 테스트가 전부 실패해야 한다. 그런 다음 bash 스크립트 **14_lsr/set-test-perms.sh**를 실행해서 테스트 입력의 파일 및 디렉터리 권한을 알려진 값으로 설정해야 한다. 사용법을 보려면 -h|--help를 주고 실행한다.

```
$ ./set-test-perms.sh --help
Usage: set-test-perms.sh DIR
```

실행할 때 새 lsr의 경로를 줘야 한다. 예를 들어 **~/rust-solutions/lsr**에 프로젝트를 생성했다면 다음과 같이 실행한다.

```
$ ./set-test-perms.sh ~/rust-solutions/lsr
Done, fixed files in "/Users/kyclark/rust-solutions/lsr".
```

### 14.2.1 인수 정의하기

**src/main.rs**를 업데이트해서 프로그램의 인수를 위한 다음 스트럭트를 추가하기로 하자.

```
#[derive(Debug)]
pub struct Args {
    paths: Vec<String>, ❶
    long: bool, ❷
    show_hidden: bool, ❸
}
```

❶ paths 인수는 파일과 디렉터리를 위한 문자열 벡터다.

❷ long 옵션은 긴 목록을 인쇄할지 여부를 나타내는 불리언이다.

❸ show_hidden 옵션은 숨겨진 항목을 인쇄할지 여부를 나타내는 불리언이다.

인수를 파싱하고 유효성을 검사하는 부분은 다른 프로그램에서 한 것과 다를 바 없다. `clap` 파생 패턴을 쓰려면 스트럭트에 애너테이션을 달아두면 되고, 그렇지 않으면 다음의 `get_args` 개요를 가져다 사용하면 된다.

```
fn get_args() -> Args {
    let matches = Command::new("lsr")
        .version("0.1.0")
        .author("Ken Youens-Clark <kyclark@gmail.com>")
        .about("Rust version of `ls`")
        // 여기에는 무엇이 올까?
        .get_matches();

    Args {
        paths: ...
        long: ...
        show_hidden: ...
    }
}
```

`main` 함수는 인수를 인쇄하는 것에서 시작한다.

```
fn main() {
    let args = get_args();
    println!("{args:?}");
}
```

프로그램이 다음과 같은 사용법을 인쇄할 수 있는지 확인한다.

```
$ cargo run -- -h
Rust version of `ls`

Usage: lsr [OPTIONS] [PATH]...

Arguments:
  [PATH]...  Files and/or directories [default: .]

Options:
  -l, --long     Long listing
  -a, --all      Show all files
  -h, --help     Print help
  -V, --version  Print version
```

아무런 인수 없이 프로그램을 실행해서 paths의 기본값이 현재 작업 디렉터리를 나타내는 점(.)을 포함하고 있는 목록인지 확인한다. 두 개의 불리언값은 false여야 한다.

```
$ cargo run
Args { paths: ["."], long: false, show_hidden: false }
```

두 플래그를 켜고 하나 이상의 위치 인수를 줘보자.

```
$ cargo run -- -la tests/*
Args { paths: ["tests/cli.rs", "tests/inputs"], long: true, show_hidden: true }
```

 읽기를 멈추고 프로그램을 이 지점까지 작동하게 만들어보자.

여기까지 잘 따라왔다고 가정하고 필자의 get_args를 보여주겠다. 이전 프로그램에서 사용하던 것과 비슷하므로 설명은 생략한다.

```
fn get_args() -> Args {
    let matches = Command::new("lsr")
        .version("0.1.0")
        .author("Ken Youens-Clark <kyclark@gmail.com>")
        .about("Rust version of `ls`")
        .arg(
            Arg::new("paths")
                .value_name("PATH")
                .help("Files and/or directories")
                .default_value(".")
                .num_args(0..),
        )
        .arg(
            Arg::new("long")
                .action(ArgAction::SetTrue)
                .help("Long listing")
                .short('l')
                .long("long"),
        )
        .arg(
            Arg::new("all")
                .action(ArgAction::SetTrue)
                .help("Show all files")
```

```
                    .short('a')
                    .long("all"),
            )
        .get_matches();

    Args {
        paths: matches.get_many("paths").unwrap().cloned().collect(),
        long: matches.get_flag("long"),
        show_hidden: matches.get_flag("all"),
    }
}
```

파생 패턴의 경우에는 다음 코드에 `use clap::Parser`를 추가한다.

```
#[derive(Debug, Parser)]
#[command(author, version, about)]
/// `ls`의 러스트 버전
struct Args {
    /// 파일이나 디렉터리, 혹은 둘 모두
    #[arg(default_value = ".")]
    paths: Vec<String>,

    /// 긴 목록
    #[arg(short, long)]
    long: bool,

    /// 모든 파일을 표시한다.
    #[arg(short('a'), long("all"))]
    show_hidden: bool,
}
```

앞서 다룬 프로그램에서 `run` 함수를 가져온다. 그리고 다음 코드를 위해서 가져오기 부분에 `use anyhow::Result`를 추가한다.

```
fn main() {
    if let Err(e) = run(Args::parse()) {
        eprintln!("{e}");
        std::process::exit(1);
    }
}

fn run(_args: Args) -> Result<()> {
    Ok(())
}
```

다음으로 입력 파일을 찾는 법을 알아보자.

### 14.2.2 파일 찾기

겉으로 보기에 이 프로그램은 꽤 단순해 보인다. 여기서는 주어진 파일과 디렉터리를 나열하고자 하므로 앞 장에서 여러 번 했던 것처럼 `find_files` 함수를 작성하는 것으로 시작하겠다. 찾은 파일은 9장에서와 같이 문자열로 표현해도 되지만, 여기서는 12장에서와 같이 `PathBuf`를 사용하기로 마음먹었다. 이 아이디어를 따르고자 한다면 가져오기 부분에 `use std::path::PathBuf`를 추가해야 한다.

```
fn find_files(
    paths: &[String], ❶
    show_hidden: bool ❷
) -> Result<Vec<PathBuf>> { ❸
    unimplemented!();
}
```

❶ `paths`는 사용자에게서 받은 파일이나 디렉터리 이름이 담긴 벡터다.

❷ `show_hidden`은 디렉터리 목록에 숨겨진 파일을 포함시킬지 여부를 나타낸다.

❸ 결과는 `PathBuf`(https://oreil.ly/Mth0r) 값 벡터다.

필자의 `find_files` 함수는 주어진 모든 `paths`를 반복 처리하면서 `std::fs::metadata`(https://oreil.ly/VsRxb)를 이용해서 값이 존재하는지 확인한다. 메타데이터가 없으면 오류 메시지를 `STDERR`에 인쇄하고 다음 항목으로 넘어가므로 이 함수는 존재하는 파일과 디렉터리만 반환하게 된다. 오류 메시지가 인쇄되는 부분은 통합 테스트에서 확인하므로 함수 자체는 유효한 항목을 반환하기만 하면 된다. 오류 메시지가 인쇄되는 부분은 통합 테스트에서 확인하므로 함수 자체는 유효한 항목을 반환하기만 하면 된다. 오류를 반환하는 대신 인쇄하게 되면 기대하는 오류가 감지되는지 확인하는 단위 테스트를 작성할 수 없기 때문에 어려움이 있지만, 함수를 이런 식으로 작성함으로써 오리지널 도구의 동작을 재현할 수 있게 된다. 순수 함수형 프로그래밍 용어로 인쇄는 함수의 반환값에 반영되지 않으므로 '부수 효과'다.

메타데이터를 통해서 항목이 파일인지 디렉터리인지 알 수 있다. 항목이 파일이면 `PathBuf`를 생성해서 결과에 추가한다. 항목이 디렉터리이면 `fs::read_dir`(https://oreil.ly/m95Y5)을 이용해서 디렉터리의 내용을 읽는다. 이 함수는 `show_hidden`이 `true`가 아닌 한 파일 이름이 점(`.`)으로 시작하는 숨겨진 항목을 건너뛰어야 한다.

명령줄 도구에서는 파일 이름을 보통 **기본 이름**basename이라고 하며, 이 파일 이름을 제외한 나머지 앞에 오는 경로 정보를 **디렉터리 이름**dirname이라고 한다. 명령줄 도구인 basename과 dirname은 이들 요소를 반환한다.

```
$ basename 14_lsr/src/main.rs
main.rs
$ dirname 14_lsr/src/main.rs
14_lsr/src
```

다음은 숨겨진 파일을 포함하는 목록과 포함하지 않는 목록을 점검하는 find_files를 위한 두 가지 단위 테스트다. 이번 장 서문에서 언급했다시피, 파일이 반환되는 순서는 OS마다 다를 수 있으므로 테스트에서는 순서를 무시한 채 항목을 정렬한다. find_files 함수는 하위 디렉터리를 재귀적으로 따라 들어가지 않는다는 걸 유념하자. 먼저 다음을 **src/main.rs**의 tests 모듈에 추가하는 것으로 시작하자.

```rust
#[cfg(test)]
mod test {
    use super::find_files;

    #[test]
    fn test_find_files() {
        // 디렉터리에 있는 숨겨지지 않은 모든 항목을 찾는다.
        let res = find_files(&["tests/inputs".to_string()], false); ❶
        assert!(res.is_ok()); ❷
        let mut filenames: Vec<_> = res ❸
            .unwrap()
            .iter()
            .map(|entry| entry.display().to_string())
            .collect();
        filenames.sort(); ❹
        assert_eq!( ❺
            filenames,
            [
                "tests/inputs/bustle.txt",
                "tests/inputs/dir",
                "tests/inputs/empty.txt",
                "tests/inputs/fox.txt",
            ]
        );

        // 디렉터리에 있는 모든 항목을 찾는다.
        let res = find_files(&["tests/inputs".to_string()], true); ❻
        assert!(res.is_ok());
```

```rust
        let mut filenames: Vec<_> = res
            .unwrap()
            .iter()
            .map(|entry| entry.display().to_string())
            .collect();
        filenames.sort();
        assert_eq!(
            filenames,
            [
                "tests/inputs/.hidden",
                "tests/inputs/bustle.txt",
                "tests/inputs/dir",
                "tests/inputs/empty.txt",
                "tests/inputs/fox.txt",
            ]
        );

        // 숨겨진 파일도 찾을 수 있어야 한다.
        let res = find_files(&["tests/inputs/.hidden".to_string()], false);
        assert!(res.is_ok());
        let filenames: Vec<_> = res
            .unwrap()
            .iter()
            .map(|entry| entry.display().to_string())
            .collect();
        assert_eq!(filenames, ["tests/inputs/.hidden"]);

        // 여러 개의 경로 인수를 테스트한다.
        let res = find_files(
            &[
                "tests/inputs/bustle.txt".to_string(),
                "tests/inputs/dir".to_string(),
            ],
            false,
        );
        assert!(res.is_ok());
        let mut filenames: Vec<_> = res
            .unwrap()
            .iter()
            .map(|entry| entry.display().to_string())
            .collect();
        filenames.sort();
        assert_eq!(
            filenames,
            ["tests/inputs/bustle.txt", "tests/inputs/dir/spiders.txt"]
        );
    }
}
```

**❶** **tests/inputs** 디렉터리에 있는 항목을 찾는데 숨겨진 파일은 무시한다.

**❷** 결과가 `Ok` 배리언트인지 확인한다.

**❸** 표시 이름을 `Vec<String>`으로 모은다.

**❹** 항목 이름을 알파벳 순서로 정렬한다.

**❺** 기대 파일 네 가지를 찾았는지 확인한다.

**❻** **tests/inputs** 디렉터리에 있는 항목을 찾는데 숨겨진 파일을 포함한다.

다음은 숨겨진 파일을 위한 테스트다.

```
#[cfg(test)]
mod test {
    use super::find_files;

    #[test]
    fn test_find_files() {}  // 앞과 동일하다.

    #[test]
    fn test_find_files_hidden() {
        let res = find_files(&["tests/inputs".to_string()], true); ❶
        assert!(res.is_ok());
        let mut filenames: Vec<_> = res
            .unwrap()
            .iter()
            .map(|entry| entry.display().to_string())
            .collect();
        filenames.sort();
        assert_eq!(
            filenames,
            [
                "tests/inputs/.hidden", ❷
                "tests/inputs/bustle.txt",
                "tests/inputs/dir",
                "tests/inputs/empty.txt",
                "tests/inputs/fox.txt",
            ]
        );
    }
}
```

**❶** 결과에 숨겨진 파일을 포함시킨다.

**❷** **.hidden** 파일이 결과에 포함되어야 한다.

여기서 멈추고 `cargo test find_files`가 두 테스트를 다 통과하는지 확인하자.

`find_files` 함수가 작동하면 이를 `run` 함수에 통합해서 찾은 항목을 인쇄한다.

```
fn run(args: Args) -> Result<()> {
    let paths = find_files(&args.paths, args.show_hidden)?; ❶
    for path in paths { ❷
        println!("{}", path.display()); ❸
    }
    Ok(())
}
```

❶ 제공된 경로에서 파일을 찾고 숨겨진 항목을 표시할지 여부를 지정한다.

❷ 반환된 각 경로를 반복 처리한다.

❸ 비유니코드 데이터를 포함하고 있을지 모르는 경로를 안전하게 인쇄하기 위해서 `Path::display`
(https://oreil.ly/apWTZ)를 사용한다.

소스 디렉터리에서 프로그램을 실행하면 다음과 같은 출력이 표시된다.

```
$ cargo run
./Cargo.toml
./target
./tests
./Cargo.lock
./src
```

도전 과제 프로그램의 출력은 오리지널 `ls`를 완전히 모사하지는 않는다. 예를 들어 `ls`의 기본 목록은 열을 생성한다.

```
$ ls tests/inputs/
bustle.txt  dir/        empty.txt  fox.txt
```

프로그램이 다음과 같은 출력을 만들어낼 수 있다면 이미 기본적인 디렉터리 목록을 구현한 것이다. 파일의 순서는 중요하지 않다는 걸 유념하자. 다음은 필자의 macOS에서 표시되는 출력이다.

```
$ cargo run -- -a tests/inputs/
tests/inputs/.hidden
tests/inputs/empty.txt
tests/inputs/bustle.txt
tests/inputs/fox.txt
tests/inputs/dir
```

그리고 다음은 리눅스에서 표시되는 출력이다.

```
$ cargo run -- -a tests/inputs/
tests/inputs/empty.txt
tests/inputs/.hidden
tests/inputs/fox.txt
tests/inputs/dir
tests/inputs/bustle.txt
```

우리의 오랜 친구 **blargh**와 같은 존재하지 않는 파일을 주고 프로그램이 STDERR에 메시지를 인쇄하는지 확인한다.

```
$ cargo run -q -- blargh 2>err
$ cat err
blargh: No such file or directory (os error 2)
```

 읽기를 멈추고 cargo test가 테스트의 절반가량을 통과하는지 확인한다. 실패하는 테스트의 이름에는 전부 긴 목록을 구현해야 함을 뜻하는 **long**이라는 단어가 포함되어 있어야 한다.

### 14.2.3 긴 목록 형식화하기

다음 단계는 각 항목의 메타데이터를 나열하는 긴 목록 옵션인 -l|--long을 처리하는 것이다. 그림 14-1은 굵은 글꼴로 열 번호를 매겨둔 예시 출력을 보여주는데, 여기서 열 번호는 기대 출력의 일부가 아니다. 여러분의 프로그램이 표시하는 출력은 소유자와 수정 시간이 다를 수 있다는 점을 유념하자.

```
$ cargo run -- -l tests/inputs/
- rw-r--r-- 1 kyclark staff   0 Mar 12 21 10:12 tests/inputs/empty.txt
- rw-r--r-- 1 kyclark staff 193 May 31 21 16:43 tests/inputs/bustle.txt
- rw------- 1 kyclark staff  45 Aug 12 21 10:29 tests/inputs/fox.txt
d rwxr-xr-x 4 kyclark staff 128 Aug 10 21 18:08 tests/inputs/dir
1 2        3 4       5       6   7               8
```

그림 14-1 프로그램의 긴 목록에는 여덟 개의 메타데이터가 포함된다.

이 출력에 표시되어 있는 메타데이터를 열 번호 순으로 살펴보면 다음과 같다.

1. 해당 항목의 유형. 디렉터리는 d로 표시되고 그 외에 나머지는 대시(-)로 표시된다.

2. 사용자, 그룹, 기타에 대한 권한. 읽기는 r로, 쓰기는 w로, 실행은 x로 표시된다.

3. 해당 파일을 가리키는 링크 수

4. 해당 파일을 소유한 사용자의 이름

5. 해당 파일을 소유한 그룹의 이름

6. 해당 파일이나 디렉터리의 바이트 단위로 된 크기

7. 해당 파일의 마지막 수정 날짜와 시간

8. 해당 파일의 경로

출력 테이블을 생성하는 일은 까다로운 부분이 많아서 이를 대신 처리해줄 tabular(https://oreil. ly/5HBqP)를 사용할 작정이다. 필자는 PathBuf 값 목록을 받아서 메타데이터 열이 형식화된 테이블을 반환하는 format_output이라는 함수를 작성했다. 필자의 안내를 따르고자 한다면 가져오기 부분에 use tabular::{Row, Table}을 추가해야 한다. 이 함수는 BSD ls의 출력을 똑같이 모사하지는 않지만 테스트 스위트의 기대치를 충족한다는 걸 유념하자.

```
fn format_output(paths: &[PathBuf]) -> Result<String> {
    //          1  2    3    4    5    6    7    8
    let fmt = "{:<}{:<}  {:>}  {:<}  {:<}  {:>}  {:<}  {:<}";
    let mut table = Table::new(fmt);

    for path in paths {
        table.add_row(
            Row::new()
                .with_cell("")  // 1 "d" 또는 "-"
                .with_cell("")  // 2 권한
                .with_cell("")  // 3 링크 수
                .with_cell("")  // 4 사용자 이름
                .with_cell("")  // 5 그룹 이름
                .with_cell("")  // 6 크기
                .with_cell("")  // 7 수정
                .with_cell("")  // 8 경로
        );
    }

    Ok(format!("{table}"))
}
```

셀을 채우는 데 필요한 많은 데이터는 `PathBuf::metadata`(https://oreil.ly/2G3en)로 찾을 수 있다. 다음은 다양한 열을 채우는 데 도움이 되는 몇 가지 팁이다.

- `metadata::is_dir`(https://oreil.ly/qhXWX)은 항목이 디렉터리인지 여부를 나타내는 불리언을 반환한다.
- `metadata::mode`(https://oreil.ly/LuKo4)는 항목의 권한을 나타내는 `u32`를 반환한다. 이 정보를 표시 문자열로 형식화하는 법은 다음 절에서 설명한다.
- 링크 수는 `metadata::nlink`(https://oreil.ly/f2RyC)를 이용해서 찾을 수 있다.
- 사용자와 그룹의 소유자 같은 경우에는, `metadata::uid`(https://oreil.ly/P8YpO)를 호출해서 소유자의 사용자 ID를 가져오고, `metadata::gid`(https://oreil.ly/ggddm)를 호출해서 그룹 ID를 가져오면 되는데, 이를 위해서는 `use std::os::unix::fs::MetadataExt`를 추가해야 한다. 사용자 ID와 그룹 ID는 모두 정숫값이므로 실제 사용자 이름과 그룹 이름으로 변환해야 한다. 이를 위해서는 `users` 크레이트(https://oreil.ly/nuvE8)에 포함되어 있는 `get_user_by_uid`(https://oreil.ly/gaDwI)와 `get_group_by_gid`(https://oreil.ly/qFRSD) 함수를 살펴보기 바란다.
- 파일이나 디렉터리의 크기는 `metadata::len`(https://oreil.ly/129cs)을 이용해서 가져온다.
- 파일의 `metadata::modified`(https://oreil.ly/buVC9) 시간을 표시하는 일은 까다롭다. 이 메서드는 `std::time::SystemTime` 스트럭트(https://oreil.ly/GIiqd)를 반환하는데, `chrono::DateTime::format`(https://oreil.ly/TUBOK)을 이용해서 이 날짜를 C와 펄 프로그래머에게 익숙한 형식인 `strftime` 문법(https://oreil.ly/075dF)으로 된 날짜로 형식화하길 권한다.
- 파일이나 디렉터리 이름에는 `Path::display`(https://oreil.ly/8tnwX)를 사용한다.

이 함수를 위해 마련해둔 단위 테스트를 이해하려면 먼저 권한을 표시하는 법에 대해 자세히 설명해야 한다.

### 14.2.4 8진수로 된 권한 표시하기

파일의 유형과 권한은 `drwxr-xr-x`처럼 열 개의 문자로 된 문자열을 이용해 표시하는데, 여기서 각 문자나 대시는 특정 정보를 나타낸다. 첫 번째 문자는 **디렉터리**의 경우 `d`가 되고 그 외에 나머지는 대시가 된다. 표준 `ls`는 **링크**에 대해서 `l`을 사용하지만 도전 과제 프로그램은 링크를 구별하지 않는다.

나머지 아홉 개의 문자는 해당 항목의 권한을 표현한다. 유닉스에서 각 파일과 디렉터리는 **사용자**,

**그룹**, **기타** 모든 사람에 대해서 세 가지 공유 수준을 갖는다. 한 번에 한 사용자와 한 그룹만 파일을 소유할 수 있다. 각 소유 수준에는 그림 14-2와 같이 읽기, 쓰기, 실행 권한이 존재한다.

| 사용자 | 그룹 | 기타 |
|:---:|:---:|:---:|
| 4 2 1 | 4 2 1 | 4 2 1 |
| r w x | r w x | r w x |

그림 14-2  각 소유 수준(사용자, 그룹, 기타)에는 읽기, 쓰기, 실행 권한이 존재한다.

이 세 가지 권한은 각각 **켜짐**이나 **꺼짐** 중 한 가지 상태를 가지며 1과 0을 이용해서 3비트로 표현할 수 있다. 이 말은 두 가지 선택의 세 가지 조합이 있다는 뜻인데 $2^3 = 8$이므로 가능한 결과는 전부 여덟 개가 된다. 바이너리 인코딩에서 각 비트 위치는 2의 거듭제곱에 해당하므로 001은 수 1($2^0$)이고 010은 수 2($2^1$)다. 수 3을 표현하려면 두 비트를 전부 더하면 되므로 바이너리 버전은 011이 된다. 러스트에서는 접두사 0b를 이용해서 이진수를 나타낼 수 있는데 정말 그런지 확인해 보자.

```
assert_eq!(0b001 + 0b010, 3);
```

수 4는 100($2^2$)이므로 수 5는 101(4 + 1)이다. 3비트값은 여덟 개의 수만 표현할 수 있다고 해서 **8진수** 표기법이라고 한다. 다음 루프를 사용하면 처음 여덟 개의 수에 대한 바이너리 표현을 볼 수 있다.

```
for n in 0..=7 { ❶
    println!("{} = {:03b}", n, n); ❷
}
```

❶ 범위 연산자 ..=는 끝값을 포함한다.

❷ 값 n을 있는 그대로 한 번 인쇄하고, 세 자리에 맞추되 자리가 남으면 앞에 0을 붙여서 바이너리 형식으로 한 번 인쇄한다.

앞 코드가 인쇄하는 내용은 다음과 같다.

```
0 = 000
1 = 001
2 = 010
```

```
3 = 011
4 = 100
5 = 101
6 = 110
7 = 111
```

그림 14-3은 세 개의 비트 위치가 각각 권한에 해당함을 보여준다. 위치 4는 **읽기**, 위치 2는 **쓰기**, 위치 1은 **실행**에 해당한다. 8진수 표기법은 2장과 3장에서 언급한 chmod 명령과 함께 자주 쓰인다. 예를 들어 chmod 775 명령은 파일의 사용자(소유자)와 그룹에 대해서 읽기/쓰기/실행 비트를 켜지만 다른 모든 사용자에 대해서는 읽기와 실행만 켠다. 이렇게 하면 프로그램을 실행하는 건 누구나 할 수 있지만 수정하는 건 소유자나 그룹만 할 수 있다. 파일을 소유자만 읽고 쓸 수 있게 만드는 권한인 600은 SSH 키와 같은 민감한 데이터에 자주 쓰인다.

| 사용자 | 그룹 | 기타 | 사용자 | 그룹 | 기타 |
|:---:|:---:|:---:|:---:|:---:|:---:|
| 4 2 1 | 4 2 1 | 4 2 1 | 4 2 1 | 4 2 1 | 4 2 1 |
| r w x | r w x | r - x | r w - | - - - | - - - |
| 7 | 7 | 5 | 6 | 0 | 0 |

**그림 14-3** 8진수 표기법으로 된 권한인 775와 600은 사용자/그룹/기타에 대한 읽기/쓰기/실행 권한으로 변환된다.

파일의 권한을 확인하기 위해서는 metadata::mode(https://oreil.ly/LuKo4)의 문서를 읽어보길 권한다. 이 문서에는 사용자에게 쓰기 권한이 있는지 확인하기 위해서 모드를 0o200과 같은 값으로 마스킹하는 법이 나와 있다(러스트에서 8진수 표기법을 쓸 때는 접두사 0o를 붙인다). 즉, 이항 **논리곱** 연산자 &를 이용해서 두 이진값을 결합하면 둘 다 설정된(즉, 값이 1인) 비트만 1을 산출한다.

그림 14-4에서 보다시피 값 0o700과 0o200에 &를 적용하면 위치 2에 있는 **쓰기** 비트가 모두 설정되므로 결과는 0o200이 된다. 다른 비트는 0o200의 0이 해당 값을 **가리거나** 숨기므로 설정될 수 없는데, 그래서 이 연산을 **마스킹**masking이라는 용어로 부른다. 값 0o400과 0o200에 &를 적용하면 두 피연산자의 세 위치 모두가 1을 포함하고 있지 않으므로 결과는 0이다.

```
   1 1 1   0o700              1 0 0   0o400
&  0 1 0   0o200          &   0 1 0   0o200
  ─────────                   ─────────
   0 1 0   0o200              0 0 0   0
```

**그림 14-4** 이항 논리곱 연산자 &는 같은 위치의 피연산자 비트가 모두 설정된 경우에만 해당 위치의 결과 비트값을 설정한다.

필자는 권한에 필요한 출력을 생성하기 위해서 `format_mode`라는 함수를 작성했다. 이 함수는 `mode`에서 반환된 `u32` 값을 받아서 아홉 개의 문자로 된 `String`을 반환한다.

```
/// 0o751과 같은 8진수 형식의 파일 모드가 주어지면 "rwxr-x--x"와 같은 문자열을 반환한다.
fn format_mode(mode: u32) -> String {
    unimplemented!();
}
```

앞의 함수는 표 14-1에 표시된 마스크값을 이용해서 사용자, 그룹, 기타에 해당하는 `rwx` 그룹 세 개를 생성해야 한다.

**표 14-1 사용자, 그룹, 기타에 해당하는 읽기/쓰기/실행 마스크값**

| 소유자 | 읽기 | 쓰기 | 실행 |
|---|---|---|---|
| 사용자 | 0o400 | 0o200 | 0o100 |
| 그룹 | 0o040 | 0o020 | 0o010 |
| 기타 | 0o004 | 0o002 | 0o001 |

`tests` 모듈에 들어가야 할 단위 테스트를 보면 아마 도움이 될 것이다.

```
#[cfg(test)]
mod test {
    use super::{find_files, format_mode}; ❶

    #[test]
    fn test_find_files() {}  // 앞과 동일하다.

    #[test]
    fn test_find_files_hidden() {}  // 앞과 동일하다.

    #[test]
    fn test_format_mode() {
        assert_eq!(format_mode(0o755), "rwxr-xr-x"); ❷
        assert_eq!(format_mode(0o421), "r---w---x");
    }
}
```

❶ `format_mode` 함수를 가져온다.

❷ 적당히 고른 샘플값 두 개를 가지고 함수를 점검한다. 이 둘을 통과한다면 함수가 제대로 작동한다고 봐도 될 것이다.

읽기를 멈추고 `cargo test format_mode`를 통과하는 코드를 작성해보자. 그런 다음 `format_mode`의 출력을 `format_output` 함수에 통합하자.

### 14.2.5 긴 형식 테스트하기

여러분의 시스템에서 출력되는 결과는 분명 필자의 것과 다를 것이므로 `format_output` 함수의 출력을 테스트하기가 쉽지 않다. 예를 들어 사용자 이름, 그룹 이름, 파일 수정 시간이 다를 가능성이 높다. 그러나 (**set-test-perms.sh** 스크립트를 실행했다면) 권한, 링크 수, 파일 크기, 경로는 여전히 같아야 하므로 이들 열만 검사하는 테스트를 작성했다. 게다가 사용자와 그룹 이름이 다를 수 있으므로 구체적인 열 너비나 구분 문자에 의존할 수 없다. 필자가 만든 `format_output` 함수를 위한 단위 테스트는 이런 시스템의 차이를 감안하기에 충분한 유연성을 제공하면서도 동시에 작동하는 솔루션을 작성하는 데 도움을 준다.

`tests` 모듈에 들어가야 할 다음 도우미 함수는 임의의 디렉터리 항목에 대한 긴 형식의 출력을 점검한다. 실패한 테스트를 더 쉽게 읽을 수 있도록 가져오기 부분에 `pretty_assertions::assert_eq`를 추가하는 걸 잊지 말자.

```
fn long_match( ❶
    line: &str,
    expected_name: &str,
    expected_perms: &str,
    expected_size: Option<&str>,
) {
    let parts: Vec<_> = line.split_whitespace().collect(); ❷
    assert!(parts.len() > 0 && parts.len() <= 10); ❸

    let perms = parts.get(0).unwrap(); ❹
    assert_eq!(perms, &expected_perms);

    if let Some(size) = expected_size { ❺
        let file_size = parts.get(4).unwrap();
        assert_eq!(file_size, &size);
    }

    let display_name = parts.last().unwrap(); ❻
    assert_eq!(display_name, &expected_name);
}
```

**❶** 이 함수는 출력 한 줄과 함께 권한, 크기, 경로에 대한 예측치를 받는다.

**❷** 공백을 기준으로 텍스트 줄을 분할한다.

**❸** 기대하는 다양한 필드로 줄이 분할됐는지 확인한다.

**❹** 첫 번째 열에 있는 권한 문자열을 확인한다.

**❺** 다섯 번째 열에 있는 파일 크기를 확인한다. 디렉터리 크기는 테스트하지 않으므로 이는 옵션 인수다.

**❻** 마지막 열에 있는 파일 경로를 확인한다.

> 수정 날짜 열에 공백이 있으므로 양수 오프셋이 아니라 `Iterator::last`(https://oreil.ly/mvd2C)를 사용한다.

파일 하나를 대상으로 긴 목록을 확인하는 `format_output` 함수를 위한 다음의 단위 테스트를 가지고 `tests`를 확장한다. `use std::path::PathBuf`와 `format_output`을 가져오기 부분에 추가해야 한다는 걸 유념하자.

```
#[test]
fn test_format_output_one() {
    let bustle_path = "tests/inputs/bustle.txt";
    let bustle = PathBuf::from(bustle_path); ❶

    let res = format_output(&[bustle]); ❷
    assert!(res.is_ok());

    let out = res.unwrap();
    let lines: Vec<&str> = out.split("\n").filter(|s| !s.is_empty()).collect(); ❸
    assert_eq!(lines.len(), 1);

    let line1 = lines.first().unwrap();
    long_match(&line1, bustle_path, "-rw-r--r--", Some("193")); ❹
}
```

**❶** tests/inputs/bustle.txt에 대한 `PathBuf` 값을 생성한다.

**❷** 경로 하나를 가지고 함수를 실행한다.

**❸** 새 줄을 기준으로 출력을 쪼갠 뒤에 결과가 한 줄뿐인지 확인한다.

**❹** 도우미 함수를 이용해서 권한, 크기, 경로를 점검한다.

다음 단위 테스트는 파일 두 개를 넘겨서 두 줄 다 출력이 올바른지 확인한다.

```
#[test]
fn test_format_output_two() {
    let res = format_output(&[ ❶
        PathBuf::from("tests/inputs/dir"),
        PathBuf::from("tests/inputs/empty.txt"),
    ]);
    assert!(res.is_ok());

    let out = res.unwrap();
    let mut lines: Vec<&str> = out.split("\n").filter(|s| !s.is_empty()).collect();
    lines.sort();
    assert_eq!(lines.len(), 2); ❷

    let empty_line = lines.remove(0); ❸
    long_match(
        &empty_line,
        "tests/inputs/empty.txt",
        "-rw-r--r--",
        Some("0"),
    );

    let dir_line = lines.remove(0); ❹
    long_match(&dir_line, "tests/inputs/dir", "drwxr-xr-x", None);
}
```

❶ 두 인수를 가지고 함수를 실행한다. 두 인수 중 하나는 디렉터리다.

❷ 두 줄이 반환되는지 확인한다.

❸ empty.txt 파일에 대한 기대치를 확인한다.

❹ 디렉터리 목록에 대한 기대치를 확인한다. 시스템마다 크기를 달리 보고할 수 있으므로 크기
는 확인하지 않는다.

 읽기를 멈추고 `cargo test format_output`을 통과하는 코드를 작성해보자. 정상적으로 작동하면 긴
출력을 `run` 함수에 통합해보자. 잘 해보시길!

## 14.3 설루션

이번 도전 과제는 여러 개의 작은 함수로 분해해야 할 만큼 의외로 복잡한 프로그램이 되었다. 먼

저 `find_files`를 시작으로 각 함수를 어떤 식으로 작성했는지 살펴보자.

```rust
fn find_files(paths: &[String], show_hidden: bool) -> Result<Vec<PathBuf>> {
    let mut results = vec![]; ❶
    for name in paths {
        match fs::metadata(name) { ❷
            Err(e) => eprintln!("{name}: {e}"), ❸
            Ok(meta) => {
                if meta.is_dir() { ❹
                    for entry in fs::read_dir(name)? { ❺
                        let entry = entry?; ❻
                        let path = entry.path(); ❼
                        let is_hidden = ❽
                            path.file_name().map_or(false, |file_name| {
                                file_name.to_string_lossy().starts_with('.')
                            });
                        if !is_hidden || show_hidden { ❾
                            results.push(entry.path());
                        }
                    }
                } else {
                    results.push(PathBuf::from(name)); ❿
                }
            }
        }
    }
    Ok(results)
}
```

❶ 결과를 위한 변경 가능한 벡터를 초기화한다.

❷ 경로에 대한 메타데이터를 가져와본다.

❸ 존재하지 않는 파일과 같은 오류가 발생하면 `STDERR`에 오류 메시지를 인쇄하고 다음 파일로 넘어간다.

❹ 항목이 디렉터리인지 확인한다.

❺ 디렉터리라면 `fs::read_dir`을 이용해서 항목을 읽는다.

❻ `Result`를 풀어낸다.

❼ `DirEntry::path`(https://oreil.ly/koDWO)를 이용해서 항목의 `Path` 값을 가져온다.

❽ 기본 이름이 점으로 시작하는지, 즉 숨겨져 있는지 확인한다.

❾ 항목이 표시되어야 하면 `PathBuf`를 결과에 추가한다.

❿ 파일에 대한 `PathBuf`를 결과에 추가한다.

다음으로 권한을 형식화하는 법을 보자. 표 14-1에 나와 있는 권한을 구성하는 아홉 개의 비트를 처리하는 데 필요한 아홉 개의 마스크를 떠올려보자. 이 데이터를 캡슐화하기 위해서 `Owner`라는 `enum` 타입을 만들고 여기에 `User`, `Group`, `Other`라는 배리언트를 정의했다. 기본적으로 모듈의 모든 변수와 함수는 비공개다. 즉, 이는 같은 모듈에 있는 다른 코드에서만 접근할 수 있다는 뜻이므로, 이를 프로그램의 나머지 부분에서 볼 수 있게 만들려면 pub(https://oreil.ly/Jmj7b) 키워드를 써야 한다. 또 이 타입에 권한 문자열을 생성하는 데 필요한 마스크를 반환하는 메서드를 추가하고자 한다. 이 코드를 `owner`라는 별도의 모듈로 묶어두고자 하므로 다음 코드를 **src/owner.rs** 파일에 넣어두자.

```
#[derive(Clone, Copy)]
pub enum Owner { ❶
    User,
    Group,
    Other,
}

impl Owner { ❷
    pub fn masks(&self) -> [u32; 3] { ❸
        match self { ❹
            Self::User => [0o400, 0o200, 0o100], ❺
            Self::Group => [0o040, 0o020, 0o010], ❻
            Self::Other => [0o004, 0o002, 0o001], ❼
        }
    }
}
```

❶ 소유자는 사용자이거나, 그룹이거나, 기타일 수 있다.

❷ 이 부분은 `Owner`를 위한 구현(`impl`) 블록이다.

❸ 주어진 소유자에 대한 마스크값 배열을 반환하는 `masks`라는 메서드를 정의한다.

❹ `self`는 `enum` 배리언트 중 하나가 된다.

❺ `User`에 대한 읽기, 쓰기, 실행 마스크다.

❻ `Group`에 대한 읽기, 쓰기, 실행 마스크다.

❼ `Other`에 대한 읽기, 쓰기, 실행 마스크다.

 객체 지향에 관한 배경지식이 있다면 이 문법이 `self`의 레퍼런스를 호출 대상으로 삼는 클래스 정의와 객체 메서드 선언과 의심스러울 정도로 비슷하다는 걸 알게 될 것이다.

이 모듈을 사용하려면 **src/main.rs** 상단에 `mod owner`를 추가한 다음 가져오기 목록에 `use owner::Owner`를 추가한다. 거의 모든 장에서 봐서 알겠지만 `mod` 키워드(https://oreil.ly/GqfkT)는 단위 테스트를 위한 `tests` 모듈과 같은 새 모듈을 생성하는 데 쓰인다. 앞서 추가한 `mod owner`는 `owner`라는 새 모듈을 선언한다. 이때 해당 모듈의 내용을 지정하지 않았으므로 러스트 컴파일러는 **src/owner.rs**에서 모듈의 코드를 찾는다. 그렇기 때문에 `use owner::Owner`를 이용해서 `Owner` 타입을 루트 모듈의 범위로 가져올 수 있다.

> 프로그램이 점차 복잡해질수록 코드를 모듈로 구성하는 게 유용하다. 이렇게 하면 아이디어를 한곳에 모으고 테스트할 수 있는 것은 물론 코드를 다른 프로젝트에서 재사용하기가 더 쉬워진다.

다음은 프로그램을 완성하는 데 사용한 가져오기 목록이다.

```
mod owner;

use anyhow::Result;
use chrono::{DateTime, Local};
use clap::Parser;
use owner::Owner;
use std::{fs, os::unix::fs::MetadataExt, path::PathBuf};
use tabular::{Row, Table};
use users::{get_group_by_gid, get_user_by_uid};
```

필자는 파일의 `mode`와 `Owner` 배리언트가 주어지면 권한 문자열의 일부를 생성하는 다음의 도우미 함수 `mk_triple`을 추가했다.

```
/// 0o500과 같은 8진수와 [`Owner`]가 주어지면 "r-x"와 같은 문자열을 반환한다.
fn mk_triple(mode: u32, owner: Owner) -> String { ❶
    let [read, write, execute] = owner.masks(); ❷
    format!(
        "{}{}{}", ❸
        if mode & read == 0 { "-" } else { "r" }, ❹
        if mode & write == 0 { "-" } else { "w" }, ❺
        if mode & execute == 0 { "-" } else { "x" }, ❻
    )
}
```

❶ 이 함수는 권한 `mode`와 `Owner`를 받는다.

❷ 이 `owner`에 대한 세 가지 마스크값을 풀어낸다.

❸ `format!` 매크로를 이용해서 반환할 새 `String`을 생성한다.

❹ `mode`를 `read` 값으로 마스킹해서 `0`이 반환되면 **읽기** 비트가 설정되지 않은 것이다. 설정되지 않았으면 대시(`-`)를 보여주고 설정되었으면 `r`을 보여준다.

❺ 마찬가지로 `mode`를 `write` 값으로 마스킹해서 설정되었으면 `w`를 표시하고 그렇지 않으면 대시를 표시한다.

❻ `mode`를 `execute` 값으로 마스킹해서 설정되었으면 `x`를 반환하고 그렇지 않으면 대시를 반환한다.

다음은 `tests` 모듈에 들어가야 할 이 함수를 위한 단위 테스트다. 가져오기 목록에 `super::{mk_triple, Owner}`를 추가해야 한다.

```
#[test]
fn test_mk_triple() {
    assert_eq!(mk_triple(0o751, Owner::User), "rwx");
    assert_eq!(mk_triple(0o751, Owner::Group), "r-x");
    assert_eq!(mk_triple(0o751, Owner::Other), "--x");
    assert_eq!(mk_triple(0o600, Owner::Other), "---");
}
```

끝으로 이 모두를 `format_mode` 함수 안에 가져와 넣으면 된다.

```
/// 0o751과 같은 8진수 형식의 파일 모드가 주어지면 "rwxr-x--x"와 같은 문자열을 반환한다.
fn format_mode(mode: u32) -> String { ❶
    format!(
        "{}{}{}", ❷
        mk_triple(mode, Owner::User), ❸
        mk_triple(mode, Owner::Group),
        mk_triple(mode, Owner::Other),
    )
}
```

❶ 이 함수는 `u32` 값을 받아서 새 문자열을 반환한다.

❷ 반환된 문자열은 `rwx`와 같이 세 글자로 된 값 세 개로 구성된다.

❸ 사용자, 그룹, 기타에 대해서 세 글자로 된 값을 생성한다.

 책 전반에 걸쳐서 봤다시피 러스트는 슬래시 두 개(`//`)를 이용해서 그 줄 뒤에 오는 텍스트를 전부 무시하라고 표시한다. 이는 코드에 설명을 달아두기 위한 용도로 쓰일 수 있어서 보통 **주석**이라고 부르지만, 코드 몇 줄의 실행을 잠깐 막아두기 위한 편리한 방법이기도 하다. 앞에 있는 함수에서 슬래시 세 개(`///`)를 이용해 #[doc] 애트리뷰트(https://oreil.ly/VP1AV)를 갖는 특별한 종류의 주석을 생성하는 걸 봤을 것이다. 문서 주석은 함수 선언 앞에 와야 한다는 걸 유념하자. `cargo doc --open --document-private-items`를 실행하면 카고가 여러분의 코드에 대한 문서를 만들어준다. 그리고 그림 14-5와 같이 웹브라우저를 띄우고 HTML 문서를 열어서 보여주는데, 이 문서를 보면 세 글자로 된 주석에 있는 텍스트가 함수 이름 옆에 표시된다는 걸 알 수 있다.

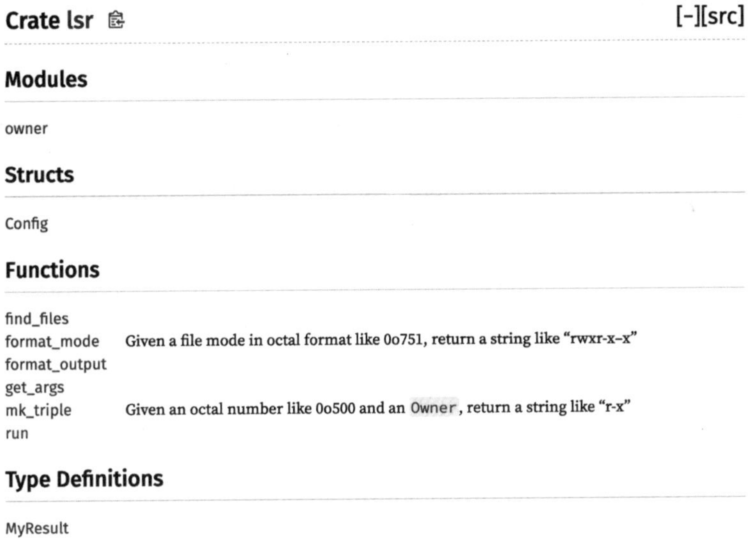

**Crate lsr** 📋                                                    [−][src]

**Modules**

owner

**Structs**

Config

**Functions**

find_files
format_mode      Given a file mode in octal format like 0o751, return a string like "rwxr-x–x"
format_output
get_args
mk_triple        Given an octal number like 0o500 and an `Owner`, return a string like "r-x"
run

**Type Definitions**

MyResult

그림 14-5  카고가 생성한 문서에는 슬래시 세 개로 시작하는 주석이 포함된다.

`format_output` 함수에서 `format_mode` 함수를 사용하는 법은 다음과 같다.

```
fn format_output(paths: &[PathBuf]) -> Result<String> {
    //          1  2    3    4    5    6    7    8
    let fmt = "{:<}{:<} {:>} {:<} {:<} {:>} {:<} {:<}";
    let mut table = Table::new(fmt); ❶

    for path in paths {
        let metadata = path.metadata()?; ❷

        let uid = metadata.uid(); ❸
        let user = get_user_by_uid(uid)
            .map(|u| u.name().to_string_lossy().into_owned())
            .unwrap_or_else(|| uid.to_string());

        let gid = metadata.gid(); ❹
        let group = get_group_by_gid(gid)
            .map(|g| g.name().to_string_lossy().into_owned())
            .unwrap_or_else(|| gid.to_string());
```

```
        let file_type = if path.is_dir() { "d" } else { "-" }; ❺
        let perms = format_mode(metadata.mode()); ❻
        let modified: DateTime<Local> = DateTime::from(metadata.modified()?); ❼

        table.add_row( ❽
            Row::new()
                .with_cell(file_type) // 1
                .with_cell(perms) // 2
                .with_cell(metadata.nlink()) // 3 ❾
                .with_cell(user) // 4
                .with_cell(group) // 5
                .with_cell(metadata.len()) // 6 ❿
                .with_cell(modified.format("%b %d %y %H:%M")) // 7 ⓫
                .with_cell(path.display()), // 8
        );
    }

    Ok(format!("{table}")) ⓬
}
```

❶ 주어진 형식의 문자열을 이용해서 새 `tabular::Table`(https://oreil.ly/z73wW)을 생성한다.

❷ 항목의 메타데이터를 가져오도록 시도한다. 앞서 `fs::metadata`를 사용했기 때문에 실패하지 말아야 한다. 이 메서드는 저 함수의 별칭이다.

❸ 메타데이터에서 소유자의 사용자 ID를 가져온다. 그런 다음 이를 사용자 이름으로 변환해보고 실패하면 문자열 버전의 ID로 대체한다.

❹ 그룹 ID와 이름에 대해서도 같은 일을 한다.

❺ 항목이 디렉터리이면 `d`를 인쇄하고 그렇지 않으면 대시(`-`)를 인쇄하도록 설정한다.

❻ `format_mode` 함수를 이용해서 항목의 권한을 형식화한다.

❼ 메타데이터의 `modified` 값(https://oreil.ly/buVC9)을 이용해서 `DateTime` 스트럭트를 생성한다.

❽ 주어진 셀을 이용해서 테이블에 새 `Row`(https://oreil.ly/Mrmvg)를 추가한다.

❾ `metadata::nlink`(https://oreil.ly/f2RyC)를 이용해서 링크 수를 알아낸다.

❿ `metadata::len`(https://oreil.ly/l29cs)을 이용해서 크기를 구한다.

⓫ `strftime` 형식 옵션(https://oreil.ly/075dF)을 이용해서 수정 시간을 표시한다.

⓬ 테이블을 문자열로 변환해서 반환한다.

끝으로 이 모두를 `run` 함수 안에 가져와 넣는다.

```
fn run(args: Args) -> Result<()> {
    let paths = find_files(&args.paths, args.show_hidden)?; ❶
    if args.long {
        println!("{}", format_output(&paths)?); ❷
    } else {
        for path in paths { ❸
            println!("{}", path.display());
        }
    }
    Ok(())
}
```

❶ 주어진 파일과 디렉터리 목록에서 항목을 전부 찾는다.

❷ 사용자가 긴 목록을 원하는 경우에는 `format_output`의 결과를 인쇄한다.

❸ 그렇지 않으면 경로를 한 줄에 하나씩 인쇄한다.

이제 프로그램은 테스트를 전부 통과하며 이로써 `ls`의 간단한 대체품 구현을 완료했다.

## 14.4 테스트 작성 시 참고 사항

이번에는 마지막 장이니만큼 테스트를 작성할 때 따라오는 여러 가지 어려움에 대해서 생각해보기로 하자. 부디 이 내용이 여러분의 코딩 실력에서 필수적인 부분으로 자리매김하길 바라 마지않는다. 예를 들어 여러분과 필자는 소유자와 수정 시간이 서로 다를 것이기 때문에, 여러분의 `lsr` 프로그램에서 얻은 출력은 필자가 테스트를 작성할 때 보던 것과 **필연적으로** 늘 다를 수밖에 없다. 필자는 시스템마다 보고하는 디렉터리 크기가 다르다는 점과, 사용자와 그룹 이름의 길이에 따라서 출력의 열 너비가 다를 수 있다는 점을 발견했다. 테스트 시에 할 수 있는 일은 레이아웃은 문제없다고 가정한 채로 파일 이름, 권한, 크기가 기대치와 같은지 확인하는 것뿐이다.

**tests/cli.rs**를 읽어보면 통합 테스트를 위해서 단위 테스트의 아이디어를 일부 차용했다는 걸 알 수 있다. 긴 목록의 경우에는 특정 파일을 대상으로 실행해서 권한, 크기, 경로를 확인하는 `run_long` 함수를 만들었다.

```
fn run_long(filename: &str, permissions: &str, size: &str) -> Result<()> { ❶
    let cmd = Command::cargo_bin(PRG)? ❷
        .args(&["--long", filename])
        .assert()
        .success();
```

```
    let stdout = String::from_utf8(cmd.get_output().stdout.clone())?; ❸
    let parts: Vec<_> = stdout.split_whitespace().collect(); ❹
    assert_eq!(parts.get(0).unwrap(), &permissions); ❺
    assert_eq!(parts.get(4).unwrap(), &size); ❻
    assert_eq!(parts.last().unwrap(), &filename); ❼
    Ok(())
}
```

❶ 이 함수는 파일 이름, 기대 권한, 기대 크기를 받는다.

❷ 주어진 파일 이름을 대상으로 `--long` 옵션을 가지고 `lsr`를 실행한다.

❸ `STDOUT`을 UTF-8로 변환한다.

❹ 공백을 기준으로 출력을 쪼개서 벡터로 모은다.

❺ 첫 번째 열이 기대 권한과 같은지 확인한다.

❻ 다섯 번째 열이 기대 크기와 같은지 확인한다.

❼ 마지막 열이 주어진 경로와 같은지 확인한다.

이 함수는 다음과 같은 식으로 사용한다.

```
#[test]
fn fox_long() -> Result<()> {
    run_long(FOX, "-rw-------", "45")
}
```

디렉터리 목록을 확인하는 일도 까다롭기는 마찬가지다. 필자는 시스템마다 보고하는 디렉터리 크기가 다르기 때문에 해당 크기를 무시해야 한다는 걸 알게 됐다. 다음은 이를 처리하는 `dir_long` 함수다.

```
#[allow(suspicious_double_ref_op)] ❶
fn dir_long(args: &[&str], expected: &[(&str, &str, &str)]) -> Result<()> { ❷
    let cmd = Command::cargo_bin(PRG)?.args(args).assert().success(); ❸
    let stdout = String::from_utf8(cmd.get_output().stdout.clone())?; ❹
    let lines: Vec<&str> =
        stdout.split("\n").filter(|s| !s.is_empty()).collect(); ❺
    assert_eq!(lines.len(), expected.len()); ❻

    let mut check = vec![]; ❼
    for line in lines {
        let parts: Vec<_> = line.split_whitespace().collect(); ❽
        let path = parts.last().unwrap().clone();
```

```
        let permissions = parts.get(0).unwrap().clone();
        let size = match permissions.chars().next() {
            Some('d') => "",            ❾
            _ => parts.get(4).unwrap().clone(),
        };
        check.push((path, permissions, size));
    }

    for entry in expected {
        assert!(check.contains(entry));   ❿
    }

    Ok(())
}
```

❶ 이 애너테이션은 클리퍼에게 "using `.clone()` on a double reference, which returns `&str` instead of cloning the inner type."이라는 경고를 무시하도록 요청한다.

❷ 이 함수는 인수와 더불어 기대 결과를 담은 튜플 슬라이스를 받는다.

❸ 주어진 인수를 가지고 `lsr`를 실행하고 그 과정에 문제가 없었는지 확인한다.

❹ `STDOUT`을 문자열로 변환한다.

❺ `STDOUT`을 줄 단위로 쪼개고 빈 줄은 무시한다.

❻ 줄 수가 기대치와 일치하는지 확인한다.

❼ 검사할 아이템을 담아둘 변경 가능한 벡터를 초기화한다.

❽ 공백을 기준으로 줄을 쪼갠 뒤에 경로, 권한, 크기를 뽑아낸다.

❾ 디렉터리 크기는 무시한다.

❿ `Vec::contains`(https://oreil.ly/PnrUd)를 이용해서 기대 경로, 기대 권한, 기대 크기가 각각 `check` 벡터에 있는지 확인한다.

`dir_long` 유틸리티 함수는 테스트에서 다음과 같은 식으로 사용한다.

```
#[test]
fn dir1_long_all() -> Result<()> {
    dir_long(
        &["-la", "tests/inputs"],      ❶
        &[
            ("tests/inputs/empty.txt", "-rw-r--r--", "0"),    ❷
            ("tests/inputs/bustle.txt", "-rw-r--r--", "193"),
            ("tests/inputs/fox.txt", "-rw-------", "45"),     ❸
            ("tests/inputs/dir", "drwxr-xr-x", ""),           ❹
```

```
            ("tests/inputs/.hidden", "-rw-r--r--", "0"),
        ],
    )
}
```

❶ `lsr`에 넘기는 인수다.

❷ empty.txt 파일의 권한은 `644`여야 하고 파일 크기는 `0`이어야 한다.

❸ fox.txt 파일의 권한은 **set-test-perms.sh**로 설정한 `600`이어야 한다. 깜박 잊고 스크립트를 실행하지 않으면 이 테스트는 실패할 것이다.

❹ dir 항목은 `d`와 권한 `755`를 보고해야 한다. 크기는 무시한다.

여러모로 볼 때 이 프로그램을 위한 테스트는 프로그램 자체만큼이나 까다로웠다. 부디 이 책을 통해서 제대로 작동하는 프로그램을 만드는 여정에 테스트를 작성하고 사용하는 일이 얼마나 중요한지 잘 전달되었기를 바란다.

## 14.5 한 걸음 더 나아가기

도전 과제 프로그램은 오리지널 `ls` 프로그램과 상당히 다르게 작동한다. 여러분의 시스템에 있는 `ls`를 흉내 내기 위해 프로그램을 수정해서 다른 옵션을 전부 구현해보고 그 과정에서 모든 기능에 대한 테스트를 추가해보자. 영감이 필요하다면 `exa`(https://oreil.ly/2ZWIe)와 `lsd`(https://oreil.ly/u38PE) 같은 러스트로 된 다른 `ls` 구현의 소스 코드를 살펴보자.

주어진 입력의 파일 이름과 디렉터리 이름을 인쇄하는 명령줄 유틸리티 `basename`과 `dirname`의 러스트 버전을 작성해보자. 먼저 매뉴얼 페이지를 읽고 프로그램에 구현해볼 기능을 결정하자. 프로그램에 추가하는 각 기능에 대해서 테스트를 작성하는 테스트 주도 접근 방식을 사용하자. 여러분의 코드를 세상에 공개하고 오픈 소스 개발에 필연적으로 따라붙는 부와 명예를 누려보자.

7장에서는 파일과 디렉터리의 트리 구조를 찾아 표시하는 `tree`의 러스트 버전을 작성해볼 것을 제안한 바 있다. 이 프로그램도 `ls`와 거의 동일한 정보를 표시할 수 있다.

```
$ tree -pughD

├── [-rw-r--r-- kyclark  staff      193 May 31 16:43]  bustle.txt
├── [drwxr-xr-x kyclark  staff      128 Aug 10 18:08]  dir
│   └── [-rw-r--r-- kyclark  staff       45 May 31 16:43]  spiders.txt
```

```
├── [-rw-r--r-- kyclark  staff       0 Mar 19  2021] empty.txt
└── [-rw------- kyclark  staff      45 Aug 12 10:29] fox.txt

1 directory, 4 files
```

이번 장에서 배운 내용을 이용해서 해당 프로그램을 작성하거나 확장해보자.

## 요약

필자가 이번 도전 과제 프로그램에서 가장 좋아하는 부분 중 하나는 8진수로 된 권한 비트의 형식이다. 또 긴 목록에 들어갈 다른 모든 메타데이터 조각을 찾는 일도 즐거웠다. 이번 장에서 해본 것을 생각해보자.

- 파일의 메타데이터를 소환해서 파일의 소유자와 크기부터 마지막 수정 시간까지 모든 걸 찾는 법을 배웠다.
- 점으로 시작하는 디렉터리 항목은 대개 눈에 보이지 않는데, 이런 특성으로 인해서 **닷파일**과 프로그램 데이터를 숨기기 위한 디렉터리라는 것이 생겨났다는 걸 알게 됐다.
- 파일 권한, 8진수 표기법, 비트 마스킹의 미스터리를 파헤친 결과 유닉스 파일 소유권에 관한 더 많은 지식을 얻었다.
- 사용자 정의 타입 `Owner`에 `impl`(구현)을 추가하는 법과 더불어, 이 모듈을 **src/owner.rs**로 분리하고 **src/main.rs**에서 이를 `mod owner`로 선언하는 법을 알아냈다.
- 슬래시 세 개(`///`)를 이용해서 문서 주석을 생성하는 법을 배웠다. 문서 주석은 카고가 생성하는 문서에 포함되며 `cargo doc`을 이용해서 읽을 수 있다.
- `tabular` 크레이트를 이용해서 텍스트 테이블을 생성하는 법을 살펴봤다.
- 시스템마다 또 실행하는 사람마다 각기 다른 출력을 생성할 수 있는 프로그램을 위해서 유연한 테스트를 작성하는 법을 탐구했다.

세상 그 누구도 / 원하는 걸 갖지 못하지만 / 그래서 아름답고 /

누구나 죽고 / 좌절하고 슬퍼하지만 / 그래서 아름답죠

—<Don't Let's Start>(데이 마이트 비 자이언츠, 1986)

이 페이지를 읽고 있는 여러분은 책을 다 읽었거나 책의 결말이 어떻게 되는지 보려고 펼쳤거나 둘 중 하나일 것이다. 러스트와 같은 엄격한 언어에 테스트를 더하면 복잡한 프로그램을 자신 있게 개발하고 리팩터링할 수 있다는 사실이 부디 잘 전달되었길 바라 마지않는다. 이들 프로그램을, 이미 알고 있거나 배우고 있는 다른 언어로 다시 한번 작성해보면서 작업을 하는 데 무엇이 적합하고 무엇이 적합하지 않은지 직접 판단해보길 권한다.

필자 주위에는 사람들에게 테스트를 작성하라고 말하는 건 그들에게 채소를 먹으라고 말하는 것이나 다름없다고 이야기하는 사람이 한둘이 아니었다. 그럴 수도 있지만 러스트의 모토처럼 '안정적이고 효율적인 소프트웨어를 구축'하려면 우리 모두가 이 부담을 짊어져야 한다. 때로는 테스트를 작성하는 일의 양이 프로그램을 작성하는 일의 양만큼이나(어쩌면 그보다 더) 많을 때도 있지만 이러한 기술을 익히고 적용하는 건 도덕적인 책무다. 필자가 작성한 테스트를 전부 다시 한번 읽으면서 제대로 이해한 게 맞는지 따져보고 여러분의 프로그램에 써먹을 수 있는 코드가 있는지 돌아보길 권한다.

여러분의 여정은 여기서 끝이 아니라 이제 시작이다. 만들고 또 만들기를 반복해야 할 프로그램이 더 많다. 이제 좋은 소프트웨어를 만들어서 세상을 더 나은 곳으로 바꿔보자.